中国管理思想精粹

【第一辑】“(基)础”系列 吴

中国管理学原理

Principles of Chinese Management

（第二版）

胡海波 等著

经济管理出版社
ECONOMY & MANAGEMENT PUBLISHING HOUSE

图书在版编目（CIP）数据

中国管理学原理/胡海波等著 . —2 版 . —北京：经济管理出版社，2017. 2

ISBN 978-7-5096-4993-0

Ⅰ. ①中… Ⅱ. ①胡… Ⅲ. ①管理学—研究—中国 Ⅳ. ①C93

中国版本图书馆 CIP 数据核字（2017）第 043579 号

组稿编辑：杜　菲
责任编辑：杜　菲
责任印制：杨国强
责任校对：蒋　方

出版发行：经济管理出版社
（北京市海淀区北蜂窝 8 号中雅大厦 A 座 11 层　100038）
网　　址：www. E-mp. com. cn
电　　话：（010）51915602
印　　刷：玉田县昊达印刷有限公司
经　　销：新华书店
开　　本：720mm×1000mm/16
印　　张：23. 5
字　　数：435 千字
版　　次：2017 年 2 月第 1 版　2017 年 2 月第 1 次印刷
书　　号：ISBN 978-7-5096-4993-0
定　　价：88. 00 元

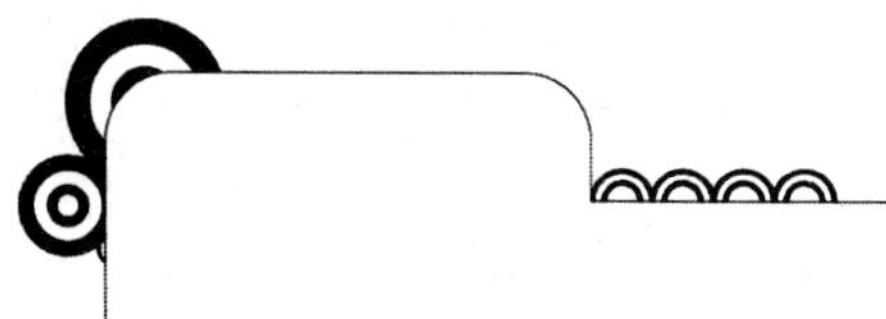

目　录

导论篇

理论篇

应用篇

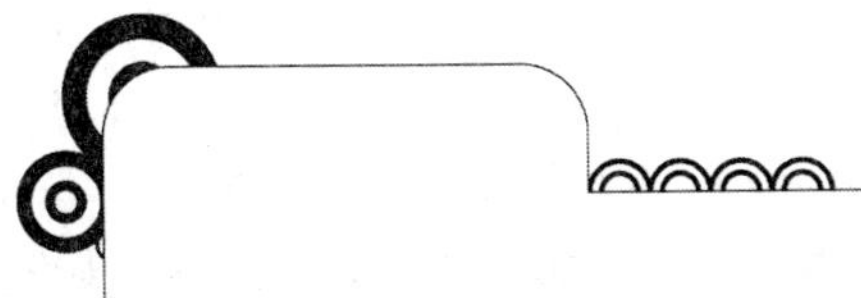

Contents

Article of Introduction

Article of Theory

Article of Application

导论篇

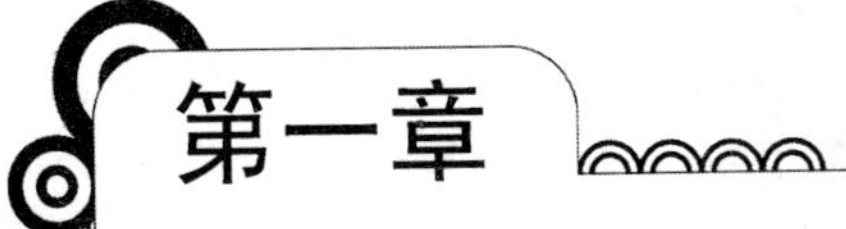

第一章 概述

学习目的与要求

定义中国管理学的基本概念
了解中国管理学的现状与热点
明确中国管理学的研究对象
掌握中国管理学的研究方法
理解中国管理学的研究意义

题记

只有民族的，才是世界的。

——鲁迅《且介亭杂文集》

世界管理学界正在兴起一股“东方热”。

——苏东水①

导入案例

在明清之际的晋商中，流传着许多“万两银子一句话”的故事，即如果一家相与欠了某位晋商上万两银子的债务，只要说明原因，即可免去债务。所谓相与，就是与晋商有业务往来的人或商号。晋商选择相与时非常谨慎，一定会经过非常详细的了解，认为对方重信守约，方才开始与之有银两上的来往，否则就婉言谢绝。而一旦成为相与，则会善始善终，即便对方中途发生变故，出

---

① 苏东水，等．东方管理．山西经济出版社，2003.

现无利可图的情况，也不能中途断交，而如果对方出现倒闭、还不上账等情况，则听之任之。民国 11 年（1922 年），包头双盛公、双盛茂两商号的财东杨老五，与复字号有相与关系，曾欠复盛全商号白银 6 万两，即将倒闭，无力偿还债务。杨老五只是给乔映霞财东磕了一个头，就算了事。二宝庆商号欠复盛西白银 8000 两，分文未还，也算了事。广义恒绒毛店借复盛西 5 万银元，因无力还清这笔欠债，仅以价值数千元的房产抵债了事。但是，复字号财东对己却要求很严，如果复字号的分号出现亏赔歇业时，财东总是派人去清理，欠外的一文不短，外欠的听其自便。但无论哪个分号出现亏赔，都必须同场认真核对账目，以防掌柜作假捣鬼。乔映霞的这种做法信义孚人，使复字号厚待相与的名声大震影响深远，包头的一些商号和商民为能与复字号来往感到很自豪。

乍看起来，这种相与关系，与西方的战略联盟有一些类似，但细究之下，会发现二者存在明显差别：一是相与可以是企业，也可以是人；二是即便是明知亏损的情况下，也会与对方合作，而如果对方出现倒闭等情况，也不会诉诸法律，这与西方企业讲求契约关系形成了鲜明对比。因此，中国的商业运作中确实存在一些与西方不同的管理智慧，有必要将之以系统化的方式展现出来。

资料来源：葛贤慧．商路漫漫五百年：晋商与传统文化．山西经济出版社，2009.（经整理）

第一节　中国管理学的提出

全球化的发展一方面促进了各种思想观念的碰撞交流，使人们的思想观念出现了统一的趋势，但全球化同时又促进了人们对本土思想观念的重视。在管理领域，目前的趋势是全世界都在学习以美国为首的西方管理理论，引入西方学者编写的管理学教材就是这种学习的一种重要途径，即出现了统一化的趋势，但在反思西方管理理论的弊病，构建符合本民族特色的管理理念方面，却存在着很大的不足，真正意识到这种紧迫性与必要性的并不多。因此，研究中国的管理理论，编写有鲜明中国特色的管理学教材就很有必要。

一、中国管理学的概念

目前已经有不少学者提出了中国管理学的概念，也有了一些以《中国管理学》为书名的书籍，如苏东水和彭贺等人编写的版本（复旦大学出版社，2006），他们认为，中国管理学是研究中国本土的古代、近代、现代管理思想和实践，探索中国管理实践中普遍适用的规律、原理和方法的现代学科。刘炳炎和陈文知编写的版本（中国社会科学出版社，2010），他们认为，中国管理学是一门系统的研究中国社会、经济、科技和军事等管理活动的基本规律和一般方法的综合性学科。李雪峰的版本（中国人民大学出版社，2005），他认为，中国管理学是中国数千年来管理理论和实践经验的总和。从这些定义中可以看出以下几点：

（一）中国管理学不是西方管理学在中国的简单复制

由于中国独特的历史进程，使得中国的管理思想与管理实践均具有明显的独特性。首先，中国历史悠久，文化传承具有连续性，因此传统对于中国人的思维、行为模式具有很深的影响。其次，中国近年在经济上迅速崛起，中国走出了一条与西方很不一样的发展道路，一批中国企业登上了世界舞台，它们的模式也带有鲜明的中国特色。因此，中国管理学对西方管理学有吸收借鉴的地方，但不能等同于西方管理学，因为它主要关注的是中国独有的一些管理现象，找出这些现象背后的规律。

（二）中国管理学不是古代管理学

虽然中国的历史非常悠久，中国的孔子、老子、孙子等都是世界级的文化名人，他们的思想观点对于中国的管理思想的形成起到了重要的推进作用，但是历史毕竟是在不断发展的，他们的思想中有一些对我们今天的管理依然有用，而有一些则需要扬弃。而且我们研究巨人，是为了站在巨人的肩膀上，而不是跪在巨人的脚下；研究历史，是为了解决我们当下的问题。因此，研究古代管理学实际上是为了超越古人，服务于我们当下的管理需求，这是第一个原因。第二个原因就是近现代的管理思想、管理实践也是中国管理学的重要构成部分，这些知识对于我们解决当下面临的问题的贡献并不小于古代管理思想。

因此，本书认为中国管理学是一门研究中国情境下的管理思想、管理实践的学科，其目的是为了找出中国管理的一般规律。

二、中国管理学的发展现状

目前看，国内外对于中国管理学的关注都有了明显的增多。从国外看，六种顶级的管理学刊物从2000年到2009年4月，共有61篇关注中国管理问题的文章。[①] 就国内而言，首先，1994～2008年，中国期刊网关于“中国管理”、“中国式管理”、“东方管理”等方面的文章共计104篇，其中2004～2008年这

① 苏勇，顾倩妮．国际顶级管理学期刊对中国管理学关注热点分析．经济管理，2011 (3).

5 年的文章总数超过了 1993～2003 年 10 年的文章总数，也就是说，最近 5 年，关于中国管理学方面的研究有了明显的增长。[①] 其次，2001～2011 年，中国国家自然科学基金委员会管理科学部认定的 30 种重要期刊上，与“中国实践管理”相关的文章，共有 1283 篇。[②] 研究群体包括：浙江大学创新管理与持续竞争力研究中心、西安交通大学中国管理问题研究中心、华南理工大学中国企业战略管理研究中心、华中科技大学企业战略管理研究中心、南开大学公司治理研究中心、大连理工大学创新与发展研究中心、华东理工大学组织管理研究所、复旦大学东方管理研究中心、上海大学危机与问题管理研究中心、浙江工商大学浙商研究中心等。

一方面，国内外关于中国管理学的研究确实在近年有了明显的增长；另一方面，在中国管理研究领域存在着“管理丛林”现象，如目前影响力较大的一些概念“中国式管理”、“C 理论”、“东方管理”、“中国特色的管理”、“和合管理”等。孔茨指出造成管理理论出现“丛林”现象的原因之一是语义上的混乱。这种语义上的混乱，造成了在中国管理学领域存在着多种概念并存的状况，这一方面有利于不同的研究者从不同的侧重点深入挖掘中国管理的一些特点；另一方面也带来了沟通的不便，使得这一领域的知识积累在数量上和质量上都面临着一些限制。因此，有必要找到一条走出“丛林”的道路。

三、中国管理学的研究热点

国外顶级管理刊物文章所涉及的中国管理学研究领域包括：①跨国经营研究，主要包括跨国公司在中国的发展策略，中国直接对外投资以及跨国公司的跨文化管理。②战略管理研究，主要包括中国国有企业的战略发展研究，处于经济转轨期的中国企业战略选择研究。③组织行为学研究，主要包括人力资源管理研究、组织变革与创新研究、组织行为学在中国的创新研究。[③]

中国国家自然科学基金委员会管理科学部认定的 30 种重要期刊上，2001～2011 年 10 年发表的文章的主要关注点体现在以下几个方面：①中国管理理论与方法及其实践相关性。②具体领域实践研究。包括中国组织的经营管理现状，本土企业的战略管理研究，本土企业的创新能力研究以及传统文化对管理实践的影响。[④]

---

① 苏勇，于保平．东方管理研究：理论回顾与发展方向．管理学报，2009（12）．

②④ 张金隆，杨妍．“中国实践管理”相关研究热点分析．管理学报，2012（3）．

③ 苏勇，顾倩妮．国际顶级管理学期刊对中国管理学关注热点分析．经济管理，2011（3）．

四、中国管理学的未来发展

中国管理学未来的发展可能会在以下几个方面展开：

（一）中国传统管理思想的“创造性转化”

中国传统的创造性转化是台湾学者林毓生提出的概念，它指的是“把一些中国文化传统中的符号与价值系统加以改造，使经过创造转化的符号和价值系统变成有利于变迁的种子，同时在变迁的过程中，继续保持文化的认同”，[①] 这一论断也完全适用于中国管理学。因为任何管理思想都会在实践中不断发生变化，试图框定出绝对的、亘古不变的古代管理理念，就会像刻舟求剑一样，荒谬可笑。然而彻底抛弃古代管理思想来构建中国管理学，就会像在沙滩上建房子一样，根基不稳，所以最好的做法是对传统管理思想进行创造性的转化，既保留对传统的认同，又加入管理者、研究者的创造性活动，使之不断适应现实的需要。

（二）中国管理实践的理论提升

任何一门系统的学问，其目的都是为了快速地传播知识，更好地服务于实践。因此，现实中的企业固然也可以通过瞄准一些明星企业向其学习，但是这种学习往往是一种表面的学习，往往是知其然而不知其所以然。因此，从中国管理实践中提炼出一般性的理论，不仅有利于大批的中国企业的学习，而且这种学习往往能够带来根本性的改变。

第二节　中国管理学的研究对象

有没有明确的研究对象是衡量一门学科是否成熟的重要标志。相对于其他学科来说，管理学还不够成熟，如我们可以发现，物理学、数学的教材很少会出现大的修订，或者说很少出现每隔几年修订一次的情况，这些教材基本上可以做到数十年如一日，但管理学教材却不行，它必须每隔几年就增加一些新的内容以反映管理理论的新发展和管理实践的新变化。但是这种不断的修订，并不意味着管理学就没有明确的、公认的研究对象。一般来讲，管理学被认为是研究各类组织如何通过计划、指挥等管理职能来实现组织目标的学问，它的研

---

① 林毓生．中国传统的创造性转化．三联书店，1988.

究对象包括人、财、物、事等几个方面。中国管理学当然也要研究这些，甚至说在研究中国管理学时，需要对西方管理学的研究对象、研究内容了解得更透彻一些。美国社会学家查尔斯·霍顿·库利在其 1902 年出版的《人类本性与社会秩序》一书中提出了“镜中我”的观点，即人的行为很大程度上取决于对自我的认识，而这种认识主要是通过与他人的社会互动形成的，他人对自己的评价、态度等，是反映自我的一面“镜子”，个人通过这面“镜子”认识和把握自己。因此，人的自我是通过与他人的相互作用形成的。对于中国管理学来说，西方管理学就是自己的镜子，通过这面镜子，我们才能更好地了解中国管理学的一些特点。但作为一门新兴的学科，中国管理学的研究对象具有一定的特殊性，概括来讲，包含以下三个方面的研究内容。

一、中国的管理实践

作为一个有着悠久历史的国度，中国有着丰富的管理实践。如在政治组织的管理领域，各个封建王朝在政府组织的层级设计、皇权和相权的权力划分等方面都进行了大量的尝试；在官员的选拔上发明了科举制度这种在当时相对公平、具有进步意义的制度；在军事组织领域，历朝历代也都进行了大量的尝试，如士兵的招募与训练、装备的改良等；在商业领域的实践更是层出不穷。商人这一称号本身就反映出中国在商周时期就有了比较大规模的商业活动。司马迁在《史记》中专门撰写了《货殖列传》，更是让我们对古代的商业活动有了一个明确的了解。一大批商人也因为自己出色的经营而在历史上留下了自己的印迹，白圭、范蠡等人都是典型代表。

中国不仅有着丰富的成功的管理实践，而且还有很多失败的管理实践，这些失败的教训更应该成为中国管理学的研究对象。因为失败的教训往往会迫使管理者去思考失败的原因。如新中国成立初期我们国家曾经孕育出带有鲜明本土特色的“鞍钢宪法”，它曾经对日本的全面质量管理思想产生重要影响，但是在中国这种管理实践却没有能够延续到今天，那么它遭受失败的原因是什么，就成了我们今天必须要回答的一个问题。如果能够解决这一难题，无疑对于我们今后孕育出更多的中国特色的管理创新具有积极的意义。

不管是成功的经验，还是失败的教训，在研究这些管理实践时，我们要注意到这些管理实践都是一定条件下的产物，有些管理实践可以从一种组织领域引入到另一种组织领域，或者说，有些管理实践我们能够从中提炼出适用范围比较广的理论，如今很多企业提倡的军事化管理，实际上就是将军事组织的一些管理实践移植过来；但是我们很少见到军事管理企业化的说法，也就是说，企业组织的一些实践并不能够移植到军事组织中，从实践中提取出的理论的通用性有限。

二、中国的管理思想

1949年，德国哲学家雅斯贝尔斯在他的代表作《历史的起源与目标》中，提出人类历史发展可以分为四个阶段，即史前期、古代文明期、轴心期（Axial Period）和近现代的科技时代。在雅斯贝尔斯看来，上述四个时期的历史意义是不能等量齐观的。史前与古代文明可以说是间歇期，而轴心是突破期，近现代的科技时代则是第二个间歇期。“轴心期”比其他三个时期更为重要。这是因为，以公元前500年为中心——从公元前800年到公元前200年——人类的精神基础同时地或独立地在中国、印度、波斯、巴勒斯坦和希腊开始奠基。而且直到今天人类仍然附着在这种基础上。这个时代产生了所有我们今天依然在思考的基本范畴，创造了人们今天仍然信仰的世界性宗教。直至今日，人类一直靠轴心期所产生、思考和创造的一切而生存。每一次新的飞跃都回顾这一时期，并被它重燃火焰。自那以后，情况就是这样。轴心期潜力的苏醒和对轴心期潜力的回忆，或曰复兴，总是提供了精神动力。因此，研究中国的管理思想首先要研究的就是春秋时期诸子百家的思想中所蕴藏的管理智慧。一般来讲，我们提到这一时期都会想到“百家争鸣”这样一种状态，感觉诸子百家的思想存在着冲突矛盾对立的地方，但是在表面的不同背后，蕴藏的是这些古代圣贤对于如何建立一个规范、有秩序的社会的探讨，只不过它们的视角不同，所以结论不同罢了。如儒家强调通过统治者的爱民以及民众对统治者的认可来建立社会秩序，而道家则认为小国寡民是一种理想的社会组织形态，法家则认为法律对于社会秩序具有极其重要的地位。可以说，这些观点都是从一个有所偏颇但却非常深刻的角度揭示出了组织管理中的一些基本规律，因此我们需要的是一个综合的视角，而在实际的社会管理中，中国历代封建王朝也多采取了表儒里法、王霸道杂用之的特点。

需要注意的是，中国古代的这些管理思想也是在不断发展的。这体现在两个方面：一是不断地有后来者对这些思想进行拓展，甚至出现不同思想之间互相借鉴、互相学习的情况，这一点在佛儒道三教合流中表现得尤为明显。二是这些思想在从社会管理领域进入商业组织管理领域时，也会有一些变化调整。如在社会组织领域，一个时期内只能有一个国家、一个领导者，所以在封建王朝建立之后常常会面临怎么对待功臣的问题。对于金字塔式的王朝行政组织来说，越往上，职位越少，晋升的空间就越小，那么对于这些开国功臣来说，通过职位晋升的方式来对之进行激励基本上是不可能的，因此要么是“杯酒释兵权”，要么是诛杀这些功臣，但对于企业组织来说，可以有母公司、子公司，还可以有关联公司等，甚至一个人离开原有企业另立门户也是完全可以的，因此企业通过职位来激励创业元老的空间就要比政治组织大。也就是说，我们不仅要关注那些传统的、宏大的智慧中闪现的管理思想，还要留心这些思想在各种不同组织类型中的不同表现。

三、中国的管理情境

所谓情境（Context），指的是管理活动发生的背景因素，如一个国家一个地区的经济、文化、政治等因素。之所以要关注中国的管理情境，是因为管理并不是在真空中发生的，无论是作为主体的管理者，还是作为客体的管理对象，往往都会受到一定的情境因素的制约，因此，在研究管理活动时，必须要注意这些活动发生的情境因素。而西方管理学由于其以实证方法为主，因此，往往试图把情境因素忽略掉，找出一些放之四海而皆准的真理，但最终得出的管理规律往往只是反映了西方发达国家的一些情况，并不适用于其他区域的管理实践。因此，就像鱼儿需要关注自己生活的水、人关注自己呼吸的空气一样，尽管情境是身处其中，却不容易发觉它的存在，但我们却必须要高度重视它，研究中国管理学，就必然要关注中国的管理情境。

研究中国的管理情境，一方面是为了创造性地应用西方的管理规律，使其能够适用于中国的现实情况，避免出现南橘北枳的情况；另一方面也是因为管理情境与管理活动有时候难以进行明显的区分，在这种情况下，研究中国的管理情境将有助于探索出一些中国独有的管理理论，从而更好地指导中国的管理实践。当然，我们必须要注意到情境因素是不断发展变化的，如改革开放初期中国企业所处的情境因素与全球化加速发展的今天中国企业所处的情境因素就在某些方面存在着某些显著的不同。

表 1—1　国家层面的情境因素①

情境因素	举　例
物理情境	类型/地理、气候/温度、生活环境
历史情境	主权、殖民、语言
政治情境	政治体系、法律体系

① 陈晓萍，徐淑英，樊景立. 组织与管理研究的实证方法. 北京大学出版社，2008.

续表

情境因素	举　例
社会情境	教育体系、家庭构成、宗教信仰
经济情境	经济体系及其发展、技术、商业体系、行业政策
文化情境	信仰、价值观

第三节　中国管理学的研究方法

对于科学的理解，现在世界各国大体上有两种观点：[①] 一种以英美国家为主要代表，在这一学派看来，科学在逻辑上应该是高度严密的，主要应以实证的方法建立起统一的知识体系。这种知识体系需要同时满足两个条件：①科学在逻辑上的高度严密，意味着要尽可能将之公理化，最好能用数学模型来表示，最低标准是科学至少是一个能自圆其说的理论体系。②作为实证知识，科学必须能够接受直接观察和实验的检验。另一种以德国为代表，在这一学派看来，一切体系化的知识都可以称为科学。只要是人们对事物进行系统研究后建立起了比较完整的知识体系，不管这种体系是否能够像自然科学那样具有规律性，都应该纳入科学的范畴。因此，按照英美的观点，只有自然科学属于严格意义上的科学，社会科学勉强可以算科学，而人文方面则不能看成是科学。因此，英美等国把所有的学科分为三类：自然科学、社会科学和人文科学。人文科学只能是学问，是一门学科，不能称之为科学。但按德国的理解，则人文科学也应当属于科学。德国人把所有科学只分为两类：自然科学和精神科学（文化科学）。很明显，这里的精神科学或文化科学包含社会科学和人文科学。由于西方管理学主要以英美国家的管理理论为主导，因此，本书采用英美国家的划分方法，认为科学分为自然科学、社会科学、人文科学三类，这样一来，按照通常的理解则管理学应该属于一门社会科学。

一、西方管理学常见的研究方法

以英美的研究为主导范式的西方管理学，从泰罗主义开始就表现出了向自

① 吴鹏森，房列曙．人文社会科学基础．上海人民出版社，2000.

然科学靠拢，希望建立起像自然科学一样严密的知识体系的特点，因此在研究方法上表现出模仿自然科学的特点，研究方法以实证方法为主。

实证方法是西方管理学的主流方法，它强调的是通过对大量重复出现的管理现象的观察，借助模型的构建来探索现象背后的本质。这种方法的好处在于为学者们互相检验彼此的成果提供了一套共同的标准，对于管理知识的积累起到了不可估量的作用。但是这种方法存在以下几个方面的问题：①管理是一种动态的、复杂的、带有情境性的社会活动，因此，管理现象往往是独特的、变化的、很难重复出现，这就导致西方学者在建构理论时，要么将大量独特的管理现象削足适履，简化为同一类现象，从而使其在理论的源头上就发生错误，或是重复出现的管理现象的数量不足，得出的结论的可信度不够。②由于实证方法对观察的强调，因此西方学者在研究中，其优先考虑的研究对象往往是那些有形的、外在的事物，而对于那些无形的、内隐的事物往往放在次要的位置。这一缺陷在研究管理中物的方面的时候表现得还不是特别明显，在研究管理中最重要、最高贵的因素——人的时候，这种缺陷就暴露无遗。因此，可以发现，西方现代管理理论的起点是泰罗主义，这一理论一个核心的要素就是动作的标准化，因为动作是容易观察、测量的，虽然泰罗本人一再高呼要进行“心理革命”，但最终的结果是泰罗主义的实施带来了工人的反抗。因此汤姆·彼得斯批评说：“美国企业的问题在于太注重管理工具，而且这些工具都过度偏向测量和分析。成本是可以衡量的，可是这些工具无法测量出梅泰格或是开拓重工公司的员工生产高质量产品的价值，或是菲多利的业务员为了一个普通顾客多跑一英里路所产生的价值。”[①] 也就是说，这种方法对于员工的情感、忠诚、激情等非理性因素要么持忽略态度，要么是心有余而力不足。③由于这种方法是以自然科学为蓝本，因此，其背后隐含的目标是建立一套放之四海而皆准的管理学原理，但是管理不仅涉及物的因素，还涉及人的因素，它不仅带有自然科学的特点，还同时兼具社会科学和人文科学的一些特征，因此，这套方法往往会对于管理的社会属性和人文属性重视不够，从而难免带有西方的偏见。

二、中国管理学的研究方法

（一）案例研究方法

案例方法在管理领域为人所熟知，要归功于哈佛商学院长期以来一直坚持

---

① Tom J. Peters & Robert H. Waterman Jr. In Search of Excellence: Lessons from America's Best Run Companies. New York: Harper & Row, 1982.

的案例教学法。到了 20 世纪六七十年代，经验学派和权变学派有感于管理研究对象的复杂多变性，也因为实证研究的局限性，开始大力倡导案例研究方法。著名的管理案例研究专家罗伯特·K. 尹（Robert K. Yin）指出，案例研究是一种经验主义的探究（Emplrical Inquiry），它研究现实生活背景中的暂时现象（Contemporary Phenonmenon）；在这样一种研究情境中，现象本身与其背景之间的界限不明显，（研究者只能）大量运用事例证据（Evldence）来展开研究。[①] 好的案例研究，对发展理论也有着极其重要的意义，其作用具体表现在以下方面：[②] ①提出并分析新的研究问题，进而构建新的理论框架，或者是对发展新理论所必需的研究方法、程序有所贡献。②拓展现有理论体系的解释力范围，解决现有理论尚不能够予以合理解释的理论问题。③通过证实或证伪已有的理论假设，或者是证实或证伪已有的案例研究（包括在已有的理论贡献型案例研究的基础上作对比研究或进一步的深入研究），来强化或修正已有理论中的相关范畴、概念之间的结构关系及有关原理。因此，案例法善于发现传统实证研究容易忽略的问题，也能够对实证研究发现的问题进行复查检验。

中国管理学非常需要案例研究方法。这是因为西方管理学所倡导的实证主义的研究方法使得其一方面能够得出一些脱离具体情境的规律性的东西，另一方面也带来了容易忽视管理中的特殊现象的缺陷。因此，简单套用西方管理学的实证主义，其结果可能是在中国的情境下，将西方管理学中已经证明过的东西再次证明一遍，或者说只是再次确认了西方管理学的正确性。而采用案例研究方法，则使得我们能够对中国的管理实践进行具体细微的研究，发现用西方的概念、理论所无法解释的事物，而不是削足适履，用西方的概念框架来“剪裁”中国的管理现实。也就是说，案例研究方法有助于我们发现西方管理理论所忽视的一些东西，从而构建出新的理论来，这既是对中国管理学的贡献，也能够对西方管理学提供借鉴思考。另外，改革开放以来，中国国内涌现出了一批有着国际影响力的企业，这些企业的经营活动也为案例研究提供了丰富的素材。

（二）比较研究方法

1. 中西方管理比较

东西方由于各自的地理位置、文化特点、人种等差异，从而造就了不同的历史进程，体现在管理上就表现为双方既存在一些相同的东西，又存在一些明

① Yin R. K.. Case Study Research: Design and Methods, Newbury Park, CA: SagePublications, 1984.

② 余菁．案例研究与案例研究方法．经济管理，2004（10）.

显的差异。如东西方虽然在人种上存在差异，但在人性上并不存在什么差异（很明显，不存在什么东方大脑解剖学和西方大脑解剖学，东方人和西方人的大脑构造上并不存在什么本质差别），因此，古人才会强调“东海西海，心同此理”。但是相同的人性在不同的环境下会有不同的外在表现，如人性中都有追求利益的一面，但是西方是通过契约的方式将人对利益的追求限制在一个合理范围之内，而中国的传统做法则是强调通过“义”来对“利”加以节制。因此，中西方管理对比，既要发现中国管理中的“异”，独特之处，又要发现东西方管理差异背后共同的东西。

2. 管理思想与管理实践的对比

研究中国管理学，必然涉及管理思想层面的东西，如春秋时期诸子百家的思想中所蕴涵的管理思想，或者说儒家、佛家和道家的思想对于管理的启示，这些思想不仅是我们今天研究中国管理学的源头活水，而且西方管理学者也常常借助这些观点来矫正西方管理思想中的一些缺陷，如赫伯特·西蒙、彼得·圣吉等人都曾对中国古代思想中的系统观推崇备至。然而，中国古代的一个基本现实是整个社会划分为士、农、工、商四个阶层，因此，一般的商人对于经典典籍的了解程度需要打上问号，更不要说他们在经营管理中有意识地运用这些思想了。古代社会另外一个现实是，整个社会中读书人并不多，受教育程度并不高，一般民众接触经典典籍并不像今天的人们那样方便，因此，在这些经典思想和一般的现实生活中必定存在着一个空隙，这个空隙只能由民间的或实践中的一些东西来填补，因此，除了研究古代的经典典籍中的管理思想，还要研究社会、企业等组织的具体运作，如清朝晚期晋商票号的号规，这些在实践中被遵循的规章制度背后包含着怎样的思想观念，它们与儒家经典等是什么样的一种关系，无疑也是需要深入研究的领域。

3. 共时对比

在研究明清之际的北方晋商和南方徽商的时候可以发现，双方都努力地在商帮内创建一种忠诚的文化，因此，双方都会通过神道传教的方式来对员工进行思想方面的塑造，但是具体的实现形式上存在着一定的差异，如以山西人为主的晋商，他们在祭拜的神灵中加入了关羽，因为关羽不仅是忠义的化身，而且按照民间说法他的籍贯在山西；而以安徽、江西的婺源等地为主要起源地的徽商，则在祭拜的神灵中加入了朱熹的神位，因为朱熹祖籍是江西婺源。那么通过这种时间上比较接近、在空间上具有较大差别的两大商帮在组织文化建设方面的对比，可以发现双方都意识到了在封建社会交通不发达、信息传递速度慢的情形下，分布在外地的员工很容易出现背德行为，在这种情形下，除了正式的规章制度，如何借助柔性的东西来保证员工忠诚的重要性就成了二者共同思考的问题，最终在表面的差异背后，二者都采用了相同的做法，即借助当地已有的文化资源来建立员工对某些价值观的认同感。

4. 历时对比

共时对比强调的是某一个时间点上不同的管理形态的对比，而历时对比强调的是管理形态在某一个连续的时间段内的发展与演化。如泰罗的《科学管理原理》一书出版后不久，穆藕初就将之翻译成中文，并在自己创办的工厂中进行了实践。由此开始到 1937 年抗日战争爆发，构成了泰罗主义在中国的第一个传播阶段。在这个过程中一些民族企业家在引进泰罗主义的同时，注意和中国的实际情况相结合，对之进行了扩展与修正。而到了中华人民共和国刚成立的时候，我们采取一边倒的方针，在经济上向苏联学习，从而再次引入了泰罗主义（所谓的“马钢宪法”），但是在实践中，这种学习最终演化出了具有鲜明中国特色的“鞍钢宪法”。如果我们能够对泰罗主义这两次在中国的传播、变异进行对比，那么无疑有助于发现中国管理中的一些规律性的东西。

（三）跨学科的方法

一般认为，现代西方管理学的知识内容主要来源于经济学、社会学和心理学三门学科。经济学为西方管理学提供了理性人假设，以及如何获得最有效率的一整套方法；社会学为之带来了社会人、文化人的人性假设，以及如何研究组织的一般思路，而心理学则在员工的激励方面对西方管理学产生了重要影响。

中国管理学作为一门成熟程度不如西方管理学的学问，更需要不断地从其他学科汲取营养。除了向经济学、社会学和心理学这些社会科学寻找解决问题的思路，中国管理学还需要向历史学、文学、哲学等人文科学寻找灵感，因为中国管理学一个鲜明的特点就是重视人，强调对人的关注，而人文科学一个重要的功能就是回答生活的意义。

第四节　研究中国管理学的意义

一、世界经济在动荡条件下的必然选择

自 2008 年金融危机以来，世界经济在动荡中不断调整，作为微观经济主体的具体企业，必然要寻找新的管理方法。而西方管理模式存在的两个问题决定了它必然要向东方、向中国寻求答案。

（一）西方管理模式的固有缺陷使得其必须要向自身之外的管理模式寻求解决办法

西方管理模式背后的天人两分的哲学传统决定了它高度重视竞争，而忽视合作、和谐等在人类社会发展中的重要作用。它建立在自然科学基础之上的研究方法使其过于偏重理性，忽视了人的情感、激情等在管理中的作用。对于自身的这些缺陷，西方管理模式也在不断进行调整，以求获得突破。西方管理学现代意义上的起点——泰罗主义就是牛顿物理学在管理方面的典型代表，其对理性、秩序、效率的强调，一度为西方企业的发展起到了极大的促进作用，但它也在实践中暴露出了很多问题，如增加了工人的劳动强度，却不相应增加工人的劳动报酬，因此工人多次举行罢工来反抗泰罗主义的实施。为了解决泰罗主义的这些问题，西方管理模式从自身内部孕育出了人际关系学派，开始初步地重视工人的情感等方面的需求。而以马斯洛的人本主义心理学为代表的相关知识也极大地促进了西方管理模式的转变。但这种转变调整，只是针对泰罗主义的缺陷进行的修修补补的工作，依然是在不改变西方管理模式以理性为主的基本特点的情况下进行的。

第二次世界大战之后，数量学派的兴起使得西方管理模式又一次步入了黄金期，一直到了20世纪70年代，西方世界尤其是美国在宏观经济上陷入滞胀，在微观层面，面对日本企业的步步紧逼，美国企业步步败退，这使得西方管理又一次被迫进行调整，这一次它选择了向自身之外的管理模式寻求思想来源，导致了日本管理模式的兴起，企业文化学派成为了管理学中的一门显学。西方管理模式对情感等因素的强调从员工个体的层面提升到了企业的层面。

到了20世纪90年代，西方管理模式又孕育出了以流程再造为主的新一波理性管理模式，这次调整其实质是在计算机、网络技术开始出现的背景下，对传统的流程进行再次优化的过程，依然是一种理性思维的体现。而到了2008年金融危机的爆发，西方企业又一次面临着艰难的处境。而中国的经济却持续向好，并涌现出了一系列的优秀企业。这就使得西方企业在进行管理模式的调整时，必然将中国的管理模式作为重要的思想来源。

（二）西方管理模式面临着边际效用递减的困境

一种新技术刚开始出现的时候，带来的效用是非常大的，随着时间的推移，它带来的效应会逐步递减。管理也是如此，必须承认，西方管理模式长期以来作为一种占主流趋势的管理模式，其对世界经济的发展起到了极大的促进作用，但是我们也要看到它面临着边际效用递减的问题。泰罗主义以理性的方式解决了车间层面的管理问题，而数量学派则借助运筹学等方法将理性管理思维扩展到了企业的方方面面，流程再造则是借助信息技术对企业进行了理性化的再次构建，可以看到，西方管理模式的每一次调整，一方面将理性在企业中的应用范围进行了扩大；另一方面始终跳不出自己固有的局限，因此，要想从根本上解决边际效用递减的问题，就必须要向别的管理模式进行借鉴，进行彻底的改变，而中国的管理模式无疑是一个非常好的参照对象。

二、中国经济奇迹在微观层面上的必然反映

自改革开放以来，中国经济保持了长期持续快速的增长，中国的GDP总量已经跃居世界第二位，超越了日本，仅次于美国，甚至有人预测在不久的将来，中国的经济总量有可能超越美国成为全球第一。这种经济上的奇迹，有许多学者尝试从不同的角度进行解释，如有的学者从中国的劳动力成本优势来解释，有的从中国对外来资本和技术引入的角度来解释，但有一点是确定无疑的，那就是这种奇迹是以中国无数企业的优异表现为支撑的，因此，解释中国经济上的奇迹，必然要探讨中国的这些企业有什么特点，它们的管理模式是怎样的，与西方的企业相比有哪些共同点，又有哪些差异，这些差异能否解释中国企业的卓越表现。只有找到了这些差异，才能明白中国经济奇迹是如何造就的，才能明白中国经济在取得辉煌的同时还面临着哪些挑战，从而进行有针对性的调整、变革，为中国经济奇迹的长期持续找到答案。

三、中华民族文化自觉、文化自信的必然结果

所谓文化自觉，从字面意思上理解就是文化上的自我觉醒。按照费孝通的说法，是指生活在一定文化历史圈子中的人对自身的文化有自知之明，并对其发展历程和未来有充分的认识。也就是说，文化自觉意味着文化的自我觉醒、自我反省和自我创建。费孝通指出："文化自觉是一个艰巨的过程，只有在认识自己的文化，理解并接触到多种文化的基建上才有条件在这个正在形成的多元文化的世界里确立自己的位置，然后经过自主的适应，和其他文化一起，取长补短，共同建立一个有共同认可的基本秩序和一套多种文化都能和平共处、各抒其长、联手发展的共处原则。"费孝通后来将文化自觉的历程概括为"各美其美，美人之美，美美与共，天下大同"。

中国作为四大文明古国，是唯一保留了完整历史的国家，有着丰富的历史文化积淀。虽然在近代，中华民族一度落后，在政治上一度饱受帝国主义国家的欺侮，在经济上一度被西方国家远远抛在身后，在文化上被迫向西方学习，但自新中国成立以后，我们在政治上站稳了脚跟，找到了一条适合自身国情的

有中国特色的社会主义制度，在经济上奋起直追，重新进入世界经济的前列，在文化上摆脱了对西方文化的一味模仿，意识到了中华文明的独特性，对自身的文化特点有了一个更为清晰的认识，既不盲目自大，也不妄自菲薄。

而管理是一定文化的产物，不同的文化造就不同特点的管理模式，甚至有的学者认为管理本身就是一种文化。因此，中华民族在文化上的自觉、自信，也必然要求在管理上有所反映。也就是说，我们应该看到中国管理的长处，不仅要总结、归纳中国管理的优点，还要在承认西方管理存在优点的同时，向西方管理学界传播我们的管理模式，从而实现双方的互相尊重、互相借鉴、互相学习。因此，有的学者提出，我们应该借鉴冯友兰所提出的中国哲学应从“照着讲”转到“接着讲”的思路，实现中国管理学从“照着讲”向“接着讲”的转变。这一转变应体现在以下三个方面①：

（一）接着中国传统文化讲

中国传统文化绵延不绝，能够延续到今天，其中蕴藏的智慧宝藏永远是中华民族乃至全世界可供借鉴的重要思想源泉。这其中蕴涵的独特的管理智慧对于解决西方管理中的根深蒂固的缺陷有着重要的作用，对于解决当前我们面临的管理上的挑战也大有益处。

（二）接着西方管理学讲

这种接着讲，是指在对西方管理学充分了解的基础上，摆脱对西方管理学的亦步亦趋，注意到中国独特的情境，把西方管理学中带有普遍规律性质的东西融入中国的管理实践中，从而构建出新的规律性的东西。

（三）接着中国近现代管理实践讲

新中国成立以来，我们国家在管理上也有了许多突破与创新。如毛泽东批示的“鞍钢宪法”（两参一改三结合，工人参加管理，干部参加劳动，改革不合理的规章制度，工人、干部、技术人员三结合）以及改革开放以来所涌现的粤商、浙商的创业实践等。这些也都是今天中国管理学需要接着讲的内容。

四、中国管理学者承担起社会责任和历史使命的必然要求②

（一）中国经济与社会发展中所取得的历史性突破和所面临的挑战需要中国管理学家去“发现规律、解释现象并指导实践”

管理学作为一门具有跨学科性质的学问，既有自然科学的特点，又有社会

①② 郭重庆．中国管理学者该登场了．管理学报，2011（12）．

科学和人文科学的一些属性，因此管理学不仅要像自然科学那样发现规律，它还要像社会科学、人文科学那样通过研究来对实践产生影响。中国从一穷二白发展到今天的GDP总量居世界第二位，背后的原因是什么，在微观的企业层面有什么规律可循，这是今天的中国管理学者所必须回答的问题。

虽然今天的中国创造了经济上的奇迹，但是它还面临着种种的挑战，如何找到一条可持续的健康快速发展的道路，如何更好地融入全球化的浪潮，不仅要引进来，还要做好走出去的工作，面向未来的挑战，更需要中国的管理学家积极地参与到实践中来，指导实践，而不是将自身禁锢在象牙塔中。

（二）中国管理科学发展正处于一个转折时期

自改革开放以来，管理科学研究和管理学教育在中国有了迅猛的发展，管理学已经成为一门显学，成为一门受到高度关注的学科，从目前讲，社会各方面对于中国管理学界的要求已经不是初期的学习、借鉴和模仿了，而是要求总结出中国自身的管理规律，构建出中国的管理科学来。因此，中国管理学者应该意识到这种来自实践领域的呼声，积极实现自身角色的转变，投入到中国管理学的建设中来。

本章关键词

中国管理学　中国管理思想　中国管理实践　中国管理情境　案例研究方法　比较研究方法

本章提要

1. 中国管理学是一门研究中国情境下的管理思想、管理实践的学科，其目的是为了找出中国管理的一般规律。

2. 中国管理学的研究对象包括中国管理思想、中国管理实践和中国管理情境。

3. 管理学属于社会科学的一种，西方管理学更偏重对自然科学的学习，因此其研究方法主要以实证方法为主，案例研究方法为辅。中国管理学更偏重人文科学，因此其研究方法包括案例研究方法、比较研究法和跨学科方法。

4. 西方管理学的固有缺陷决定了其在遇到困境时需要向东方学习，这是研究中国管理学的第一层意义。研究中国管理学还是中国经济持续快速增长在微观层面上的必然要求，也是中华民族文化自觉在管理学领域的必然反映，更是中国管理研究者必须承担的社会责任和历史使命。

复习与讨论

1. 什么是中国管理学，为什么说中国管理学不等同于古代管理学？
2. 什么是管理情境？
3. 为什么说管理学是一门社会科学？
4. 如何理解西方管理学与中国管理学在研究方法上的异同？
5. 文化自觉的概念对于学习中国管理学有何帮助？
6. 有人认为在中国研究学习管理理论，只需要学习西方管理理论就够了，不用学习中国管理学，你对此是怎样看的？谈谈你的观点。

本章案例

深圳航空公司总裁李昆谈中国式企业管理模式创建

罗盘，中国推动世界现代文明发展的四大发明之一，其磁性指针随外部环境的改变而不断进行调整，但始终能够无偏差地指示认定的方向。这一遵从自然物理定律、充溢着古人智慧的发明却为深圳航空公司（以下简称"深航"）带来企业管理上的新智慧，亦由此推动深航管理哲学和实践开创现代企业管理先河。

简单说，罗盘管理模式就是"以指针为目标，以内中外盘相互支撑，向位度易衡和谐发展"的具有中国特色的管理模式。罗盘管理，是由罗盘管理哲学和罗盘管理模式共同构成的管理体系。

罗盘管理模式的五大内涵：向、位、度、易、衡。

罗盘管理哲学是以中国传统罗盘原理为基础的企业发展观。其基本理念是以向为先、以位为体、以度为法、以易为本、以衡为纲。向，即目标指向，这是企业发展的第一要义；位，即坐标定位，就是以准确合理的分析为企业发展方向做出正确的判断；度，即精准量化，就是用精确细致的法则为企业的发展方向提供坚实的保障；易，即动态创新，就是指企业的发展应具有很强的灵活性，能适应时代的发展做出不断的变化；衡，即系统和谐，就是说在实现企业发展目标的同时，也要达到企业内外环境的和谐状态。罗盘管理哲学就是以向、位、度、易、衡为其内涵的企业发展观。

罗盘的基本作用就是定向，利用磁针与地磁场异极相吸、同极相斥的原理来指示正确的方向。其最具特色的地方在于罗盘的磁针无论在什么地点、什么环境下都会自我调整，最终毫无偏差地指向认定的方向。罗盘的定向特性与现代企业的目标愿景、战略管理思想息息相通。“目标指向”是罗盘管理思想在企业发展应用中的重要理念之一，它结合东方传统，指明、落实企业的使命远景，发挥“向”对企业的指导作用。

定方位是罗盘的主要功能之一，此功能正是中国传统文化中认为世间万物全局“各得其所”、局部“各安其位”的体现。按照《周易》的说法，定位的最高境界是“得中”，即在其该在的地方。对于中国企业管理，同样要各得其所，各安其位。随着中国经济的腾飞和经济全球化进程的加快，中国企业的生存环境从相对稳定转向相对激变，其影响体现在两个方面：一方面，中国企业面临着越来越多的机遇；另一方面，激烈的市场竞争也决定了中国企业必须改变随遇而安的经营思维，必须审时度势，量力而行，从长计议。因此，“定位”的思想在企业管理实践中的指导意义也凸显，而且，不仅企业需要定位，企业中的每个人也需要以“位”的思想把握自己的发展。

中西思想的两个主要范畴：“道”和“逻格斯”常常被用来进行比较，据此中西之间的差异也往往被形容成：中国善于整体模糊性的思维，西方则是善于逻辑紧密性的思维。但随着时代的发展，中国和世界对中国传统文化的逐步深入，人们越来越意识到，中国思维在表面看起来是以整体模糊性的思维为主，但在实际的操作中，却常常有着细密严谨的地方。罗盘的实际应用，也证实了逻辑严谨思想在中国传统文化中的现实存在。中国传统罗盘圈层相当复杂，精度却非常高，每一圈层都有着独特而准确的定位和解释。罗盘的这种精密严谨性，对于企业来说，正体现了“度”的思想内涵。“度”所体现出的精准量化思维使管理更加有序，更易于管理者控制管理的整个过程，而这正是罗盘给现代企业管理的又一启示。

罗盘是融汇时空的预测工具，方位、方向、时间的细微差别都将引致巨大的变化。其直接的思想依据就是《周易》。所谓“易”即“变”，“穷则变，变则通，通则久”（《周易·系辞传下》）。《系辞》以“生生之谓易”来点评《周易》的基本思想，就是说宇宙万物之发展生生不息，循环往复，革故鼎新乃是万事万物产生的本源。由阴阳爻变演化而出的六十四卦，反映了万物生长衰退以及人与人、人与自然、人与宇宙之间生生不息的交流。尤其重要的是，八卦和六爻都不是静态结构，而是明显的动态结构。六爻从初爻至上爻，迭次排列，代表事物由始至终的运动过程。当事物发展到上爻，即过程的终极时，则折返至初爻，又开始新一轮的运动。通过所谓的阴阳相摩、八卦相荡等相互作用，充分证明，一切自然系统都是由无序走向有序，而当控制能力衰弱时，复由有序走向无序。《周易》强调，天地万物只能在时间过程中运动变化，无不受到时间因素的深刻影响，把握了时序即可驭天。作为一个动态、开放的系统，罗盘亦会根据外界的“场”的变化而变化，体现着《周易》循环变易的总体思想。由此，罗盘管理带给现代管理的又一启示，就是由“易”而来的“动态创新”理念。

“衡”的理念在中国传统文化中时有体现，《周易》的“六位成章”、“刚柔立本”的管理原则，充分体现了整体性思维，“得中”则体现了刚柔相济、阴阳平衡的管理思想。而作为凝聚了中国传统文化精髓的“罗盘”，则将这种概念发挥得淋漓尽致。

罗盘包括天池（人盘）、内盘（天盘）、外盘（地盘）三大部分，象征天地人合一。其中内盘繁多的层级虽各成体系却又互相关联，集中反映了系统性思想。而在实际构架中天池的定向、内盘的定位、外盘辅助支撑也都互相关联，互相协调，对于现代航海航空罗盘而言，在其使用中，也要注意应对自然环境、技术等因素的协调平衡。“罗盘”所体现出来的“衡”的概念，正是现代商业管理中“系统和谐”理念的具体展示。

中国传统的五行，相生相克，罗盘管理的五大理念之间也相互联系，浑然一体。企业的经营管理，位由向生，度而后易，易易不息谓之衡。企业如能反复以“向、位、度、易”的观念审视自己，就能系统协调“体制、领导、战略、机制、文化、人才、品牌”这七大企业经营的要素，在经营理念、内部操作和外部关系上都达到“衡”的境界。

资料来源：李昆．中国式企业管理模式创建研究．南京社会科学，2009（7）.（经整理）

思考题：

1. 深圳航空公司的罗盘管理模式哪些地方借鉴、吸收了西方管理模式?

2. 深圳航空公司的罗盘管理模式哪些地方实现了对中国传统智慧的创造性转化?

3. 深圳航空公司的罗盘管理模式对于创建中国式企业管理模式有什么意义?

附录：

中国管理学的几种理论

一、苏东水：东方管理学派

苏东水，东方管理学派创始人，复旦大学首席教授。是国内研究东方管理学、人为科学和管理心理学等学科的主要先行者。他提出的“以人为本，以德为先，人为为人”的东方管理学核心思想得到国内外学术界的广泛认同，被誉为中国管理学界的一代宗师。他对管理学科的贡献有：对创立东方管理学科的贡献；对创立以“人为学”为基础的管理心理学体系的贡献；对管理科学和企业管理学科的贡献。

东方管理学派的核心可以归纳为“三学”、“三为”、“四治”、“五行”、“三和”。“三学”是指东方管理学、中国管理学和华商管理学。“三为”是指以人为本、以德为先、人为为人。“四治”是指治国论、治生论、治家论和治身论。“五行”是指人道、人心、人缘、人谋、人才。“三和”是指和贵、和合、和谐。就管理哲学思想而言，东方管理的要素可以概括为道、变、人、威、实、和、器、法、信、筹、谋、术、效、勤、圆 15 个方面。

二、吴照云：中国管理思想精粹系列研究

吴照云，江西财经大学副校长，博士生导师、教授，东方管理研究中心主任，主要研究方向为中国管理思想。

“中国管理思想精粹”系列研究由吴照云担任总主编，汇集了一批对中国管理文化有兴趣、有研究、有专长，且有丰富管理实践经验的中青年专家、学者。该系列研究目的是建构有中国特色、中国气派的现代管理理论体系，推动世界管理理论的创新与变革，推动中国管理思想走向世界，提升中国文化软实力。研究内容有：

1. 宏观基础研究。主要包括中国管理思想史研究、中国企业史研究、中国管理学原理研究、中国管理哲学研究。

2. 管理思想断代研究。主要包括先秦管理思想研究、秦汉管理思想研究、隋唐管理思想研究、宋代管理思想研究、明清管理思想研究、近现代管理思想研究。

3. 管理思想流派专题研究。主要包括儒家行为管理研究、儒家伦理管理研究、儒家人才管理研究、儒家创业管理研究、儒家舆论管理研究、儒家关系管理研究、道家创新管理研究、兵家战略管理研究、佛家心性管理研究、中医

和谐管理研究。

4. 管理思想代表人物专题研究。主要包括孙子竞争战略研究、老子领导艺术研究、管子组织管理研究、易经危机管理研究、司马法伦理管理研究。

5. “红色管理”研究。主要包括根据地生产管理研究、根据地组织管理研究、根据地情报管理研究。

三、曾仕强：中国式管理

曾仕强，中国式管理之父，专研中国式管理、中美日管理比较、中西管理思想比较、大易管理、中国人的民族性等，被誉为中国式管理大师，华人三大管理学家之一，最受企业界人士欢迎的十大名嘴之一。其主要著作有《中国式管理》、《中国式的管理行为》、《中道管理：M 理论及其应用》、《管理思维》、《管理大道》、《大易管理》等。

其所著《中国式管理》一书中提出，中国式管理，是指以中国管理哲学来妥善运用西方现代管理科学，并充分考虑中国人的文化传统以及心理行为特性，以达成更为良好的管理效果。中国式管理其实就是合理化管理，它强调管理就是修己安人的历程。中国式管理以“安人”为最终目的，因而更具有包容性；以易经为理论基础，合理地因应“同中有异，异中有同”的人事现象；主张从个人的修身做起，然后才有资格来从事管理，而事业只是修身、齐家、治国的实际演练。

四、成中英：C 理论

成中英，世界著名管理哲学家，第三代新儒学代表人物之一。长期从事逻辑与语言哲学、科学哲学、管理哲学、《易经》哲学、儒学与新儒学等方面的研究，是“C 理论”的创始人。

其所著《C 理论：中国管理哲学》一书以《易经》为基础，以中国传统智慧与西方科学精神的融会贯通为目的，以“中国管理科学化，管理科学中国化”为宗旨，以集科学、文化、艺术三位一体为特征，注重管理功能与中华文化资源（尤其是哲学智慧与道德价值）的整合与组合，使两者相得益彰，其结果是“C 理论”的诞生。“C 理论”是成中英体察中西文化的差异、东西方社会组织的差异、东西方哲学思维方式、价值体验和历史经验的差异，并运用中国《易经》之哲学思想，而创新研究的学术成果。它将中国传统学术七家（易学、儒家、道家、兵家、墨家、法家、禅学）之言渗透在各部分管理的功能与整体的管理体系之中，不但成为管理的智性资源，也成为管理者发挥管理功能时的德性资源；该书试图修正微观经济学缺少人本或人文主义的思考特质，以使管理更能符合人类整体发展的需求和理想，对中国管理学的发展乃至中国的企业管理具有重要的借鉴意义。

成中英认为，C 理论之外在意义为：C 代表 China（中国）、Chang（易经）、Confucianism（儒家）、Culture（文化）、Chung－ying Cheng（成中英）。C 理论之内在意义为：C 代表 Centrality（居中自我修养，而能兼善天下），Creativity（生生不已，创造不懈），Coordination（协调、包容）、Contingency（权变）、Control（王者之道的统治）。C 理论的五个方面内涵在管理科学中可具体化为五项功能：决策计划（Centrality）、创新（Creativity）、组织协调、统合人才（Coordination）、应变（Contingency）、领导（Control），并相应地赋以土、木、火、水、金的五行特性。

五、黄如金：和合管理

黄如金，现为中国社会科学院工业经济研究所副研究员，中国企业管理研究会常务理事，主要研究方向为管理理论、战略管理、比较管理。

其所著《和合管理》一书，以中国和合哲学思想为基本指导原则，以中国传统的和合管理为历史借鉴，由古代易学以及《道德经》中的“道生一，一生二，二生三，三生万物”的观点提出了“三分法”的辩证思维。和合管理的基本策略原则是遵循传统和合哲学思想中的无为无不为、阴阳和合、刚柔相济、中庸之道等辩证法思想。和合管理的精髓就是“和气生财，合作制胜”（用于公共管理领域则是“和谐与共，合作制胜”或者是“和平共处，合作致胜”）。

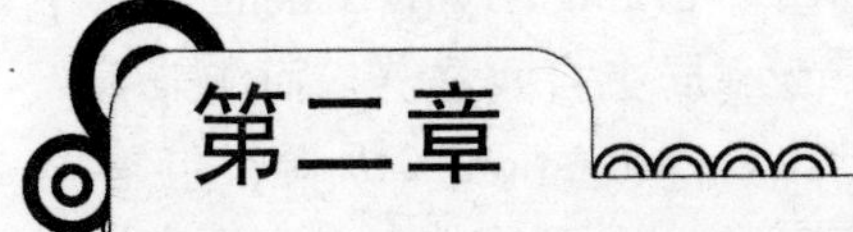

第二章 中国管理思想的发展

学习目的与要求

了解中国管理思想发展的三个阶段；

理解中国管理思想的形成与发展过程；

熟悉中国各个历史阶段中管理思想的典型代表；

掌握中国各个历史阶段中管理思想的基本特征。

题记

我们这个民族有数千年的历史，有它的特点，有它的许多珍贵品。对于这些，我们还是小学生。今天的中国是历史的中国的一个发展；我们是马克思的历史主义者，我们不应当割断历史。从孔夫子到孙中山，是有重要的帮助的。

——毛泽东

导入案例

《论语》记载，子贡曾向孔子请教贫富及为人之道。子贡曰："贫而无谄，富而无骄，何如?"子曰："可也。未若贫而乐，富而好礼者也。"意思是，子贡说："贫穷而能不谄媚，富有而能不骄傲自大，怎么样?"孔子说："这也算可以了。但是还不如虽贫穷却乐于道，虽富裕而又好礼之人。"子贡是孔子儒家思想学说的重要传播者。司马迁在《史记》中评说："夫使孔子名布天下者，子贡先后之也。"

到了后世，子贡不断地被历代帝王祭祀和封爵，并且他的后裔子孙也受到了恩泽。至今，在河南一带仍流传着"既在黎阳学子贡，何必南越法陶朱"的说法。曾有学者发表文章称子贡为“学者型富翁第一人”和“自古儒商第一人”。子贡开辟了文人经商的先河，以其修身、齐家、治国、平天下之气魄，勤奋好学之精神，广济博施之胸怀，谦逊至孝之美德，垂名后世。子贡与他的经商及外交活动，使得儒家思想学说在商界、政界中得到了广泛的传播和发展，不愧为儒商之祖、商界楷模、政界精英。

中国的传统文化源远流长，博大精深，儒家是中国古代最有影响的学派，而子贡作为孔子的得意门徒，参透了儒家文化的精髓，并在经济领域中运用，成为儒商第一人，对现代企业家经商有很大的启发作用。

资料来源：金志友．儒商先祖：子贡的财富之道．东方企业文化，2011（15）．（经整理）

管理学作为一门独立的学科出现于20世纪初，但是管理活动伴随着人类最初的共同劳动或劳动协作很早就出现了。而在管理实践活动中总会包含或孕育着一定的管理思想。中国是一个具有5000年历史的文明古国，中国管理思想史与中国文明史一样悠久。

根据中国历史发展的轨迹，中国管理思想的发展可分为三个阶段（见图2—1）：中国古代管理思想的形成与发展；中国近现代管理思想的形成与发展；中国当代管理思想的形成与发展。本章将按照此线索介绍各个时期中国管理思想的形成与发展、典型代表及基本特征。

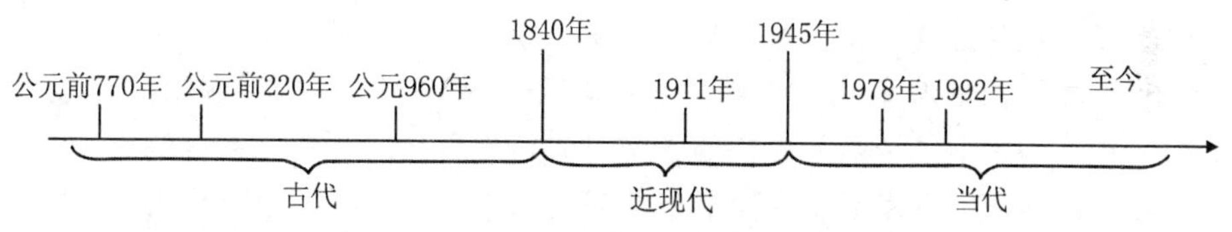

图2—1　中国管理思想发展的三个阶段

第一节　中国古代管理思想

中国是历史悠久的文明古国，有5000多年的文字记载历史。在中国漫长的封建社会中的统治思想，代表着统治阶级中各个阶层的利益，因而表现为贯穿各个历史时期诸家思想流派的杂糅。它们的发展变化，也只能是随着人们的生活条件和社会存在关系的改变而变化。历代皇朝的统治政策，则是这一思想杂糅的统一表现。本节将沿着中国历史的发展轨迹，分析历代管理思想所处的政治背景、经济背景和文化背景，介绍先秦至鸦片战争以前中国古代管理思想。

一、先秦时期的管理思想

先秦是指秦统一六国以前的历史时期。从公元前770年起，直到公元前221年秦始皇统一中国为止，统称为先秦时期。春秋战国时期，作为中国古代社会转型与思想分蘖的"轴心期"，对中国传统管理思想的形成是一个至为重要的节点。在这里，我们以西周时期作为这一社会背景的历史起点。

（一）先秦时期管理思想的形成与发展

西周灭亡后，周平王迁都洛邑，史称东周，社会进入一个动荡时代，开始了春秋和战国时期。春秋时期是中国社会转变的时期，周初分封的各诸侯国日益强大，相反，周王室却因内忧外患，实力大大减弱，"周室衰微，诸侯强并弱"，但还是没有哪个诸侯有实力取代它。于是，各诸侯纷纷打着拥戴周王的旗号，争夺霸主地位，来控制和管理其他诸侯。先后出现了齐桓公、晋文公、宋襄公、秦穆公、楚庄王的"春秋五霸"。随着各诸侯国之间的战争愈演愈烈，小国被吞并，大国得以强盛，出现了秦、楚、齐、燕、韩、赵、魏七大诸侯国——"战国七雄"的出现，标志着历史进入战国时代，这一时期是中国封建社会的形成时期。从春秋五霸到战国七雄，是一个漫长的过程，其间，君王争霸，能臣辅佐，学派争鸣，人们的思想不受约束，只要"持之有故，言之成理"（《荀子·非十二子篇》），任何人都可以发表自己的看法。社会的大动荡和大分裂，却催化了百家诸子思想的形成和各家学说的传播，出现了百家争鸣的局面。

（二）先秦时期管理思想的主要内容

早在西周初年，由伏羲氏与周文王总结概括的《周易》，是中华思想和民族精神的源头所在，是处理人与自然关系的最早管理思想。

系统地说，先秦时期的学派划分有"六家"说（儒、墨、道德、法、名、阴阳）和"十家九流"说（儒、道、阴阳、法、名、墨、纵横、杂、农），而影响较大的主要有儒、法、道、墨四家，是中国传统管理思想的主体部分。在春秋战国时期由于战争频繁，各诸侯国为了在战争中取得胜利，还必须研究和探索战争战略，以孙武为代表的兵家管理思想应时而生。

1. 儒家的管理思想

以孔子为代表的儒家管理思想主要是建立一个西周式的国家，提出"以礼治国”为核心的治国思想，既包含有“国治”的管理思想，又包含有“人治”的管理思想。其主要内容包括：①民本思想。强调管理活动要“以民为本”，重视人的因素，提倡“德治”和“仁政”。②中庸思想。中庸是孔子和儒家管理思想的基础，其本意是讲对事不偏不倚，折中和调和。③人和思想。孔子和儒家主张“礼之用，和为贵”。④义利观。孔子所强调的“义”是指礼仪道德，“利”是指利益（功利）。孔子强调“君子喻于义，小人喻于利”（《论语·里仁》）。这里的君子可以理解为管理者，他们的价值取向应是先义后利、先人后己，而对被管理者的价值取向应是先利，亦所谓“先富之，后教之”。⑤教育观。孔子十分强调因材施教和全面素质，管理者要注意选才和育才。

小知识

在《大学》中仅涉及一个经济问题，即国家财富问题，严格地说，是国家财政问题，而其中“德”是应首先注意的问题。《大学》中写道：“是故君子先慎乎德。有德此有人，有人此有土，有土此有财，有财此有用。”主持国政的“君子”首先要重视“德”，有了“德”则天下的百姓均愿归顺之；百姓多了就会扩充领土和增加财富。

《中庸》一书提出了一个新观点，肯定工业也创造财富。战国时代手工业的巨大发展产生出有关手工业的两种截然相反的观点，一种是反对甚至企图压制它们，另一种是肯定它们的社会职能重要性并予以奖励。《中庸》就是后一种观点的代表。它明确指出：“来百工则财用足”，并将“来百工”作为天下国家的所谓“九经”之一，与修身、尊贤、举废国、继绝世相提并论，足见对手工业的重视。

资料来源：朱家桢．《大学》、《中庸》中的经济思想．中国经济史研究，1991（2）.（经整理）

2. 法家的管理思想

在历史上，先秦法家既包含有“国治”的管理思想，又包含有“生治”的管理思想，对封建地主阶级经济生产关系的产生、国家的统一以及封建中央集权制的建立起过重要的积极作用。主要代表人物有李俚、商鞅、韩非子等，其管理思想归纳为：①“以法治国”的行政管理思想。法治思想的主要内容是严刑厚赏。法家强调富国，却又主张“民弱”、“民贫”、“民愚”等，认为民弱则国强。“故有道之国，务在弱民”，法家以法治国的目的在于通过施展法禁，达到“国强民弱”。②“富国以农”的经济管理思想。法家是极端的重农主义者，他们把农业看成富国的唯一途径，认为农业即国民经济，其重农思想成为法家学派“富国之学”的核心，提出了很多很好的经济管理思想。③“用人唯贤”的人事管理思想。法家提倡用人唯贤的人事管理思想，主张利用人们趋利避害的天性实行赏罚制度，反对单凭个人喜怒好恶用人的人事管理原则。

3. 道家的管理思想

老子是道家学派的创始人。著有《老子》一书，这部书含有丰富的管理思想，既有“治国”，又有“用兵”；既有宏观调控，又有微观权术，是被称为“君王南面之术”的重要著作。春秋战国时期，道家学派的代表人物有老子、庄周、杨朱等。老子的管理思想影响较大，其主要内容有：①无为而治的管理原则——这是老子及其道家管理的最高原则，它具有以下几个明显的特点：其一，适用于一切人的，但首先却是对上层统治者，尤其是对君主的要求。其二，一个普遍适用于任何管理过程的原则，不论是政治管理、经济管理、军事管理或社会文化管理，概莫能外。其三，作为一个宏观的管理原则，意味着国家对私人的活动（尤其是经济活动）采取不干预、少干预的态度，也就是采取放任的态度。②以弱胜强的管理策略——《老子》的“以弱胜强”思想包括以下几项内容：其一，“哀者胜”是以弱胜强的前提。“哀者”是进行正义的一方。其二，“以正治国”是以弱胜强的基础，即要做好内治工作来加强自己的实力。其三，“后动制敌”是以弱胜强的实现，就是“以奇用兵”，其最大的特点是提倡后敌而动，伺机制敌的原则。③善下的用人思想。老子把江海比作领导者，把河流比作众多的人才，“江海之所以为百谷王者，以其善下之，故能为百谷王”。领导者对待人才应该谦下。另外，领导者还要做到“常善救人”，这样才“故无弃人”。

4. 墨家的管理思想

墨家管理思想是针对当时社会的现实问题，站在劝说当权者治国的立场，阐述有关管理问题的，有着丰富的内涵和值得借鉴之处。流传于世的以《墨子》最为著名，其中，墨家强调“尚同”、“尚贤”、“兼爱”、“节用”等主张，是起于下层民间的小生产者社会意识的反映。其论述的主要思想内容有：①民富国强的管理目标。墨子认为，统治者治理国家，“皆欲国家之富，人民之众，刑政之治”（《墨子·尚贤上》）。②兼相爱、交相利的人际管理思想。所谓“兼相爱”就是要求群臣、父子、兄弟都要兼爱，“爱人若爱其身”。同时，墨子又提出了“交相利”的观点，主张人们之间要互利。③尚同的行政管理思想。墨子的尚同思想是高度的集权主义，尚同就是要求百姓上同于天子。④尚贤的用人管理思想。尚贤是指君主能尚贤使能。⑤节用的消费原则。墨子是先秦思想家中主张节俭的最突出代表，其基本观点是：以满足人们的基本需要为标准；以限制上层统治者的奢侈消费为目标；节俭的目的是为了保证劳动者的基本需要和维持小生产者的简单再生产；生财和用财决定国家的贫富；节用是富国富民的主要手段；统治者的奢侈是造成国贫民寡的重要原因。

5. 兵家的管理思想

孙子是兵家最伟大的思想家，他所著的《孙子兵法》思想深刻，理论性强，流传千古而不衰。它的管理价值主要体现在包含有丰富的战略管理、信息管理、人才管理、权变管理等方面的思想。《孙子兵法》作为中国由奴隶制向封建制转变的社会大变革时代的产物，反映了新兴地主阶级的军事管理思想，主要思想有：①人的因素决定胜负的思想。重视军队建设，提出以“智、信、仁、勇、严”作为衡量将帅的标准；“上下同欲者胜”，强调官兵共同目标，团结一致。②“不战而屈人之兵”的思想。这包括采取心理战、政治斗争、外交斗争等手段。但归根结底是以谋略、以智慧去战胜敌人。③预测与决策关系全局。强调“庙算”作为军事决策的重要性，以及战争与政治、经济、外交、天文、地理等各种因素的关系，指出“知彼知己，百战不殆”、“知天知地，胜乃不穷”（《孙子·地形篇》）。④灵活机动的战略战术。“兵无常势，水无常形，能因敌变化而取胜者，谓之神。”“运用之妙，存乎一心”，要根据不同的敌情、我情、天时地利等各种条件，灵活用兵。⑤唯民是保的重民思想。孙子说：“故进不求名，退不避罪，唯民是保，而利合于主，国之宝也。”（《孙子·地形篇》）既要保民，又要利主，把对民众负责与君主负责统一起来。这是战争决策的基点，充分体现了重民思想。

（三）先秦时期管理思想的基本特征

1. 强调人是管理的中心

（1）管理国家应以民为本。“以民为本”的思想在先秦时期管理思想中始终占主导地位。“民为贵，社稷次之，君为轻。”古代思想家充分认识到了民如水，“水能载舟，亦能覆舟”的哲理。

（2）管理者必须“爱人贵民”，儒家主张管理者要关心人，实行惠民政策。

（3）管理的成败在于用人。知人善任是《周易》管理思想中重要的用人原则。

（4）管理者要学会识人之方，作为融合诸子思想的《吕氏春秋》提出了“八观六验”的识人主张，可见，中国先秦时期识人之方已达到相当高超的水平。

2. 注重组织与分工为基础的管理

（1）组织体系层次划分。孔子把人分为不同的等级，孟子从社会角度分为个人、家庭、国家、天下四个层次，修身、齐家、治国、平天下，层层递进。

（2）劳动分工的思想。管子的“四民分业”，强化了士、农、工、商的社会分工，促进行业的专业化。

(3) 明确组织内的相互关系。古代管理思想十分强调明确社会成员的相互关系。荀子认为，君、民之间的关系是“礼法之要枢”，而士、农、工、商四民之间的关系则是“礼法之大分”。

(4) 家庭是最基本的组织形式。儒家和法家的富国富民之学都是把一家一户作为一个单位，以男耕女织的个体农业作为社会生产的基本形式。

3. 倡导农本商末的治国理念

(1) 倡导以农富国。《管子·治国》认为，农业是富国富民的本业，“粟者，王之本是也，人主之大务，有人之途，治国之道也”。

(2) 强调保农限商。商鞅认为，只有从事农业生产的人越多，商贾技巧的人越少，才是富强国家之道，否则，必然导致国家日贫且弱。所以，他决定“令商贾技巧之人无繁”，控制商人的增加。

(3) 主张以农固国。商鞅认为，农民只用安土重迁，才最便于听从朝廷的驱使，平日在家务农，战时应征入伍，使人民保家卫国。

4. 主张重情重义的管理价值观

(1) 重义轻利的价值观。义与利，是关于道德行为与物质利益的问题。孔子主张“见利思义”、“义然后取”，要以合乎社会法律、道德规范的原则，用正当的手段去获取利益。

(2) 义利兼得的价值观。墨子主张“义，利也”、“兼相爱，交相利”，强调义利并重。

(3) 突出品德对人的影响。

5. 重视运用计谋实现管理目标

(1) 以谋取胜利为上策。《孙子兵法》强调以谋略去战胜敌人。“上兵伐谋”，第一流的将帅是胜人以谋略，而不是单靠攻城略地的武力。

(2) 强调权变观念。《易经》的主导思想就是一个变字，“为变而适”。

(3) 思先于行的管理思想。

二、秦朝至唐朝时期的管理思想

秦朝至唐朝时期是指从公元前 221 年秦王朝建立开始到公元 960 年宋朝建立为止，中国出现人类生产力发展的第一次高峰。管理思想随着经济的崛起和政治的成熟化而得到空前发展，并且不断制度化。

(一) 秦朝至唐朝时期管理思想的形成与发展

从中国管理思想的历史轨迹看，秦朝至唐朝时期的管理思想属于管理思想的发展时期，这当中可分为秦汉、三国两晋南北朝与隋唐三个阶段。

秦汉是这一时期管理思想发展的重要阶段。秦始皇统一中国后，建立了中国历史上第一个高度集中的封建政权。秦始皇为巩固政权所采取的集权管理措施，包括政治集权、经济集权、文化集权的管理措施，为历代封建王朝所沿袭。汉承秦制，不仅实行高度集权的政治管理和军事管理，而且还通过对金融的控制来调节市场，控制粮、铁、盐、酒等关系国计民生经济命脉的行业，形成全国的经济调控系统。

三国两晋南北朝时期中国处于长期分裂状态，战争频仍，社会混乱，管理思想也相对停滞不前，但还是涌现了不少政治家、军事家，如曹操、诸葛亮等，他们在治国、治军等方面有不少成功之处。另外，随着农业生产的发展，出现了以《齐民要术》为代表的农业经营管理专著。

隋唐是这一时期管理思想发展的又一重要阶段。隋唐重新统一全国，唐朝把中国封建王朝推向顶峰，中国传统管理思想也得到了充分发展。既有隋文帝、唐太宗、武则天等君主的杰出治国方略，又有刘晏、杨炎等大臣的卓越管理韬略。佛教自印度传入中国后，经过逐渐适应，缓慢流传，到东晋十六国时趋于繁荣，南北朝出现了众多的学派，隋唐时更是形成了八大宗派，至此佛教进入了鼎盛阶段。

（二）秦朝至唐朝时期管理思想的主要内容

1. 行政管理思想

秦始皇统一中国后，建立了中国历史上第一个高度集中的封建政权，组成中国政府，三公九卿分工明确，各司其职，共同对皇帝负责。设地方机构时，否定分封制，推行郡县制，郡县长官均由皇帝任命。“汉承秦制”又略有改进：建立新的选官制度，用“察举”、“征召”的办法选拔人才；沧州刺史制度，加强中央集权。隋唐时期进一步发展，隋文帝在推行三省六部制和精简地方行政机构的同时，还创立了科举制度；唐太宗建立了议事制度，推广和完善隋朝所创的科举制度，组织编纂了“贞观唐律”。

2. 经济管理思想

这一时期，以实行封建国家对经济的干预和控制的经济管理思想占主导地位。

秦朝施行统制经济政策，重大的经济命脉由国家控制，主要表现在：一是统一，在全国范围“车同轨，书同文，行同伦”。二是强制，严刑峻法。西汉时期统治者吸取秦亡的教训，实行“与民休息”的经济政策。到汉武帝时期，由于民富国强，又执行了干涉经济的政策，由国家控制主要经济命脉，如铁、盐、运输、物价等，控制铸造、数量、投放、管理之权，并打击富商大贾。

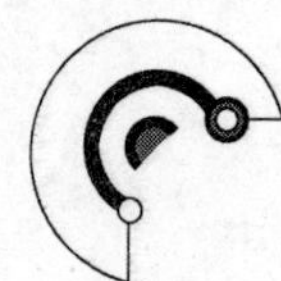

3. 军事管理思想

这一时期战争频繁，战争规模扩大，长期的战争实践，造就了一批杰出的军事家，曹操、诸葛亮就是典型代表。曹操的军事管理思想突出表现为，在指导战略时，选择发展战略；在实施战略时，采取应变战术。诸葛亮的军事管理思想主要表现为审时度势的战略决策思想，《隆中对》就是成功的战略决策范例。

4. 文化管理思想

这一时期的文化管理，为了适应政治上、经济上的集权管理，也主要表现为文化集权管理。秦始皇首先推行文化集权管理，统一文字，统治思想。汉武帝时，为了适应政治上的大一统，采纳了董仲舒的"罢黜百家，独尊儒术"的主张，从此儒家思想成为中国封建社会的正统思想。隋唐时期国家的强盛、社会的安定、物质生活的优裕，为文化繁荣创造了有利条件。隋唐推行科举制，给中下层地主知识分子打开了进仕之路。统治思想也趋于开放，儒、道、释三家和平共处，思想界比较活跃和自由。

（三）秦朝至唐朝时期管理思想的基本特征

1. 确立了中国传统管理思想体系

战国末期百家争鸣的思想在秦时得以统一。自秦始皇建立了中国历史上第一个高度集权的国家之后，法家管理思想在专制中央集权体制下得到了充分的实践和发展，强调"以法治国"。而后在经过了秦末农民起义和楚汉战争后建立起来的汉王朝，道家黄老的"无为而治"应势而生，社会关系和社会经济得以改变，到了西汉武帝时期，采取了董仲舒"罢黜百家，独尊儒术"的建议，形成了以《公羊》学为主，糅合阴阳家、法家、道家等杂家的新式儒学，进而形成了"霸王道杂之"的管理思想，成为了历代统治者治国的固定管理模式。儒家经学的发展成为了两汉管理思想的主流，东汉时期更将经学以法典的形式确立下来，将儒家的礼治思想同王朝政治相结合，形成了儒家正统管理思想体系。三国两晋南北朝时期，中国处于长期分裂状态，战争频繁，社会混乱，儒学一度衰退，继而兴起的玄学、佛学、道家等思想得到了发展的空间，还有以《齐民要术》为代表的农业经营管理专著，重新形成了社会文化管理思想多元化的蓬勃发展。随着隋唐的重新统一，唐朝的统治者重新构建管理思想体系，利用宗教的社会影响力，服务于王朝的政治巩固，形成了儒、道、释三家杂糅的管理思想体系。

2. 实现了管理思想的制度化

秦汉至隋唐时期既建立了专制主义中央集权体制为目标的行政管理思想，实行封建国家对经济干预和控制的经济管理思想，形成了丰富的军事战略管理思想和集权式的文化管理思想，又实践了选贤任能的用人思想和礼法相济的管理原则，严情结合的管理手段等，对先秦时期形成的管理思想实行制度化，进一步发展了专制的集权管理制度，通过官制、吏制、科举制、土地制度和赋税制度等使之成为定式，并不断发展完善。这一阶段管理思想理论相当丰富，包括秦始皇的集权管理思想、汉高祖无为而治的管理思想、汉武帝有为而治的管理思想、桑弘羊的经济管理思想、贾思勰的农业经营管理思想以及隋文帝的政治管理思想等，随着唐朝达到封建社会的鼎盛时期，中国传统管理思想的发展开始走向又一个高潮，出现了以唐太宗和武则天为代表的治国管理思想。

三、宋朝至前清时期的管理思想

宋朝至前清时期是指从公元 960 年至 1840 年中英第一次鸦片战争之前。这一时期，虽然社会仍在继续发展，但封建社会已从顶峰下滑，各种矛盾日益尖锐，封建王朝的统治受到严重威胁。这一时期管理思想相对于秦汉到隋唐时期的管理思想没有实质性的变化，只是对管理制度进行了部分的调整和变革。

（一）宋朝至前清时期管理思想的形成与发展

宋元时期，封建社会开始逐步走向衰落。为挽救封建统治的危机，统治者主张在不触动封建制度的前提下自上而下地做某些调整变革。北宋初期范仲淹推行的“庆历新政”，北宋中期王安石实行的变法所反映出来的管理思想就是杰出的代表。元朝是蒙古族建立的政权，耶律楚材的“以儒治国”思想有利于缓和民族矛盾、巩固统一的封建政权。到了明朝和前清时期，中国封建社会已经进入衰落时期，封建制度的各种矛盾充分暴露。明朝后期张居正改革的勇气相当大，提出了一批具有进步意义的有关行政管理、经济管理和军事管理等方面的一系列改革纲领。明末清初三大思想家黄宗羲、顾炎武、王夫之以及清朝皇帝康熙、雍正都提出了不少独到而深刻的管理主张。

（二）宋朝至前清时期管理思想的主要内容

在宋朝至前清时期的管理理论及管理实践中的发展过程中，产生了许多有代表性的管理思想，其中以王安石、忽必烈、朱棣、康熙、雍正和乾隆的管理思想最为典型。

1. 王安石的经济管理思想

王安石认为，民不富则国不强，应发展生产，减轻负担，抑制兼并。他提出，靠天下的力量以生天下之财，人尽其力，取天下之才。他制定推行的变法中，农田水利法、青苗法、免役法等都起到了减轻农民负担，保护农村生产力的作用。王安石主张，抑制兼并，缩小贫富差距，变通天下之财，进行赋税改革。在工商税方面，他主张首先促进商品流通的发展，认为只有流通渠道畅通，工商税收才会增加。

2. 忽必烈的管理思想

忽必烈是成吉思汗之孙，元朝的始皇帝，他的管理思想涉及教育方面、宗教方面、军事方面。①教育管理思想方面，忽必烈认为“三纲五常”等儒家思想有利于他君临天下，大力倡导学习儒家文化和传播儒家思想。他创设诸路提举学校官，选拔博学老儒，儒学思想迅速普及全国各地，培养了大批儒学人才。②宗教管理思想方面，忽必烈面对其统治区域辽阔，境内民族众多，各民族风俗习惯、思想意识、宗教信仰各不相同的情况，采取了各种思想兼容并蓄的政策。③军事管理思想方面，他主张政治与军事并用，战抚兼施，注重兵力，避免两线作战；善于运用远程奔袭、迂回、围歼以及步兵、骑兵、水兵、炮兵联合作战等战法，夺取胜利。他认为兵民是国家之大本，十分重视军队的建设和加强中央集权。主张布扬威德、赏罚公而不滥、号令必须执行。

3. 朱棣的儒教统治思想

朱棣即明成祖，即位后年号永乐，世称永乐皇帝。朱棣所标榜的儒家政治思想主要表现在以下几个方面：①敬天法祖。②保民如赤子。朱棣认为，统治者要维持自己的统治地位，就要实施仁政，仁政就要爱民保民，让百姓得到温饱，减轻其徭役。③制礼作乐，明刑弼政。朱棣认为礼可以维护社会等级的秩序，同时乐可以陶冶人的情感，使百姓安宁，同时还需要利用教化使天下臣服，利用法律约束破坏秩序的人。④养士择贤听谏纳言。朱棣认为，治国需要贤才，用人要选贤才，对于选择的贤才要充分发挥作用，即人尽其才。

4. 康熙、雍正和乾隆的管理思想

清前期的康熙、雍正和乾隆的管理思想表现在以下几个方面：①“大一统”思想。他们作为中国少数民族出身的君主有一个十分可贵的“大一统”的观念。雍正说：“我朝肇基东海之滨，统一中国，君临天下。所承之统尧舜以来，中外一家之统也，所用之人，大小之武，中外一家之人也，所行之政，礼乐征伐，中外一家之正也。”他们突破了大汉族自我优越的民族观，摈弃了儒家传统观念中蔑视边疆地区少数民族的狭隘偏见，把中国看成包括中原腹地和广阔边疆的“大中国”。②提倡实践和创新。康熙和雍正都尊重实践，通权达变，勇于创新。如康熙创行的御门听政制度等和六次南巡，雍正王朝时期实行的“提解耗羡”、“摊丁入亩”是较有影响的赋税改革制度。

（三）宋朝至前清时期管理思想的基本特征

1. 管理思想的基调是以“民”为本

宋太祖以“杯酒释兵权”和平方式取得兵权，通过减轻赋税和徭役，妥善安置百姓，发展农业生产、兴修水利等管理实践来践行他的“以民为本”的管理思想。乾隆说：“民为邦本，庶富相因，但令小民于正供之外，留一份盈余，即多一份继续，所谓‘藏富于民’，‘百姓足，君孰与不足’者此也。”以民为本，其目的在于巩固皇权。

2. 以儒家思想为主体的治国思想

宋朝至前清时期的管理者和思想家，都推崇儒学，是虔诚的儒学弟子。忽必烈倡导儒学，正人心，讲道德，保证国家稳定。朱棣称儒学为国家之治首事，不能认为它过于迂缓不切之务。清朝皇帝以“敬天、法祖、勤政、爱民”为凛然恪守的家法。这些对传承中国文化，规范人们的行为习惯，稳定社会起了一定的作用。

3. 突出了“以农为本，富民兴邦”的治国理念

农业作为决定国家命脉的支柱产业，纵观宋朝至前清的历史，历朝历代的统治者无不重视农业的发展，“以农为本”一直是封建王朝的执政理念。忽必烈即位之初就首诏天下，强调国应以民为本，民应以衣食为本，衣食以农商为本。康熙帝强调以农为本，敬农、重农、悯农、恤农、爱农、务农。先农坛、耕织图、丰泽园和御瓜圃曾是清代农耕文明辉煌发展的“推进器”。

第二节 中国近现代管理思想

1840 年爆发的第一次中英鸦片战争，揭开了中国近代史的序幕。从中国管理思想的历史轨迹看，近代时期的管理思想属于管理思想的融合时期，可分为晚清时期与民国时期两个阶段。本节将沿着中国近代的发展轨迹，分析其管理思想所处的政治背景、经济背景和文化背景，介绍中国近现代管理思想。

一、晚清时期的管理思想

晚清时期大致指从鸦片战争（1840）到辛亥革命（1911）以前的一段时间。由于西方资本主义列强的入侵，中国社会由封建社会逐步转变为半殖民地半封建社会。这一时期中国管理思想的转变过程，也是从一些先进人士向西方国家寻找真理的过程。

（一）晚清时期管理思想的形成与发展

在两次鸦片战争之后，面对丧权辱国的不平等条约，中国人认为是由于西

方军事力量比中国强大，因而认为只有学习和引进西方的军事技术才可以强国，并把“求强”作为奋斗目标。后来，王韬和郑观应等人批判了这种看法的片面性，认为这种看法颠倒了富和强之间的关系，并提出“先富而后强”的管理目标。在管理模式方面，甲午战争前主张“保商”，即允许、鼓励商民按资本主义方式投资经营新式工业和商业，并由国家实行一定的保护和进行调整，以利于保护在发展之初处于弱势，而外部环境十分恶劣的私人工商业。但是，后来由于洋务派的官僚也打着“保商”的旗号进行垄断，牢牢地把经营权控制在手中。针对这种情况，郑观应和王韬等人痛斥“官督商办”，并向清政府提出了宏观保护和调控的要求。

（二）晚清时期管理思想的主要内容

晚清时期，不同的阶级派别有各自的主张，地主阶级改革派是向西方寻求救国真理的先驱，并作了对西方管理思想引进的最初尝试；洋务派提出以“自强”、“求富”为管理目标的主张；资产阶级改良派推出建立资产阶级君主立宪制国家的改革措施；资产阶级革命派提出以“三民主义”为特征的宏观管理思想。

1. 魏源的管理思想

魏源编写了我国近代第一部系统介绍世界历史、地理的专著——《海国图志》，探讨中国在鸦片战争中失败的原因，提倡“师夷长技以制夷”，是中国管理思想上承前启后的人物。他的管理思想主要包含：①对传统管理思想提出不同见解：其一是对传统的“重本抑末”观点提出新的解释，他认为农业是“本”，商业是“末”，但从当前情况看，应先货后食，也就是先商后农。这是一个重大的突破。其二是对传统的“黜奢崇俭”观点提出新的解释，他认为对于较为富有的中小地主和商人，则主张允许和鼓励他们一定程度的“奢”。其三是对漕运、盐政和赋税管理方面主张改革，他提出，改河运为海运，改官运为商运。②借鉴西方先进的管理思想。其一，在“师夷”的口号下，提出了移植西方新式工业的主张。其二，在对外贸易上，运用了“贸易差额”的分析。

2. 曾国藩的管理思想

曾国藩对“乾嘉盛世”后清王朝的腐败衰落，洞若观火。他认为：“吏治之坏，由于群幕，求吏才以剔幕弊，诚为探源之论。”基于此，曾国藩提出了他的管理思想：①人力资源方面，他主张“行政之要，首在得人”，危急之时需用德器兼备之人，要倡廉正之风，行礼治之仁政，反对暴政扰民。②财政经济管理方面，他认为，理财之道全在酌盈剂虚，脚踏实地，洁己奉公，他还重视农业，“民生以事为先，国计以丰年为瑞”。他要求“今日之州县，以重农为第一要务”。③中西邦交方面，一方面他十分痛恨西方人侵略中国，另一方面又不盲目排外，主张向西方学习其科学技术。④军事管理方面，他提出“用兵动如脱兔，静如处子”，主客奇正之术，“先自治，后制敌”等战略战术。

3. 康有为的管理思想

康有为与千名会试举人联名上书朝廷，发动了著名的“公车上书”，并得到了光绪帝的支持，实行了维新变法。但由于以慈禧太后为代表的反动势力的破坏和镇压，维新运动失败了。康有为的管理思想主要表现为三个方面：①主张君主立宪，改革管制的行政管理思想。认为，只有实行了君主立宪，解决了根本问题，其他各方面的变法才能次第实现，才能使中国免于灭亡而走上富强独立的资本主义道路。②提出“富国”、“养民”发展资本主义经济纲领的经济管理思想。其中，富国之法包括钞法、铸银、铁路、机器轮舟、开矿、邮政六项纲领，养民之法包括务农、劝工、惠商、恤农四项纲领。③废八股改策论，兴办近代教育的文教管理思想。指出，“今群臣济济，然无以任事变者，皆由八股致大位之故”，改革科举制度，在保留原来考试制度的前提下，改革考试内容，以策论取士。另外，兴办近代教育——新式学堂。开办京师大学堂，各地建中小学堂，构成大中小学为一体的崭新的教育体系。

（三）晚清时期管理思想的基本特征

鸦片战争之后，中国社会由封建社会逐步转变为半殖民地半封建社会，社会性质发生了重大变化，经济管理思想领域也产生了很多的变化，从本质上说是中国几千年历史文化沉积的产物，是西方文化撞击下的中国古代管理思想的延伸和发展。但中国近代并未形成自己具有时代特色的比较成熟的管理思想，只是有一些处于转变时期新旧变化、新旧交替的管理思想。①近代经济管理思想反映了部分商人、地主以及官僚等人向新式工业投资的强烈愿望和要求。“先富后强”成为这一时期国民经济管理的总目标。②改革事业家希望在清政权下通过“变法”（自上而下的改革），使国民经济的管理同发展资本主义经济的需要相适应。

二、民国时期的管理思想

民国时期是指从辛亥革命（1911 年）到中华人民共和国成立（1949 年）以前的这一段时间，基本属于中华民国时期（其间发生过军阀混战，并出现了共产党领导的革命政权及其根据地）。

（一）民国时期管理思想的形成与发展

1911 年，中国爆发了资产阶级民主革命，即辛亥革命。虽然“三民主义”是在辛亥革命之前提出，但是它主要是在辛亥革命爆发以后的民国时期发挥作用，故把“三民主义”放在民国时期。同时，由于辛亥革命促进了资本主义经济发展，又由于第一次世界大战期间帝国主义放松了对中国的侵略和控制，中国民族资本主义企业发展的步伐加快，并形成了势力颇大的民族资产阶级企业家群体。这一时期最具特色的管理思想就是民族资产阶级企业家的企业经营管理思想，其代表人物有张謇、穆藕初、荣宗敬和荣德生、刘鸿声等，他们在引进西方科学管理思想的同时，又运用中国传统管理思想，将两者融合起来，创造出中国特色的近代民族资产阶级企业经营管理模式，这种模式至今仍有十分宝贵的参考意义和借鉴意义。

（二）民国时期管理思想的主要思想

1. 孙中山的管理思想

孙中山是中国近代民主革命的伟大先行者。其管理思想主要表现在：①行政管理方面，他提出“三民主义”，即民族主义、民权主义和民生主义。民族主义是将民族革命与政治革命结合起来，进行民族解放运动。孙中山还提出“五族共和”的民族政策，指出“国家之本，在于人民。合汉、满、回、藏诸地方为一国，是曰民族之统一”。孙中山的民权主义思想，与资产阶级共和国理想紧密关联。他实行革命，是为了推翻满清王朝，然后建立国民政府，“凡为国民皆平等以有参政权”。②社会经济管理思想。孙中山的民生主义，是他的社会改革纲领。民生主义的核心是解决土地问题，即“平均地权”。利用地价变化的差额，核定地价，用土地税收均衡贫富。再进一步，随着工业的发展，节制资本，以国家经营重大产业为基础，消除垄断资本的社会弊端。

2. 张謇的管理思想

张謇是中国近代一个重要的民族资本集团（大生集团）的首领，是中国近代民族资产阶级上层的典型代表人物。他白手起家，几经奋斗，终于取得了成就。他在经营企业的实践中，不断地对中国国民经济的管理问题和企业的经营管理问题进行探讨，总结经营，逐渐形成了一套管理思想，其主要内容有：①利润的积累是企业生存发展的一个重要前提。认为利润的积累是工商业的命脉，在经营中占重要地位。没有利润的积累，那么企业生产技术水平的提高、机器设备的更新以及生产规模的扩大都无从说起。②成本管理思想。认为成本是产品价格的决定性因素，它直接关系到企业的经营效益和利润水平，所以成本管理在企业管理中处于十分重要的地位。③供销方面的管理思想。认为企业的再生产过程表现为产、供、销几大环节，生产环节固然重要，然而供、销两个环节也关系到企业的生死存亡，因此企业管理应重视供销管理。④人事管理思想。张謇深知封建社会人浮于事的人事制度的弊端，反对因人设官的做法，他制定了一系列的人事管理制度，如岗位责任制，定期对各方面的工作进行检查等。⑤文化管理思想。张謇在企业管理中，比较重视人的作用，在企业中提倡“仁、义、礼、信”等规范，重视儒家的道德规范主张，以诚信对待顾客和竞争对手，是一个讲诚讲信的儒商。

（三）民国时期管理思想的基本特征

民国时期形成了势力颇大的民族资产阶级企业家群体，而这些实业家的崛起是中国特定历史时代的产物，他们的管理思想已渗入了资本主义的因素。①外国资本主义和清朝政府对中国民族资本主义企业的压迫，阻碍了民族资本主义经济的发展，为此，民族企业家进行了坚决的斗争、揭露和抨击。②中国民族企业的企业家善于运用自己的优势，创造名牌产品。首先，中国近代民族企业有在国外经济侵略的威胁下求生存、求发展的决心和毅力；其次，尽量利用自己的资源、市场和优势发展企业；最后，重视创新和科技的作用，舍得为科研投资。③中国民族企业家善于采用“避实就虚”的战略技术，从而能在国外经济列强的压迫下求得生存和发展。

第三节　中国当代管理思想的新发展

中华人民共和国成立以后，国内政治局面稳定，中国管理思想的研究重心转向企业管理。初期，我国企业一方面学习和引进苏联的管理模式和管理学，另一方面也总结出许多有中国特色的企业管理经验和模式。但中国管理思想发展的真正春天是在1978年以后，是以中国改革开放、高速工业化进程为背景的。尤其是进入20世纪90年代，随着我国市场化、工业化和国际化进程的不断加快，无论是管理创新实践，还是以探索市场经济条件下管理活动规律为己任的我国管理学学术研究，都获得了很大发展。本节将沿着中华人民共和国成立以来管理学的发展历程，分析不同时期的经济社会背景、管理实践创新，介绍新中国管理学。

一、计划经济时期的管理思想

从1949年新中国成立到1978年中共十一届三中全会召开之前的这段时间，我国企业管理学从无到有，逐步建立。企业理论的发展在这一时期可以分为三个阶段，即学习借鉴苏联阶段、开始探索建立中国社会主义企业理论阶段和“文化大革命”的停滞阶段。1960年，毛泽东批示“鞍钢宪法”。1961年，

《国有工业企业工作条例草案》(《工业七十条》)颁布。1958年前后和1969年，我国曾前后进行过两次大的企业改革尝试，在一定程度上扩大了企业的自主权限。

(一)计划经济时期管理思想的形成与发展

20世纪50年代，经过民主改革和生产改革，我国建立起基本的社会主义工业体制和企业制度之后，在政府经济管理部门的统一部署下，全国范围内全面地、系统地引进和推行苏联的企业管理制度和方法。此时企业管理的核心是严格计划指令下针对生产环节的生产型管理。20世纪六七十年代，企业管理主要是探索我国自己的企业管理道路，创建有中国特色的现代企业管理理论体系。1960年3月，毛泽东在鞍钢经验的基础上提出中国企业管理的“鞍钢宪法”，并给予高度的评价。1961年9月颁发了《国营工业企业工作条例草案》简称《工业七十条》。企业管理实践表明，企业管理制度和方法比“一五”期间大大地前进了一步。遗憾的是，由于“文化大革命”，我国开始形成的企业管理理论和方法遭到了破坏，全盘否定企业管理，造成了管理界的思想混乱。

(二)计划经济时期管理思想的主要内容

1. 20世纪50年代：全盘学习苏联管理模式

1953年，我国开始执行第一个五年计划，进入了大规模经济建设时期。国家集中了大量的人力、物力和财力，兴建156项重点工程。同时，开始全面地、系统地引进苏联的企业管理制度和方法。这套制度和方法的主要内容包括实行计划管理，推行生产作业计划，建立生产责任制度；实行技术管理，推行生产技术准备工作，制定技术标准、劳动定额、质量检查等制度；实行经济管理，建立经济核算制；进行干部、工人培训；实行各尽所能、按劳分配；建立、健全生产指挥系统和管理机构；等等。但是，在学习苏联企业管理经验的过程中也出现了对一切不加分析、照抄照搬的问题。

2. 20世纪六七十年代：探索适合中国国情的管理学

(1)“鞍钢宪法”。这一时期企业管理理论的典型代表，其主要内容要点是：“坚持政治挂帅，加强党的领导，大搞群众运动，两参一改三结合，大搞技术革新和技术革命”，1960年3月，毛泽东在《中共中央批转鞍山市委关于工业战线上的技术革新和技术革命运动开展情况的情况报告》的批示实际上包括了三个方面的内容：①政治挂帅，群众性技术革命，这是企业的指导思想。②不同于党委领导下的厂长负责制，这是企业的领导体制。③“两参一改三结合”，即干部参加集体劳动，工人参加企业管理，改革不合理的规则制度，在生产、技术、管理等改革和改进上实行领导干部、技术人员和工人相结合，这是企业的管理制度。“鞍钢宪法”是探索社会主义工业化道路的重要尝试，集中体现了当时中国经营工业企业实行民主管理和科学管理的合理要求。另外，“鞍钢宪法”在很大程度上是“大跃进”时期管理思想的反映，带有强烈的意识形态和政治色彩，其诞生和推广在更大的程度上是为了满足当时的政治需要，是“大跃进”时期政治运动和“群众路线”的产物。

(2)《工业七十条》。1961 年 9 月 16 日，中央组织了企业管理调查组，通过对北京第一机床厂等企业的系统调查研究，制定了《国营工业企业工作条例（草案）》（《工业七十条》）。这个条例明确提出了国营工业企业的性质和基本任务，规定了企业与国家的相互关系，同时强调，在企业管理中要解放思想，破除迷信，又要尊重科学，按照客观经济规律和技术规律办事；既要实现党委集体领导，又要建立以厂长为首的统一的生产指挥系统；既要依靠群众，走群众路线，又要建立责任制，严肃劳动纪律；既要加强思想政治工作，实行精神鼓励，又要贯彻按劳分配原则，实行物质鼓励。《工业七十条》是新中国成立以来我国第一部关于企业管理方面的章程，是当时克乱求治、整顿工业企业和改进企业管理方面的重要文件。它系统地总结了新中国成立以来在领导国营企业方面的经验、教训，从当时的实际情况出发，提出了企业管理工作的基本指导原则，对企业管理的法制建设工作做了有益的探索。它在我国的企业管理和管理理论的发展上有着重要的意义，是在计划经济体制内科学管理对主观蛮干的一次拨乱反正，它的颁布试行，对于贯彻执行调整、巩固、充实、提高的方针，恢复和建立正常的生产秩序，促进生产力的发展，发挥了重要的作用。

（三）计划经济时期管理思想的基本特征

1. 高度集中经济管理体制下的生产导向型管理理论

这一时期，企业缺乏基本的自主经营管理权。对于在数量上、规模上和功能上占绝对主导地位的国有国营企业而言，任何管理制度的变动和管理方法的引入，几乎都是由政府经济主管部门通过发文件、抓推广、促落实、勤检查的行政计划和命令方式，从上而下地统一部署、一致行动地进行，甚至成为在国家层面上有中央政府推动的某种群众性活动，从而形成了高度集中型经济管理体制，其企业管理理论的基本特征是，企业管理只注意研究企业内部的生产管理，而几乎不研究企业外部的流通领域，形成了生产型的管理理论。

2. 管理学借鉴和发展了苏联模式

为适应“一五”大规模建设的需要，在全国范围内全面地、系统地引进苏联的企业管理制度和方法，工业企业管理中推行苏联的“一长制”模式和“马钢宪法”，使我国的企业管理开始进入科学管理的轨道。

小知识

"一长制"：苏联经济和行政部门的一种重要管理原则和领导方法，即授予国家机关和企业事业领导人履行职责所必需的广泛权力，同时规定其对工作结果应负的个人责任，目的是为了加强机关和企事业单位的管理，把领导者管理的坚决性和群众参加管理协调地结合起来。

"马钢宪法"：指以马格尼托哥尔斯克冶金联合工厂经验为代表的苏联一长制管理方法，其特点是：实行"一长制"；搞物质刺激；依靠少数专家和一套繁琐的规章制度，冷冷清清地办企业；不搞群众性的技术革命。与强调要实行民主管理，实行干部参加劳动，工人参加管理，改革不合理的规章制度，工人群众、领导干部和技术员三结合，即"两参一改三结合"的制度相对立。

3. 企业管理理论重视民主管理

从新中国企业管理破旧立新阶段到社会主义建设阶段，民主管理始终成为我国企业管理理论的一个重要特征。新中国成立时，要改变旧社会不合理的企业管理方式，让人民真正成为企业的主人，参与管理企业。中共八大提出在企业中实行党委集体领导下的厂长或经理负责制，又决定在企业中推行党委领导下的职工代表大会制，加强民主管理。

4. 管理学发展具有鲜明的时代特色

新中国成立以后，我国的企业管理首先经历了民主改革和生产改革，建立起基本的社会主义工业体制和企业制度；其次，在政府经济管理部门的统一部署下，全国范围内全面地、系统地引进和推行苏联的企业管理制度和方法，其核心是严格计划指令下针对生产环节的生产型管理；最后，逐步建立起中国自己的企业管理学体系。

二、企业转型时期的管理思想

从中共十一届三中全会（1979 年）后到中共十四届三中全会（1992 年）前，企业管理实践和理论处于转型时期。这一时期，通过企业"集体"学习，重新普及企业管理知识，使企业管理回到正确的轨道上来。大量西方先进管理思想和科学管理方法的引入和介绍，使中国企业管理工作者拓展了视野，明确了追赶目标。特别是 1984 年邓小平同志视察南方后，外资企业开始进入国内，国有企业改制加快了步伐，一批本土企业成长起来。相应的，企业管理学也恢复起来，并在学习和模仿西方企业管理理论的基础上进行了自己的探索。

（一）企业转型时期管理思想的形成与发展

粉碎“四人帮”以后，各项工作百废待兴，中共中央很快提出对企业管理工作进行恢复性整顿的任务。1978 年 7 月，中共中央制定了《关于加快工业发展若干问题的决定（草案）》即《工业三十条》，为企业的科学管理提供了正确的政策依据。同年 12 月召开的中共十一届三中全会号召全党、全国人民把工作重心转移到社会主义现代化建设上来，“现在我国经济管理体制的一个重要缺点是权力过于集中，应该让地方和工农企业在国家统一计划的指导下有更多的经营自主权”，“扩大企业自主权，并且把企业经营好坏同职工的物质利益挂起钩来”。为了贯彻落实中共十一届三中全会精神，1979 年 4 月的中央工作会议提出了“调整、改革、整顿、提高”的方针。党中央又于 1982 年初作出了《关于国营工业企业进行全面整顿的决定》，要求从 1982 年起，用两三年的时间，有计划、有步骤、点面结合、分期分批地对所有国营工业企业进行全面的整顿工作。同期，中共中央、国务院颁发《国营工厂厂长工作暂行条例》，提出企业管理的基本原则是党委集体领导、职工民主管理、厂长行政指挥。另外，政府和理论界在企业管理理论和学科的恢复与建设上做了许多卓有成效的工作：①我国的专家学者赴日本、美国考察，学习日、美企业管理的理论和经验。②国家经委和有关组织连续举办多次企业管理现代化座谈会和经验交流会。1985 年底，全国范围的企业全面整顿工作圆满结束，企业管理工作的重点开始全面转向企业管理现代化。

（二）企业转型时期管理思想的主要内容

1. 企业管理模式从生产型向生产经营型转变

中国企业制度的变革是从扩大企业自主权着手的。扩大企业自主权是中共十一届三中全会后企业改革的重要内容。在整个 20 世纪 80 年代的改革开放中，企业改革是先行的。1984～1993 年的国企改革指导思想是两权分离，广义上的产权改革，也从这一阶段开始。1978 年第四季度，四川省首先在 6 个地方国营工业企业进行试点。从 1979 年起试点企业不断扩大。随着企业扩权试点的发展，人们更多地遇到经济责任方面的问题。于是，改革又逐步向经济责任制方面扩展，对分配制度、劳动制度进行改革，并取得了不同程度的效果。工业经济责任制是在经济体制改革中出现的一种把企业和职工的经济利益同其承担的经济责任、实现的经济效益和劳动成果结合起来的经营管理制度。它既是经济体制改革的产物，也是企业管理的进步，是企业从生产型管理走向生产经营型管理的开端。

2. 引进和学习国外先进管理经验与方法

我国企业管理理论在这一阶段之所以有了长足发展，还得益于及时引进、消化、汲取了国外许多新的管理理论。我国的企业开始接触并学到了一些国外的先进管理经验和现代管理方法，并加以借鉴应用，取得了较好的效果。一些世界著名跨国公司如可口可乐、日本松下、摩托罗拉、肯德基等进入中国投资，使中国企业直接感受到经营管理上的巨大差距。这个时期的标志性事件是“全面质量管理”在中国的倡导和推广。这是中国的企业与国际先进管理理念和方法的第一次“亲密接触”。对于刚刚打开大门看世界的中国厂长、经理，“全面质量管理”无疑是中国企业接受管理现代化教育的第一堂启蒙课程，新鲜而且富于成果。从此，企业现代管理提上日程。与此同时，外企也逐渐感受到管理本土化的重要性。

（三）企业转型时期管理思想的基本特征

从计划经济向市场经济的转轨，从封闭状态向开放状态的过渡，对任何一个中国企业意味着一种全局性的本质变化，在这一变化过程中充满着机遇和挑战。我国企业管理理论也在引进国外管理理论的同时，开始了一些探索。

1. 企业管理模式从生产型转为生产经营型

随着企业体制和市场环境的变换，企业的管理活动不再局限于生产制造环节，而是面向市场适应整个运行环境的变换，从单纯的生产管理转向生产经营全过程的管理。企业领导人也开始承担全面的领导责任，不仅是过去只负责生产，而且要寻找市场，负责企业全面的经营管理。

2. 管理学发展的主流是追踪、学习、模仿

这一时期是中国企业管理科学化进程中的全面学习模仿阶段。与之前单纯学习苏联管理理论和方法不同，不论是政府还是企业，都敞开胸怀，大胆学习和借鉴日本、美国和欧洲等国家的企业管理理论的方法。尤其是在具体的企业管理活动中，操作性、流程性的西方科学管理方法和技术是完全可以借鉴并采用的。

3. 管理学发展以国有企业为主角，产权理论成为这一时期管理理论的主要内容之一

在这一阶段，国有企业仍然是我国企业的主体，因此企业改革仍然以国有企业为主角。特别是 1984 年邓小平视察南方后，以国有企业扩权让利、承包经营责任制、利改税和拨改贷等为主要内容的企业改革是体制改革的中心环节，伴随企业体制改革而推进的管理科学化、现代化也主要是围绕国有企业展开。相应地，企业产权改革理论成为这一时期企业管理理论的主要内容之一。

4. 政府倡导、推动仍然是管理学发展的主要方式

政府经济主管部门在促进企业管理科学化实践中继续起着主导作用，企业管理变化是强制性和准强制性的。政府发布相关文件，统一规范和步骤，企业全面推广实施是管理科学化实践的基本路径。先进管理方法的引进、实施，往

往由政府通过选择试点→总结经验→树立标杆→普及推广的模式予以推进。针对这一阶段以国有企业为主的企业改革、发展和管理现状，这样的企业管理科学化推动模式是卓有成效的。但是，也反映出这一阶段由于企业仍在很大程度上缺乏自主能力，自觉进行管理科学化实践、创新的动力普遍不足。

5. 管理学理论内容逐步丰富和完善

企业经营模式向生产经营性的转变，推动了企业管理学理论的范围和内容得到极大的扩展。20 世纪 80 年代中期，我国翻译出版了一系列国外企业文化的专著，企业文化理论在中国广泛传播，并产生了巨大影响。在我国理论界开始注意企业战略问题是 80 年代中期。潘成烈、刘冀生等教授较早地提出“企业要有经营战略思想”，并进行了研究，中国企业管理协会于 1988 年在苏州召开了 90 年代中国企业发展战略研讨会。

6. 中国企业在管理实践创新方面进行了有益探索

企业管理现代化进程是引进外部经验与自主变革相结合的过程。不少企业在学习国外现代管理方法的基础上，开始探索更加适合自身情况的新的管理方法。一些处于管理科学化前沿的企业抓住了创业和发展机会，实现了资本、人才和管理知识的积累，为大规模开展管理科学化实践创造了条件，做好了准备。

三、市场经济时代的管理思想

中共十四届三中全会通过的《中共中央关于建立社会主义市场经济体制若干问题的决定》，指明了中共经济体制改革的方向。从宏观上讲，是要建立社会主义市场经济体制，理顺政府、企业和市场的关系；从微观上讲，是要转换国有企业经营机制，建立“产权清晰、权责明确、政企分开、管理科学”的现代企业制度。这种政策导向决定了中国管理学发展的主导思想是“立足国情，融入全球”。立足国情要求中国管理学的理论发展与实践探索必须立足于中国特殊的制度背景，理论联系实践；融入全球要求中国管理学的发展必须跟上时代步伐，融入全球市场竞争格局。

（一）中国市场经济时代管理思想发展的新环境

1. 社会主义市场经济体制的建设蓝图

建立社会主义市场经济体制，就是要使市场在国家宏观调控下对资源配置起基础性作用。为实现这一目标，必须坚持以公有制为主体、多种经济成分共同发展的方针，进一步转换国有企业经营机制，建立适应市场经济要求，产权清晰、权责明确、政企分开、管理科学的现代企业制度；建立全国统一开放的市场体系，实现城乡市场紧密结合，国内市场与国际市场相互衔接，促进资源的优化配置；转变政府管理经济的职能，建立以间接手段为主的完善的宏观调控体系，保证国民经济的健康运行；建立以按劳分配为主体，效率优先、兼顾公平的收入分配制度，鼓励一部分地区一部分人先富起来，走共同富裕的道路；建立多层次的社会保障制度，为城乡居民提供同我国国情相适应的社会保障，促进经济发展和社会稳定。市场经济体制的建立确定了中国管理学新的发展方向，也极大地推动了中国管理学的理论与实践的发展。

2. 全球经济的发展趋势

20世纪末以来，全球经济出现了几大趋势，主要表现为全球化、网络化和知识化等，这些经济发展的新趋势深刻地影响了全球管理学和中国管理学的发展走向。2001年，中国成功加入世界贸易组织（WTO）。此后，在国家关于“走出去”战略的指引下，中国企业和中国经济的全球化程度日益提高。中国企业的国际化经营实践给中国的管理学带来了一个新的课题：中国的管理学理论体系如何才能有效地指导企业的国际化经营活动。该问题的解决同时极大地促进了中国管理学理论与世界管理理论的融合，促进了中国管理理论的发展。网络化趋势改变了市场主体间的关系范式，促进企业搭建网络平台以提升其对市场资源的掌控能力。市场主体间这种关系范式的转型，带来了诸多机遇，也带来了诸多挑战，要求企业能够彻底进行流程再造，以适应网络范式带来的各种管理挑战。在知识化方面，知识经济是与农业经济和工业经济相对应的、以知识为基础的经济，是一种新型的富有生命力的经济形态。知识经济对投资模式、产业结构和增长方式等产生深远影响，从而对中国管理理论与实践也产生重大影响。

(二) 市场经济时代管理思想的主要内容

随着我国市场化、工业化和国际化进程的不断加快，无论是管理创新实践，还是以探索市场经济条件下管理活动规律为己任的我国管理学学术研究，都获得了很大发展。以下从中国管理学研究重点方面，阐述中共十四届三中全会以来中国管理学发展的主要脉络，展现中国管理学发展所取得的巨大成就。

中共十四届三中全会以来，中国经济体制改革的重大决定包括国有企业改革和经理人队伍建设、走出去发展战略与中国企业海外投资战略、鼓励非公有制经济与中国民营企业发展、自主创新战略与中国企业的战略性结构调整等。

1. 国有企业改革与经理人队伍建设

中共十五届四中全会指出，国有企业改革是整个经济体制改革的中心环节。建立完善的社会主义市场经济体制，实现公有制与市场经济的有效结合，最重要的是国有企业形成适应市场经济要求的管理体制和经营机制。国有企业改革的方向是建立现代企业制度，即以完善的企业法人制度为基础，以有限责任制度为保证，以公司制为主要形式，以“产权清晰、权责明确、政企分开、管理科学”为特征的新型企业制度。国有企业改革的一个重要条件是经理人队伍的建设。为此，国家政府大力支持经理人市场的建设，要求按照公开、平等、竞争、择优原则，优化人才资源配置，打破人才部门所有、“条块”分割，促进人才合理流动。在这种经济环境下，经理人及其队伍建设成为中国管理学研究的一个重要分支，将改革嵌入人力资源管理、公司治理和组织管理等各个方面，成为国有企业改革研究的重要组成部分。

2. 走出去发展战略与中国企业海外投资战略

顺应经济全球化发展的潮流，适应中国经济体制改革的需要，中国政府强调必须从“引进来”发展战略转向“引进来”与“走出去”相结合发展战略。实施“走出去”战略是对外开放新阶段的重大举措，我国政府将鼓励和支持有比较优势的各种所有制企业对外投资，带动商品和劳务出口，以形成一批有实力的跨国企业和著名品牌，积极参与区域经济交流与合作。中共十六大以后，中国学者日益关注中国企业的跨国经营，有关这方面的研究日益得到重视，出现了许多期刊文章、研究报告和研究项目。

3. 鼓励非公有制经济与中国民营企业的发展

改革开放以来，中国民营经济、民营企业从无到有、由小到大，已经成为中国经济的重要组成部分。中共中央、国务院对民营经济的重视以及相关政策的颁布实施，从制度层面上推动了中国民营经济的发展，同时也促使学术界开始重视民营经济研究。此后有关民营经济的相关研究蓬勃发展，涉及民营经济的法律地位、产业结构调整、融资渠道、治理结构和经理人市场以及典型民营企业的案例分析等方面。

4. 自主创新战略与中国企业的战略性结构升级

中共十六届五中全会明确提出了优化产业结构和提高自主创新能力的发展战略，为中国企业、政府和个人的创新行为提供了广阔的发展空间。有关产业结构调整和自主创新战略的管理实践和学术研究得到了迅猛发展。在创新实践方面，政府机构改革、产业结构调整和企业创新战略日益成为社会热点，创新模式亦从技术引进向自主创新转型。自主创新的一个重要应用，是进行企业的战略性结构升级。因此，中国企业还需要借助自主创新，进行战略性结构升级，才能在能源、生物和制药等新兴行业的国际竞争中取得一席之地。

（三）市场经济时代管理思想的基本特征

中国的改革开放是“摸着石头过河”的进程，这决定了中国管理学发展具有两个基本特征：理论上，注重引进国外各种先进的管理理论；实践上，立足中国经济体制改革的特殊国情。

1. 理论研究方面：注重引进国外各种先进的管理理论

随着市场经济体制改革的推进，国有企业改革迫切需要管理理论作指导，以适应市场经济发展需要，融入全球竞争格局。在建立现代企业制度阶段中，为把深化国有企业改革同加强企业管理相结合起来，先后引入了国外企业管理的理论和方法。除此之外，国内系统引进了工商管理下属各个学科的系列教材，使得工商管理教学能够逐步与国际接轨。

2. 实践探索方面：立足中国经济体制改革的特殊国情

随着中国社会主义市场经济体制的建立、完善与发展，在管理学术研究和管理学教育的推动下，中国企业管理实践的科学化和现代化水平也得到了很大提高，而这些都是立足于中国经济体制改革的特殊国情。中共十四届三中全会以来，中国管理学的发展历经了四个重要的发展时期，分别是进行企业产权改革时期、实施“走出去”发展战略时期、鼓励发展非公有制经济时期和提出自主创新发展战略时期。中国管理学发展是伴随着经济体制改革而同步推进的。

本章关键词

民本思想　无为思想　兼相爱思想　不战而屈人之兵　大一统思想　以农为本　三民主义　鞍钢宪法　《工业七十条》

本章提要

1. 先秦时期的管理思想主要有以孔子为代表的儒家思想、法家思想、以老子为代表的道家思想、墨家思想和以孙子为代表的兵家思想，其对后世管理思想的形成与发展有很大影响。

2. 秦朝至唐朝时期的管理思想包括行政、经济、军事、文化等方面，呈现继承与发展的特点。

3. 宋朝至前清时期的管理思想的基本特征是管理思想的基调是以“民”为本、以儒家思想为主体的治国思想。

4. 晚清时期，不同的阶级派别有各自的主张，地主阶级改革派是向西方寻求救国真理的先驱；洋务派提出以“自强”、“求富”为管理目标的主张；资产阶级改良派推出建立资产阶级君主立宪制国家的改革措施；资产阶级革命派提出以“三民主义”为特征的宏观管理思想。

5. 民国时期最具特色的管理思想是民族资产阶级企业家的企业经营管理

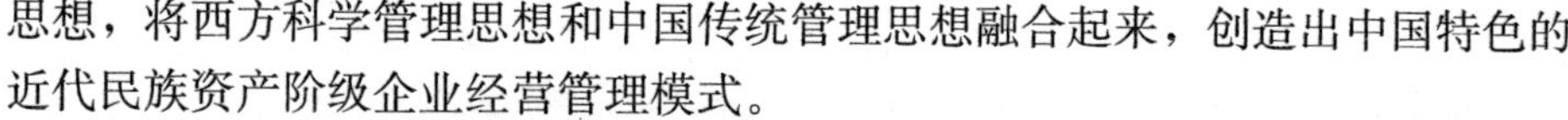

思想，将西方科学管理思想和中国传统管理思想融合起来，创造出中国特色的近代民族资产阶级企业经营管理模式。

6. 从 1949 年新中国成立到 1978 年中共十一届三中全会召开之前的这段时间，我国企业管理学从无到有，逐步建立。1960 年，毛泽东批示“鞍钢宪法”。

7. 1961 年，《国有工业企业工作条例草案》（即《工业七十条》）颁布。1958 年前后和 1969 年，我国曾前后进行过两次大的企业改革尝试，在一定程度上扩大了企业的自主权限。

8. 企业转型时期，企业的管理模式从生产型向生产经营型转变，同时还引进和学习国外先进管理经验与方法。管理学理论内容逐步丰富和完善。

9. 自 1992 年起，在建设社会主义市场经济体制和全球经济发展趋势的新环境下，我国的管理学重心转移到国有企业改革与经理人队伍建设、“走出去”发展战略与中国企业海外投资战略、鼓励非公有制经济与中国民营企业的发展和自主创新战略与中国企业的战略性结构升级。

复习与讨论

1. 先秦时期管理思想的主要内容和基本特征是什么？
2. 秦朝至唐朝时期管理思想的主要内容和基本特征是什么？
3. 宋朝至前清时期管理思想的主要内容和基本特征是什么？
4. 晚清时期，不同的阶级派别各自的主张有哪些？民国时期最具特色的管理思想是什么？对当时的中国经济影响如何？
5. 什么是“鞍钢宪法”、《工业七十条》？它们反映了当时中国经济什么样的特点？
6. 在全球经济发展的新环境下，我国企业更多的是学习西方的管理思想，引进西方的管理方法，并且取得了一定的效果。你认为我国企业是否还应该学习中国管理学思想，它与西方管理学思想有何区别与联系？

本章案例

海尔集团总裁张瑞敏谈管理

众所周知，海尔集团总裁张瑞敏平时阅书无数，他的书屋有太多国学的书目，他的管理思想也有很多借鉴了国学的思想，可见国学对于一个企业至关重要。

张瑞敏总是站在一个更高更深的思想和文化境界去思考问题。一位香港记者问张瑞敏，作为一个企业家首先应具备何种素质，他想了想回答道，首先要具备哲学家的素质。张瑞敏沉静的品格正是基于他的哲学修养。

张瑞敏有一次访问日本一家大公司，那位董事长喜欢探讨哲理问题，特别对一些至理名言更是反复玩味。他向张瑞敏介绍说，他公司生产的出发点是“真善美”，并说这是中国老子的话。张瑞敏则告诉他，老子的《道德经》里没有“真善美”；倒是有一句话实质是一样的，这就是“天下万物生于有，有生于无”。

张瑞敏非常推崇老子的《道德经》，曾经读过无数遍。他说，联系到企业管理，有两点一直是他的座右铭：一是强调无形的东西比有形的东西更重要，即“天下万物生于有，有生于无”。

企业现存的最大的弊病是：从各级领导一直到下边，看重有形的太多、无形的太少，哪一位上级领导来检查都是利润多少？生产有多少？没有谁注重企业的文化，而且许多单位也没有企业文化，而一个企业没有文化就等于没有灵魂。

在老子《道德经》中，无形就是灵魂，他认为“道生一，一生二，二生三，三生万物”。万物的根源，是道，而道恰恰是非常重要但看不见的东西。

张瑞敏对《道德经》中还有一点感触也很深，这就是“柔弱胜刚强”。他说：“在旧的版本里面对这句话的评价是消极的。它说明了一种转化的过程，弱可以转强，小可以转大，问题是怎么看待。做企业永远处在弱势，如果你能把自已放在一个弱者的位置，你就有目标可以永远前进。”

日本松下公司的企业哲学也很强调悟道，在松下公司花园里就有一尊老子的铜像，下面石座上刻着中文：道可道，非常道。1997年4月初，张瑞敏应邀访问松下电器公司。在参观松下博物馆时，与博物馆的几位“松下哲学家”聊起松下的经营哲学，大家兴致很高，越谈越玄。谈话中，张瑞敏引用了唐代诗人贾岛的《寻隐者不遇》：“松下问童子，言师采药去。只在此山中，云深不知处。”然后说：“松下幸之助先生的经营哲学就像这首诗说的一样，很深邃，但又无定规，大体如此，至于效果，就靠每个人自己的理解与运用了。其实做企业成功的人，也常有‘只在此山中，云深不知处’的感觉。”一席话让“松下哲学家”折服。张瑞敏回青岛不到一周，就收到松下公司发来的传真，恳切希望来青岛进行企业文化交流，希望交流是实质性的，不做表面文章、双方都能谈出一些道理来。

1997年5月，薄信兴参事率领日本松下代表团访问海尔。在交谈中，薄参事感到海尔对松下先生的研究“功夫”很深。张瑞敏说：“我体会最深的是松下先生的水库哲学，即要‘蓄势’，只有‘蓄势’才能有冲击力。”他接着说：“我们中国有位哲学家叫老子，他曾说过这样一段话，对我影响也很大，老子说：‘吾有三件宝，一曰慈，二曰俭，三曰不敢为天下先。’”代表团中的中岛诚一先生是位“中国通”，在中国待了31年，他听后十分钦佩，忙给薄参事翻译：“张总裁说的一曰慈，就是他坚持以人为中心的人本管理，因而形成了海尔今天的凝聚力，比如我们去吃过的‘大嫂子’面馆，看到的那些原先是生产骨干，现在是经商能手的大嫂子，就是张总裁对人一生都负责的一种体现；二曰俭，他不主张奢侈；三曰不敢为天下先，实际是提倡老老实实学习，积攒了实力，最终才能为天下先！”

这种谈玄论道的气氛对海尔人影响很大，海尔的许多理念和行动纲领就是在谈玄中涌现出来的，最终会聚成了独特的海尔文化。

资料来源：道家哲学与张瑞敏的管理思想．一元一国学网．（经整理）

思考题：

1. 本案例中，张瑞敏推崇的道家思想是什么？

2. 张瑞敏认为企业家应具有哲学家的素质，你认为中国企业家是否应该学习这样的哲学思想？为什么？

3. 随着中国本土企业与国外企业之间的交流加强，企业管理思想的交流也越来越多，你认为中国的管理思想能否得到国外的认可？为什么？

附录：

中国管理学发展大事记

远古时代，轩辕黄帝著《黄帝经》，它是华夏文化之本源，阐述了人类生存的智慧。其重视农业发展，开启了农业管理思想的先河。

新石器时代中晚期，伏羲创造了八卦，以八种简单却寓意深刻的符号来概括天地之间的万事万物，对天干地支和时的管理思想作了具体阐述。

西周初年，周文王总结概括出《周易》，是中华思想和民族精神的源头所在，是处理人与自然关系的最早管理思想。

西周时期，周公旦著《周礼》，它是一部通过官制来表达治国方案的著作，同时涉及社会生活的所有方面，在上古文献管理思想中实属罕见。

周朝时期，老子著《道德经》，开创了道家思想的先河，是道家最主要的代表作。

春秋时期，由管仲及管仲学派汇编的《管子》，首次提出了以农为本的宏观管理原则和权衡轻重的宏观管理手段。

春秋后期，孔子编撰而成《尚书》，是最早的一部史料总集，最早阐述了国家宏观管理思想。

春秋晚期，孙武著《孙子兵法》，被认为是最早、最系统的战略管理学著作。

春秋末战国初期，墨子著《墨子》，创立了以“兼爱非攻”为主要思想的墨家学说。

春秋战国时期，由子贡、陶朱公、白圭等开创的商家，奠定了中国传统商业经营管理思想。

战国初期，由孔子生前言论汇编的《论语》，开创了儒家独特的思想体系。

战国中期，孟子及其弟子著《孟子》，继承并发展了孔子创立的儒家学说，为儒家思想。

战国晚期，后人托姜太公之名著《六韬》，其依时思想、重民思想、取利思想、尚法思想对后代管理思想影响深远。

战国晚期，荀子著《荀子》，丰富和发展了儒家治国、用人、经济管理思想。

战国晚期，韩非子著《韩非子》，在批判、总结前期法家思想的基础上，创立了完善的法家思想理论。

秦国时期，秦始皇开创了专制主义中央集权制度，为国家管理奠定了基础。

西汉时期，桑弘羊的经济管理思想，为后世国家经济管理思想提供了先例。

西汉时期，以董仲舒思想汇编的《春秋繁露》，使儒家思想被国家管理者接受，为儒家管理思想的传播作出了巨大的贡献。

三国时期，诸葛亮的决策、治国、人才和经济管理思想为后世提供了借鉴和参考。

北魏时期，贾思勰著《齐民要术》，对农业经营管理思想进行了系统的阐述。

北宋时期，宋太祖加强皇权的管理思想，为后世历代皇帝加强皇权提供了依据。

明朝时期，张居正的治国理财思想，把行政管理思想和经济管理思想推向了更高的理论高度。

明末清初，黄宗羲、顾炎武、王夫之极大的发展了传统的民本管理思想，黄宗羲首次提出工商皆本的管理思想。

明清时期，山西商人，经营盐业、票号等商业，把商业票号发展到顶峰。他们把“诚信”和团结的商帮管理思想发挥到极致。

明清时期，徽商以经营盐业为中心，雄飞于中国商界，徽商崇文重德，很尊崇文化教育，仁义诚信的儒商文化的管理思想被发挥得淋漓尽致。

清朝时期，郑观应民主与科学的管理思想，使中国近代拥有了完整的维新思想体系。

清朝时期，魏源提出“经世致用”、“师夷长技以制夷”的思想，开创了学习西方管理思想的先河。

清朝晚期，康有为著《新学伪经考》，把儒家思想与时代发展相结合，促进了儒家思想与时俱进的能力。

1897 年，由潮商盛宣怀委派严信厚筹建的中国第一家银行——中国通商银行在上海成立。潮商的冒险和学习思想为后代商人所传承。

1898 年，张謇创办大生纱厂，对中国国民经济的管理问题和企业的经营管理问题进行探讨，逐渐形成了一套独特的管理思想。

20 世纪前期，民族工商业的振兴，使粤商获得了较好的发展机遇。中国儒学文化中的吃苦耐劳精神与西方文化中竞争、开拓精神结合起来，成为一种重要的管理思想被粤商发扬光大。

1912 年 1 月，孙中山建立中华民国，开创了中国政治制度和经济管理的新篇章，为中国社会的发展迈出了重要的一步。

1960 年 3 月，“鞍钢宪法”方案的提出，是探索社会主义工业化道路的重要尝试，体现了当时中国经营工业企业实行民主管理和科学管理的合理要求。

1961 年 9 月，颁发了《国营工业企业工作条例草案》（简称《工业七十条》），是对企业改革的尝试，在一定程度上扩大了企业经营管理的自主权限。

1978 年 7 月，中共中央制定了《关于加快工业发展若干问题的决定（草案）》（即《工业三十条》），为企业的科学管理提供了正确的政策依据。

1982 年 1 月，中共中央、国务院颁发《国营工厂厂长工作暂行条例》，开始了党委集体领导、职工民主管理、厂长行政指挥的国有企业管理模式。

1984～1993 年，国企改革实行两权分离，中国开始探索具有中国特色的现代企业管理发展道路。

理论篇

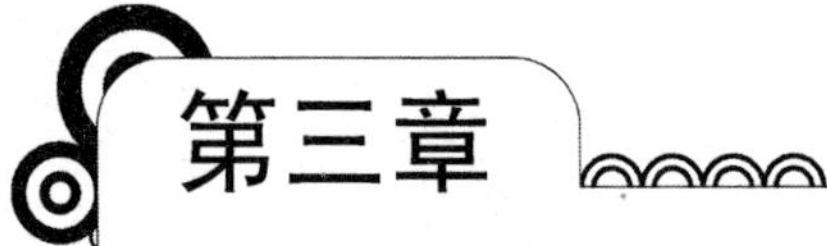

第三章 天时——以人与自然关系为基础的管理

学习目的与要求

了解人与自然的管理思想的内容及它们之间的关系

理解顺道、循法、重术的含义

熟悉顺道、循法、重术在管理学中的具体应用

掌握以大道、规律和方法为基础的管理在现实管理中的应用

题记

人法地，地法天，天法道，道法自然。

——《道德经》

且夫得者，时也；失者，顺也。安时而处顺，哀乐不能入也。

——《庄子·大宗师》

事之难易，不在小大，务在知时。

——《吕氏春秋·首时》

导入案例

人类只有利用自然规律才能达到自己的目的

中国古代的“桑基鱼塘”是一种很好的生态农业模式。这种“基种桑、塘养鱼、桑叶饲蚕，蚕沙饲鱼，两利俱全，十倍禾稼”的生产格局和水陆相互促进的生态系统在中国已有了上千年的历史。农业生态系统是一个包括自然、经济、社会要素的复合人工生态系统。“四位一体”生态农业模式把生产者、消

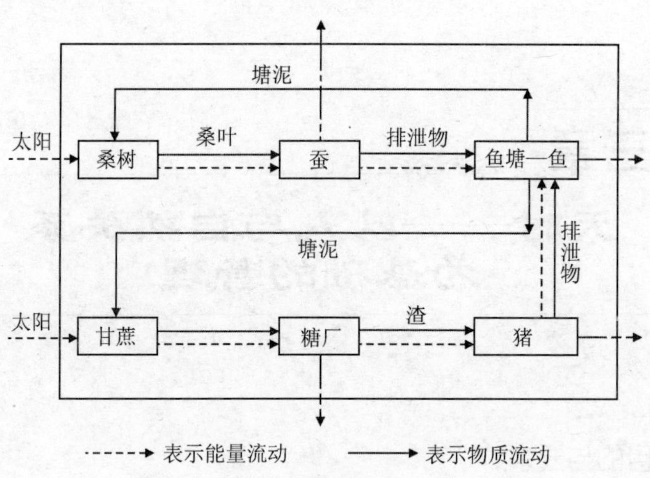

图 3－1 古代“桑基鱼塘”模式示意

费者、分解者有机结合起来，加强了物质循环利用，形成无污染和无废料农业。养殖与种植以沼气为纽带，紧密联系在一起，形成一个完整的生产循环体系。由于将沼气池、畜（禽）圈（舍）、厕所建于日光温室内，使彼此之间相互依赖、相互利用、相互依存。温室为沼气池、畜（禽）圈（舍）提供了良好的光照、温度和湿度条件，畜（禽）呼吸和沼气燃烧不仅能使温室温度增高，更重要的是其二氧化碳的气肥效益能促进温室内果蔬增产；反之，温室内果蔬光合作用所产生的氧气又可供畜禽呼吸所用。人畜粪便进入沼气池发酵生产沼气，残余的沼液、沼渣不仅是上好的肥料，而且有多种其他用途。“四位一体”组分之间关系协调，构成了循环再生路径，使该系统生物种群增多，食物链结构延长。该组合充分体现了“整体、协调、循环、再生”的生态农业基本原理。

资料来源：邢湘臣．从“桑争稻田”看明清发展“桑基鱼塘”的必然趋势．中国农史，1992(1).

本章主要研究人与自然关系管理的相关基础理论，重点分析了中国学界在人与自然关系方面的研究，以及如何处理好人与自然二者之间的关系。天时就是天道运行的规律，是大自然中事物发展运行的内在机理，它的存在不随外界事物的变化而改变。本章认为人与自然关系管理主要包括“顺道”（以大道为基础的管理）、“循法”（以规律为基础的管理）、“重术”（以方法为基础的管理）三部分的内容，在中国管理学原理的下属分支中，这三个部分内容在逻辑上是紧密结合、密不可分的。人与自然的关系是一切关系的前提，只有处理好了两者之间的关系，才能更好地处理人与社会、人与人之间的关系。中国的管理思想以《易经》、《道德经》、《论语》为理论基础，对人与自然的关系进行了系统的归纳和解释。

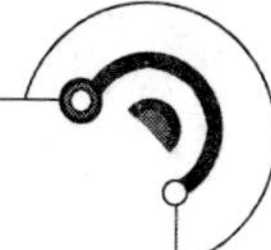

第一节 顺道：以大道为基础的管理

“道”含有规律、道理、道术等多重意义。老子把道作为天地万物生存的根源和根据，在老子看来，尽管万物纷纭，其形态各异，体能特殊，但它们的存、生、长、成皆是源于道的“一”。道，作为万物生存的始源和根本，化生了万物，并内存于万物之中，以“德”的形式、作为万物生存的本性和根据而培育长成了万物。

一、引言

（一）顺道的含义

顺道就是在正确认识天下大道的基础上，顺应道的要求，实现一定的治理目标的管理行为。其基本要求包括两个方面的内容：

1. 正确地理解道并感受其存在的原始性

虽然道的存在是不容易被认识和发觉的，如“道可道，非常道；名可名，非常名”（《道德经》）。但是经过一定的实践和认识活动，道依然是可以被人类所认识和把握的。

2. 顺应道的要求

“顺道”是中国管理活动的重要指导思想，循道而治是管理行为成败的关键。其基本要求是：顺应规律，人的行为活动所受的阻力就越小，推动力就越大，管理行为就能达到事半功倍的效果。为了达到这种要求，就必须做到把握事物的整体性、处事的有效性、实践的适度性三个方面。

中国古人通过长时间的实践和探索，对顺道的实行和功用有了更深刻的认识。在遵循大道的前提下，相信大道的存在，有制约事物发展的根本规律；在顺道过程中和追求结果方面，坚信只有循道而为，才能获得最大的成功。虽然古代对道的理解各不相同，但却认同道的客观存在。道是看不见、摸不着的，但却是宇宙中的唯一存在，“先天地生”，为“万物之母”，是一个终极存在，是万物的根源。

（二）顺道的应用

顺道的管理思想中，如何有效地运用是非常重要的，也是多方面的。

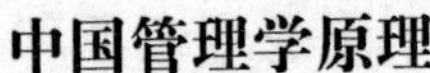

1. 管理理念的提炼

管理理念的具体内容要充分体现德的要求，这是提炼顺道管理理念的主要方面，同时理念的提出还要反映出大道的要求。其实大道和大德是相互联系的，有些人也把仁义之德称为道。“子曰：朝闻道，夕死可矣。”(《论语·里仁》)体现的就是高尚的普遍道德标准。

2. 总体发展的规划

对于事物发展要从总体性入手，对其方向性、全局性、长远性方面进行谋划。总体规划要提高到一个更高的高度，看事物更透彻、更深入，这样就需要大道的帮助。

3. 领导艺术的培养

顺道的管理思想，需要人在一切活动中进行不断的学习和实践并加以体会，最终达到灵活的应用。因此，作为自然中的人，要提高自我修炼能力，合理地利用大道的管理思想实施管理行为。

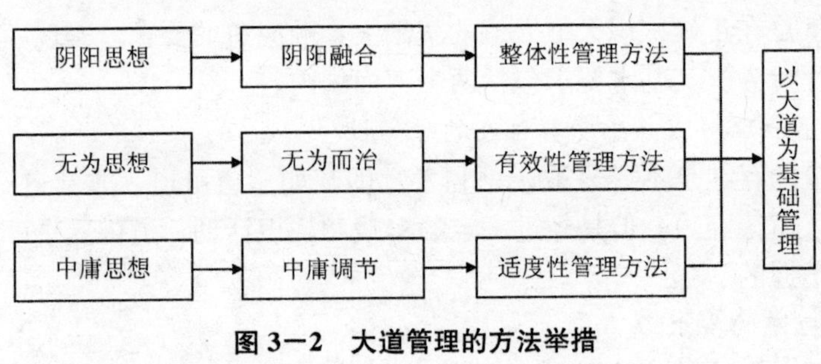

图 3—2　大道管理的方法举措

二、注重事物整体性管理方法：阴阳结合

阴、阳在《易经》中具有普遍意义的范畴。天道有阴阳，地道有刚柔，人道有仁义，由于阴阳的交感或相互作用，促进了事物的变化。这种理念是符合事物发展规律的，是在按照固有的规律前提下进行的行为，我们将这种在管理领域中的应用和展开称为阴阳之治。

《易经》也称《周易》或《易》，是中国传统思想文化中自然哲学与伦理实

践的根源，是中国最古老的占卜术著作，对中国文化产生了巨大的影响。先有伏羲画八卦，后有《连山》、《归藏》，到周文王时作《周易》，《周易》又分《经》、《传》。它是华夏五千年智慧与文化的结晶，被誉为“群经之首，大道之源”。在古代是帝王之学，政治家、军事家、商家的必修之术。从本质上讲，《易经》是一本关于“卜筮”之书。“卜筮”就是对未来事态的发展进行预测，而《易经》便是总结这些预测的规律理论的书。

资料来源：刘大钧．周易概论．齐鲁书社，1988.（经整理）

（一）保持阴阳融汇

世界万物只有保持阴阳双方的结合，达到高度的一致性，万物才能变得坚不可摧。古代哲人和实践家追求的理想状态就是阴阳双方的和谐状态。阴阳双方的力量和谐是事物稳定发展的基础，人类要充分利用二者的关系，实现顺应阴阳融合的管理理念的推行。

1. 互补性

阴阳的统一大致包括：互补的统一，如天地、男女、桌椅等，它们相互之间和谐互补；差异的统一，如长江和黄河，二者之间没有什么交汇，仅仅是共存而已；对立的统一，双方有不可调和的矛盾，如狮子和羚羊的对立关系。“万物并育而不相害，道并行而不相悖，此天地之所以为大也。”（《礼记·中庸》）可见，自然界的各种生物除了彼此相连之外，更是一种相互依存的关系。

2. 多样性

“八卦成列，象在其中矣。”（《周易·系辞》）意思就是说八卦创立并分列其位后，万物的象征就基本在其中了，因此八卦是阴阳多种表现的典范和基础。在事物的调控过程中，要始终保持多样性间的平衡状态，不然固有的平衡关系会被打破，不利于长久的发展。据此，管理者要包容多样性，灵活运用这种关系保持事物发展的活力。

3. 和谐性

《易经》强调平衡、和睦、互补，平衡即阴阳平衡，无论阴阳哪一方过盛，都会带来动荡。保持整个系统的和谐稳定是每个管理者都希望的，但并不是每个管理者都能够做好的。在管理活动中，管理者要兼顾组织的内外部环境、内部的各个因素的关系、有形与无形制度的关系等，同时要和而不同，有所区分。

（二）促进阴阳贯通

在阴阳理论基础上形成的五行学说，体现了阴阳贯通的性质。金、木、水、火、土五种基本元素之间存在相生相克的关系，说明世界万物相生相克的辩证关系，世界上没有任何物质不是从其他生物派生出来的。

1. 因素间的交流通畅

阴阳思维方式认为，事物各因素之间虽存在一定的矛盾，但这种矛盾不是一种彼此取代，而是一种相互补充、相互转化、相互融合。这种思想体现在人与自然的关系中，就是人的行为不仅改变着自然，而且也受制于自然。

2. 主动交流，规避不足

“天地感而万物化生，圣人感人心而天下和平。”（《周易·咸》）意思是说天地交感而带来万物化育生长，圣人感化人心带来天下和平昌盛。所以作为管理者来说，要正确地对待阴阳二者的关系，能很好地处理各要素之间的平衡。通过积极发挥人的天赋，主动把握天道的规律，最后“上顺天命，下应与民”。

（三）带动阴阳发展

《周易》的思想核心就是讲变易，即运动变化。它认为任何事物都处在不断变化之中，而运动变化的根本就是阴阳二者的统一，只有把“变”、“通”、“刚”、“柔”相结合，才能带动阴阳的发展，进而顺应事物内在的发展机理。阴阳之道的运用最终要落实到推动系统发展变化方面。

1. “变”、“通”两种发展模式

宇宙一切事物首先都处于“变动不居，周流不虚”的永不停歇的运动变化之中。对于“通”则强调在事物的变化过程中，要注重事物的创新与继承关系。这就是所谓的“穷者变，变者通，通者久”（《周易·系辞》）。现实中要求管理者要善于通权达变，随机应变，主动掌握社会环境的变化趋势，提高管理中的积极性、主动性和创造性。

2. “刚”、“柔”两种推动力量

“刚柔立本”可以解释为用强硬的方式与柔和的方式、革命的方式与推进的方式对事物的发展过程进行调节，把握事物的发展方向。管理者按照“天地设物”的规律进行行事，按照管理所设定的目标对整个管理过程进行控制，始终坚持按照自然存在的规律行事，用刚柔并济之势推动事物的协调发展。

3. “阴”、“阳”两种应变策略

事物的发展往往是没有常规的，总是处在不断变化之中。作为合格的管理者，不管外界环境发生什么变化，管理者要尽量洞察、预测未来的变化发展趋势，在尊重客观实际的同时，灵活应变，发挥个人智慧，持之以恒、坚持不懈、自强不息，顽强地应对困难和挫折。

小案例

2001年茶饮料市场上群雄并起，并且形成了几大品牌共同掌握市场的局面。其中在国内占据茶饮料市场前两位的是“康师傅”和“统一”，它们分别占据国内茶饮料市场46.9%和40%的份额，此时娃哈哈宣布投资6亿元进军茶饮料市场，业内人士对此不免感到担心。但是凭借其独特的广告诉求——“天堂水，龙井茶，茶更香，味更浓”，同时配上香港著名影星周星驰的广告效应，娃哈哈茶饮料一炮走红，一个月内就销售1200万瓶，呈现出供不应求之势。从推出非常冰绿茶、非常冰红茶到娃哈哈低糖绿茶，然后是娃哈哈有机绿茶，娃哈哈茶饮料一跃成为中国茶饮料的第三名，茶饮料市场从此呈现出三足鼎立之势。

在含乳饮料市场上，娃哈哈也是后来居上——现在它已占有全国含乳饮料市场份额的71.8%，是公认的中国含乳饮料第一品牌。从娃哈哈果奶到AD钙奶、第二代AD钙奶、维E钙奶、铁锌钙奶再到优酸乳，产品不断升级换代，既满足了消费者的需求，同时也打得竞争对手措手不及，使娃哈哈稳坐市场第一的宝座。

当今社会，坐等机会出现远远不够，还需要有足够的资源，并找出合适的方法应对机遇。娃哈哈吸收所有市场相关信息，利用自身品牌效应创新发展，从而成为市场上的领先者。

资料来源：尚阳，陈劲．娃哈哈密码．北京大学出版社，2005.

三、保持处事有效性管理方法：无为而治

无为之道首先是自然之道。老子的“天地不仁，以万物为刍狗”（《道德经》），指的是天地是没有仁爱的，无所谓仁慈，对待世间的事物就像人们对待在祭祀的时候用草扎的狗一样，祭祀前奉为尊贵，祭祀过后就无人问津，任凭万物自生自灭。应用到管理之中，就需要管理者做到“为无为，事无事”，进而达到“无为而无所为”的效果，这种管理思想为中国的管理者所推崇。

（一）以“智”行事

无为而治并不是简单地顺应自然而无所作为，而是一种应用智慧的特殊有为行为。优秀的管理者修治的关键是内修其本而不假外饰，淡然得好像无为但却顺着自然无所不为，静默得好像无治，却依着自然而无所不治。

1. 管理对象的主体性

“我无为而民自化，我好静而民自正，我无事而民自富，我无欲而民自朴”

(《老子》)，就是说百姓知道自己应该做什么，既承认人的主体性又符合客观现实的认识。管理者要把管理建立在对象的主体性、自为性的基础上，同时对被管理者的掌控不能太过分。

2. 管理者与被管理者各司其责

无为的境界是管理者各司其责，管理者不必事必躬亲，通过遵循自然机理的前提，依据事情各个方面对下级进行合理的分配工作。在具体的管理操作中，管理者和被管理者要顺应自然和事物发展的基本规律，同时不断进行上下的交流和行为的改进，使二者在统一的系统中不断改进。

3. 顺应自然与主动有所作为

人类社会既然从大自然中产生，是大自然的一部分，就不能不受整个大自然运作规律的制约和影响，所以人类社会包括管理在内的一切活动，都必须依照大自然的规律，与之相和谐达到一定的有序化。同时，这种顺应自然不等于被动，管理过程中要有预见性，主动有所作为。

(二) 以"德"治事

人类要生存离不开衣、食、住、行等物质财富，需要开发利用自然资源。但中国的管理态度，不是以无限的追求占有为目的，而是以"正德、利民、厚生"为目的，讲究对自然对人的德治。

1. 待人接物要有仁善之心

"天地有大美而不言，四时有明法而不议，万物有成理而不说。"(《庄子·知北游》)既然天地万物大本性都是"无为而无不为"，那么管理就要追求人性的自由、放达，追求理想境界的精神。管理中强调要在道德上感召和化育，同时不能激进，要顺应事物本身发展的规律性。

2. 以身作则起到表率作用

管理者要管好自己，顺应自然的要求和规律，才能更好地处理好与下属的关系，为下属更好地执行做出表率。管理者要完善自己的不足，以管理者的人格魅力、道德感化力去影响带动别人。所以，管理者只有在遵守大道的前提下以身作则，才能很好地号召下属。

3. 顺应下属的要求

作为一个合格的管理者，不仅要顺应自然的属性，还要结合下属的要求进行不断的调整，才能更好地实施管理，减少管理过程中的阻力。现代管理要立足下属的要求，做到尊重下属的意愿，尊重下属的创造，充分释放人的智慧和热情，不断提高下属的士气。

(三) 以"柔"理事

管理是一个过程，是管理者与被管理者实施影响和控制的过程；管理又是一门艺术，决定这一过程和艺术的本质对象是人，核心也是人。对下属的管理和协调，既可以借制度制约、纪律监督进行刚性管理，也可以依靠感召、启发、诱导和激励、奖励等方法进行柔性管理。

1. 柔弱之道的内涵

柔弱之道指的是既不消极无为，也不主动臆想，基于对客观事物的兴衰、始终的发展规律的认识。“人之生也柔弱，其死也坚强。万物草木之声也柔脆，其死也枯槁。故坚强者死之徒，柔弱者生之徒。”(《道德经》)就是说坚强的东西属于死亡的一类，柔弱的东西属于生长的一类。所以，柔弱的内涵是不容忽视的，要懂得利用这种大道，将其更好地应用到管理之中。

2. 示柔弱，长久兴

我国思想家提出“刚以柔守”、“柔能制刚”的理念，指出无为而治要运用“示柔弱，长久兴”才能更好地达到目的。在处事和管理活动中，要很好地认清形势，把握自己的度，不妄自菲薄，不狂妄自大，很好地利用规律。所以要保持一种“示柔弱”的长久心态，推进管理行为更高层次的提升。

3. 学习水的柔性精髓

老子极崇尚水的“无我”。他说，有高度修养的人，其风格就像水一样，兼利天下而不与人争，总是处于众人所嫌恶的地位，所以接近道。这种思想之所以被推崇，原因在于它不自为主，顺应万物。只有效法水的特性，才能应时顺势，把势用到最高明的程度。

四、控制践行适度性管理方法：中庸调节

任何事物都有太极之两仪，其发展过程都有“过”、“不及”和“中”三种状态或三种要素。中庸之道是一切人事顺利进行的大道，在管理活动中实行中庸之治，要以中庸之道为指导，强调管理的适宜性，从而取得恰到好处的结果。

(一) 培养中庸人才

孔子仁学的提出为“重德”观念向“中庸”观念的转变打通了道路，他提倡仁，也是寻找规范性的周礼得以遵循的道德心理基础，外在的礼只是人的内在需要的表现形式。孔子既强调主体性，讲“仁者爱人”，又不否定规范性，称要“克己复礼”。所以一个优秀的管理者必须做到上述的理念才能成为一个优秀的“中庸”人才。

1. 推行仁义之德

自然宇宙中的一切都在非常和谐有序化地运行着，而不和谐恰恰都是人类自己造成的，是违反自然法则、带着一己私欲“作好”、“作恶”造成的结果。

故"中庸"管理者只有遵循"中道"，无为而治，其德行事业才会如孔子所称颂的尧舜那样，功侔天地，德同造化，万古流芳。

2. 追求适度原则

"中庸之道"在管理中体现出很高的艺术性，强调事物适度的合理性，所以处理实际问题，把握管理过程，要注意掌握分寸、火候，要恰到好处，恰如其分，使决策的结果比较理想，而不是一味追求最大最优。所以"中庸"管理者要关注各方的愿望和诉求，各种意见都有让步又都有体现，才能调动各方的积极性，从而在适度的状态下推动事物的发展。

3. 思其次，实行狂狷之法

"中庸之道"这种目标是很难做到的，受客观因素及一系列不确定因素的影响，管理者在管理过程中就会偏离其内涵。所以"中庸"管理者要根据形势的变化，在条件不允许的情况下，适当地偏离中庸，退而求其次，或者积极进取，有一定的"偏执狂"精神；或者静观其变，不随意地去管理。这种适当的偏离是以"中道"为依据的，是为了更好地向其靠拢，更好地达到目的。

（二）推行中道管理

中道管理是中华传统文化的精髓所在，是中国、中国人、中国文化、中国式管理思想的重要特征。推行中道思想能更好地把握事物的发展方向，在实践中掌控未来的预期。

1. 不走极端

"中也者，天下之大本也；和也者，天下之大道也。致中和，天地位焉，万物育焉。"（《中庸》）"和"要求不同管理层的人要相亲相敬，密切配合，同时各司其责，又相互协调。管理者必须对管理客体的各方面情况了如指掌、心中有数。选择事物最佳度时要进行全面的分析和整合，客观上保持事物的度，不随意地去破坏，不过头，也不要不及。

2. 宽猛相济

中国自古以来就有"以德服人"和"以力服人"两种不同的管理理念。先秦时期就有"王霸之辩"，儒家向往"王天下"的目标，但现实中却远远不能达到，所以提出了"王霸兼用"的思想，做到宽猛相济。恰到好处的管理体现在对下属做到两端并用、宽猛结合，进行宏观管理决策时，审时度势，不走极端，这样才能很好地调动下属的积极性。

3. 针对性强

管理者要达到预期的目的，必须掌握"中庸之道"，注意分寸，抓住时机。为了达到目标，需要对不同的对象进行控制，控制不能太松，松松垮垮会造成工作效率低下和组织混乱。所以在管理中，要能够分析出各要素的发展方向，有针对性地进行调节，通过不同力量的应用，达到期望的管理效果。

（三）实现与时俱进

“时”有天时和人时之分，天性有时，人不可相违。对于一个管理者来说，如何在人力不可阻挡的变化中抓住利于自己的时机，是管理中的一项基本原则，也是决定管理行为成败的关键。

1. 因时而动

对于动态变化的事物来说，它会随着时间空间的不同而发生变化。一种管理方法在此时此地是合理的，到了彼时彼地就不一定合适了，需要做出一定的应变和调整。孔子说：“君子之中庸也，君子而时中。”所谓“时中”，就是要合乎时宜，要在动态中灵活应变。所以管理活动就要不拘泥于现成的经验和既定的规章，根据时空和态势的变化进行灵活性和机动性的调整。

2. 随势而动

“水因地而制流，兵因敌而制胜。故兵无常势，水无长形，能因敌变化而取胜者，谓之神。”(《孙子·虚实篇》)根据形势的变化应不断进行调整，不然就会为时代所抛弃。作为管理者不管外界发生多大变化，都要尽量洞察、预测未来的变化发展趋势，在尊重客观实际的同时发挥个人能力，顽强地面对挫折，解决矛盾和问题。

3. 推崇先进

道学管理既是理论的结晶，也是实践的智慧。得道的目的在于应用——御道而行，实施到现实中去。作为一个管理者要不断地把先进的理念和思想应用到管理之中，结合原有的管理模式不断改进，才能顺应发展，实现理论与实践的有力结合。

第二节　循法：以规律为基础的管理

人与人关系的根基和立足点是人与自然的关系。换句话说，人与人之间的关系受到人与自然关系的制约。人本于自然，但又高于自然，人与自然矛盾的核心与焦点集中在人自身，表现为个体的生存需求（自然性）与个体适应生存因素的能力（社会性、能动性）之间的矛盾。个体能力是在基于自然需求而在自然环境中寻求生存与发展的过程中形成的。

一、引言

（一）循法的含义

循法就是管理者在实施管理行为的基础上，顺应事物发展的规律，按照有效的行事方法达到一定目标的管理过程。

1. 顺应规律是成功管理事务的关键

《管子》中讲到，天下万物对人都公正不偏，不会因私利而亲近，也不会因私怨而疏远。聪明的管理者能使万物为自己所用而富裕有余，愚拙的管理者则不懂得利用规律而穷困难行。

2. 自然规律、社会规律和人性规律具有其存在的客观性

人要发挥主观能动性，不能一味地盲从，而是要在其基础上有所作为。在现实的管理中要做到根据具体的情景，实施与其对应的管理方法，并不断地进行改进，使管理行为更具有主动性。

世事艰难，但是成功地做事却是有规律可循的。《管子》建议管理者要"修阴阳之从，而道天地之常"。就是说，要善于修养品德使阴阳和顺，然后遵从天地的常规去行动。所以，以规律为基础的管理是作为一个优秀的管理者必须掌握的一种能力和基本要求。

（二）循法的应用

"人法地、地法天、天法道、道法自然。"（《道德经》）古人对自然有无限敬畏，认为人必须遵从大自然，不能违背其规律性，并把这些规律视为最根本、最神圣的规律。

1. 探寻规律的轨迹

"道者，万物之奥。"（《道德经》）"道"独立运动而周行不止，天地万物都要以之为生。它是万物的根源，具有潜在性和无限性；道之用至宽至广，体现为形而下的法则秩序，即宇宙万物普遍存在的客观规律。管理者应效法道，不居功，不自傲，顺应规律。

2. 制定管理策略

大自然的"物竞天择、适者生存"规则是所有生物群体都必须适应、遵循的规则，而个体之间的竞争也是由这一规则造就而成的。所以，管理者在制定管理策略时，要恪守自然规律的基本属性，以期制定出合理有效的管理策略。

3. 感悟管理的适应能力

哲学上有一个扬弃的概念，就是抛弃过去的、无效的东西，吸纳新的、更适用的东西。盲目地推崇统一的管理行为，是不科学的，要把改善和遵循自

然、顺从规律相结合，使管理的应用具有更强的适应能力。

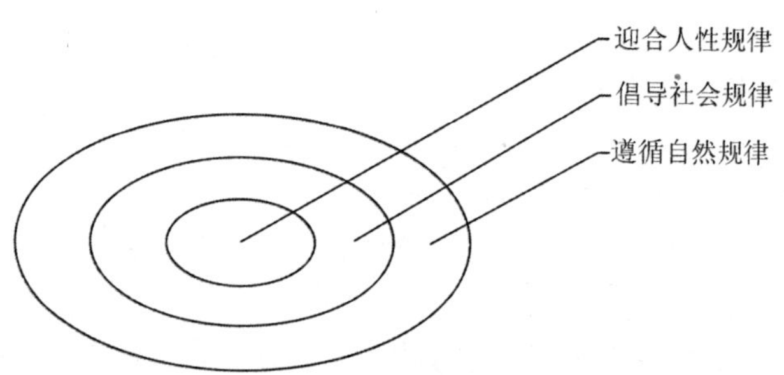

图 3—3　循法的具体应用（以规律为基础的管理方法）

二、遵循自然规律的管理方法：道法自然

自然是什么？如何效法？在道家看来，自然就是万物发生、发展的实质，它不是有意识地、人为产生的，也不依人的意志而存在，而是自然而然的演变过程。效法自然，就是认识、遵循规律，使规律为我所用。所以看事物要寻求其本原和内在的运动规律，既反对无所事事、放任自流，也反对贸然行事。

（一）明析自然规律

道法自然，多样性的规律总是存在于大自然之中，总能从大自然中得到最直观、精准的诠释。万物众生持续进化的动力源自自然的规律性，它是事物发展的具体反映。要想在大自然面前有所作为，就必须先了解自然规律的先天性和内部因素的机理作用。

1. 自然规律存在的先天性

自然始终是客观的，在万物众生起源的很久以前如此，在万物众生起源之后和持续繁衍进化的漫长过程中依就故我。这就是大自然，它的存在不因为外界事物的变化而改变，有其先天发展的客观性。

2. 自然规律动态机理认识

中国古代的先哲认为“五行”是推动宇宙万物发展的变化的重要力量。事物发展变化不仅有多因多果的复杂现象，而且因果可以相互转化。这种动态的分析机理，有利于更好地把握自然规律的发展趋势，能从不同的方面更好地进行了解和认识。

3. 规律变量因素间的相互作用

认识规律要从简单机制到复杂机制，从单一机制到大机制体系。大自然中各种机制有数不胜数的变量因素在相互作用。规律中各因素之间是不断转化和相互作用的，要想在管理中充分地利用规律，就必须理清各要素之间的关系，灵活掌控各因素的变化。

（二）遵循自然规律

在老子的思想世界里，道本身是自然的，万物的本性就是自然的，万物依循着本性自然地生存。在管理中，要了解自然规律，同时又要遵循它的内在要求行事，不去任意地违背和刻意地抗争。

1. 正视规律，按规律办事

老子认为，自然规律是宇宙万物普遍存在的，虽然它看不见、摸不着，但它却主宰着万物的运行。所以，最大的“道”就是顺应自然。顺应自然，遵循规律行事，这就合乎“道”。宇宙万物都有自身的运行规律，人们只有认识规律、掌握规律，因物而行事，才能成就事业。

2. 自然规律的“无为”理念

“无为”是道家思想的核心，也是道家尊重自然的表现。庄子告诫人们，人类以怎样的方式对待自然，自然就以怎样的方式回报人类。因为“天与人不相胜也”（《大宗师》），人终究战胜不了天，自然界的规律是人的意志改变不了的。因此，即使是人间的最高统治者——帝王，管理国家、颁布政令也必须以自然规律为准。

3. 倡导人与自然和谐相处

老子思想的继承和发展者庄子认为，人是自然界的产物，并且人与天地共生，人与自然界融为浑然一体。① 既然人是自然界的产物，并与自然界融为一体，那么这就从自然法则上决定了人必须与自然和谐相处共生，而不能对立。

（三）利用自然规律

在主张尊重自然规律的基础上，荀子提出了发挥人的主观能动性，“制天命而用之”的控制、征服自然的思想，所以在自然规律面前，人类并不是被动地遵从，而是要在依循其发展规律的基础上，发挥主观能动性，利用其规律性为自己服务。

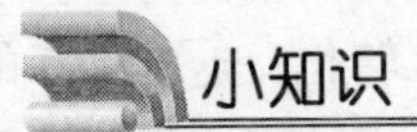

小知识

荀子（约公元前313～前238），名况，时人尊而号为“卿”，故又称荀卿，

① “天地与我并生，而万物与我为。”——《庄子·齐物论》

汉代避宣帝讳而改称孙卿，战国末期赵国（今山西南部）人，先秦著名思想家。

荀子早年游学于齐，因学问博大，“最为老师”，曾三次担任当时齐国“稷下学宫”的“祭酒”（学宫之长）。公元前264年前后，应秦昭王聘，西游入秦，称秦国“百姓朴”、“百吏肃然”而近“治之至也”。后来荀子受楚国春申君之用，为兰陵（今山东苍水县兰陵镇）令。晚年从事教学和著述。

资料来源：张峰屹．荀子．中国三峡出版社，2009.（经整理）

1. 了解规律，趋利避害

我们把老子的“自然”释作“如其自身的状态”。它是独立无待的、自本自根的，道的存在状态是自如其然。由于自然规律性是不以人的意志为转移的，所以人们在自然面前要顺从自然，趋利避害，尽量把不利因素变为有利因素。

2. 人性主导，结合自然

如果人类能够正确地认识自然规律，恰当地把握人类与自然的关系，就能不断地取得改造自然的成果，增强人类对自然的适应能力，提高人类认识自然和改造自然的能力。所以在人与自然的管理关系中，要发挥人的主观能动性，结合自然属性实施管理行为。

3. 顺应天时，与时俱进

人类与自然的关系，是共生、共赢、共荣，而不是征服、改造、索取。那么就要求人类在与自然关系的问题上，必须以“互惠互利、共同发展”为前提，树立人与自然和谐并进的科学发展观。要求管理者顺应自然，利用自然自身固有的运动规律，更好地实施管理行为。

三、倡导社会规律的管理方法：大道至简

老子说治国要遵循大道至简的道理，就是说道的本性就是自然，一切事物不能违背自然，而要顺应自然。以这种天道自然观来指导社会事务，就要遵守自然和社会的双重规律。所以管理者在行使管理权时，要顺其自然，因势利导，严格按规律办事，否则管理行为就会失效。

（一）社会规律的“自然”属性

《易经》是中华民族先哲通过观察体悟宇宙万物之间的相互关系而产生的。人类社会的管理之道当然也包含其中，社会规律的存在也具有其“自然”属性，其发展变化有其自身的机理，不以个人的意志为转移，同时与自然规律又具有不可分割的关系。

1. 社会规律产生的根源

社会规律存在是因为社会追求效率和秩序，是随着社会的发展和进步不断变化的，但其内在的规律性是没有发生变化的。作为社会的管理者，要充分挖掘其产生的根基，根据其产生的本源不断进行管理上的调整。

2. 社会规律体系的划分

社会规律体系的划分不能笼统地根据大小进行区分，社会规律体系的完善是围绕“生存和发展”这一核心实现自我完善的。社会规律大体划分为“完全社会机制”和“不完全社会机制”，二者相互影响、相互关联地置于社会规律的大系统之下。

3. 社会规律与自然规律的交汇

人作为自然界中微小的一个物种寄寓于大自然之中，大自然不会因为没有人类社会而如何如何，而人类如果没有大自然环境肯定就不可能诞生，离开了大自然环境就不可能生存。那么，自然规律与社会规律就是一种相互关联又互相作用的关系，二者相互交汇融通。

（二）社会规律的应用

虽然现实生活中各种矛盾无处不在，但人类的意志和意向在促成事物的变革或维持事物的原有秩序方面是起着积极作用的。具体的价值辨别标准应以我们所处时代和社会的性质及矛盾的具体性质为转移，要根据具体的社会规律进行有效的分析。

1. 建造引导自我的环境生态

在社会规律面前，人不仅仅有需求与欲望，还有一些体现对人类社会终极性关怀的东西存在。社会规律性要求社会既要抑制单纯的利欲主义崇拜和贪婪，又要借助人的需求与欲望的原始推动力来推动社会的发展。

2. 创造公平公正的竞争环境

社会规律性必须追求“环境公平”、“机会公平”等。如果社会机制欠缺这些公平，社会的规律性就会背道而驰，不能够起到其应有的功能。为社会规律的实施创造一个有利的环境，有益于人类更好地利用社会规律，为社会的发展进步服务。

3. 合理利用社会规律应对生存发展的需求

人的需求是先天性需求与后天性需求的总和。人的先天性需求由人的生物性决定。人求生存的愿望、意志和力量以及繁衍、保护后代的天性，都是人的生物性所固有的。由于人的社会性和智慧性，注定了人的需求不会止于先天性需求，而是以先天性需求为核心向更广的范围扩展和发散。

小案例

深圳华为技术有限公司总裁任正非，在2000年网络行业正在繁荣的形势下，在《华为的冬天》里预言了网络泡沫对全球IT业的深远影响。当时，在一片春光灿烂中，任正非如是说："沉舟侧畔千帆过，病树前头万木春。"网络股的暴跌，必将对两三年后的建设预期产生影响，那时制造业就惯性地进入了收缩。没有预见，没有预防，就会冻死。那时，谁有棉衣，谁就活下来了。这就需要企业家拥有居安思危的意识，当然，这个意识不仅仅是口头层面的，而必须像华为一样，有实际可行的操作方案，来避免或减少客观环境的规律带来的不良影响。

资料来源：程东升，刘丽丽．华为真相．当代中国出版社，2003.（经整理）

（三）社会规律的"德"、"礼"推广

老子认为，最好的社会状态是自然的社会秩序，不是对百姓进行管束制裁，而是顺遂百姓的自然而不加干扰。所以，人类在社会的管理过程中，要做到对"德"和"礼"的灵活应用和推广，使社会和谐进步，社会规律更好地被遵循。

1. "德"、"礼"间的递进关系

老子把"德"分为"上德"和"下德"，"上德"完全是出于内心之自然；"下德"即社会制定的仁、义、礼等道德规范。在他看来，社会偏离了大道，才有了提倡社会道德规范的必要。所以对社会规律的认识，要充分分清二者的递进关系，才能更好地使二者在社会管理中发挥作用。

2. "德治"的应用

以"德"治国——"上德不德，是以有德"，"上德不为而无不为"。礼崩乐坏，人们才会注意到忠、孝、仁、义的重要性。因此，把道德规范作为治理国家的工具是不可能的，"以德治国"要符合老子的思想，只能够是以规律办事的意思。所以最好的治国方式是让人民自然而然"长之育之，成之熟之，养之覆之"。

3. 推行"自化管理"的德治理念

老子最关注的是人的自然本性的保持和万民的命运，他以人生命的本真状态与合理的生存状态为"自然"，以对人生命的本真状态与合理生存状态的无端干涉和宰制为"反自然"。所以现实生活中要很好地推行"自化管理"的德治理念，顺应社会发展需求。

四、迎合人性规律的管理方法：长生久视

长生久视就是在现实生活中，效法天地，做到大道合一，不主动去破坏事物发展的正常轨迹。这样个人的管理行为才能更好地被实施，预期的行为才能达到预期的效果。在某种意义上说，管理的本质就是协调，就是要调节好组织内外人与人之间、人与物之间的关系，集中组织内部的有效资源来实现组织的共同目标。做到天依天“道”，人依人“道”，进行顺道管理，按规律办事。管理中要注重对人性规律的把握，实现对个人管理的有效性。

（一）借规律之势，效法天地

老子不仅向往一个理想的社会，让人们能自然地生存其中，而且希冀一个理想的人生，使每个人都能自然地展开其生命。自然的人生历程的达成也不需要个人的“益生”、“厚生”，只管效法天地的“不自生”，顺遂生命的自然生长而不强生。

1. “不自生，故能长生”

老子说：“天地所以能长且久者，以其不自生，故能长生。”（《道德经》）主张万物自然地生存，使万物自生、自长、自化、自成，反对“自私”。所以要遵守自然存在的规律性，不强求进行一系列的改变，使事物发展能按照原有的机理进行推进，进而取得长足的发展。

2. 人道效法天道，宇宙大道合一

天地按照自身的规律自然地运行，对万物没有好恶的情感存于其间，即“天地不仁，以万物为刍狗”。天地不与万物争，所以天地在本质上就不同于万物，而是超越之，包容之。管理行为要以天道推行人道，实际就是把天、地、人视为一个整体，遵循一个共同的原则：人道效法天道，与宇宙大道合一。

3. “益生曰祥”，自害其生

老子对于“益生曰祥”的看法是不认同的，认为人的生命是自然的过程，是不可强、不可益的。他认为强益生命的行为是不吉祥的，贪生厚养会遭殃；那些清静恬淡的人，胜过自奉厚生的人。所以，作为一个合格的管理者，要懂得如何放弃一些私欲，懂得如何利用人性行事管理。

（二）生不可益，保自然纯真

人的生命是一个自然的状态和过程，不能人为地打扰和破坏，即使是抱着增加生命力的良好愿望去“益生”、“厚生”，结果也会适得其反。所以管理行为要尽可能地降低主观的行为，保证人性的自然纯真性。

1. 人性规律的主题与对象

在人性规律面前，优秀的管理者要懂得保持人心的自然纯真状态，而不去

人为地干扰、破坏生命的自然。所以老子建议管理者要深知护养生命的本源、依循着大道常德而自然地生存的道理。

2. “天人合一”的人本管理目标

在自然界中，天、地、人三者是相应的。“天地者，万物之父母也。”（《庄子·达生》）《易经》中强调三才之道，将天、地、人并立起来，并将人放在中心地位，这就说明人的地位之重要。人类管理行为的目的，便是“绝圣弃智”，打碎这些加于人身的藩篱，将人性解放出来，重新复归于自然，达到一种“万物与我为一”的精神境界。

（三）循道依德，实现共赢

人循道依德，即是自然地生存；自然地生存，即是生命的自然，即能得生命的长久。人的生命在其自然之外并不能再增延些什么，凡是强行地益生、力图给自然的生命增延些什么的行为，都会使生命变得不自然，反而减损生命。

1. 顺物之性，有所作为

作为一个合格的管理者，既要锤炼出自强不息的顽强拼搏精神，还需培养海纳百川的博大胸怀。在人性规律面前，要具有效法天地自强不息、厚德载物的品格，不违背天道人伦，顺万物之天性，并有所建树。

2. 注重积累，根植本原

在老子看来，人之生命的自然历程，应该做到生不失所、死而不亡，时刻植根于生命的本原，永远依循着自然的大道。在对人性规律的探寻中，要找到其产生的根基，这样才能从根本上进行把握，并不断地积累，使人性规律的应用更加有效。

3. 守道抱德，长久生存

老子说：“知人者智，自知者明。”“信言不美，美言不信，善者不辩，辩者不善。”这就要求管理者要有一种谦虚的心态，在管理过程中遵守“道”和“德”的理念，不断充实和提高自己的修养，这样才能真正做到长久生存。

第三节　重术：以方法为基础的管理

人以外的客观世界，其万事万物都处在变化之中，永恒不变的事物是不存在的，处在变化之中的万事万物，本身又深含构成事物的不变因素和可变因素。所以只有结合不断变化的形势，抓住时机，利用形势，并不断地创新，才能使管理行为跟上变化发展的步伐，更好地发挥管理的作用。

一、引言

(一) 重术的含义

重术就是运用各种有效的管理方法，结合当时的情形进行实践和探索，使管理行为能够充分发挥它的作用。重术一般要遵循三个原则。

1. 功利性原则

任何管理行为的做出都具有一定的目的性，即“合于利而动，不合于利而止”。只有考虑到目的性，才能有取胜的信心；只有考虑到不利，才能避免负面影响。

2. 主动性原则

强调在管理活动中要“因利而制权”，根据竞争制胜的一切有利条件和因素采取积极的行动，夺取竞争的主动权。其中“制”强调的就是主动性，主动有所作为。

3. 权变原则

由于事物有其发展的内在规律性，同时又存在于大的环境之中，因此要根据形势的不断变化，把握时机，同时运用非同寻常的方法以奇制胜。

管理对象具有复杂性，把握这些对象的要素、结构、发展方向等问题是有效管理的前提条件。因此，要对事物和行为进行全方位的考察，把握管理中的细节因素，并主动有所探索，同时要结合具体的情形，具体问题具体分析。孙子所说的“故善出奇者，无穷如天地，不竭如江河”(《孙子兵法·兵势篇》)，反映了对解决复杂问题的自信和创造性解决问题的思维。

小知识

孙武（约公元前535～?），字长卿，春秋时期齐国乐安（今山东惠民，一说博兴，或说广饶）人。著名军事家。曾率领吴国军队大破楚国军队，占领了楚的国都郢城，几乎灭亡楚国。其著有巨作《孙子兵法》十三篇，为后世兵法家所推崇，被誉为“兵学圣典”，置于《武经七书》之首。所著《孙子兵法》，总结了春秋末期及其以前的战争经验，在中国和世界军事史上，最早比较系统地涉及战争全局问题，首次揭示了“知彼知己，百战不殆”这一指导战争的普遍规律，总结了若干至今仍有科学价值的作战指导原则，不但在我国兵学思想上占有极高的地位，也是全世界战术战略思考的宝典。

资料来源：侯书森．孙武：谋略人生．中国华侨出版社，2001.（经整理）

（二）重术的应用

管理者如何在复杂的问题面前，灵活应用各种管理方法达到预期的目的，是对管理者的挑战也是管理行为有效性的关键。

1. 解决对抗性问题

对抗性就是指不同利益者之间的严重分歧，要想取得胜利，就要在对抗中占得先机。所以在发展中要善于竞争，在竞争中既要充分了解信息、有所准备，又要强化自身优势，造成不可战胜的气势和有利因素，不失时机地采取正确措施，出其不意而又合情合理地解决对抗性问题。

2. 解决困难问题

对于困难问题，要找到其发展的现状与趋势，做到临危不惧、受到挫折而不气馁，迎难而上。一个合格的管理者，要在困难面前不低头，把握时机的变化，利用形式，运用非常规的方法进行调节，困难问题才能被更好地解决。

3. 解决复杂问题

对于复杂问题，管理者要从宏观上进行把握，当进则进，该退则退，进行灵活的应用。管理者要全面收集信息、仔细分析形势、深入研究条件、充分了解问题的各个方面，做到先谋后动，争取随势求变，把事情的发展引领到预期的发展道路或有利的管理之中。

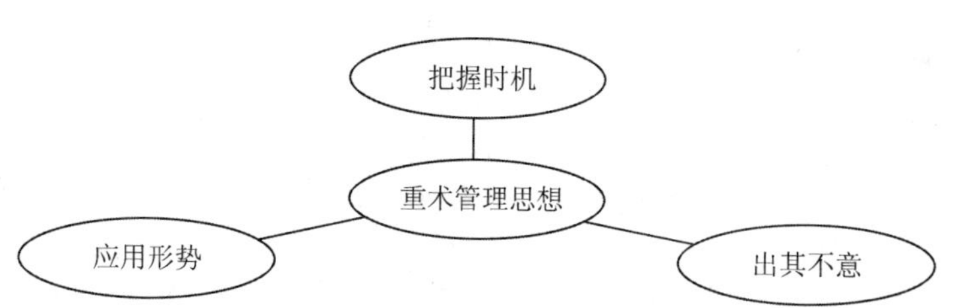

图 3—4　以方法为基础的管理思想

二、把握时间机会的管理方法：抓住时机

抓住时机就是要因时而异，相机而动。“天者，阴阳、寒暑、时制也。”（《孙子兵法·始计篇》）“天”即“时制”，引申为“时机”，所以管理行为要依循时制，根据实际的变化有所改变。“时”指“时点”，不以人的意志为转移，要相机而动。抓住时机包括把握时机、随机应变、等待时机三个方面内容。

联想国际化的步伐早在20世纪90年代初就已经开始。1991年，联想德国公司成立，成为联想开始向国际化方向迈进的第一个信号。到2001年，联想美国公司成立，联想在国外已拥有7家分公司、1家物流中心和100多家海外营销渠道。但这样的业绩和国际化程度不能令柳传志、杨元庆等决策层和股东们满意。这才有了后来联想搭乘奥运“TOP”这趟国际化快车的重大事件发生。

2004年3月26日，国际奥委会在北京宣布，联想成为第六期国际奥委会的全球合作伙伴（简称TOP），它是TOP的第11个也是最后一个加入者。从而使联想作为奥运会顶级赞助商与可口可乐、源迅公司、通用电气、美国恒康人寿保险、柯达、麦当劳、松下电器、三星电子、斯沃琪集团、威士国际组织10家公司站在了同一个高度上。由于奥运会顶级赞助商可以在200个以上的国家和地区展开市场营销，所以能够较快地提高品牌的知名度和美誉度。可以说成为TOP是企业国际化的一趟快速列车。联想正是在这种思想的指导下，抓住北京成功申办2008年奥运会和IBM退出TOP的契机，成功跻身于奥运会顶级赞助商之列。联想此举成为推动其国际化进程的助推剂。

走国际并购的道路，是联想建立全球营销网络的捷径。因此，面对IBM递送的“秋波”，联想集团经过全方位的论证和艰苦的谈判，终于达成了收购IBM全球PC业务的协议。自此，联想集团终于在成为TOP后，迈出了国际化的实质性步伐。所以联想的国际化模式可以归纳为：“TOP＋国际并购”。

资料来源：王倩茹，周广生．对联想并购IBM全球PC部后的SWOT分析．价值工程，2006（2）．

（一）把握时机，占得先机

在管理过程之前，要懂得“先知”与“先算”。“先知”就是在决策之前收集相关信息；“先算”就是在决策前对收集到的相关信息进行处理和谋划。作为一个管理者，要懂得利用时机的变化，在行动中要深思熟虑又要先发制人，以速度取胜。

1. 先胜

先胜指决策者利用收集处理过的信息科学决策，在付诸行动前占得先机、胜券在握。之所以可以“先胜”，因为“胜可知”（《孙子兵法·军形篇》），此知不是靠臆断或卜算，而是以一定的客观条件为基础：“知可以战与不可以战者胜；识众寡之用者胜，上下同欲者胜；以虞待不虞者胜；将能而君不御者

胜。此五者，知胜之道也。”（《孙子·谋攻篇》）

2. 制人

要想取胜就必须懂得运用“制人而不制于人”的策略，懂得如何利用时机的变化“调动对手”，先发制人。“调动”对手的方法，就是《孙子兵法》所提出的“迂其图而诱之以利”，“后人先发而先人至”。在现实的管理之中，要把握住时机，先发制人，才能占得先机。

3. 速胜

速胜原则是孙子进行战略决策的一个重要思想。速胜管理思想的背后是孙子对整个事情全局的思考和把握，也是实现目标的一个重要方法。要想在现实的管理活动中有所作为，达到预期目标，就必须选择正确的方法，根据时机的不断变化，调整具体的措施，选取时机果断迅速行动。

（二）顺应发展，随机应变

治国的方法必须因时变通，适应时势去制定管理制度。“凡举事必循法以动，变法者因时而化”（《吕氏春秋》），法在这里是指管理原则，在制定这些规则时要根据时势的变化而做相应的调整。所以，要想取得长远的发展，必须学会随机应变。

1. 善于发现时机

人言“机不可失，时不再来”，做任何事情都有一个关键性、决定性的时刻或机会，得之则成，失之则败。总之，既然时机在变，管理行为、方法也要跟着发生变化。在这之中，要善于发现客观情势之机，事件转折之机，主观士气之机。

2. 主动利用时机

《首时》认为，处理事情有才是远远不够的，还必须善于把握“机遇”：“圣人之所贵唯时也。”对于一个合格的管理者来说，“事之易难，不在大小，务在知时”。对于时机的把握，要做到随对方的变化而做出迅速的反应；要利用时机很好地激励内在的因素，调动各因素的积极性。

3. 时刻关注转机

“乘之即为机，失之即无机。”（《兵经百言》）由于时机的变化是非常快的，因此，转机是非常宝贵的。只有特别关注转机，对于转机才能“随”得上、“因”得准、“制”得住、“应”得恰当。只有把握好转机，才能掌控事情的发展，使事情的发展有新的机遇。

（三）以静制动，动静结合

机会总是瞬息万变的，在没有机会出现时，要学会创造机会为管理行为所应用，要学会在静态中寻找机会，把握机会。以静制动是一种积极的、主动的行为，在静中洞察事物的发展，为把握住机会创造良好的契机。

1. 主动创造机会

战场上的制胜条件，实质上就是战场上有利于制胜对手的一切主、客观条件。“善兵者，尽吾人谋之可为，以听天命之不可违而已。”(《投笔肤浅》)在管理过程中，既不能贻误时机，也要主动地去创造有利于事物发展的客观机遇和条件，使管理活动能顺利进行。

2. 耐心等待机会

机会并不是时时都会有的，在客观条件不允许的条件下，不要急于冒进，主动出击。要能忍受得住寂寞，等待机会的出现，能在发展变化中找到契机。管理者要克服自己懈怠的心理，遇到机会时不疑虑，时机不好时要静观其变，以静制动。

3. 机智把握机会

只有主动地把握住机会并运用合理的智慧进行统筹，才能更好地在管理中占有主动，才能有更大的取胜把握。能力与时机的把握对于管理者来说是非常重要的，每个管理者都应有这种能力和水平。

三、利用空间优势的管理方法：借用形势

《孙子兵法》思想中“势”、“形”是密切联系在一起的，形是指事物状态的形，是一种客观现实的表现和形态，是一种战略活动必须首先把握的，是制定战略的基础和前提。“势”是由一定的“形”所造成的能量特征。在管理中要把握形势的不断变化，不断进行改变，发挥优势，顺势而动，才能“立不败，待可胜”。

(一) 削实造虚，避实击虚

“兵之所加，如以石投卵者，虚实是也。”(《孙子兵法·虚实篇》)形势的运动变化过程也就是虚实对立变化的过程，管理双方的发展，必然体现为双方虚实对立的各种变化。在管理中要能够利用二者的相互转化，积极地调动主观的因素，规避不利因素，灵活取胜。

1. “虚实”二者的对立统一

虚实二者是并存于一个事物之中的。虚为不利因素，实为有利因素，只有获得更明确、更缜密的关于双方虚实利害的认识，才能找到对方的弱点的虚处，抓住更多制敌取胜的机会。虚实的把握对于管理者来说尤为重要。

2. 主客观方面引导虚实变化

只有充分发挥主观能动性，才能更好地处理好客观事物的虚实变化，变不

利为有利。作为管理者要主动创造条件，削弱管理事物或对象的实力，而制造对方的虚弱之处。

3. 避实击虚，灵活取胜

《孙子兵法》说："因形而措胜于众，众不能知。人皆知我所以胜之形，而莫知吾所以制胜之形。"就是说人们只知道战胜对手采取了某些方法和措施，但却不知道为什么要采取这些方法和措施。在管理中，灵活应用"形"的作用，造成敌虚我实，从而使管理者能够发现对方的薄弱之处，切实做到"避实而击虚"，"因敌而制胜"。

（二）发挥优势，扬长避短

屈原曾说过："尺有所短，寸有所长。物有所不足，智有所不明。"长短是相对的，相互依存的并通过对比的形态表现出来的。所以在管理中，要善于发挥优势，规避弱点，合理地纳优摒劣。

1. 善于发挥优势

兵家注重客观条件的作用，因为用兵作战往往受天时、地利等客观条件制约，而从某个方面讲，有些客观条件就是关键的制胜条件。所以，管理者要善于利用有利条件，设法抢占有利条件，在处事中占得先机。

2. 主动规避劣势

用兵作战权衡利害的目的之一，就是要趋利避害、战胜对手。管理也是如此，管理当中时时刻刻要有避短意识，能够知道自己的不足和劣势，同时意识到二者的相互转化，只有真正懂得避短才能做到发挥优势。

3. 合理纳优摒劣

纳优摒劣就是要取人之长，补己之短。所以管理者要有自省的能力，不盲目自大，能看到时势的变化和自己的不足，根据时势的变化不断进行调整，吸取精华去其糟粕，做到有效、合理和长足发展。

（三）积极造势，顺势而动

"故善战者，求之于势，不责于人。"（《孙子兵法·势篇》）这种寻求有利势态，而不强求人力的思想就是造势、顺势的思想。一般来说，积极利用和营造一种有利的条件和形势，帮助管理者实现管理行为，要立足于"有利"，变"不利"为"有利"。

1. 顺从自然之势

顺自然之势就是要顺乎自然，因自然形势而进行改变才能有取胜的可能。《孙子兵法·始计篇》说："势者，因利而制权也。"所以要想取得成功，就必须要按形势办事。在管理中，只有能把握其内在的规律性，才能把主观的意识运用其中，达到二者的平衡，顺天道才是管理行为充分实现的王道所在。

2. 创造有利之势

“善战者，制人而不制于人。”(《孙子兵法·虚实篇》)“故兵无常势，水无常形，能因敌变化而取胜者，谓之神。”创造有利形势，有利于在行动中占得主动，即“投之亡地然后存，陷之死地然后生”(《孙子兵法·九地篇》)，变别人的不利为自己的优势。管理者要主动地发挥主观意识，创造有利形势，使管理行为变得更为有效。

3. 不拘一格之势

最高的利用形势境界是创造出别人所未知、未用过的利用形势的方法。对于势的应用，应该是多样的：有多少种具体的势，就应该有多少种因势的对策。在现实中，管理行为也要不断地做出变化，只有不拘泥于原有的方法，并结合实际的情况，才能适应现代管理理念的要求。

四、提高创新理念的意识管理方法：出其不意

《孙子兵法》根据“全胜”的目标要求，讲究在战场上如何做到自保“不败”，并做到应敌“制胜”。其引导的一个方向就是“攻其不备，出其不意”、“制人而不制于人”。“奇”的行动击中了敌人的虚弱和要害之处，同时，做到正奇结合，才能从总体上做到真正的胜利。

（一）骄敌励士，心战取胜

心战取胜就是要灵活地运用敌我双方的心理状态而取胜的方法。在这个过程中要不断地激励内部因素，使整个系统能够正常高效地运营。

1. 充分调动对手

调动对手主要是要利用假象使对方失去对现实的正确判断，放松警惕，从而利用对方的心理弱点进行击破。所以在管理过程中，当管理行为遇到困难时，不能急于冒进，要等待机会，协调各因素的关系，使管理因素能有效地控制在一定范围之内。

2. 抓住制胜条件和主动权

环境作为外部条件，能激励和推动、抑制或扼杀人的能力的发挥。孙子认为“夫地形者，兵之助也”(《孙子兵法·地形篇》)，所以聪明的管理者要善于把握各种环境的变化，并通过调整管理策略抓住机遇，在管理活动中处于主动地位。

3. 提升士气，占得先机

用整体的气势、气概来激励士兵，是重要的激励方法，“故夜战多火鼓，昼战多旌旗，所以变人之耳目也。三军可夺气，将军可夺心”(《孙子兵法·军

争篇》)。所以“善战者，求之于势，不责于人”(《孙子兵法·兵势篇》)。在管理中要充分调动内部因素的积极性，提升其工作效率，把握时机，实现突破。

(二)真假融合，诡道制胜

《孙子兵法》提出“兵者，诡道”。诡道的本质是创新，走常人、常境下别人没有走过的路，通过迷惑对手，达到“出其不意”的效果来取胜。

1. 迷惑对方

迷惑对方主要是利用“假象”来示“形”，从而迷惑对手。孙子说：“能而示之不能，用而示之不用，进而示之远，远而示之近。”用“假象”把自己的意图、行迹和状况隐藏起来，让对手不知所措，不知道何时进攻，不知道何时受到攻击，不知道如何防备。

2. 诱敌松懈

诡道制胜的基础就是自己心中有数而使对方麻痹、放松警惕，同时迅速调动、积蓄和集中力量，以便能快速地形成我实敌虚的态势。管理过程中，管理者一定要注意管理方式应用的可行性，对不利的方面要进行及时调整改进，不能给对手可乘之机。

3. 秘而不宣

“势因于敌家之动，变生于两陈之间，奇正发于无穷之源。故至事不语，用兵不言。”(《孙子兵法·兵势篇》)就是说作战的态势要根据敌人的行动而作决定，战术的变化产生于敌我双方的临阵对垒，奇正的运用来源于将帅无穷的智慧和思考。所以重要的机密不能泄露，用兵的谋略不能言传。所以，只有做到保密，才能真正实现诡道的应用，才能发挥它的作用。

(三)正奇结合，攻其不备

“出奇制胜”是孙子正确部署兵力、灵活运用战法的思想。作为一般的作战原则，是以正兵挡敌，以奇兵取胜；正兵用于固守，奇兵用于制敌。“兵无常势，水无常形，能因敌变而取胜者，谓之神”(《孙子兵法·虚实篇》)。就是说必须善于以变应变，出奇制敌。

1. 以正为基，以奇取胜

“正”是常规的，符合普通人常识与习惯的方法，“奇”是不循常理，不合常法，难以预料，防不胜防。“奇正”思想，揭示了“兵者、诡道”的要害，“奇正”二者是密不可分、紧密相连的，只有把二者融入实际之中，才能达到预期的效果。

2. 平时用正，战时用奇

要想在出击时有力地用“奇”、“举势”，平时就要有效地用“正”。平时用正之法加强备战、积蓄力量。在条件成熟时，以实力为基础，用奇招一举求成。所以作为一个管理者，要在平时多积累一些管理经验教训，对以后的管理会有很大的帮助。

3. 奇正相生，制胜千里

“奇则出之以正，奇亦正也；正而出之于奇，正变奇也。奇正之道，虚实而已矣，虚实之道，握机而已矣。”(《握奇发微》)就是说正与奇是相互转化、内部相生的。奇正存在于同一个整体当中，奇正相生的思想就要求在管理过程中，正视变化，分析变化，寻求应对，努力创新。所以只有考虑到二者的关系，才能在管理过程中做到奇正的结合，不断进行创新从而制胜千里。

本章关键词

天时　顺道管理　无为而治　规律管理　道法自然　方法管理　抓住时机

本章提要

1. 人与自然关系管理思想主要包括“顺道”(以大道为基础的管理)、“循法”(以规律为基础的管理)、“重术”(以方法为基础的管理)三个部分的内容，在中国管理思想的下属分支中，这三个部分内容在逻辑上是紧密结合、密不可分的。人与自然的关系是一切关系的前提，只有处理好了两者之间的关系，才能更好地处理好人与社会、人与人之间的关系。

2. 顺道就是在正确认识天下大道的基础上，顺应道的要求，实现一定的治理目标的管理行为。循法就是管理者在实施管理行为的基础上，顺应事物发展的规律，按照有效的行事方法达到一定的目标的管理过程。重术就是运用各种有效的管理方法，结合当时的情形进行实践和探索，使管理行为能够充分发挥它的作用。

3. 在处理人与自然关系的过程中，要做到从事物的整体性出发，运用有效性和权宜性的管理方法，遵循自然、社会、人性规律的发展趋势，抓住时机和有利形势，不断创新，进而使管理过程更加有效、合理。

4. 人们在现实管理中，要不断提高自己的认识能力和水平，提高自己的个人修养；要遵循自然规律的发展方向，做到人与自然的和谐相处；不断创造有利的时机和形势，使自然的内在机理为人类的管理活动所运用。

复习与讨论

1. 顺道的内涵及具体的举措有哪些？

2. 以规律为基础的管理包括哪几个方面的内容？

3. 如何才能做到道法自然？

4. 讨论如何才能使重术的管理思想更好地应用到现实的管理当中。

5. 在人与自然的关系管理中，更应重视人的作用还是自然的作用？如何平衡二者的关系？并举例说明。

6. 如何理解老子“无为而治”的思想？如果你作为一个管理者，如何在具体的管理中去实施“无为而治”？

本章案例

材料一：

庖丁解牛

有一个名叫丁的厨师替梁惠王宰牛，手所接触的地方，肩所靠着的地方，脚所踩着的地方，膝所顶着的地方，都发出皮骨相离声，进刀时发出骣的响声，这些声音没有不合乎音律的。它合乎《桑林》舞乐的节拍，又合乎《经首》乐曲的节奏。

梁惠王说：“嘻！好啊！你的技术怎么会高明到这种程度呢？”

庖丁放下刀子回答说：“臣下所喜好的是自然的规律，这已经超过了对于宰牛技术的追求。当初我刚开始宰牛的时候（对于牛体的结构还不了解），没有不是全牛的（和一般人所见一样）。三年之后（见到的是牛的内部肌理筋骨），再也看不见整头的牛了。现在宰牛的时候，臣下只是用精神去和牛接触，而不用眼睛去看，就像视觉停止了而精神在活动。顺着牛体的肌理结构，劈开筋骨间大的空隙，沿着骨节间的空穴使刀，都是依顺着牛体本来的结构。宰牛的刀从来没有碰过经络相连的地方、紧附在骨头上的肌肉和肌肉聚结的地方，更何况股部的大骨呢？技术高明的厨工每年换一把刀，是因为他们用刀子去割肉。技术一般的厨工每月换一把刀，是因为他们用刀子去砍骨头。现在臣下的这把刀已用了十九年了，宰牛数千头，而刀刃却像刚从磨刀石上磨出来的。牛身上的骨节是有空隙的，但是刀刃没有厚度，用这样薄的刀刃刺入有空隙的骨节，那么在运转刀刃时一定宽绰而有余地（游刃有余）了，因此用了十九年而刀刃仍像刚从磨刀石上磨出来一样。即使如此，可是每当碰上筋骨交错的地方，我一见那里难以下刀，就十分警惧而小心翼翼，目光集中，动作放慢。刀子轻轻地动一下，哗啦一声骨肉就已经分离，像一堆泥土散落在地上了。我提起刀站着，为这一成功而得意地四下环顾，为这一成功而一副悠然自得、心满意足的样子。拭好了刀把它收藏起来。”

梁惠王说：“好啊！我听了庖丁的话，学到了养生之道啊。”

资料来源：根据《庄子·养生主》资料整理而成。

材料二：

正确处理人与自然的关系

人类的发展史，是一部利用自然和改造自然的历史。

我们在发展的过程中提出了科学发展观，一种可持续的发展观。我们在满足人的需要的同时，也要维护自然的平衡；在关注人类当前利益的同时，更要关注人类未来的利益。科学的发展要求我们在发展经济的同时，充分考虑资源和生态环境的承载能力，积极转变经济增长方式，不断加强生态建设和环境保护，合理开发和节约使用各种自然资源。

首先，在国家重点保护的自然保护区，应该以生态建设和保护为主，人类的生产生活要服从生态保护的大原则。在大面积的自然保护区内，我们又可以划分区域：核心区，即生态核心区域。在这个范围之内，严禁耕地，严禁放牧，不准兴建厂房，使自然环境不受人类活动的干扰。保护区，在这个范围内，只允许少量的放牧，不允许耕地。

其次，在广大的农村，也要处理好人与自然的关系。要合理利用自然资源，比如水资源，兴建农田水利，为人类生产服务。要珍惜土地资源，保护耕地。要发展沼气等可再生能源，为人类生活服务。

再次，在城市，人类似乎与自然离得比较远，每天面对的是钢筋水泥。其实，在城市中人与自然的关系尤为重要。因此，在城市里，我们要大力提倡工业的节能减排，通过技术改造，生产流程改善，从而达到节能减排的目标。

最后，在生活方面，我们要提倡低碳生活、绿色生活。在生活的点滴中节约资源，保护环境，我们可以选用环保省电的电器，减少电器的使用时间；可以尽量公交出行，减少小轿车的使用量；可以节约每一粒粮食；等等，从小事做起，从身边做起。

人与自然的和谐相处是人类永恒而且关乎命运的重要话题，我们要不断加深对人与自然相处的认识，不断探索人与自然更加和谐相处的方式，每个人都

要为人与自然更加和谐做出自己的努力。

资料来源：盖山林，盖志毅．正确认识人与自然的关系．民主．2004（4）．（经整理）

思考题：

1．庖丁解牛的道理如何在管理中得到体现？

2．在自然规律面前人类怎样发挥自己的主动性？

3．国内外管理思想对于自然规律的认识和利用有何异同点？

第四章

地利——以人与社会关系为基础的管理

学习目的与要求

了解天下之法、中庸之德、以德治国等古代学说代表性观点

理解什么是以法为纲的统治手段，什么叫天人合一以及关于提升个人德行的古代思想

熟悉如何将规则、平衡、道德的管理思想分别运用到法治、和治、德治的管理手段上

掌握如何基于人与社会的关系来进行现实中的管理

题记

君者，舟也；庶人者，水也。水能载舟，亦能覆舟。

——《荀子·哀公》

人不能孤独地生活，他需要社会。

——歌德

导入案例

唐太宗吞蝗虫

贞观二年，京师大旱，蝗虫四起。唐太宗进入园子查看粮食的损失情况，看到有蝗虫在禾苗上吃庄稼，就捡了几只蝗虫念念有词道："粮食是百姓的身家性命，而你吃了它，是害了百姓。百姓有罪，那些罪过全部在我身上（古时认为蝗虫有灵异，修有奶奶庙，因为蝗、皇音同百姓不敢捕杀，而在古代一旦发生大灾都认为是上天降的惩罚），你如果真的有灵的话，你就吃我的心肺吧，不要再降罪于百姓了。”于是拿着蝗虫正要吞下去，周围的大臣一看不好，急忙谏道：“不能吃啊！吃了会生病的！”唐太宗说道：“我正希望它能把带给百姓的灾难移给我一个人！又怎么会因为害怕生病而不吃它了？”说完，把几只蝗虫大口地吞了下去。

资料来源：（唐）吴兢．贞观政要．蓝天出版社，2007.

社会是人的集合，也是人们相互关系的集合。人的活动创造了社会，而社会又不断影响着人。对于一个人来说，社会是他生存的环境，对他的生存与发展都存在着很大的影响。但一个人一旦形成独异的人格，他在自己的生活中就起到了主导作用；换句话说，社会这个外因，要通过人自身这个内因起作用。即时势可以造英雄。而社会的发展又赖于人的努力，由于人类的活动（主要指劳动）创造了社会，从而推动了社会的发展。人的管理行为，从某种角度上说，可以划分为法治、和治、德治。本章主要从法治、和治、德治三个角度来阐述人与社会关系的管理。

第一节　法治：以秩序为基础的管理

在现代，社会分工越来越细，合作越来越强，于是合作中的秩序就凸显出其特别重要的意义。秩序是指规定出来供大家共同遵守的制度或章程。秩序可以是由书面形式规定的成文条例；也可以是约定俗成，流传下来的不成文规定。而更多的时候，秩序是因为得到每个社会公民承认和遵守而存在的。

一、引言

（一）法治的含义

1. 内涵

法治有两层含义：一方面，用客观的标准如规矩、权衡、斗量、尺寸等物一样的、客观的、人设的、固定不变的法来衡量所有的人；另一方面，是把人当物来治理。也就是把人当成可以用固定的、客观的规矩、尺寸等“物准”去准确无碍地衡量的东西，而不考虑人的特殊能动性。

相比起在古代法治管理中，有很多具有持久生命力和可供现代法治借鉴的东西。如“不法古，不循今”的历史观；“事皆决于法”，实行“法治”；公布成文法，完善立法，使法“明白易知”；严格执法，“法不阿贵”，“刑无等级”；等等。

法制与法治的区别在于，法制侧重于形式意义上的法律制度及其实施，而法治不仅包括形式意义上的法律制度及其实施，更强调实质意义上的法律至上、权利保障的内涵。法治讲究良法之治，法律公正、稳定、普遍、公开、平等，而法制不具有这些内涵，只要求严格依法办事。法治与人治截然对立，其基础是民主政治，是民主和宪政的表现，而法制和人治并不对立。本节将着重讲解古代相关的法治思想以及与其相对应的法制手段。

2. 特性

法治的优越性是相对于人治而言的，而这种优越性主要体现在：①法律的公正性。法律是集体智慧和审慎考虑的产物，它没有感情，不会偏私，是公正性的代表。②法律的权威性。在法律之下，制度不能像人那样信口开河，相对于实行人治而言，人治容易贻误国家大事，特别是世袭制更是如此。它借助规范形式，使得规则具有明确性。③法治的广泛性。实行一人之治较为困难，君主的能力和精力毕竟有限，而且一人之治剥夺了大家轮流执政的权利。

（二）法治的应用

1. 维护统治

古代法家所体现的法治思想，其目的是维护国家秩序，认为国家不仅必须具备统治主权和惩罚力量，而且必须由“权重位尊”的君主来行使权力。君主在德行、智慧、勇力等方面多数中人之资，但却具有至高无上的权力和独一无二的地位，其关键在于“以法相治”，身居全国的中央，“秉权而立，垂法而治”，独自掌握生杀大权，决定臣民的命运。以“刑罚”保障君主专制制度。事实上，“法”始终屈属于君的权威之下，只是保障君主权力的工具和手段。可见，法家“法治”所维护的正是君主集权的专制政体。

2. 治民之本

在处理臣民关系方面，法家主张“治民无常，唯法为治”（《韩非子·心度》）。即治理臣民没有永恒不变的常规，只有用法律。君主用利害原则控制臣民，使小利归于民，大利则尽归君主。而只有“法治”才是实现这种“君利中心”的最好手段。与君主相比，官吏和民众毫无权力可言。因此法家的“法治”实际是以治国为起点，以独制为终结，以“治吏”、“治民”为重点。

“法令也，民之命也，为治之本也，所以备民也，为治而去法令，犹欲无饥而去食也，欲无寒而去衣也，欲东而西行也，其不几亦明矣。”（《商君书·定分、弱尼》）可以看出，商鞅是从法与国民、法与国家治理关系的角度来定义法的。在法与国民的关系上，法就是国民的生命，是防止人民作恶的工具。在“法”与“治”的关系上，法是治国的根本。法与国家治理的关系就好比食物与饥饿的人的关系、衣服与寒冷的人的关系，其目的是满足需要。如果治国不使用法令，就如同想去东方却走西方一样，南辕北辙，事与愿违，不能够实现既定目标。

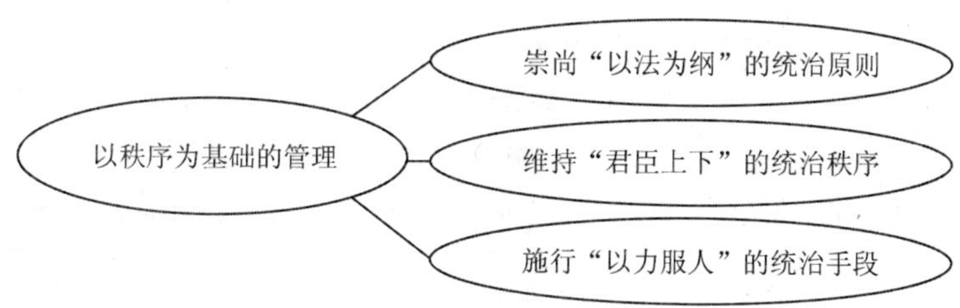

图 4—1　以秩序为基础的管理

二、崇尚“以法为纲”的统治原则

（一）法律之公平——天下之法

1. 何谓天下之法

什么样的法才能称得上“天下之法”呢？明清时期思想家黄宗羲认为，在三代之前有法，三代的圣王授予百姓田地以耕，授予桑麻以织，建立学校以教，设立礼仪以正风俗，设置军队以稳定国家，这些措施都是从百姓的角度出发，而不是从君主一人的私利出发，因此才可以称得上是“天下之法”。从概念上说，“一家之法”与“天下之法”的最基本的区别是制定法律的出发点不同。在当时社会下，具体的法律内容显然是为了维护君主个人的私利。一切法律以维护君主私利为目的，则必然会带来严重的后果，最终造成越来越多的动乱。所以，严酷的法令所带来的不是社会的长治久安，而是社会动乱的愈演愈烈。而这一切都是由于君主一人的私欲所造成的。这种为了君主私利而设置的法便是“非法之法”。

2. 何谓无法之法

“无法之法”意味着，国家的利益不可以全部为君主一人所取，利要藏之于民。刑赏的大权不能为君主一人所把持，不然君主会以此来取利。不以身在朝廷为贵，也不以身在草莽为贱，这其实是对君主专制进行怀疑。如果君主能够藏利于民并且放松专制权力，利益和权力便不会成为稀有政治资源，那么人的身份和地位便不会因为是否身在权力中心的朝廷而有所差别。

(二)法律之广泛——治众之基

1. 法为规则

法家韩非子提出，把“道”理解为物的本原，自然界客观存在的规律。他说：“道者，万物之始，是非之纪也。是以明君守始以知万物之源，治纪以知善败之端。”因此，在现代管理中，管理者在管理的时候应该了解这一规律，遵循这一规律。如果能遵守这种“道”，就可以得到天下了。他认为管理人员的方法是有一种规律的，只要管理者掌握了这种规律，将这些规律制定成法则，就可以顺应自然的要求，让后代都信服了。可见，“法”制管理和道家“道”的思想是相互结合的，由此可以看出，“按法治众”的管理原则是正确的。

小知识

韩非子（约公元前280～前233年），战国晚期韩国人（今河南新郑，新郑是郑韩故城），韩王室诸公子之一，战国法家思想的集大成者。《史记》记载，韩非子精于“刑名法术之学”，与秦相李斯都是荀子的学生。韩非子因为口吃而不擅言语，但文章出众，连李斯也自叹不如。他的著作很多，主要收录在《韩非子》一书中。韩非子死后，他的思想在秦始皇、李斯手上得到了实施。韩非子著作吸收了儒、墨、道诸家的一些观点，以法治思想为中心。他总结了前期法家的经验，形成了以法为中心的法、术、势相结合的政治思想体系，被称为法家之集大成者。

资料来源：宋洪兵，孙家洲．韩非子解读．中国人民大学出版社，2010.

2. 中主之治

“中主”的管理思想主要表现为，世上的统治者大部分都是中等人才，并不都是特别英明的君主。对于这些中主来说，只有依靠法治，“抱法处势则治”；如果他们不用法治，那只能是“背法去势则乱”。韩非子指出，“中主”还必须要统治好君臣，而唯一的办法也只能是用法治，因为用臣子来防备臣子的话，会因为个人主观的思想而多有偏袒，必然无法做到公正，从而影响朝纲。这样的法治思想，最终目的是实现其“太上禁其心”的理想。法治的作用，最高的是禁止邪恶的思想，然后是禁止邪恶的言论，最后才是禁止邪恶的行为。为达到“禁其心”的目的，古代法制还要求管理者要公开法律、推行法律、普及法律，要对民众进行普法教育。

但这种法治思想带有很强的功利性。韩非子对每一件事情功利性的判断非常客观，也非常务实，并以此为依据决定做还是不做。他说，做事情有一定的原则，所有的法律都有它的两面性，既有有利的一面，也有有害的一面，所以法律的制定也要权衡得与失。

（三）法律之仪表——万事之规

1. 行为规范

“法”是各种社会关系的固有调整系统，是衡量天下人言行是非、功过、曲直的客观标准和必须遵守的行为规范。

管子作为先秦法家的代表，立足于礼法兼容的思想，认为人的一切行为规范都应该用立法的形式明确规定，并主张有法必依，赏罚严明，从国家政治的角度明确法治的普遍和现实意义，道出了法律的地位和尊严，强调法的重要作用。《管子》一书给“法”下过许多定义，在日常生活中经常被使用，以表达法律的重要性。除了“法者，天下之程式也，万事之仪表也”，还有“尺寸也，绳墨也，规矩也，衡石也，斗斛也，角量也，谓之法”。这些都是描述日常生活里做事儿所用“标准”的特定名词，此处均用来表示法律是衡量天下人言行是非、功过、曲直的客观标准和必须遵守的行为规范。

2. 客观标准

此外，《管子》中还有“法律政令者，吏民规矩绳墨也”。意思是法、律、政令，是所管辖的公民的行为规范。就像画圆的圆规，画方的矩形器，画直线的绳墨盒一样。这种关于法律的定义，虽然只是形式上的而非实质性的，但都强调了“法”是人们的行为规范，具有客观性和公平性。同样的话也出现在儒、墨两家的言论当中。《墨子》中说：“百工为方以矩，为圆以规，直以绳……故百工从事，皆有法所度。”《孟子》中说：“不以规矩，不能成方圆。”意思是尺寸、绳墨、规矩之类的标准不仅是用来度量事物大小、多少、长短、轻重的，还是矫正事物方圆、正误的。人虽灵巧，可有时就是不如粗笨的规矩顶用，因此，《管子》说：“虽有巧目利手，不如拙规矩之正方圆也。故巧者能生规矩，不能废规矩而正方圆。虽圣人能生法，不能废法而治国。故虽有明智高行，背法而治，是废规矩而正方圆也。”

清末沈家本沿袭了先秦法家的思想来阐释法的定义，他指出：“世未有无法之国而能长治久安。法者，天下之程式，万事之仪表。立法而不行与无法等。为政之道，首在立法以典民。变法自强。裁之以义，推之以仁。”（《管子·禁藏》）他认为，法律是调整人们行为的一种规范，是衡量天下万物的一种客观标准，法律的作用在于治国和治民。

三、维持“君臣上下”的统治秩序

(一) 使法择人

1. 量功

古代，法家学说认为国君在治理国家的时候，应该注重用法度录取人才，而不是自己主观推断。注意用法度计量功劳，而不是自己主观裁定。只有这样，贤能之人才不会被埋没，败类也不能伪装隐藏。夸夸其谈的过实赞誉也不能使人录用，恶意诽谤也不可能使人才遗漏。

“使法择人量功”首先在于以功绩来行赏赐。管理者选拔人才重实绩不重虚名，而最关键的是法的制定和实行，包括用对人和对所用之人以正确的赏罚激励，充分调动其积极性，发挥其潜力以助成大业。古往今来，一些成功的领导者，都十分重视用人择才和赏罚的科学化、制度化。使法择人，不自举；只有使法量功不自度，才能慧眼识英才，唯才是举。

2. 择人

正确的择人又包括两个方面：首先是明确组织所需，选拔适当之人。以职取才，取所需之才，而不是求全才，求通才，求十全十美之才，求顶尖之才。还要慧眼识才，选拔真才。以实绩取才用人，而非重“虚”名。同时，还必须建立科学的用人体制，严格的选拔和考核机制。其次是正确的激励。择取适当之才只是第一步，还必须保证所用之才能够为我所用，能够不遗余力。因此，在实际工作中，必须做到绩效管理科学化，赏罚制度化。以法量功，以法定赏，不仅使论功行赏制度化，而且使论功行赏更加科学、合理，从而避免因领导者的主观片面性带来的行赏偏差。只有以正确激励为赏罚的出发点，以绩效为赏罚的依据，建立合理的赏罚体制，严格、公平、公正、公开地进行赏罚，才能做到用“好”人。

(二) 以法驭臣

1. 重刑

古代在重视官吏的选拔和使用的同时，也对官吏的控制提出了要求。商鞅对官吏的控制和考核是十分细致和严厉的，认为可以用“重刑”来预防和治理官吏犯罪。通过重刑来治理官吏犯罪，可以让官吏心存警戒，打消在法律面前的优越感和侥幸心理，不能因为他们是执法者，手上有判处刑罚的权力，就可以肆意妄为，亦或者是觉得自己犯法没有人来查处，从而知法犯法，严重影响法律的权威。

因此，对于官吏，同样需要严厉的法律来预防和制止其犯罪，用厚赏重罚来保证互相监督、互相告发制度的推行。用厚赏引诱、鼓励，用重刑威胁、迫使，以达到官吏之间相互监督、互相告发的目的。

2. 监督

这里的法指的是建立严明、公开、有力的监督检举制度，对检举揭发者施以丰厚的奖赏，鼓励这种同僚之间互相揭发罪行的行为。这样可以让每个官吏在日常工作的时候都如履薄冰，尽量不触犯法律，同时以同级的角度来观察，并且及时地揭发同僚的罪行。这比上面派人下来监督、下面的人联手蒙蔽过去要有效得多。

以法驭臣还体现在通过明确官吏的职权范围，严格区分官吏权限，使官吏难以利用职权去做坏事。同时，也有效地避免了办事时互相推托、踢皮球现象的发生，大幅度提高工作效率。

（三）权威在君

1. 约束臣民

“权威在君”的思想，强调国君必须掌握绝对的权力。战国时期法家学派认为，治理国家有三个要点：一是法治；二是信用；三是权力。法律，是君臣共同遵守的；信用，是君臣相互树立的；权威，则是国君单独所有。这其中强调了权力必须由国君所独制。也就是说，只有权力在管理者手里，管理者才能有威望。而管理者拥有独断权力的前提是有法令，也就是用法律规定去约束臣民，这样臣民就会自觉地处在国君的控制之下。

法家商鞅认为如果管理者处在管理的位置上，但是他的命令却得不到下面的人来执行，这是一件非常危险的事情，特别是当管理者和被管理者之间关系太过融洽、分别不够明显的时候，管理者缺少让他人言听计从的权威，则会出现管理混乱的问题。所以古人将人区分为贵贱，其目的就是确立出君臣的名号，让管理者和被管理者界限明显，这样管理者的法令才会得到重视。

2. 防止混乱

国君之所以设立法制，是为了防止奸邪滋生，国君的法令如果不能下达，那么国君就处在非常危险的地位，官职也会因发生混乱而失常，因此必须让民众明白法制，从而让民众畏惧刑法，这样，由国君制定的法律就会让国君的地位变得尊贵、有权威，从而便于国君的管理。但是光有法制还不够，国君的行事也必须在法制之下，这样国君的地位才有尊威，因此，管理者必须以身作则，使自己的一切言、行、事合乎法，按法办事，才能让下面的人信服。而且商鞅认为，赏罚之权必须在管理者的手上，不仅是惩罚，就算是赏赐，也要依法而行，不能凭空赏赐别人，也不能对立功的人视而不见。

3. 赏罚并施

只要管理者能够赏罚并施，让下属能够感受到由此带来的奖赏和对他的惩罚的时候，管理者才能在他们的心目中树立威望。如果赏罚的权力交给了下属，那当其他人受到赏赐的时候，他们只会最感谢那些直接给予他们赏赐的人，而非君主。相反，如果奸邪之徒能够操纵奖惩的话，则会利用手上的权力肆意妄为，如提拔无功之徒、陷害忠良之士，导致朝纲紊乱，最后威胁国君的管理。

这种思想虽然能够利于统治者的管理，但是却不太适用于中层、基层的管理者，因为这样一来，赏罚的来源都得归到最高层，而中层、基层的管理者却没有这样的权力，如果他们为了便于管理而用这种方法树立权威，却又违背了这个思想的初衷。

四、施行"以力服人"[①] 的统治手段

(一) 以利服人

1. 何谓以利服人

"以力服人"(《孟子·公孙丑上》)可以分为以惠利服人以及以暴力服人。对于前者来说，法家均重视经济的发展，强调以利安民。《管子》首先肯定自利是人的一种天性，人类的自利观念是一种客观存在。人之本性就是"利之所在，虽千仞之山，无所不上，深源之下，无所不入焉。故善者执利之在，而民自美安"。人们日夜辛苦，不惧艰险，其内在动力是一个"利"字。对物质利益的追求和欲望是人的本性，聪明的统治者只要牢牢把握人的这种本性，就等于掌握了管理人民之道，百姓便会"不引自来"地听从命令。

2. 利的两个层次

这种观点即将人的需要分为两个层次：一是人的本能或天性的需求，其内容除了通过让百姓生活富足，衣食无忧，满足基本的生活需要之外，还有人与动物不同的社会性的感情需要；二是人的品性或习性，其主要内容是在衣食的基础上，通过社会环境和后天教育等形成的"知荣辱、知礼节"等精神需要，而"利"是驱使百姓劳动的根本动力，也是一种用以达到统治目标的积极因素。

由此看来，治理民众的方法，首先是要让他们富裕起来，给予他们充足的利益，当百姓的生活都富裕了以后，就会变得更好治理。"光脚的不怕穿鞋

---

① 力：权势，武力。指用强制手段使人服从。

的”，指的就是一无所有的人不会害怕失去任何东西，所以他们只要有利可图，什么事情都会去做，这无疑就会成为社会的不安定因素。而当管理者让百姓富裕了，就好比让他们穿上了鞋，从此他们就会重视自己的财产和利益，因为人人都害怕得到之后又失去，所以他们就会在尊敬管理者的同时害怕犯罪，安安心心地过日子，这样国家就容易治理了。这反映出政策的调节者要十分重视人民心理和情绪的作用，在适当的时候对百姓加以心理的抚慰以及利益的诱惑，百姓自然而然就会听从管理者的安排。

（二）以刑辅教

1. 强制性

在国家管理上，人们需遵守礼的规范。而一旦违礼而动，必然破坏人际关系的和谐与社会生活的有序化，故还必须有政令、法律刑罚的强制性规范，来威慑和防范。法家强调治国之道是由法律来达成的。法作为国家统治的工具以及社会秩序的客观标准，“以刑治则民威，民威则无奸，无奸则民安其所乐。以义教则民纵，民纵则民乱，乱则民伤其所恶。立君之道莫过于胜法；胜法之务，莫急于去奸；去奸之本，莫甚于严刑。故王者以赏禁，以刑劝，求过不求善，藉刑以去刑”（《商君书》）。

2. 严厉性

商鞅提到了一个重要的观念，即为处罚奸佞之徒及违反法令规定者，不仅须予以处罚，尚须以严刑相加，方使其不敢再犯，并收杀一儆百的效果。而此论点，是建立在“人性本恶”的思想之上，人性是“娇于爱而听于威”的。所以国家应该使用法律，且是使用严厉的法律来使臣民的精神绷紧到极限，也因此“赏莫如厚而信，使民利之。罚莫如重而必，使民畏之”。人民畏于严刑峻罚，自然可以受国家的驱使。就此意义而言，法家的法治，无异于实施高压的恐怖政治，才会有此动辄以严刑伺候的思想。

第二节　和治：以平衡为基础的管理

在不同领域，平衡有不同的含义。一般而言，平衡是指矛盾双方在力量上相抵而保持一种相对静止的状态。矛盾双方的力量此消彼长，绝对静止的状态不可能存在，也就是说，世界上没有绝对平衡的事物，平衡总是相对的。但是，不存在绝对平衡并不等于人们追求平衡并努力保持平衡是错误的。在一定意义上讲，平衡和平等、和谐、统一相一致，而后者正是人类追求的一般价值目标。

一、引言

（一）和治的含义

“和治”，即和平治理、太平、安定。出自“予归东土，和治诸夏”（《穆天子传》卷三），意思是我的使命是和平地治理国土上的百姓，使万民平均。“天下和治，人得其愿。”（《淮南子·本经训》）

“以和为贵”的思想是儒家人本思想的核心所在，孟子指出“天时不如地利，地利不如人和”，由此可见和的重要性。在传统文化中，“和”是十分重要的。那么，什么是“和”呢？史伯说“以他平他，谓之和”，意思是和谐才是创造事物的原则，同一是不能连续不断永远长有的。把许多不同的东西结合在一起而使它们得到平衡，这叫做和谐，所以能够使物质丰盛而成长起来。春秋时的晏婴认为“和”就是“济其不及，以泄其过”。这里的“济”是“增加”的意思；“泄”是减少的意思。不足之处要增加，过多之处要减少。

在中国哲学中，“和”标志着天地的正位与阴阳的协调。作为观念的“和”，源于作物的生长。从具体的饮食之“和”抽象为人们关系之“和”的发展过程，使它为完整的中庸概念的形成奠定了理论基础。

（二）和治的应用

1. 协调人际关系

在古代人际关系方面，儒家作了自己的深刻思考，并构建出具有自身特色的德育内容。如儒家倡导“尚公”的原则，强调“天下为公”，要求人们用公义战胜私欲，以国家、民族的利益为重，做到个人利益服从整体利益，突出公而忘私的价值取向。这种道德观，无疑有助于人们正确处理个人与社会的关系。因此，古往今来，一直受到进步思想家的重视，代代相承，不断被发扬光大。

在现代众多管理实践中，和治的思想都可以得到有效运用。具体来说，可以运用到个人管理、家庭管理、企业人际关系管理以及国家管理中去。在个人管理方面，人和理论可以运用到个人心理情绪的调整上；在家庭管理方面，主要可以用来处理家庭各个成员之间关系的协调，营造一种良好的家庭氛围；在企业人际关系管理方面，可以用来处理企业与企业之间、劳方与资方之间、上级与下级之间、同事之间的关系。

2. 处理事物矛盾

“和”的思想同样可以运用到处理事物矛盾上，特别是在处理国家对社会的管理上。荀子认为，政和的首要要求就是要守序。正所谓：“人生不能无群，群而无分则争，争则乱，乱则离”（《荀子·王制》），意思是人的生活中不能没有社会群体，但结合成了社会群体而没有等级名分的限制就会发生争夺，一发生争夺就会产生动乱，一产生动乱就会离心离德。

因此，“故先王案为之制礼义以分之，使有贵贱之等，长幼之差，知愚、能不能之分。皆使人载其事而各得其宜，然后使谷禄多少厚薄之称，是夫群居和一之道也”（《荀子·富国》）。这里讲到的是要形成一个比较稳定的社会阶层结构，让每个人各处其位。“和”并不是否定阶层差别，而是要承认这种差别，但政府要营造一种各个阶层相互流动的顺畅通道，让人们能有选择自己的生活方式的权力，以一种公正、公平、公开的方式让人们能追求自己的理想。

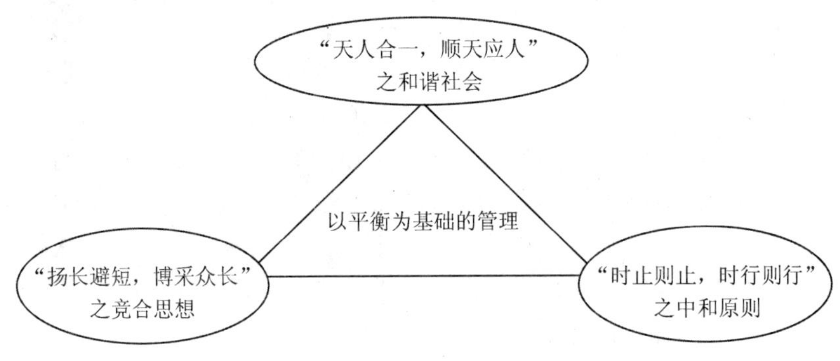

图4—2　以平衡为基础的管理

二、“天人合一，顺天应人”的和谐社会

尽管历来对天人关系有不同的提法，但在中国古代天人观中，占据绝对主流地位的是天人合一思想，而天人合一思想也成了中国传统文化的特色，是中国文化区别西方文化的核心思想之一。《周易》提出的“三才之道”，将天、地、人综合起来，形成天、地、人合一的天人观，体现了宇宙的自然规律，成为中国哲学的重要内容。

天人合一的“三才”思想，体现在管理上，就是要求管理者要尊重宇宙间自有的节律，要有博大的胸襟、高瞻远瞩的气度、长远的眼光和注重天、地、人之间的和谐。在天、地、人三者的关系中，既要“顺天”，还要“应人”。天道、地道是宇宙的基本规律，人道即社会生活的基本规则。这里所说的“顺天应人”，就是既要遵循天地之道，也要遵循人道。天地之道是人道的基础，人道必须效法天地之道。不仅要顺天，尊重客观规律，而且要积极发挥人的主体性。通过积极发挥人的天赋，主动把握天道的规律，最后“上顺天命，下应于民”，达到真正的“天人合一、顺天应民”的和谐境界。

《周易》的社会和谐思想以“天人合一”为理论基础，阴阳和谐是它的本质；圣人君子在位是实现它的首要条件；有等级的和谐是它的根本特点；社会财富是实现它的物质保证；礼义刑罚是实现它的制度保证；道德修养是实现它的必备条件；由家庭和谐、国家和谐到天下和谐是实现它的发展模式。

（一）政治和谐

1. 维护政权

所谓的圣人君子在位就是要达到政治和谐。行“王道”的核心在于“以德治国”与“以仁施政”相结合，“仁政”的核心在于以民为本。因为对物进行管理只要单纯地以标准来衡量就可以了。但人却不同，人有着情感与理智，人在情感和理智上的认同又直接关系着他们主观能动性的发挥。欲图霸天下就必须拥有丰厚的经济基础，而经济的繁荣是必须通过“人”才能够得以实现的。

孟子“仁政思想”包括，政治方面要求以身行道、宽猛相济、与民同乐、选贤举能，这是仁政的直接成果；教育方面主张礼治德教。相类似的历史事件中，汉代“清静无为”、“与民休息”的政策以及轻徭薄赋、省刑约法的措施，为社会生产的恢复和发展创造了条件，形成了“吏安其官，民乐其业”的社会景象。这一系列的措施有助于君主实现稳定政权的目的。

小知识

文景之治

西汉文帝、景帝两代统治40年左右的时间，政治稳定，经济生产得到显著发展，历来被视为封建社会的“盛世”，史称“文景之治”。

武帝极盛

文帝、景帝之后，汉武帝刘彻又开创了一个“武帝极盛”，汉武帝确立了“察举制度”，开创了“丝绸之路”，平定匈奴，是中国封建时代的第一个鼎盛局面。

贞观之治

贞观之治是指唐朝初期出现的太平盛世。由于唐太宗能任人唯贤，知人善用；开言路，虚心纳谏，重用魏征等；并采取了一些以农为本，减轻徭赋，休养生息，厉行节约，完善科举制度等政策，使得社会出现了安宁的局面。当时年号为“贞观”（公元627～649年），故称“贞观之治”。

开元之治

开元之治是唐朝唐玄宗统治前期所出现的盛世。唐玄宗治国初期，以开元作为年号，那时唐玄宗励精图治，并且任用贤能，发展经济，提倡文教，使得天下大治，所以后世史学家称其为“开元之治”。

康乾盛世

从康熙中叶起，清朝出现了相对繁荣的局面，到雍正、乾隆年间，清朝国力达至鼎盛。这段时期，其时间跨度130多年，是清朝统治的高峰，故中国部分历史学者将康、雍、乾时期称为“康乾盛世”。

资料来源：兰丕炜．中国封建盛世的兴衰．中国大百科全书出版社，1994.

2. 稳定社会

“和谐”思想利于维护政局稳定，当前社会竞争异常激烈，有竞争必然有矛盾，矛盾必然导致一定程度的差异，如何对待这一社会现象，在现实生活中调整自己的心态，使人与人之间的关系呈现团结友爱、互助和睦的良好氛围呢？王夫之曾说：“和睦之道，勾以言语之失，礼节之失，心生芥蒂，如有不是，何妨面责，慎勾藏于心，以积怨恨天下甚大，天下人甚多富似我者，贫似我者，强似我者，弱似我者……有贫弱者，当生怜念，扶助安生；有富强者，当生欢喜心。”意思是，在竞争中产生的差异、贫富不均问题需要不同利益集团以和谐的观念去处理解决，在解决问题的过程中化解各种矛盾，融合各方利益，协调个人、集体、社会三方面的共同利益，共谋发展，这样才能实现社会秩序稳定，生产经济发展，人民生活水平共同提高，促进全社会共同前进的良好愿望。

（二）经济和谐

社会财富的保证，代表了社会和谐的第二个部分：经济和谐。儒家对百姓要“先富后教”。“有恒产者有恒心，无恒产者无恒心”（《孟子·滕文公上》），即必须让百姓拥有固定的收入才能使社会变得稳定和谐。儒家尤其反对“富者地连阡陌，贫者无立锥之地”的两极分化现象，认为这是社会动荡的根源。而法家也认为，以利服民的根本就是让百姓得到利益，这样他们就会因为自己的利益和国家相关，而支持配合管理者的工作。经济方面的措施有制民之产、薄其税敛、不违农时的发展农业生产、坚持社会分工重视商业，其目的在于富民，有统治天下的物质基础。

（三）文化和谐

1. 中华文化

提倡道德修养，作为第三个部分代表了文化和谐。发扬中国文化的统一多元性。一统性在于大中华需要一个能够兼容并蓄的主导意识形态，多元性在于各种思想能够在此基础上相互糅合。从先秦诸子百家开始，经两汉经学、魏晋玄学、隋唐佛学、宋明理学至清代朴学，以儒家文化为基础，各种学派与民间信仰交流激荡成博大精深的中国传统文化，实现了“以儒治国、以道养身、以佛养心”，正是和而不同内在精神的体现。

2. 世界文化

中华传统文化历来重视祖国和平统一，反对任何分裂祖国的行为。当今世界经济竞争激烈，其实在经济竞争的背后是文化的竞争。世界上有各种各样的文化，不可能要求文化只有一种模式，在这方面中华“和谐”思想显示出其伟大的亲和力与融合力。取长补短，融会贯通是“和谐”思想的外在表现。

早在春秋时期，就有了“和实生物，同则不继”(《国语·郑语》)的思想。即“和”是万物生发的基础，只有各种不同的因素平衡地相互作用，才能构成一个和谐的整体。一样的事物不可能构成矛盾，因此也不会产生运动，事物也就不可能存在，所以各种文化只有互相融合，综合创新才能使世界文化更丰富多彩，更利于根据各民族实际情况解决纷繁复杂的问题。

三、“时止则止，时行则行”的中和原则

“中和”指的是中正、平和，引申为符合中庸之道的道德修身境界的一种原则。儒家认为，人们的道德修养能达到致中的境界，那么天地万物均能各得其所，达到和谐的境界了。

《周易》一书在讲“变易”的同时，要求必须把握“时”、“中”、“位”、“通”、“应”的原则，也就是在“革故鼎新”的过程中要持中守度，把握中和原则，注重整体的和谐。和谐是一个动态的过程，在动态的变化过程中，保持平衡有序、协调有度。“时”在其中是一个非常重要的术语，指的是时位、时机。一件事情的吉凶，往往取决于所处的时位和时机的把握是否得当，适时则吉，失时则凶。所以，《周易》中的“时止则止，时行则行”强调的是顺应时机，也就是与时俱变。

(一) 阴阳为中

1. 含义

阴阳为中，即阴阳是指导天地间万物、一切变化现象的总纲。“中”，是阴阳和谐的体现。《周易》认为，每一个整体都是阴阳的对立统一，以阴阳交感平衡协调为原则。阴阳交感平衡协调为吉，所以中正得道就可以趋吉避凶。就是说，适时、中正、当位、感应、中通指的都是追求一种和谐统一的秩序。“中”的观念影响了后来的儒、道各家，而儒家中的“中”，既是隐而未发的内在情感要求，又是个人在现实社会生活中表现于外在言行的规范和准则。个人

身心发展应该追求中和之道，人与人之间乃至人与自然之间都应该追求中和之道，以达到彼此间的和谐。

2. 应用

将该理论运用到管理领域，则有利于协调组织内部的关系，理顺内部的秩序。中正之道首先要求管理者为人要中正，要操守正道，本着任人唯贤的立场，不可有私心杂念，不可有所偏颇，应根据每个人的实际能力安排其位，使他们各得其所，各尽其能，最大限度地发挥各自的才能。

在处理问题时，要估计整体的平衡和协调，不能坐井观天，既不偏左，也不偏右；既不超前，也不落后，要行中正之道。只有坚守中正之道，才可以产生和谐的美感，只有居正位，才可以通达顺畅，过犹不及，要适中、得中，避免走极端，以求最佳平衡之路。既不盲目行事，因超过限度而适得其反，也不墨守成规、循规蹈矩、裹步不前而贻误时机。

管理者只有做到推己及人，站在别人的立场上，设身处地为别人着想，才可以使整个组织相互感应、上下一心、和睦团结、百业兴旺。总之，阴阳交感协调是衡量管理和谐状态的基本原则，管理者把握和遵循这一原则，使管理行为最终处于和谐状态，就达到所谓的趋吉避凶。

（二）持平之论

1. 适度管理

适度管理是东方文明的精髓。作为一个实行仁政的管理者，应该具有的最重要的品德就是中庸之德，其内涵之一便是适度管理。这是因为在传统的中国文化中，过分与不足都是一样的，都是偏的表现，只有“适中”才是最好的。持平不是折中，折中主义是认同一方，也赞同另一方的无原则、无是非区别的主义。持平之论要求人们处理社会冲突和矛盾时，不要感情用事，要把握好分寸，取其适度，强调待人处世不走极端，注重调和、平衡和团结。

在管理实践中运用“中”的方法，就体现在对“度”的把握上。我们在进行宏观管理决策时，应审时度势，不走极端。在对人的管理上，应本着“中”的原则，不论远近亲疏，都应一视同仁，不偏不倚。但管理者同时要明确，“用中”的原则不是混淆是非，一团和气，而是是非分明，有理有节。

2. 灵活管理

这里的灵活指的是不拘泥于现成的经验和既定的规章，根据时空和态势的变化所体现出的灵活性和机动性。管理者根据客观情况的变化，灵活变通地处理管理过程中所出现的各种复杂问题，就是“中庸”。同样一种制度、同样一种行为，在某种形势下是在度的范围内，而在另外一种形势下可能就处在度之外。

在现实管理中，无论是管理制度的制定还是管理技术的使用，乃至一切的管理行为，都要在把握形势的情况下进行变化。这种坚持基本原则、基本制度，并从实际出发因时、因地、因事制宜的管理模式就是所谓的权变管理。

3. 和谐管理

所谓的和，就是把各种异质因素按适当的比例配合，这种和不只是包括人类社会，而且弥漫全宇宙，所以又有“太和”之称。“和”要求处在社会关系和伦理关系不同位置的人们，和亲相敬，密切配合。在管理上，“分”与“和”要求处在不同层次上的人们，都有特定的权力和职责，但又互相协调。当然，强调中和并不是盲目附和，一味地同意别人的观点，而是有原则地追求协调一致，在基本原则不变的情况下，一些细节问题可以争取意见统一，即“异中求和”。

异中求和，即在差异和矛盾中寻求合作、和谐。其实差异这种似乎并不和谐的东西，要比表面上平静的和谐更好，更强有力，也更有价值。因为表面的和谐仅是对立作用的一种结果，一种静态的东西，而差异（对立斗争）则是一种动态的具有丰富内容的东西，是正在进行相互作用的具有强大生命力的东西。斗争必定破坏旧的、暂时的、偶然的和谐，导致和造就出新的和谐。“夫和实生物，同则不继。以他平他谓之和，故能丰长物而物生之，若以同裨同，尽乃弃矣。故先王以土与金、木、水、火杂，以成百物。”（《国语·郑语》）平是把许多性质不同的东西结合起来，使其得到和谐，这是万物产生的基本条件。“裨”，意即把性质相同的东西相加凑合在一起，这就没有新东西，也就没有了创造力。只有把不同成分的原料组合在一起，才会产生新品种。它有不同的意思，在不同中找相同相近的事物或道理，也就是找“和”的过程。“和而不同”是指要承认在差异的基础上形成和，才能产生和，才是真正而持久的和。如果一味追求相同，不仅不能使事物得到发展，反而会使事物衰竭。

综上所述，所谓的和谐，只能是斗争的和谐，暂时与动态的和谐。构建和谐必须通过转化矛盾，改变差异去实现。任何企图掩盖差异，甚至消灭差异，凭空去制造和谐的做法，是注定要失败的。

（三）见素抱朴

1. 含义

“见素抱朴”，现其本真，守其淳朴。谓不为外物所牵。即老子所说的“无为”思想，是老子哲学的重要内容，它不仅是道家最高人生价值取向，而且也是治身、治国、治天下的基本原则。从形而上的层面看，“道”是宇宙万物的根源。万物都是从道化生出来的，万物禀赋了“道”而具有“德”。道在本质上是“无为”和“无不为”的统一体。既然道的本性是自然，那么按照事物的本性去因势利导地获取自然的精华，不违背自然规律，不强作妄为，就是“法自然”，就是“无为”。如果违背自然规律，必将受到惩罚。

2. 来源

“见素抱朴”这一思想根源于“道法自然”的哲学理念，其思想最具代表性的一句话就是“治大国若烹小鲜”，就是说，大国者人口众多，牵一发而动全身，为政者要尽量清净不扰民，简政安民，循理而行，循道而行，做出决策和行动时不能操之过急，也不能为所欲为，而是要审时度势，谨慎行事，对已经确定的目标更不能朝令夕改，因此任何一个决定产生的影响都是相当巨大的，所以管理者要根据局势和事情的本质原理一步步去实行目标。

老子认为过分“有为”，是造成人性异化、管理者急功近利、社会浮躁等现象的根本原因。所以他针对社会现实提出警告：社会的管理重点在于引导而非强制，管理的前提是自己的行为本身要合理，并以合理的方式尽量引导老百姓按照自己的方式生活，让百姓在民主宽泛的氛围中得到发展，尽量调动百姓内心的力量，即现在所说的主观能动性。而不是为了政绩的考虑而兴师动众，耗费大量社会资源做出形象工程或者是弊大于利、劳民伤财的项目。

四、“扬长避短，博采众长”的竞合思想

“竞合”，顾名思义就是每一个国家、组织或者个人都必须通过竞争与合作的过程，达到共同的利益，使人们获得双赢、共赢甚至是多赢的格局。按照哲学辩证法的观点，事物都具备矛盾的双面性，就如市场经济的发展，仅有竞争没有合作，则限制了企业所能获取的利润率。所以，当企业之间的无序竞争白热化而市场规则日益完善透明时，唯有通过合作才能使企业获利和持续发展。

（一）传统文化的竞合

竞合文化是“和而不同”思想在企业经营界的具体运用结果。儒家哲学最看重一个“和”字，反复挖掘它所具有的深刻内涵，并将其作为统治管理之道来推行。“和为贵”的哲学思想，直接影响了现代企业的经营理念的形成。

1. 合作性竞争

在企业之间的关系上，强调进行合作性的竞争。传统的竞争会使得企业外部竞争环境逐步恶化，企业因此将坐失许多良机。许多企业以牺牲利润的价格大战来获取市场份额，到头来更多的是多败俱伤。然而，现在的时代毕竟更是竞合的时代，协同竞争、合作的呼声已远远超过敌对竞争。

2. “和”与“同”

与竞争相对应的，是儒家哲学所倡导的“和”，是不同于“苟合”的，即不讲原则的调和矛盾，保持所谓的和气。“和”与“同”是两个内涵不同的哲学概念。“和”是指在承认矛盾、肯定差异基础上的和谐，“同”是指否定矛

盾、抹杀差异的和谐。前者是追求对立面的协调、统一，不回避矛盾，想方设法去解决矛盾；后者却是混淆是非，无原则调和，甚至同流合污。

（二）现代企业的竞合

现代企业的竞争在某种意义上可以说是一种伦理竞争，它包含着深层次的伦理道德关系。在市场经济条件下企业的运作，竞争与合作是不可分割的。竞争的消极作用，从一定意义上说是由于竞争参与者之间缺少必要的协调与合作而引起的。

1. 现代企业的竞争

市场经济是竞争型的经济，各个企业为了寻求生存与发展的空间，必然产生竞争。但是现代企业的竞争在某种意义上可以说是一种伦理竞争，它包含着深层次的伦理道德关系。在市场经济条件下企业的运作，竞争与合作是不可分割的。经济运行以至整个社会生活会带来某种消极的作用，如一定社会资源的无效损耗、一定程度经济秩序的失常，以及因人的心理的过分紧张而导致的精神危机和人格异化等。

2. 现代企业的合作

如果把儒家贵和思想引入市场机制中，以“和”的生成性来补益“争”的损耗性，以“和”的规范性来调节“争”的失序型，以和谐的心态来淡化竞争的紧张与异化，达到以和济争，和争互补，就可以使市场经济争而不乱，争而无伤，既充满活力又健康有序地发展。随着市场经济的深入，市场已由“完全竞争”的竞争型发展阶段转化为以合作型的“竞争合作”、“合作竞争”为主导的市场经济新阶段。

小案例

柳传志曾经不止一次地强调，一个“团结、坚强的领导班子”是联想能够取得今天这样业绩的重要原因之一。

所谓班子，是人与人的组织，是很多人的问题，是合作的问题。假定我们把总经理看作是企业组织的领导人物，那么班子则是企业的核心堡垒。建好这个堡垒，就要求领导人才具有很强的协调能力。

柳传志认为一个优秀的人才既要坚持原则，又要善于妥协。坚持原则才能有正气，善于妥协才能保证团结人。没有这两条，事业就做不大。联想集团是一个非常讲究合作的企业。1980 年的时候，柳传志曾经把联想集团解释为是一个“一个人一个人与别人比，比人家弱，合在一起就比较强”的企业。1994 年，联想成立了总裁办公室。柳传志把一些具有良好可塑性的人才集中到总裁办，这些人中有一线业务部门的总经理，有职能管理部门的总经理。

凡是总裁室需要决策的项目都会事先拿到总裁办讨论，柳传志从不缺席。有时候一个问题讨论来讨论去，柳传志不厌其烦地和大家一起争论，他把这种讨论叫做“把嘴皮磨热”。一年里总裁办成员的多数时间都花在这种“热嘴皮子”的过程中。柳传志把这样的议事方式的目的阐述得十分清楚，他认为总裁办这些成员将来极有可能要管理整个公司，现在提前把大家捏合在一起碰事议事，彼此脾气秉性和价值观逐渐融合，才有可能逐渐形成一个团结坚强的班子。无疑，这又是柳传志训练人才的一种预演。

资料来源：苏宗伟．东方管理学教程．上海财经大学出版社，2009.

第三节　德治：以道德为基础的管理

一、引言

（一）德治的含义

1. 内涵

德治是中国古代的治国理论，是一种道德规范，被封建统治者长期奉为正统思想。其中，儒家的德治就是主张以道德去感化教育人。这种教化方式是一种心理上的改造，使人心良善，知道耻辱而无奸邪之心。儒家的德治对于维护封建社会的稳定起到过一定作用。

中国古代的“德治”最早源于西周周公提出的“以德配天”、“敬德保民”理论，虽然该理论的起点是为西周的统治来寻求一种正当性，但是不可否认的是，其“保民”思想开启了中国古代相传几千年的民本思想的先河，也是中国古代最早的“德治”思想。此“德治”是以敬天、孝祖和保民为其核心，强调君主要通过怀柔的政策来得到民众的心，而不得通过强暴的方法使民服从。

2. 依据

道德是社会物质生活条件的反映，是由一定经济关系决定的社会意识形态。“德”观念自西周初期萌发，经周公提倡而登上政治舞台。在春秋末期经孔子加工而形成完整的德治理论，并对整个封建社会的法律活动产生了重大影响。

春秋时期，有人提出：“凡有血气，皆有争心，故利不可强，思义为愈。义，利之本也，蕴利生孽。”(《左传·昭公十年》)按这种看法，争利之心人皆有之，但不能勉强，应用道义加以约束。道义是利益的根本，不顾道义积聚利益就会产生祸殃。孔子的学生有若也认为：“其为人也孝悌，而好犯上去鲜矣；不好犯上，而好作乱者，未之有也。君子务本，本立而道生，孝悌也者，其为仁之本与!”(《论语·学而》)在“家”天下的封建王朝，历代统治者历来强调“为政以德”的德治，即通过在位者的人格感召来教化大众，匡正人心，使百姓相亲相爱，知礼守法。

(二) 德治的应用

1. 治国安邦

孔子“为政以德”的德治思想经后人发展完善并为统治者所接受，成为两千多年封建社会治国的指导思想。首先，孔子的德治思想产生于周王室衰微、诸侯连连征战不已的动荡历史时代，“道之以政，齐之以刑，民免而无耻；道之以德，齐之以礼，有耻且格”。意思是，用政令和刑罚这种强制手段来治理国家，只能使人民暂时免予犯罪，却不能使人民感到犯罪可耻，只有以德礼为治，才能使人民有羞耻之心，从根本上避免犯罪。在这里，他明确提出要把德礼施于民，作为治国的理想方案，这实际上已经打破了传统的“礼不下庶人”的观念。它的出现，很大程度上稳定了中国古代社会的政治秩序。其次，其民本思想在一定程度上反映了人民群众的意愿和要求，有利于封建社会统治者在一定程度上重视民生，减轻对人民的剥削和压迫，改善人民的生活环境。最后，孔子以德治国思想强调为官第一素质是思想道德素质，类似于今天的思想政治教育，一定程度上有利于统治者加强自身的道德修养和廉政建设，提高自身的思想政治素质，为人民服务。

2. 明辨义利

义利的问题，是儒家伦理道德观的一个重要问题。义和利主要是指道德行为和物质利益而言；同时亦包含动机与效果之义。利有公利与私利之分，儒家学者历来注意义利之辨，力倡公利，反对私利。

义和利作为一对伦理道德哲学的范畴，最初是由孔子提出来的。他说：“君子以义为上，君子有勇而无义为乱，小人有勇而无义为盗。”义为人的道德行为的最高标准，合乎义者积极为之，不合乎义者则不为之。孔子主张“见义勇为”，为义而为者是君子，为利而争者是小人。因此，孔子将义和利对举，作为划分君子与小人的标准。他说：“君子喻于义，小人喻于利。”力倡“见利思义”，而“罕言利”。

德治在影响人的义利观方面发挥着重要的作用。惩恶扬善是义，扶危济困是义，秉公执法是义，刚正不阿是义。总之，凡是体现了人间正道、社会道德的便是义。“多行不义必自毙”（《左传·隐公元年》），它从反面提醒人们要立善行义。“万事莫贵于义。”（《墨子·贵义》）以义为上，体现了一个人崇高的道德境界和精神追求。

德治在肯定义和利的前提下，提倡义为利本。一方面，面对物质利益，只能以正当的方式获取，并要顾及社会整体的利益，符合道义则取，不符合道义则不取，这是儒家义利观的基本思想，也是中华民族的传统道德。另一方面，注重了社会整体长远的利益，便会得到人们的支持和拥护。与众同利，才能保证己利的实现。这便是“义以生利”的思想。所谓“义为利本”，就包含“利在义中”、“义以生利”。

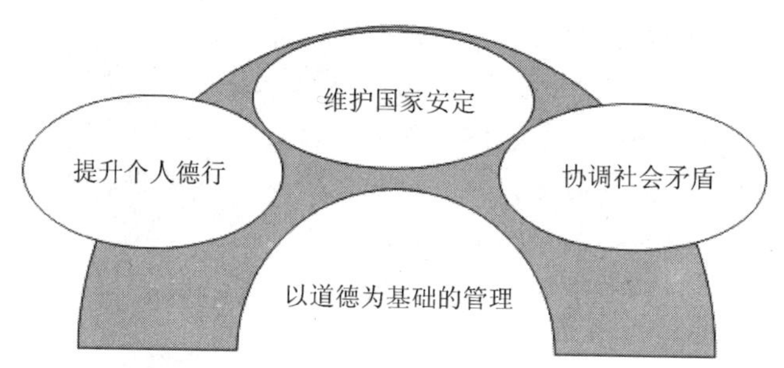

图 4—3　以道德为基础的管理

二、提升个人德行的管理——修身

（一）主体性：学思并重

“学而不思则罔，思而不学则殆。”《论语·为政》学和思必须结合起来并且运用到处理他人与社会的关系中，运用到提高自身修养的实践中。这便要求自身要主动学习相关知识、社会规范等，提高自身修养，在处理人际关系上，做到先修己后安人。要发挥主体性作用，做到学思结合，学的不仅仅是技能内容，还有那些利于提高自身修养的知识。同时，受教育者要善于反思自身存在的问题，并且能够推己及人。

“学思并重”是孔子的教育观点，他认为学与思是进修过程中的两个基本环节。“学而不思则罔，思而不学则殆。”反对思而不学的态度，思和学是互相依存的关系，两者相辅相成。“知之为知之，不知为不知，是知也。”意思是一个求学的人知道自己知道的东西，也知道自己不知道什么，是一个智慧的人。这种态度很难得，学是思的前提，只有在学习一定知识的基础上，才能有自己的思想，从而形成自己的理论体系，如果一味地思考，而不知道补充知识，就等于在原地打转，找不到新突破。另外，学思并重也强调思考的重要性，反对学而不思，“道听而途说，德之弃也”（《论语·阳货》）。意思是不经考虑就随便将听来的乱传，也是违背道德修养准则的。

（二）约束性：慎独自律

慎独是指要具有坚定的道德信念和道德意志，不会因为他人监督而行善，也不会因为无人监督而行恶。这种道德自觉和自律精神是道德主体性的最高境界，也是道德意志最深刻的体现。

然而，当代社会环境日益复杂，外界过度关心和照顾产生的某些不良影响，以及社会上形形色色的道德滑坡现象，都给道德约束带来了严峻的挑战。要进行自我引导，培养自德精神，做到慎独自律确实存在一定困难。这就要求社会及受教育者自身的共同努力，首先，由外界因素影响受教育者，使其有基本的道德认知，将社会规范不断内化为受教育者自身的行为规范，从而使其能够更好地认识自己、提升自己。其次，在充分认识自我的基础上，受教育者的自我要求也会有所提高，会不断磨炼自己、约束自己，并且主动去寻求方法来提升自己的道德修养水平和能力，不能说完全达到慎独的境界，但至少也能恪守准则，不妨害社会。

小案例

东汉光武帝时期的大将军邓骘听说杨震贤明就派人征召他，推举他为秀才，多次升迁，官至荆州刺史、东莱太守。当他赴郡途中，路上经过昌邑，他从前举荐的荆州秀才王密担任昌邑县令，前来拜见杨震。到了夜里，王密怀揣十斤银子来送给杨震。杨震说：“我了解你，你不了解我，为什么呢？”王密说：“夜里没有人知道。”杨震说：“上天知道，神明知道，我知道，你知道。怎么说没有人知道呢！”王密拿着银子羞愧地出去了。

资料来源：（南北朝）范晔．后汉书．线装书局，2010.

（三）主动性：知行统一

修身不仅要把道德规范内化为个人的道德品质，而且要求个人把获得的道德知识外化为道德实践，这样，一个内化，一个外化，做到知行统一。孔子认为，一个人即使拥有丰富的知识，如果不能付诸实践，那也是没有用的。修身是一个锻炼自己、提升自己的过程，是缓慢的、渐进的，对自身有所认知后，那些内化的道德品质自然而然地就会在与人交往、待人接物等过程中体现出来。另外，要肯定的是，在实践中做到身体力行，遵循道德规范，确实能够修正自身的认识，补充欠缺的方面，改进存在的不足，从而不断地完善自我，提升自我修养。

个人德行的管理强调道德伦理在治身方面的作用，要求个人需要“修养身性”，加强道德修养，提高自身素质，规范自身的言行，以德为立身之本，以“诚、信、仁”立足于社会。在家庭内，要敬父母，爱子女，夫妻和；在家庭外，具备爱社会、爱国家、利他人的精神，以共同建立一个和睦相处、繁荣发展的理想社会。

三、维护国家安定的管理——治国

（一）官德为基

“以德治国”首先是针对执政者所提出的要求，执政者要有德是“以德治国”的关键。它要求统治者有德，能用自己的身体力行来影响和感化广大民众。

“以德治国”思想渊源于周公。周公接受殷纣王无德丧国的教训，认为国家要安定，关键在于执政者能否敬德，敬德必胜，失德必败。“皇天无亲，唯德是辅”（《尚书·蔡仲之命》），意思是老天爷公正无私，总是帮助品德高尚的人。周公多次教导成王要有德，提出治理国家一定要“以德行事”、“积德行义”，且自己率先垂范，躬行道德，兢兢业业，成为后世许多有为的从政者的表率。正是因为坚持了这种“以德治国”的原则，使得周王朝一统天下。

“以德治国”首先强调的是统治者之德，即君德和官德。孔子也强调说：“政者，正也，子帅以正，孰敢不正?”认为为政者只有正己才能正人，只有“为政以德”才能出现“譬如北辰，居其所而众星拱之”的局面。《大学》在此基础上进一步发挥说：“君子有诸己而后求诸人；无诸己而后非诸人。所藏乎身不恕，而能喻诸人者，未之有也。”认为执政者首先要有好的品德，才能要求别人，自己先恪守道德规范，才能去指责别人，自己不讲道德，让别人通晓并遵从道德是不可能的。只有己正才能正人，身修是对别人提出要求的资本和前提。对于执政者来说，要经常反身自省，加强道德的修养。“天下之本在国，国之本在家，家之本在身”（《孟子· 离娄上》），意思是天下的根本在于国，国的根本在于家，家的根本在于人的本身。

同时，执政者的道德修养关系到社会风气的好坏。这是因为“君子之德，风也；小人之德，草也，草尚之风，必偃”。君德、官德的影响力是巨大的，对社会风气的好坏具有决定性的作用。因此，执政者一定要树立道德楷模，充分发挥道德在改善社会风气、协调人际关系、维护社会秩序方面的重要作用。

（二）以德去刑

孔子是儒家代表，“以德去刑”思想是其首先提出的。孔子从“礼”与“仁”相结合的思想出发，极力提倡“德治”，认为统治者如果能“为政以德”，实行“德治”，人民就会心悦诚服地接受统治。“为政以德，譬如北辰，居其所而众星拱之”（《论语·为政》）。

所谓“德治”，就是主张统治者应该依靠“德行教化”的作用来实行统治。其内容不外乎两方面：一是对劳动人民施加小恩小惠怀柔；二是用统治阶级的道德进行教化，使劳动人民就范。就其主张对劳动人民施加小恩小惠怀柔来说，远在西周初期，周公就提倡过。不过孔子对“德治”思想有所发展，那就是在以小恩小惠怀柔的同时，极力主张对劳动人民“德化”和“礼教”。

在法律思想上，儒家主张“以德服人”、反对“以力服人”。而“以力服人”则是以往奴隶主贵族统治劳动人民的传统方法。奴隶主贵族根据“礼不下庶人，刑不上大夫”（《礼记》）的原则，一贯认为“折民惟刑”（《尚书·吕刑》），即迫使劳动人民服从统治的唯一有效的办法就是刑罚，也就是暴力。德治思想则认为只有推行“德化”和“礼教”才能使人民从内心对犯罪感到可耻而安分守己。

首先，刑罚与德化、礼教相比，德化、礼教是根本。“礼乐不兴，则刑罚不中”（《论语·子路》），意思是刑罚必须以“礼乐”为根据，否则就不会得当。其次，从刑罚与德化、礼教的效果看，德治思想主张刑罚只能惩办于犯罪之后，而德化与礼教却能防患于未然，即“礼之教化也微，其止邪也于未形，使人日徙善远恶而不自知”（《礼记·经解》）。最后，德治反对“不教而杀”，认为“不教而杀谓之虐，不戒视成谓之暴，慢令致期谓之贼”（《尧曰》），意思是不经教化便加以杀戮叫做虐；不加告诫便要求成功叫做暴；起先懈怠而突然限期叫做贼，同样是给人财物，却出手吝啬，叫做小气。

由此，德治必然导致“以德去刑”。孔子强调“善人为邦百年，亦可以胜残去杀矣”（《论语·子路》），意思是实行德化、礼教，虽然短期难见成效，但时间久了，就会克服残暴，免除刑杀。

（三）宽以待民

我国古代很早就有民本思想：“夫霸王之所始也，以人为本。本治则国固；本乱则国危。”（《管子·霸言》）即认为百姓是国家的根本，民为邦本，人民安居乐业则国家稳定安宁。孔子将这种思想进一步升华，首先，惠民利民，即将使百姓富足作为自己的最大满足。“百姓足，君孰与不足，君孰与足?”(《论语·颜渊》)强调统治者对人民要宽厚、勤敏、公平。其次，博施济众，即要求统治者应当给人民经济上的帮助。子贡问：“如有博施于民而能济众何如可谓仁乎?”子曰：“何事于仁？必也圣乎！尧舜其犹病诸?”(《论语·雍也》)孔子认为，能多方面地给人民好处，又能经常给人民以接济，那岂止于仁道，简直是一种“圣德”了，就连尧舜也难以做到。再次，稳定生产，即统治者应当给人民创造安定的生产和生活环境和条件，重视人民的生存。人民“不患贫而患不均，不患寡而患不安”(《论语·季氏》)，意思是不必担心财富不多，只需担心财富不均；不必担心人民太少，只需担心不安定。最后，拒绝严刑，反对统治者动辄用杀戮来对待人民的做法，为统治者提出了正确对待人民的道德信条。“泛爱众”，“安百姓”，对人民施行“仁德”，从而“老者安之，朋友信之，少者怀之”(《论语·公冶长》)。

四、协调社会矛盾的管理——平天下

(一) 以德感人

重视羞耻感在人们行动中的引导作用。如果统治者用行政命令来治理百姓，用刑罚来约束、规范百姓的话，那只能使百姓害怕惩罚而不敢去犯罪，却不能使他们懂得犯罪可耻；而用道德教化引导百姓，以礼节来约束、规范百姓，既能使百姓尊礼守节不犯罪，又能使他们摆脱愚昧无知而有荣辱羞耻之心，从而自觉约束自己，做到适可而止，从内心构筑起抵御诱惑的坚固防线，这样国家自然秩序井然、安定不乱。

相比法律，道德是内在的约束力量。法律为社会所认同离不开道德教化，只有借助道德教化的力量，使法律条文内化为人们心中的道德观念，才能对社会成员产生真正的制约作用。现代社会是一个多元化的社会，各种社会道德处于冲突和激荡之中。在一定社会中占主导地位、代表社会发展方向的道德要在社会上获得广泛的认可和普及，需要法律的强制支撑，甚至需要将最基本的道德规范直接认可为法律。

(二) 以德教民

重视教化，特别是道德教育，是中国传统文化的一个优良传统。古代儒家思想主张“为政”必须以“教民”为先。孟子更加明确地论述了道德教育对管理的重要性，他说：“善政不如善教之得民也。善政，民畏之；善教，民爱之。善政得民财，善教得民心。”意思是，良好的政治比不上良好的教育能获得民心。

随后，儒家思想的发展也从不同方面丰富了教育特别是道德教育在管理国家中的作用。荀子说："不教，无以理民性。"即不教育就不能整治人民的恶性。汉代贾谊说："教者，政之本道者，教之本。有道然后教也。有教然后政治也。政治然后民劝之。民劝之然后国丰富也。"就是说，教育是政治的根本。政治道德的最高准则是教育的根本。有了政治道德的最高准则，然后才能从事教育；有了教育，然后国政才能得以治理；国政得以治理，然后人民能够相互劝告勉励为善；人民相互勉而为善，然后国家就能富足了。这些思想至今仍然对我们有很重要的启示。

根据当前我国社会道德建设的实践，对儒家常讲的仁爱、中和、廉敬、礼让、勤俭等传统道德赋予新的意义，对提高我国国民道德水平，协调人际关系，稳定社会秩序，仍具有十分重要的意义。

（三）身体力行

统治者必须身体力行地践行"道德"，以自己的模范行为来影响广大老百姓。儒家思想注重统治者自身的道德修养水平对整个社会面貌的巨大影响，认为统治者能否品行端正，言行一致，做好百姓的榜样，引导百姓向善，是关系国家安稳的大事。

具体来说，孔子要求统治者在四个方面必须践行"道德"。一是在品行方面，统治者应该率先严于律己，加强自身修养，做到"修己以敬，修己以安人，修己以安百姓"（《论语·宪问》）。二是在改善社会风尚方面，统治者应当率先有善心善行。如"子为政，焉用杀，子欲善而民善矣"（《论语·颜渊》），强调统治者自己崇善、向善，多做善事，老百姓自然会仿效做善事，根本不须以杀戮的方式去强迫百姓做善事。三是在处世方面，统治者应当率先身体力行。孔子认为，凡是要求老百姓做的事，统治者以身作则先去做，百姓自然会随之而动；凡是老百姓的事情，统治者若身先士卒，任劳任怨，则百姓必然是虽劳苦而无怨。四是在遇到危险或困难时，统治者应当"当仁不让于师"（《论语·卫灵公》）。即勇于挺身而出，勇于担当重任，奉献自己。

本章关键词

法治　天下之法　中主　和治　中和　竞合　德治　知行统一

本章提要

1. 人与社会的关系是指社会是人的集合，也是人们相互关系的集合。人的活动创造了社会，而社会又不断地影响着人。对于一个人来说，社会是他生存的环境，对他的生存与发展都存在着很大的影响。

2. 法治是指一方面，用客观的标准如规矩、权衡、斗量、尺寸等物一样的、客观的、人设的、固定不变的法来衡量所有的人；另一方面，是把人当物来治理。也就是把人当成可以用固定的、客观的规矩、尺寸等“物准”去准确无碍地衡量的东西，而不考虑人的特殊能动性。

3. 和治的核心主要包括天人合一、中和原则、竞合思想。

4. 和谐是指许多不同的东西结合在一起而使它们得到平衡。

5. 德治在治身思想上，主要有三个特性：主体性、约束性、主动性。

6. 以德治国以敬天、孝祖和保民为其核心，强调君主要通过怀柔的政策来得到民众的心，而不得通过强暴的方法使民服从。

复习与讨论

1. 什么是“权威在君”？它的特点是什么？
2. “以力服人”分为哪几个层次？如何在现实中发挥作用？
3. “持平之论”分为哪几个方面？
4. 在以德治国方面，管理者应当遵循哪几个原则？并加以说明。
5. 结合本章内容，你认为应该如何提高个人德行？

本章案例

同仁堂的经营理念——“德、诚、信”

中国上下五千年悠久的历史培育了许多老字号，可是能让我们记住的已为数不多，能经住历史变革和经济大潮考验至今仍蓬勃发展的老字号更是少之又少。然而，提起“同仁堂”，几乎所有的中国人都知道这是个拥有300多年历史的老字号。是什么力量让同仁堂永葆青春、蓬勃发展呢？同仁堂的永续发展是以儒家的“仁德思想”作为企业文化之根，依靠先祖的“德、诚、信”理念，结合新时期的特点，形成以“至仁达信、锐意求索”为精神要义，以“弘扬中华国药，贡献人类健康”为宗旨的仁爱、诚信、奉献的企业价值观，为企业永续发展提供了充满活力的深厚文化根基。

一、养生济世的经营宗旨——德

同仁堂刚开始创业，就崇尚“可以养生、可以济世者，惟医药为最”，历代继业者始终保持以“养生”、“济世”为已任，至今仍可看到北京大栅栏同仁堂药店的店堂里的一副对联“同气同声福民济世，仁心仁术医国医人”，这正是其养生济世的经营宗旨。曾经有一段时间，在我国南方的一些城市流行甲肝，造成了特效板蓝根冲剂的需求量大增。有些厂家趁机抬价，而同仁堂则按原价出售。到同仁堂来买板蓝根的汽车排起了长队，只好动员职工放弃春节休假，昼夜生产。同仁堂将德施于众，众人回报的是信任与称赞，这是企业最难得到的东西，一旦获得就可为企业带来源源不断的利益。其他企业只能望其兴叹，因为这是企业竞争必胜的利器，谁获得了消费者的信任谁就占据了市场，而且能长久稳定地成为竞争中的强者。

二、精益求精的敬业精神——诚

1706年，创立大栅栏同仁堂药店的乐家第一代传人乐凤鸣在《乐氏世代祖传丸散膏丹下料配方》一书的序言中明确提出“炮制虽繁必不敢省人工，品味虽贵必不敢减物力”，该训条一直作为历代同仁堂人的制药原则。中药的生产过程是非常复杂的，同仁堂生产的中成药，从购进原料到包装出厂要有上百道工序，每道工序都严格把关，力求保证药的质量。在生产现场有“修合（配制时）无人见，存心有天知”的标语，提醒同仁堂员工兢兢业业、一丝不苟地工作。质量，是争夺市场最本质的竞争，即使是在竞争白热化的情形下，质量也永远是最基本的竞争能力。同仁堂人精益求精的敬业精神，是对质量更高层次的追求，力求在质量上更胜一筹。即使不是一眼能看到的竞争战，同仁堂也以平常心态对待，以诚心对待事业、以诚心对待顾客。企业的诚心，一旦被顾客获知，将获得顾客对品牌的忠诚，这也无形地加强了同仁堂的企业核心竞争力。

三、童叟无欺的职业道德——信

同仁堂讲求童叟无欺的职业道德，无论谁来药店，都公平公正地对待。同仁堂的“信”主要体现在销售第一线，与顾客直接接触的领域。顾客买药的过程，就是接受了企业的服务，这是产品的外延价值。在同仁堂买药，可以找到各种价位的药，可以得到货真价实的药，可以得到一视同仁的待遇，从而对企业产生由衷的信任，这就是产品的附加价值。消费者对企业的信任是难以形成的，但一旦形成也是难以消退的，比起市场的变化莫测，这是企业不受外界影响而内在拥有的支持力，是企业面对市场变化的竞争力。商战是大海的波涛，消费者的信任就是企业的船，虽然海浪变化万千，但是船可在浪底渡船，也可把船托上浪尖，这只船就是靠企业的核心竞争力打造的。同仁堂的“信”，是企业适应环境变化的核心竞争力。

同仁堂，以德、诚、信文化为企业的核心竞争力，打造了雄厚的实力，树立了老字号品牌，这是所有竞争者都无法超越的优势。今日的同仁堂，在德、诚、信思想的指引下，迎来了它发展的春天，是老字号的骄傲，更是老字号打造核心竞争力的典范。

资料来源：苏宗伟．东方管理学教程．上海财经大学出版社，2009.（经整理）

思考题：

1. 同仁堂的经营理念体现了“以德为先”的哪些思想？

2. 结合案例，试论企业如何建立“商德”。

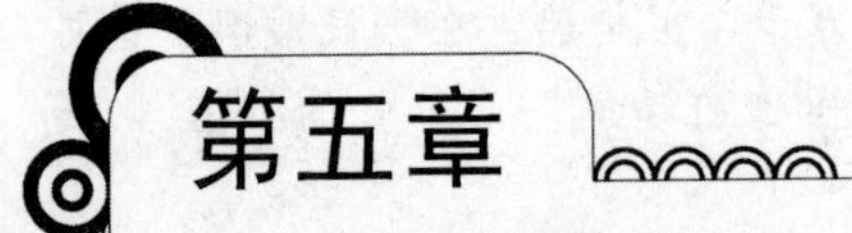

第五章 人和——以人与人关系为基础的管理

学习目的与要求

了解人性、人本、人合、人道等相关专有名词的历史来由，及其在古代及现代的应用

理解人本、人合以及人道思想在我国传统管理思想中的基本内涵

熟悉何谓人和以及人和思想引入后人本、人合、人道的新含义

掌握人和管理思想视角下的人本之道、人合之道、人道之道

题记

天时不如地利，地利不如人和。

——《孟子·公孙丑下》

夫济大事，必以人为本。

——刘备《三国演义》

导入案例

古时，一代宗师墨子有一得意门生名为耕柱，但他却时常遭到老师墨子的指责，耕柱为此不仅感到有失面子，更是心生委屈，因为在墨子的无数门生中，耕柱被公认为最优秀的学生。直至某日，当耕柱再次被墨子责备时，他终于愤然问道："老师，难道在这么多弟子中，吾乃如此差矣，尽至于时常遭您老人家的责骂吗？"墨子则闻之不动声色地说道："假如我现在正要上太行山，依你看，我是应该用良马来拉车，还是应该用老牛来拖车呢？"耕柱答道："即使再笨之人也会用良马来拉车的。"墨子又问："那你说为什么不用老牛呢？"

耕柱答道："理由很简单，良马足以担负重任，值得驱遣。"墨子说："你回答得一点儿不错，我之所以经常批评责怪你，也正是因为你能够担负重任，值得我一再地教育与匡正你！"

我们可以看出墨子的识人、爱人，不过他爱人是异于常人的严爱之道。其实"良马负重"最吸引我们的是墨子的用人之道：用之实处、使人心服。此谋略，如何移植，或者说是借鉴到企业、到国家呢？也就是管理中如何去识别人才？如何去选拔和任用人才？更重要的是如何在一种和谐的人际关系中，使人才的才能发挥至极致呢？

资料来源：王丰江．"良马负重"与"育人失衡"．江南论坛，2007（9）．

追求阴阳平衡的巨著《周易》以天、地、人为研究对象，而以人为中心。然而，人与人之间的关系是很复杂的。既有"二人同心，其力断金；同心之言，其臭如兰"（《周易·系辞上》）。这样既能带来良好的结果又能带来愉悦感受的人际关系，也有钩心斗角、尔虞我诈这样既带来巨大消耗又让人心生反感的人际关系。那么该如何处理人际关系呢？这就涉及中国传统文化中的"和"的思想，即在人际关系方面，我们要力求"人和"。古人之所以提出"人和"的概念，是因为他们认识到了每个人都是不同的，每个人都有自己的个性，而且就是同一个人，他的情感状态、思维等在不同的时间和空间条件下也会不断发生变化的，因此，在"重人"思想的指导下，古人认为人与人交往时，应该尊重这种差异性、多样性，即孔子所讲的"君子和而不同"。"和而不同"不仅是一种应该追求的人生的理想状态，在管理中它还是一种领导境界，更是一把企业竞争的利器。从管理的角度来看，孟子提出的："天时不如地利，地利不如人和。"可以粗略地引申为，不管是企业居于天然垄断行业，还是占据了某个独特的市场区位，都不如企业中和谐的人际关系所能给企业带来的竞争力。既然"人和"既"美"（带来愉悦感受）且"好"（带来良好效果），那么如何在管理中实现呢？

为此，本章从人本、人合与人道三个方面来进行论述，这主要是因为任何管理理论都必须以一定的人性假设为理论前提，人性是什么样的，该如何看待人，成为各种管理理论首要考虑的问题；而如何在尊重彼此差异性的同时找到合作的共同点，从而合作制胜，也成为今天的管理者面临的巨大挑战；最后，本章从动态方面，即人的发展的角度对"人和"进行了论述。本章的内容框架如图 5—1 所示。

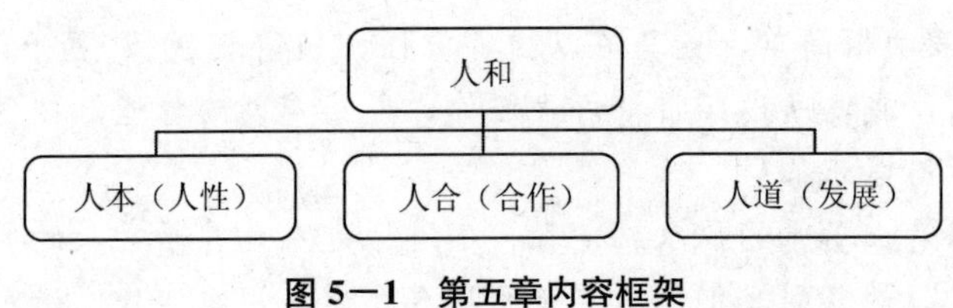

图 5—1　第五章内容框架

第一节　人本：以人性为基础的管理

在西方，人本的概念是与“人是万物的尺度”这一观点联系在一起的；而我国的“人本”理念源于“民本”思想，这是两个既有联系又有区别的概念，“民本”是从国家和执政者的角度来讲的，是政治理念的范畴，“人本”是从普遍意义上的哲学人权概念来讲的。但国家管理与一般的组织管理之间具有许多的共同特点，因此对中国古代社会和国家管理中的民本思想进行批判继承，完全可以使之成为我们今天在企业中进行人本管理的源头活水。

如果说人本管理更多强调的是“应然”，关注的是应该怎么看待人，那么人性假设则更多强调的是“是然”，关注的是人的本性是什么样的。而中国古代诸子百家虽然对人性存在着各种不同甚至截然对立的看法，但是在尊重人、重视人这方面是基本一致的。因此，本节选择以人性为基础的人本管理，阐述其同古代“民本”思想的血缘关系，以及对当代管理中的人本管理有何借鉴作用。

一、引言

（一）人本的内涵

1. 历史渊源

（1）古代时期。春秋时期齐国名相管仲是我国古代最早明确提出“以人为本”这一概念的，《管子·霸王》中有言：“夫霸王之所始也，以人为本。本理则国固，本乱则国危。”也就是说有良好开端的霸王之所以会成功，就是以人民为根本的；理顺了这个本才能巩固国家，没有理顺这个本的话，这个国家就危险了。在此之后，越来越多的重民思想随着时代发展被推出，基本没有直接运用“以人为本”，而是以“民为邦本”、“民为贵”、“民者，君之本也”居多，但核心思想是一样的。“民惟邦本，本固邦宁。”（《尚书》）“诸侯之宝三，土

地、人民、政事。”（《孟子·尽心下》）

在古代，以人为本即以民为本，是以国事、政事为出发点的权宜之策。正如贾谊所说：“闻之于政也，民无不为本也。国以为本，君以为本，吏以为本。”（《新书·大政上》）唐太宗李世民在《民可畏论》中也说道：“民可以载舟，亦可以覆舟。”就是说国家之事、政治之事倚靠民众，更是为民众方能顺。其实古代中的人本思想在文化教育中也是有很大程度体现的，商周之际更是萌生了对人生命、价值和意义的关爱和尊重。[①]《大学》开篇道：“大学之道，在明明德，在亲民，在止于至善。”以及之后提出的构建我国古代教育体系的“八条目”——格物（重实践）、致知（重本质）、诚意（重诚实）、正心（纯心灵）、修身（重德行）、齐家（重家庭）、治国（至善至德）、平天下（天下太平），也就是强调学生主动学习的重要性。而《论语·自述》中“不愤不启，不悱不发，举一隅不以三隅反，则不复也愤”所提倡的是启发诱导式教学。同时，孔子创出了一套与之相结合的教学方法——因材施教，即从学生的实际出发，注重学生的个体性差异，避免千篇一律的说教。[②]还有韩愈“是故，弟子不必不如师，师不必贤于弟子。闻道有先后，术业有专攻，如是而已”的互为人师的学习观。

（2）近现代时期。近现代时期，更是“人”、“民”合二为一。毛泽东坚信“人民，只有人民，才是创造世界历史的动力”的人民动力观，以及在各个抗战时期坚持“让人民当家做主”的人民本位观和“一切为了群众”的人民利益观。邓小平的“社会主义原则，第一是发展生产，第二是共同致富”的共同富裕的人本观，“没有民主就没有社会主义，就没有社会主义现代化”的民主法制的人本观。江泽民的“历史和现实都表明，一个政权也好，一个政党也好，其前途与命运最终取决于人心向背，不能赢得最广大群众的支持，就必然垮台”的以人为本的治党、治国、治军观。在改革和建设的当代，特别是“科学发展观”的提出，更是一个政权给我们展示的全方位的人本思想。

2. 实质内涵

由此可以看出，人本思想来源于“为政”：重民贵民、爱民仁民和安民保民的古代民本萌芽，以及近现代追求的实现人的自由和民主。推而广之，企业的管理也是依仗人这一活跃因素潜能最大限度地挖掘，以尊重人、爱惜人为核心的人本管理也是非常必要的。因此，本着人本思想的企业管理，应该是处处为人着想，时时做到公平公正，永远保持尊重人的企业文化，同时应该为员工

①② 韩斌．以人为本的理论与实践问题研究．中共中央党校出版社，2007.

提供充足的发展机会。

(二)人本的意义

人本一词，似乎一直是以褒义词出现的，因为它维护的是大多数人的利益，而且很大程度上都是尊重人的同义词。但是从客观角度说，古代的人本思想，特别是民本思想，时代的局限使其不可避免地带上了浓重的阶级色彩。因此，我们应当有所摒弃地传承“民本”，做到真正意义上的“以人为本”。

1. 历史作用

(1) 顺应民意，限制了皇权。不管是哪个阶层的思想家提出的、是否被君主采用，是出于维护封建的阶级统治的政治目的，但却是间接地在选择治民策略之时就已经承认了人民的作用，一定程度上遏制了统治者的无限制的嚣张。这里需要注意的是，这种作用只能说是一定程度上的，因为是否采用，决定权是在统治者手中，即便选择采用，但阶级社会里决定了他们绝不会将这作为终极目标，充其量只能是个手段和方法。

(2) 构建了稳定的国家和社会形态。古代的人本，主要是与法治相对应的一种手段，所以选择的是礼教等温和手段来实现，这又会间接地缓解君、官、民三者之间的利益冲突和政治矛盾——封建社会最主要的矛盾冲突点。

(3) 增进民族融合，促进文化大繁荣。在各个强弱民族的对抗与斗争中，不少国君选择了和亲、善待俘虏等民族政策上的人本思想，这正符合各个民族追求和平稳定生存环境的愿望，同时也为民族差异文化相互学习、共同进步提供了可能。

2. 现实指导

(1) 国家治理上，坚持一切为民。营造和平稳定的生存和发展环境，一切以民众的利益为上，为人民创造发展机会，才能赢得民心。同时作为民众，需要认识到国家整体利益才是最高利益。

(2) 企业管理中，重视人在组织中的作用。构建和谐的组织人际关系，运用激励方式开发人的潜能。尊重人在工作中的主观能动性，发挥其创造力，而不是强制性的压迫其为组织效力。

(三)人本管理的应用

1. 阴阳互弥观

《周易》之阴阳——宇宙万物两种相反相成的性质的一种抽象，也是宇宙对立统一及思维法则的哲学范畴。告诉我们万事万物存在互相补充、互相促进的作用，即使是以“人”为本的人本管理，也不能将人置于孤立的角度去分析，而是应该更多地将人们置于其赖以生存的社会环境中去分析，这样才能在不违背自然法则的前提下让人得到发展。

20 世纪 70 年代，以中国传统文化为背景发展起来的日本，凭借着重视人的价值观念，经济迅速崛起，引起了西方经济大国的关注。西方的管理是建立在泰勒科学管理基础上的追求高效率的“经济人”假设，是忽视人自身价值的管理准则。这同我国的人本管理思想是相冲突的，也是不尊重阴阳互补平衡的。西方人于是将研究重点转向以我国为代表的东方国家的人本管理研究，促使管理学对人的认识从片面走向了全面：一方面，人不仅仅是单方面存在经济价值，而是拥有社会价值的全面价值；另一方面，用人，既要发挥人的主观能动性，又要尊重自然的全面法则。①

小知识

阳	阴
利益机制	思想工作者（组织文化建设）
中式头脑（温和式）	对抗性决策
控制	放权
开拓性人员（喜欢跳槽）	稳定性人员（喜欢稳定）
多劳多得	大锅饭（福利）
君子	小人
建设规章	消灭规章
生产系统	质控系统
奖	罚
硬性计划	柔性计划
强调协调	自愿协调
事前控制	事后控制
上级能力	下级能力
给员工压力	给员工放松
公司所有者	工会

资料来源：鞠强．和谐管理：本质、原理、方法．复旦大学出版社，2006.

2. 公平公正观

中国古代和合文化中的人本管理处处体现着对人的公平公正，这也正是现

① 苏东水．东方管理学．复旦大学出版社，2005.

代用人的重要准则所在。因为人如果受到不公平、不公正的待遇，要想留住人心已经很困难了，何况还期望别人为你效力呢？

人本主义观念始于尊人与人贵说。[①] 如姜太公曰："得贤将者兵强国昌，不得贤将者兵弱国亡。"（《六韬·文韬·上贤》）这也是很多治国之人在用人时的态度。在《小戴礼记·礼运》中也记载："人者，五行之秀也。"《周易》的天、地、人"三才观"更是将人置于重要地位。可见在古代，民是国之根本，贤才更是治国、兴国之关键；在近现代，综观对内对外战争，无一不是靠着民心取胜；在当代，民依然是国家之根本。正是因为人之重要，更需要在对民、用人之事上处理得公平公正，方能不失民心。

3. 爱人利人观

儒家的"仁"说与墨家的"兼爱"说是典型的爱人利人思想。儒家创始人孔子"仁义礼"的三达德，孟子加入个"智"，构成四德或四端，董仲舒又加入"信"，最终构成了以"仁、义、礼、智、信"为核心的五常思想。在儒家的五常中："仁"，即为爱人；"义"，即为帮人；"礼"，即为敬人；"智"，即为慧人；"信"，即为诚信待人。以"兼爱非攻"为核心思想的墨家要求爱人若爱其身，国与国之间应该和平，避免战争，同时还提出"交相利"的主张："夫爱人者，人必从而爱之；利人者，人必从而利之。"（《墨子·兼爱》）

可见，儒家"五常"和墨家的"兼爱非攻"与"交相利"教人在人际交往中也需要爱人利人，这样才能真正地利己。这对管理学是相当具有借鉴意义的，人才作为竞争中越来越具有地位的因素，我们想留住人才、发挥人才的最大效用，必须要尊重人才、爱惜人才，给予他们必要的好处，否则，什么都是空话。

二、人性：人与人关系管理的基石

生与性紧密相连，生即是人生命的起始和延续，性即是人生而有着的本性。因此，人性是人类管理研究中一个永恒的课题，也是研究人与人关系管理的最基础的地方。中国古代最早跻身于人性问题探讨的教育学家，为的是探究出最适合学生的教学方法，随后便广泛运用到政治、军事中的人性化管理。人性的研究不仅仅是历史承接问题，更是正确处理人与人关系，特别是和谐人际关系的前提性问题。下面简单介绍我国传统思想中丰富的人性认识，并给出"人和"背景下人性的特殊含义。

---

① 黄如金．和合管理．经济管理出版社，2006.

（一）人性之说

中国的人性认识很丰富，在介绍我国古代关于人性的主要派别之前，在这里首先必须界定一下本书总结划分古代人性派别的主要依据和原因。首先，当今对古代人性派别划分存在不统一性。差异主要是在“人本善”和“人本恶”之外的派别区分上，有苏东水的“性无善无恶”和“性有善有恶”，[①] 曹芝维的“性三品”。[②] 其次，人本善、本恶之外存在动态的、复杂的特性。目前普遍的共识，是承认在人本善、本恶这两种派别之外，存在较为复杂且具有变动性的人本性认识。最后，动态的、变动性的人性具有很大的习性特点。无论是人性有善有恶，还是无恶无善，正是因为它们的复杂性，使得很难简单归类为“善”或“恶”。但是，值得庆幸的事，它们都会受到人后天接受教育和所处环境的影响，这些都可以统称为“习而显之、变之”。因此，本书将其主要归结为三类：

1. 性善说

师从孔子之孙的孟子主张人性本善：恻隐之心，人皆有之；羞恶之心，人皆有之；恭敬之心，人皆有之；是非之心，人皆有之。《孟子·告子》中，孟子提出“水信无分于东西，无分于上下乎？人性之善也，犹水之就下也。人无有不善，水无有不下”。认为人本性向善就像流水向下一样自然。孟子的性善说是源于孔子的“仁学”，却更注重对“仁”缘由的探究，人性本善方生仁义，仁义方能上下和气。

2. 性恶说

性恶说主张人本性是自私的，追逐欲望，有着天然趋利避害的本性。人性本恶最早的萌芽是当属周代齐国的始祖姜尚认为，“凡人，恶死而乐生，好德而归利”（《子牙子·文师》）。《史记·货殖列传》指出，“天下熙熙，皆为利来，天下攘攘，皆为利往”。姜尚的关于人性的认识只是提出人好利私心，真正成为系统的要数战国时期的荀子，以及之后将荀子思想继承与发展并付诸实践的韩非子和李斯。荀子在《性恶》中说道：“今人之性，生而有好利焉，顺是，故争夺生而辞让忘焉；生而有疾恶焉，顺是，故残贼生而忠信亡焉；生而有耳目之欲，有好声色焉，顺是，故淫乱生而礼义文理亡焉。”即指出人生来就是有逐利之本性，随之就会出现争夺，生而有嫉妒与憎恨之本性，随之残害忠良的事就会出现了，生而有耳目的欲求，随之淫乱的事就会出现，从而礼义、等级制度和道德观念就消失了。

---

① 苏东水．东方管理学．复旦大学出版社，2005.

② 曹芝维．论中国古代的人性思想——性善、性恶、性三品．城市建设理论研究，2012（10）.

中西对话

XY理论实质上是XY假设，是由道格拉斯·麦克里戈在《企业的人性面》一书中首次提出来的，故后人称其为XY理论。通常认为X假设对应中国的“人性本恶”，Y假设对应中国的“人性本善”。

X假设：多数人天生是懒惰的，他们尽可能逃避工作；多数人都没有雄心大志，不愿负任何责任，而心甘情愿受别人的领导；多数人的个人目标都是与组织的目标相矛盾，必须用强制、惩罚的办法，才能迫使他们为实现组织目标而工作；多数人干工作都是为了满足基本的生理需要和安全需要，因此，只有金钱和地位才能鼓励他们努力工作；人大致可以分为两类，多数人都是符合上述设想的人，另一类是能够自己鼓励自己、能够克制感情冲动的人，这些人应负起管理的责任。

Y假设：一般人都是勤奋的，如果环境条件有利，工作如同游戏或休息一样自然；控制和惩罚不是实现组织目标的唯一方法，人们在执行任务中能够自我指导和自我控制；在正常情况下，一般人不仅会接受责任，而且会主动寻求责任；在人群中广泛存在着高度的想象力、智谋和解决组织中问题的创造性；在现代工业条件下，一般人的潜力只利用了一部分。

资料来源：吴照云．管理学．科学出版社，2011.

3. 性习说

性习说，顾名思义，就是人性决定于习惯、后天的修养。孔子在教育实践中非常推崇“性相近，习相远”。告子在与主推性善论的孟子辩论时说道：“性犹湍水也，决诸东方则东流，决诸西方则西流。人性之无分于善于不善也，由水之无分于东西也。”(《孟子·告子》)墨子的“素丝”说，子墨子言染丝者而叹曰：“染于苍则苍，染于黄则黄，所入者变，其色亦变。五入必而已则为五色矣。故染不可不慎也。”(《墨子·所染》)都是将人本性归为白纸，至于将来的发展如何取决于所处的环境和所接受的教育。

(二) 善其性：人性之人和观

人性是个中性词，它无褒贬之意、无感情色彩，但是在无限定条件下的人性研究显得宽泛、随意。为此，将人性研究界定在人和，即人与人之间和谐、友好相处和共进这样一个大背景中来做探讨。下面分三个层面来介绍：

1. 从善与恶的倾向来说，更偏向于性本善

以人和思想集大成者的代表儒家孟子“性善说”和荀子“性恶说”为例。首先，传承孔子之大成“仁”的孟子是“性本善”的主推者，这是不言而喻

的。在《孟子·公孙丑上》中说道："恻隐之心，非人也；无羞恶之心，非人也；无辞让之心；非人也；无是非之心，非人也。恻隐之心，仁之端也；羞恶之心，义之端也；辞让之心，礼之端也；是非之心，智之端也。人之有是四端也，犹其有四体也。"这是人之本性区别于动物的呈现，论证的是人的本心就是趋善的。其次，人性学说中的"性恶说"的主要代表荀子，虽然认为人生而好利，但在《荀子·儒效》中说道："性也者，吾所不能为也，然而可化也。积也者，非吾所有也，然而可为也。"这里表明的是，荀子在推崇性本恶的同时，指出伪（为）是建立仁义、消化恶性情的关键。有了"为"的概念以后，"性"之"恶"的情况就得到了淡化，以至于在其中，"性"与"为"趋向于一致，即"性伪合"。

2. 即使承认人性存在"恶"之说，也是认为"习"而能变之

《三字经》里说道："人之初，性本善。性相近，习相远。苟不教，性乃迁。教之道，贵以专。"告诉我们，人本性是善良的，后天接受的教育不同会变更人的本性。可以看出，人本善都可以因习而变，何况人性恶呢？正如荀子对礼学的阐述："人生而有欲，欲而不得，则不能无求。求而无度量分界，则不能不争；争则乱，乱则穷。先王恶其乱也，故制礼义以分之，以养人之欲，给人之求。使欲必不穷于物，物必不屈于欲。两者相持而长，是礼之所起也。"(《荀子·礼论》)这是力推制定必要的礼仪来教化和规范人性恶带来的欲望。

3. 更加具有目的性

不论是性本善，还是性本恶，完善、修善其性均是最终目的。人和，是以人与人之间和谐相处、友好合作、共同发展进步为最终目的的人际关系处理前提性的界定。因而，由此决定了人性的研究，应该更具目的导向性，是本着追求完善的人性为目的。荀子用礼义去遏制人性中的物欲，孔孟用仁义去教化完善人性，佛家用乐善好施去悲悯世人。如此看来，撇开人性本源，人和思想指导下的人际关系基础是用"仁"、"善"之教义去修善、完善人性，而不是任由人之本性自由发展，缺规制。

三、人本之道

分析人自然本性的最终目的，不是去区分何种研究正确与否，也不是去分辨何种人性的好与坏，而是去探寻一条完善人本性的东西，可以是礼法，也可以是以"仁"为核心的道德教化。但是，在追求人与人关系中和合的"人和"这一大背景下，首推的还是非强制性的道德教化的东西。因此，下面主要从儒家的仁爱、墨家的兼爱和佛家的慈善来介绍人和视角下的人本应该选择的最理

想途径。

（一）仁爱爱人

关于“仁”的最早记录要追溯到《尚书》和《诗经》中，《左传》和《国语》中“仁”也是备受关注的。这是顺应当时春秋战国时期尖锐的阶级斗争而产生的。儒文化创始人孔子将“仁政”推崇备至，他主张人的管理中（古代主要是君主管理臣民）必须施以“仁政”，要“爱人”。孟子传承孔子的思想，将人界定为生而拥有“仁、义、礼、智”四心的人本善。

以仁为指导思想对人的管理的确定，也就确定了推行德治的必然性。正如孔子《论语·为政》：“为政以德，譬如北辰，居其所而众星拱之。”说的就是领导者以德管理会像北极星一样安居本位，自然会得到众人的拥护和爱戴。儒家的德治层次分为三个层次，[①] 如图 5－2 所示。

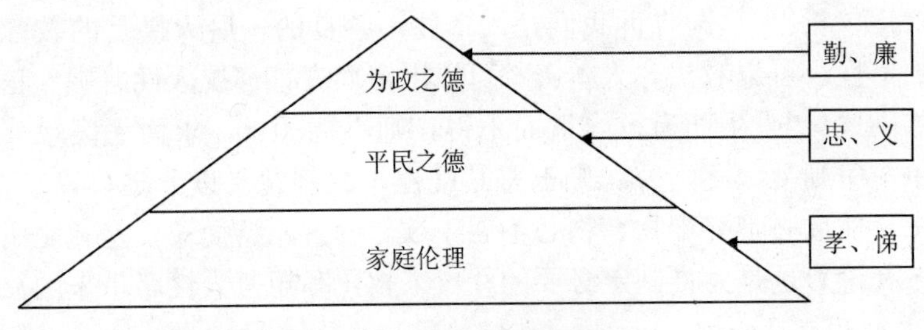

图 5－2　儒家德治层次结构

从图 5－2 中可以清晰地看出，德治是一个上下同“仁”的过程，既需要最高层级对下级的仁爱——勤、廉，尊重下级，更需要下级安然接受道德教化——忠义孝悌，修身。

（二）兼爱爱人

“兼相爱、交相利”是墨家处理人际关系最普遍的理念。当时的社会局面正如《墨子·兼爱》中描述的：“国之与国之相攻，家之与家之相篡，人之与人之相贼，君臣不惠忠，父子不慈孝，兄弟不和调。”墨子认为这种不和谐的局面是因为人与人之间不相爱，而“兼爱”正是解决这一症结的良药。

兼爱爱人，倡导的是人无长幼贵贱，都应该无差等的爱，这才是兼爱。但是，这里的“兼爱”不是孤立发生作用的，因为纯粹的“爱”是缺乏主动性的，即使修养足够高深，但在义利相冲突的情况下，“爱”的实施会不完美。

① 彭新武．中国管理智慧．首都经济贸易大学出版社，2008.

因此，墨子把“交相利”作为补充而提出了，这是在动机和效果上的兼顾。

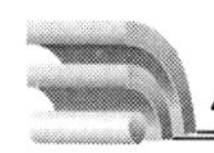

小知识

儒家弟子巫马子问墨子：“你兼爱天下，没有什么好处；我不爱天下，也没什么坏处。效果都没有达到，你为什么只认为自己正确，而认为我不正确呢？”墨子回答：“现在这里有个人在放火为害，一个人捧着水将要浇灭它，另一个人拿着火苗要使火烧得更旺，他们两个都还没有做成，在这两个人当中，你比较看重哪一个呢？”巫马子立即回答：“我认为那个捧着水的人的心意是正确的，而那个拿着火苗的人心意不对。”墨子接道：“我也认为我兼爱天下的用意是正确的，而你不爱天下的用意是不正确的。”

资料来源：梅季，林金保校译．白话墨子．岳麓书社，1991.

（三）善行爱人

同中国的其他派别思想一样，佛教也非常注重人的修养。同时，在一个阶级层级非常明显的社会，佛教对精神生活存在严重缺失的民众来说，具有很大的精神安慰。佛家学说推崇的“礼拜六方”、“十善”都是对人缺失精神的一种文化上的满足。“佛”是一个理智、情感和能力都同时达到最圆满境界的人格，佛是大智、大悲（或谓全智、全悲）与大能的人。倡导的是生前在世间圆满、自觉的修炼——广布善行、待人真正平等，这样才能成其圆满人生。

有益于世、利乐众生，就是善。[①] 注重的是对人内心的一种修炼，达到纯净状态。教化大众对他人的尊重、忍让，才能让人人都是行善之人，人人都能感受到被人行善——佛家最高的理想境界。“苦海无边，回头是岸。放下屠刀，立地成佛。”（《五灯元会》）这句耳熟能详的话给予我们的启示：人犯错了，只要自己认识到了，决心悔过，仍然可以变为好人；潜心佛家能帮助你悔过、改过自新；人人都可能犯错，你需要包容真心悔过之人，才能期望别人会包容你的悔过。一句“我不入地狱，谁入地狱”昭示我们的是绝对豪气的舍己为人的牺牲精神。这也正是佛家大慈大悲救人救世、博爱众生、以己度人、普度众生的善行爱人准则。

① 苏东水．东方管理学．复旦大学出版社，2005.

小知识

地藏菩萨过去无量劫前，曾为孝女，名曰光目，“其母信邪，常轻三宝”，不久命终，魂神堕在无间地狱。婆罗门女知母生前不积善因，死后必堕恶趣，遂变卖家宅，供养佛寺。后受觉华定自在王如来指点，以念佛力来到地狱，见到鬼王无毒，得知因自己供养佛、寺并念佛之功德，使自己的母亲以及其他地狱的罪人受到感化，顺行正道，得以脱离地狱之苦，超拔升天，婆罗门女便在觉华定自在王如来像前立弘誓愿：“愿我尽未来劫，应有罪苦众生，广设方便，使令解脱。”

资料来源：（唐）于阗国三藏沙门实叉难陀译．地藏菩萨本愿经．河北省佛教协会虚云印经功德藏印行．（经整理）

第二节　人合：以合作为基础的管理

如果管理者能够尊重每一个个体，让不同个体的观点在一起碰撞，从而产生出新的为大家都接受的观点，将会带来更融洽的组织氛围与更佳的管理效果。也就是说，管理者要在“人和”的基础上努力实现“人合”。因为仅仅强调个体的差异性、独特性，组织将会缺乏共同的目标，组织成员很容易各行其是，组织将有变成俱乐部的风险。因此，在第一节总结了中国传统思想中是如何看待人性，是如何以人为本的基础之上，本节将着重探讨“人合”的问题，即人与人如何在尊重彼此个性的同时实现合作制胜，主要是对古代人合思想历程及当今发展和应用进行介绍。

一、引言

（一）人合的内涵

努尔哈赤的成功因素包含四合，即天合、地合、人合、己合。

——阎崇年《清十二帝疑案》

1. 历史缘由

（1）古代时期。中华和合文化源远流长，和、合二字都见之于甲骨文和金文。和的初义是声音相应和谐；合的本义是上下唇的合拢。殷周之时，和与合是单一概念，尚未连用。《易经》和字凡两见，有和谐、和善之意，而合字则无见。《尚书》中的和是指对社会、人际关系诸多冲突的处理；合指相合、符合。联合和之意义以及和合连用意义之推演，合主要是指相互冲突、相互矛盾的事物之联合、融合、合作。[①]《墨子·尚同》中："内之父子兄弟作怨，皆有离散之心，不能相和合。"《史记·循吏列传》："施教导民，上下和合。"唐元稹《辨日旁瑞气状》："臣下忠诚辅主，国中欢喜和合。"告诉我们和合是君臣民之间和谐相处、共同合作之意。

合作、联合思想最初是被春秋战国时期的纵横家应用到了军事作战中，据《战国策·秦策》记载："天下之士合纵相聚于赵而欲攻秦。"这是苏秦游说六国诸侯，要六国联合起来西向抗秦的思想。秦在西方，六国土地南北相连，故称合纵。在名震世界的兵书《孙子兵法》中也有此思想："衢地则合交。"告诉我们，在多国交界的背景下，先得到便容易取得天下支持的为"衢地"，在衢地就需要广泛结交邻国，巩固结盟。

(2) 近现代时期。我国近现代中也不乏人合思想。最为广泛的也还是在军事和外交上的运用，主要体现在同国际友好国家的联合及国内民心的凝聚上。鸦片战争期间虽然是以我国的失败告终，但期间不少群众团体间断式的对内部的封建势力及外部的侵华势力予以坚决抗击，还有国际友人对我们的同情和援助，都是人际合作的体现。抗日战争时期更是明显，在联蒋抗日中体现的包容之大，正是人与人之间合作上升到民族团结境界的一种体现。

2. 实质内涵

合原意是指对拢、聚拢。正如《说文》解释道："合，合口也。"《庄子·秋水》也有："公孙龙口呿而不合。"后面衍生出来联合、合众之意，这在古代军事作战中经常被运用，与合纵连横同意。孙子的"伐交"政策的主旨就是注重军事外交，与邻国行结交、外交之义，从而达到"威加于敌"。[②]"和合"或"合和"经常是一块出现的，是有缘由的，正如程思远指出："把'和'与'合'两个概念连用，是中华民族的创造……一般说来，我们说的'和'是指异质因素的共处；而说'合'是指异质因素的融会贯通。把'和'与'合'连用，突出和强调事物是不同因素的相异相成和紧密凝聚，体现了中华民族的辩证思想和系统观念。"[③] 因此，本着人合的管理，是在管理中注重人与人的和谐相处，重在人与人之间的合作互助，根本目的是合作以制胜。

① 黄如金．和合管理．经济管理出版社，2006.

② 彭新武．中国管理智慧．首都经济贸易大学出版社，2008.

③ 程思远．世代弘扬中华和合文化精神．光明日报，1997-06-28.

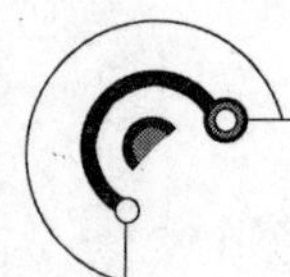

（二）人合的意义

董仲舒认为合是自然、社会、人伦中最普遍、最基本的原理、原则。正如"凡物必有合。合必有上，必有下；必有左，必有右；必有前，必有后；必有表，必有里。有美必有恶，有顺必有逆，有喜必有怒，有寒必有暑，有昼必有夜，此皆其合也"（《基义·春秋繁露》）。顺此意，人合，顾名思义，是人与人之间的友好协作、共进退，达到合作制胜之功效的一系列的原则和规则。

1. 历史作用

（1）凝聚民心、共建国事。正如前所述，人合实质是规制人与人发展进步的手段和方法，由和致合，再由合制胜。倡导的是君臣民同心协力，共同效忠于本国，君臣体恤民众，臣谏君君纳谏，民一心向君。军事作战中更是明显，将帅与士兵之间的同心协力，他们之间的任何一个契合都是向胜利迈进了一大步。

（2）合纵、连横战略战术的实施。在战事颇多的古代诸侯国之间，如何运用战略战术施展合纵之术联合各个弱小国家以保全自身，同样大国如何运用连横之术破解多个小国的合纵对抗——这些都是"人合"思想在军事上的典型运用。

2. 现实指导

在现今一个越来越重视团队精神的管理文化背景的影响下，中国传统文化中的"人合"思想越来越受到重视。特别是分工迫使精细化、专业化的趋势更加明朗化，团队协作可以发挥各自优势，达到最优状态。

在国际外交中的和平合作宗旨是我国一直贯彻执行的，在经济发展中我国也是积极跻身于世界潮流，为的都是在合作中共进共荣。我国的人合思想在管理学上的重要地位，首先表现在同西方"一视同仁"、"相处无间"的思想存在极大的吻合，其次表现在比西方的科学管理基础上的团队认识更具有深度，更具有广阔的内涵。这两点也正是研究我国传统人合的原动力。

（三）人合管理的应用

1. 和平竞争

选择和平竞争是近年才提出的概念，以前，特别是古代军事战争中，更是将"兵不厌诈"奉为亘古不变的真理。那是原始的兵家之争的初级斗争方式，孙子推崇的"兵之诡道说"取得的奇胜也只能是暂时的，因为不能保证敌方没有诡道、没有奇胜。因此，历史中的人合给我们的启示是，在对内、对外的管理中都要奉行以和平为导向的合作竞争才是最具持续生命力的。

2. 和谐社会

《中庸》有云："和也者，天下之达道也。"中国人很早就已经关注"和"

思想了，和谐社会思想也是远古人心中的乌托邦。和谐社会是一个人与人、人与自然关系的融洽状态，人与人之间的和谐社会构建的核心所在。和谐不是简单的同一化，而是寻求差别化下的稳定、均衡、有序、和平发展。人与人之间和谐合作，既是维持人与人相处过程中的一种和谐状态，更是人与人共同进步的必然选择。

3. 合纵生存

苏秦游说六国诸侯实行纵向联合，一起对抗强大的秦国的政策，即使被秦国范雎的远交近攻所打断，但是合纵思想给我们的影响是没有被打断的。联弱以抗强是自然界的生存法则，因为既然是弱者，若孤芳自赏，等待的必然是灭亡，何不选择弱者的联合与合作来抗衡共同的对手？现代的管理中也不乏如此血淋淋的实例，商场中的弱肉强食也如此，弱小的初生群体不选择合作，必然会被强劲的对手给扼杀。因此，合作是弱小组织的生存之道，也是强势组织更强之必选。

二、合作：人与人关系管理的精髓

人是生活在社会的群体中的个体，完全不可能像鲁滨逊一样孤独地生活，无时无刻都在与他人之间发生交际关系，为了各自的发展更多地应该选择合作的方式。因此，人与人之间的合作关系是人与人关系管理的精髓所在。正如《易经》记载："二人同心，其利断金。"展示的是人与人合作力量之强大，所以我们不禁扪心自问：为何我们不积极用心去合作以达制胜之目的呢？中国古代的合作有哪些呢？人和意义下的合作又应该是怎样的呢？

（一）合作之要

虽然我国古代思想基本是在封建等级社会里形成及发展起来的，表面看似乎缺乏合作的可能性，但是毕竟是社会性，人与人之间的交流与合作还是存在的，而且是带着浓厚的阶级特色：

1. 治国之合作——齐民心

自古有言，得民心，得天下。治国之策贵在上下齐心，通力合作。但是如何赢得民心？关键是君主自身的修炼，品格魅力让民心折服：勤政爱民、纳谏从流。勤政爱民之德行修养及实际践行在前述人本管理之道中已经作出阐述，故在此不再赘述，仅对纳谏从流作出说明。

合作贵在"双向"作用，仅有治民之策是单向的，需要臣民的勇于纳谏的配合。《邹忌讽齐王纳谏》向我们讲述的是，齐王下令赏进谏者，入谏之人由门庭若市到时时而间进，再到虽欲言无可进者，此之谓战胜于朝廷(《战国策·

齐策》)。唐太宗善于吸取古人历史经验教训，觉得为政者，应该广纳忠正之言，摒弃邪谄者之言(《贞观政要·政体》)，因此宣扬从谏如流、君臣共治，并且身体力行，终成就贞观之治的盛世。

2. 军事之合作——连横纵合

将帅之才彰显与将兵作战。将兵之效显于内合，作战之术显于外合，但终归是人与人之合作观在军事上的应用。

将兵之内合，需要将帅同士兵共担劳苦。战国初期的吴起为将之时同最下层军民同衣同食，以体恤士兵辛苦，赢得士兵效忠之心。战术之外合，需要明辨“衢地”，善于分析周围形势，弱国采取合纵之术保全自身，强国通过连横之策扩张版图。纵横捭阖的攻心为上、游说艺术，也是当今商场的公关实践需要借鉴的。

小知识

中国商人在经营实践中总结了许多赢得顾客的“心术”，对各行各业公关活动都有借鉴意义：①放心术，侧重于质量可靠。②宽心术，侧重于售后服务。③顺心术，侧重于功能齐备、用之顺心。④省心术，侧重于简单明了。⑤称心术，侧重于使用、恰到好处。⑥安心术，侧重于安全。⑦悦心术，侧重于满足感官。⑧荣心术，侧重于体现高贵、气派。⑨忧心术，侧重于调动、引导消费者的兴趣。⑩抚心术，侧重关于弥补消费者情感或功能方面的缺陷。⑪耐心术，侧重于忍耐。

资料来源：王行健．中国商道——从胡雪岩到李嘉诚．新世界出版社，2006.

3. 家族之合作——重孝悌

孔子重孝，把孝与仁联系起来。他说：“孝弟也者，其为仁之本也。”(《论语·学而》)孟子将五伦阐述道：“父子有亲，君臣有义，夫妇有别，长幼有序，朋友有信。”(《孟子·滕文公上》)三纲中的“父为子纲”、“夫为妻纲”是划分家族中辈分、地位差异的基本。五常“仁、义、礼、智、信”，仁义是孝悌的基础，而孝、悌分别是处理父子、兄弟等家族关系的道德标准。可见，注重家庭伦理的儒家，将“孝”、“悌”奉为家庭关系模型的价值评价标准。

4. 人际之合作——倡仁义

孔子说：“夫仁者，己欲立而立人，己欲达而达人。能取近譬，可谓仁之方也。”(《论语·雍也》)孟子也说道：“老吾老，以及人之老；幼吾幼，以及人之幼。”(《孟子·梁惠王上》孔孟倡导的人与人之间合作是以“仁”、“义”为核心的，宣扬的关系模式是以个人为出发点、以他人为目的的原则。通俗理解，就是舍己为他的大无畏精神。显然，这种人与人之间的合作关系，有着绝对的崇高性，对人的道德修养是有很高要求的。

总之，在封建等级制度森严的时代背景下，儒家极力倡导的是用“三纲五常”来治国治家，在规制社会秩序、教化民众上起到了巨大作用。但是我们必须用批判的眼光去审视这种人际准则，要有所摒弃，取其精华。其中的积极部分对我们现代的管理还是很有借鉴意义，儒家对“仁”孜孜不倦的诉求，对现今组织的规范化、秩序化运作来说是非常有必要的。

（二）携其进：合作之人和观

人合之意显于人与人之间的合作，但是追求人和的思想又给了人合何种特殊含义呢?

1. 更加注重双向的互动合作

封建等级制度下的管理者倡导的合作是以维护管理层的阶级利益为出发点、以权力等级明显为特征的单向合作。处于低层级的被管理者的合作主动性不明显，基本是处于迎合管理者的单方面管理意愿而做出的反应，这使得合作效果大打折扣。今天我们倡导的合作是双向目的性的合作，即不仅仅有管理者的目的、也有被管理者的目的，这种双向目的的交融与整合才是现代意义上的合作。同时，这种合作的双向性也表现在德行互予，不受权力限制。这样才是良性循环的合作，正如葛晨虹指出的，在社会生活中，如果只承认道德义务，不承认道德权利……久而久之，在社会道德生活中就会形成一种恶性循环：德行成了有德之人的重负，缺德倒成了无德之人的通行证。① 当然，这是同我们现阶段的时代背景所能允许的状态相适应的，因此，我们不能以此去苛刻地评判古人的不足之处。

2. 摒弃等级差别的公平合作

如前所述，时代的局限性给古代的合作过程带上了等级与权力的烙印，促使合作的不公平性很明显，主要表现在民众响应君臣合作的结果并不是能满足自身需要的合作。这种不平等的关系限制组织职能的有效实施，正如高清海所说的，“个人作为主体的特性被禁锢，得不到自由的发展，这应该看作是我国社会长期停滞、发展缓慢的主要原因”。② 因此，在现今我们越来越追求公平的时代文化的和谐社会观念感召下，我们主张的人和合作是合作双方同时被尊重、未来利益对等的一种理想的公平合作状态。

---

① 葛晨虹．建立道德奉献与道德回报机制．道德与文明，2001（3）．

② 高清海．主体呼唤的历史根据和时代内涵．中国社会科学，1994（7）．

小知识

战国的著名隐士侯嬴，原是魏国都城大梁一个不起眼的守门人，在70多岁被魏公子信陵君察觉是一位极有见解和智谋的有识之士，就着意与之结交，意欲收为己用。

但是，整个过程表面看来却不是很顺利。信陵君亲自携重金登门拜访，遭遇侯嬴冷冷推辞拒收。后在家中摆下宴席款待侯嬴，让众多宾客等候。信陵君亲自驾车迎接，侯嬴毫不客气地坐在车中的尊位上，并特意让车绕行去大梁最繁华的街道。经过一个市场，侯嬴还故意去找好友朱亥寒暄很久，让信陵君站着等了很久。其实，侯嬴这么做，是看到了信陵君能屈尊待己，他故意这么做是来帮助信陵君的。因为这样，既让信陵君礼贤下士的品德彰显于世，又可以考验是否是一位值得为之效劳的明主。可见，位尊虽可用权钱网罗人才，但最能收人心的还是放下身份、地位，用尊重人才的实际行动去感召人，这样的合作才是最交心、最持久的。

资料来源：万智．中华智慧全解．石油工业出版社，2007.

三、人合之道

正所谓“人心齐，泰山移”，齐心协力共创伟业才是可能。正如前文所述，人与人之间的合作非常重要，那么我们又应该从哪些方面来促进合作顺利实现呢？这也是一个值得探讨的问题。因此，下面从三个方面来展示人与人合作的方式方法和途径选择。

（一）尚德法

1. 权刚衡柔

在对民治理方式的选择上，自古以来就存在颇多争议，到底是法治好，还是人治好呢？或者还是无为而治呢？其争议出现的缘由很多很杂，值得我们关注的，正是其最本质的原因——人性假说的差异。

权刚——取“法”去残冷。法家集大成者管仲、商鞅、韩非子和李斯等，无一不是坚信“性本恶说”，故而自然选择了人本性之外的法术来约束人之恶。辅佐齐桓公数十年的管仲及其后人撰写的《管子》一书中有出现最早的“法律”一词，这也正是其主张“君霸王”的前提所在。相传桓公元年，问曰：“社稷可定乎？”管仲曰：“君霸王，社稷定；君不霸王，社稷不定。”管子认识到社稷要安定需要选择霸王之业，而成就霸王之业，不能仅靠道义，应该考虑权术的使用。商鞅在《商君书・错法》中阐述了管理国家为何选择"法治"："古之明君，错法而民无邪，举事而材自练，行赏而兵强。此三者，治之本也。"这里错法，即为施行法治。虽师奉荀卿，但却未承其儒家之风，而是形成了法家集大成之作——《韩非子》。他主张国家应集权于君主，并借助于法和群臣。他将法解释道："法者，编著之图籍，设之于官府，而布之于百姓者也。"(《韩非子》)将术解释道："术者，藏之于胸中以偶众端，而潜御群臣者也。"(《韩非子》)虽然法家思想在管制社会秩序上发挥了极大的作用，但是它的不足还是很明显的。如主张绝对的集权导致君主独断，形成"强国弱民"状态，重刑抑礼促使刑罚过度，甚至还出现焚书坑儒这样偏激的悲剧。

衡柔——取"仁"去等级。儒家代表人物孔子、孟子都是本着"性本善说"的认识，主张仁政爱人，统治者应该富民、惠民、足民、利民，即实行尊重和保全人性的德治。儒家之五常——仁、义、礼、智、信，主张用五常去教化、感化众人。正如其平民之德中要求："孝悌者，其为人之本与!"(《论语・学而》)其实这里儒家考虑的是，期望以孝悌为核心的平民之德达到维护家庭伦理秩序、实现政治控制合理化的双重效果。这里我们需要注意的是儒家之"仁"思想不可避免地存在着时代的局限性——等级制度明显。君为臣纲、父为子纲、夫为妻纲之"三纲"是维护严格等级制度的重要工具，以及儒家提出的"礼"是用来调节君臣、父子关系的工具，强调治国需要各个等级人物按各自的等级名分为人处世。①

综上所述，其实我们不难发现，各个学派在各自特定时代都是具有合理性的。但是作为人和管理这么一个主推"以和致合，由合制胜"的思想背景下，期望达到的是人与人之间合作制胜的效果。因此，我们主张的是权衡法术和仁义之道，不能偏颇某一。采取刚柔并济的折中之道，既能取得法治方式下的立竿见影之效果，又能博得德治方式下的人心所向之民心，况且还能避免独用法术之激进后果。

2. 树德教化

虽然正如前文所述，人合之道偏向是法治和德治的权衡使用。但是在此还是需要强调道德修养与道德教化在促成人与人之间友好合作是非常重要的。需要说明的是，这里的"德"并不是普通意义的德，而是应该具有更广泛意义的"德行修养"之意。

树德——身正令行的效仿作用。正如《论语・子路》："其身正，不令而

① 王忠伟，李奇志．中国上古管理思想史：夏商周时期管理思想的产生．经济科学出版社，2010.

行；其身不正，虽令不从。”指出的正是管理者自身的行为举止正当与否对下级的影响是模范作用。还有《荀子·君道》曰：“君者，仪也；民者，景也；仪正而景正。君者，槃也；民者，水也，湼圆而水圆。”也是主张管理者自身的德行修养不仅仅是治理之资格，更是下效之关键。

教化——宣扬礼义的内化效果。《礼记·大学》有云：“古之欲明明德于天下者，先治其国。欲治其国者，先齐其家。欲齐其家者，先修其身。欲修其身者，先正其心。欲正其心者，先诚其意。欲诚其意者，先致其知。致知在格物。”告诉我们的是自身的内心修养和真诚意念要得到实现，必须依靠教化使之认识明晰。德行修养亦是如此，用教学等手段向众人宣扬君子之礼义、臣子之忠义、家族之孝悌。目的是让所有德行修养都内化成民众的本性。

3. 规恶保权

承前人性非全善，人性中的恶欲应当得到遏制，同时民众的必要权利需要保全，这样的局面才是公平公正环境下的合作共处，否则的话，就不是真正意义上的人合，是一种不平等、不和谐状态下的形式化、口号化的合作。

规恶——以礼法遏小人。孔子曰：“君子怀德，小人怀土；君子怀刑，小人怀惠。”（《论语·里仁》）阐述的是君子与小人有天壤之别，若期望通过简单的仁义来治理小人是达不到预期效果的。同样可以结合儒家的“礼”和法家的“法”来遏制小人的非德行之举。

保权——用礼法护民权。“商鞅之中于谗诽也二千年，而今世为尤甚。其说以为自汉以降，抑夺民权，使人君纵恣者，皆商鞅法家之说为之倡。”（《訄书·商鞅》）告诉我们的就是商鞅之法民权受夺、霸术见民，使民敢怒而不敢言，这是非明智的选择。民众的基本人身权利是民众自由生存与发展的前提所在，国家应该予以保障，否则的话，历史中很多“揭竿而起”的动荡事件即敲响了警钟。

（二）讲竞合

子曰：“君子和而不同，小人同而不和。”（《论语·子路》）简单追求“同”的“合”是小人，真正追求“和”的“合”才是君子之选。和之“合”是一个充满辩证法的范畴，不是为了合作而合作，也不是简单的同化合作，而是和而不同、共赢共利的竞争合作关系。

1. 和而不同

君子之“和而不同”说的是君子在与人相处合作过程中，并非盲目附和，而是敢于提出自己的观点让他人批判，也敢于听取他人的观点，将多人的不同观点进行相互交流，取长补短的合作才能共同进步。小人之“同而不和”正相反，没有各自的观点或者是仅藏于心中，向外发表的观点却是迎合他人的，表面看来似乎是绝对的同一观点，实际虚假附和的合作完全达不到效果。

优秀的管理者不能容忍附和的合作者，而是同周围合作者保持和谐融洽的合作关系，交流意见畅所欲言，博采各方合理意见，即使是不中听的也需要包容，这才是真正的合作。

2. 共赢共利

《老子》说："将欲夺之，必固与之。"告诉我们的是人期望自己得利，必先让他人得到好处才可行。也就是说，一味的利己完全是不可行的，利己必须有度，因为双方都有着各自的利益取向。追求双赢、共赢才是持久可能的。《论语·颜渊》有云："己所不欲，勿施于人。"这里提出的是换位思考，为自己着想，也要替别人着想。既然自己都不想要，怎么能强迫别人去接受呢？

持续有效的管理并不是在竞争中去追求损人暂时利己的好处，而是协同竞争者搁置和淡化双方之间存在的差异，通力合作，寻求长久的共赢共利状态。

（三）求圆通

人与人之间的相处、合作是一个双向的过程，合作效果如何不仅仅取决于自己，而更多地取决于别人的态度。真正按照"一是一、二是二"来强硬表达自身的想法，可能对方不一定能接受，预期效果就无法达到。因此，我们主张在与人合作中能做到"圆通"，而非见风使舵的圆滑之意。

1. 因圆而通

何为圆通？是因圆而通。合作过程中有和对方不同的意见是正常的，可以提出意见，这里就需要为人足够的"圆"，才能通顺合作的障碍。如果硬要蛮干、直来直去、说一不二地去传达不同意，可能会语出伤人，因为忠言毕竟逆耳，但是假若后果只停留在这里，还应该深感万幸，因为被你所伤之人若采取恶意行为呢？

真正的"圆"应该是三思捷径，多动脑、敢迂回。选择委婉的方式表达异议给对方，在保全自身的前提下，意见被欣然接受的可能性更高。正如触龙说赵太后，是一个运用"圆"于正常的手段达到目的的典型：触龙是用自己溺爱小儿子的亲身经历拉近了与赵太后之间的距离，再从历史中去引导太后明理，最终让太后答应让小儿子长安君为人质。

2. 由沟而通

"沟通"一词最早出现在《左传·哀公九年》："秋，吴城邗，沟通江淮。"杜预注："於邗江筑城穿沟，东北通射阳湖，西北至末口入淮，通粮道也。"可见原义是用沟渠引水相通，引申义为交流、意思表达。

在人与人合作过程中，双方的沟通是不可避免的，如何达到有效的双向沟通是合作畅通的重要前提。首先需要合作的双方存在沟通的意愿，即愿意去同对方沟通交流。如果双方或者是仅有一方不愿意沟通，这个合作过程中的沟通就受阻了。至于为何受阻，就涉及第二个层次：在沟通渠道的构建上，是否存在欠缺？保证沟通顺畅是双方的责任，处在比较优势的一方责任更大。应该提倡包容、真诚和平等。

第三节　人道：以发展为基础的管理

人是动态变化的，这决定了“人和”也必然是动态变化的，本节将从“人道”这一角度来探讨如何在发展变化中实现“人和”。在中国古代，“道”具有道路、规律等含义。如《老子》曰：“道，可道也，非恒道也。”老子的道是非常道，正如苏东水所说：“老子说的道不是‘常道’或‘可道之道’，而是那种揭示事物之间本质联系的东西，是一种无形的、不变的、不可名的‘恒道’。”因此，“人道”这个概念与今天的西方意义上的人道有所差别。它包含了以道义待人、人的发展之道，识人之道等含义。因此，本节将主要从这几个方面来展开论述。

一、引言

（一）人道的内涵

《周易·系辞》有云：“《易》之为书也，广大悉备，有天道焉，有人道焉，有地道焉。兼三才而两之，故六。六者非它也，三才之道也。”让我们运用“三才之道”统摄大系统与天、地、人各个系统及分系统之间的各种错综复杂的关系，以达到管理的最佳境界，其中人系统强调的是人才资源的最佳配置问题。古之人道即为“义”道，孟子：“仁，人之心也，义，人之道也。”此人道之传统即为义道。各家论为人之道多异义。孔子主推己及人以行“仁爱”；墨子主“兼相爱，交相利”；老、庄主“恬淡幽雅”，人道之无为；荀子以“道者；非天之道，非地之道，人所以道也”，主张“制天命而用之”。《礼记》提出“亲亲、尊尊、长长、男女有别，有道之在者也”。

经过儒家的不断发挥，人道一词被赋予了更高的人文含义。《孟子·离娄下》曰：“大人者，言不必信，行不必果，惟义所在。”此义道可谓超越等级、地位、国家、民族、地域等一切羁绊，而将人的尊严和价值放在首位，所以人之为人也。人道，成为一种对做人基本价值的追求，成为一种是否还称得起为人的底线。如当代学者聂文涛在他的一篇博客文章中曾经说过，他救助糖尿病患儿，不是为了仁道，不像孔子说给君子的仁道，而是人道，是追求做人的基本价值。换句话说，他是用身为人的标准，去衡量做人的价值，因而决定去救这些孩子。

我们对古代“人道”的理解是在义道基础上展开的：义道是以道之义（仁、爱、无为）去实现真正的人道——人的价值被尊重。因此，本章对于“人道”的界定是人价值实现的途径、方式等有利因素，而并非当今社会某些西方国家所强调的那种歪曲了的“人道”观。

（二）人道的意义

时至今日，人道已经深入人心，不管是中国人内心对人道的捍卫，还是西方对人道的干涉，都让人道成为越来越热门的话题。但是，我们都坚定一个信念：人道是本着自由平等的原则，坚决维护人的尊严和价值。

1. 历史意义

（1）顺天应人之举。人道之说源于道家的“三才之道”，道家追求的最高境界是“保合太和”之效法自然，即尊重自然和人发展之法则、规律。人道是尊重个人的发展价值，既是呼吁国君顺应天意以仁义爱人、重人，也是倡导圣君合乎人心以识人、用人。

（2）促使国与民同发展。君主治国是成就自然化育万物之功德，但也需要以厚德载物之精神成就民富、民安。正所谓“天地交，泰。后以财成天地之道，辅相天地之宜，以左右民”（《周易·泰》）。况且，“皇祖有训，民可近不可下。民惟邦本，本固邦宁”（《尚书·五子之歌》）。可见国与民是唇齿相依的关系，唇亡齿寒、民富国方能安。人道追求的正是国家与民众共富裕、共发展。

2. 现实指导

我们知道，管理最本质上是对人的管理，这也就决定了人道理念在管理中的角色。因此，不管是治理国家，还是管理企业，都需要奉行人道，充分尊重人才能既得人心，又能最大限度地挖掘人的潜能。

（三）人道管理的应用

1. 赢得人心

《荀子·王制》中有记载：“庶人安政，然后君子安位。传曰：‘君者，舟也；庶人者，水也；水则载舟，水则覆舟。’”正是君主如船，百姓如水，水静了船才能安稳。得民心即为得水静。古之君明施人道，办事合乎民情、政策利民富民、强国先强民，正是施人道得民心安天下。

现代管理中的应用是类似于人性化管理，需要带点人情味的管理，对下属多点关心、多点尊重，既要物质的，也要精神的补偿，提供机会让员工得到充分发展，才能赢得下属的支持。

小知识

晋商的一大创造顶身股，即人身顶股制，是晋商在经营活动中创立的一种劳资组织形式，即以人力顶一定数量的股（份）俸，按股额参加分红。顶身股制就是股东出资，经理和员工出力，具体分为身股和银股。股东出资中的"资"即货币资本，称作银股，是开设企业时股东们投入用以增值的资本；经理和员工出力即指对货币资本（银股）负责。银股所有者对商号或票号的盈亏享有永久利益，可以父死子用、夫亡妻继，但对商号或票号的盈亏负有无限责任。顶身股者享有身后福利，称"故身股"，这种优惠期根据顶身股者生前所担任的职责而定。

晋商的这种伟大的经营策略，凭出资、凭贡献分红，让人觉得很公平公正，还有考虑到身后的保障，给后人提供了一种很有效的获取人心的手段。

资料来源：董桂伶，王小宁．晋商顶身股制度对人力资本会计的启示．会计之友，2008（4）.

2. 营造氛围

《易经》曰："一阴一阳谓之道。"道是规律，更是化解矛盾的重要手段。人道尊重人性，养民休息。刘邦登基当年下诏令规定："民以饥饿自卖为奴婢者，皆免为庶人。"这是释放奴婢、鼓励农耕的重要举措，一箭双雕——化解矛盾调动积极性，民丰国亦强。

化解矛盾，创造宜人舒适的人际环境是越来越受到当代管理者重视的一个课题。人是社会中的人，与他人存在着很多内心的交集，交集多了冲突可能就多了，如何化解双方内心中的矛盾？人道管理呼之欲出！人道重视人的价值实现，不仅仅是自己的价值，同时还尊重他人的价值实现。在人人价值都得到尊重、心里都得到平衡，这样的和谐氛围才是最诱人的。现代企业管理中，给下属一个舒适的工作环境，会起到出奇的效果。

3. 养明心境

孔子曰："人而不仁，如礼何？人而不仁，如乐何？"（《论语·八佾》）告诉我们的是人若没有了"仁"之高尚的内心修养，怎么去礼遇他人？怎么去享受快乐呢？诸葛亮说过："宁静以致远，淡泊以明志。"要求我们注重心境纯净、性情修养的自我管理。

人道的实施是有足够内心修养之人才能达到的境界。人道，一方面强调的是个人价值的尊重、人自我价值的实现；另一方面强调的是尊重他人的价值实现。所以，这是一种修养，同时注重自我和他人理想实现的素养。现代企业管理中也是这样，整个组织的理想目标实现，才是最成功的组织。

二、发展：人与人关系管理的指向

以人与人关系的人道管理，最主要的任务就是如何促进每个人的价值真正实现。而人追求自我、他人价值实现的过程就是人发展和完善的过程。因此，人以价值实现为核心的发展为以人与人关系管理基础的人合管理给出了方向性的指导。下面对我国古代思想中的发展含义及人和背景下的发展需要丰富的含义作出介绍。

（一）发展之义

人的发展在中国的古代思想中有何体现呢？《孟子·离娄下》：“大人者，言不必信，行不必果，惟义所在。”古人宋襄公不击敌半渡，而称其为无义。楚国臣子意图弑君，因为楚王意图侵周有亡楚之危，也应称之为不义。

1. 效法自然——无为而治

正如苏东水所说：“管理之道即人道。”管理的最高境界即无为而治。无为而治并非无所作为，而是有所为、有所不为。人是自然的一分子，有着自然的天性，道家认为后天的尘世烦扰、恩怨会熏染、破坏人的质朴属性。道家的无为，提倡“上善若水”的水式管理，“善下”用人，尊重人本性“不争之德”、“用人之力”。《道德经》在人生价值指向上也是尊崇“无为”思想的，《道德经·八章》中说：“居善地，心善渊，与善仁，言善信，政善治，事善能，动善时。”就是任何情形下都要心静，人生价值规划是要做到“功成，名遂，身退”。

小知识

道学的管理，最简单的说法是“水式的管理”，大致可以用以下四句话来概括：能忍人之所不能忍的气，能受人之所不能受的苦，能做人之所不能做的事，然后，能成人之所不能成的功。水除了自己流动（自动自发）以外，水流还不时带动其他物体——促使或帮助其他物体行动。水流遇阻力或障碍时，水力即随之相对的增加。它放出全部的能量与障碍进行冲击。水流无所不到，虽有时只是细流，可是岩石也能被滴穿；水流还会不断地注入新的领域，开辟新的路线（新的机遇）。水时常涤荡除掉各种污垢而其力不减（它永远保持自洁——永远不停地自我进步改革，也尽可能帮助其他人进步改善）。水经河流，注入大海。熏蒸为云，沛然降雨，滋养大地，复再聚会于海。周而复始，无论何种磨炼，水永不消失自我，也永不放弃其泽惠与功能。

资料来源：张绪通．道学的管理要旨．四川大学出版社，1992.

2. 择其善者——中庸之道

中庸思想的精髓就在“不偏不倚、折中调和”。《论语·雍也》说道：“中庸之为德也，甚至矣乎！民鲜久矣。”可见孔子将中庸之道奉为法则，觉得人民缺乏很久了。中庸思想在用人上体现的是用人适度、赏罚适度。适度、适当用人，就是择其善者用至最适合之处。在自我价值实现方面，倡导的是“天命之谓性，率性之谓道，修道之谓教”(《中庸》)的人道原则的自我教育方式。

(二) 通其途：发展之人和观

人的发展体现了人的生存延续状态，也是获得长期生存的唯一途径，尊重人的发展，注重人的价值实现是人道管理的核心所在。那么人和思想又赋予了人发展和价值实现何种含义呢？

1. 更加强调自我发展的主动性

从上述古代的用人思想介绍可以看出，不论是道家的无为，还是儒家的中庸，都是将人这一发展主体置于被动地位——无为是放任式的用人，中庸是以职位为标准来挑最适合的人。

2. 更加注重发展的双向性

在追逐人与人和谐共进的人和管理下，我们应该选择的是双向的发展——既要管理者对被管理者发展途径的开辟，即通他人发展之途，更要管理者与被管理者认识到他们自身发展向上的一个迫切性，即通自我发展之途。

三、人道之道

《周易·说卦》曰：“立天道曰阴阳，立地道曰刚柔，立人道曰仁与义。”建议用“仁”与“义”畅通民众实现自身价值之路途。说到这里，我们不禁想问，为什么古代很多的饱学之士会选择特立独行的隐居生活？这当然与其清高、坚毅的性格特点有很大关系，但正是因为他们高风亮节，不肯为世俗所染，因而现实世界中没有让其价值真正实现的方法。因此，很有必要对促成人自我发展之道做出介绍：

(一) 识人

自古以来，很多圣明之君都非常重视人才选拔。人才能否得到任用，首先在于管理者的识别能力；人才能否施展才能，关键在于执政者对人的辨别深度。[①] 但是有深度的识人之才并非易事，正如中国第一部关于人才学的专著

---

① 王忠伟，李奇志．中国上古管理思想史：夏商周时期管理思想的产生．经济科学出版社，2010.

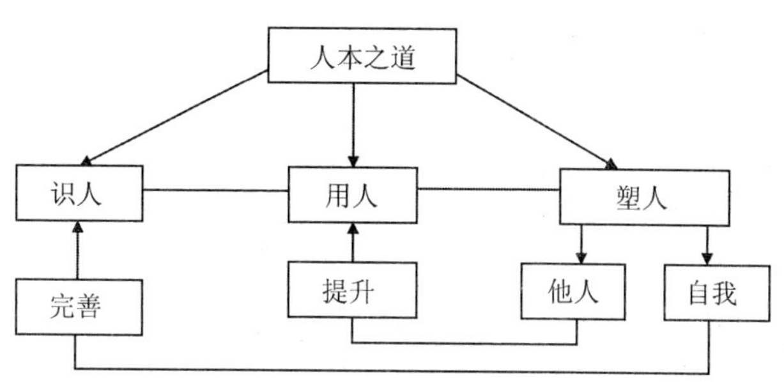

图 5—3　人道之道逻辑

《人物志》，在《效难》篇中阐述道："有难知之难，有知之无由得效之难。"既然识别人才难，那么我们该选择什么方式呢？

1. 察人之非常

人才之所以称之为人才，是因为他至少存在一项非常之才能，而这项非常之才能正是君主纳贤的原因。但是，金无足赤、人无完人，治国之才真正需要的是其特长之处。正如刘邵《人物志·八观》所言："七曰观其所短以知所长。"偏材之人虽有其短，但是正是有了这些短处，才彰显了自己的特色之处。如耿直之人会直言不讳斥责他人之过，正是直言不讳才是他的耿直之处。

这一思想对现代管理很有借鉴意义，用人切勿求全责备。在选人、用人的时候，要有君子的度量和气魄，能够宽容而不过于苛求十全十美，我们应该用慧眼去识别每个人的非常才能在哪里，再选择合适的方法去权衡其非常与不足之处，以到达最完美的契合。

2. 辨人之特质

以品质识别人才是我国古代最常见的一种方式。儒家以"忠义"、"孝悌"识别不同阶层的人才，主张尊贤纳士，论德而定次；道家庄子将人置于特殊情境识人的"九征"法；法家以"法"择人；曹操强调"将宜五德备"；刘邵也在《人物志·八观》："三曰观其志质以知其名。"主张从智、仁、勇、信等品性来分辨人才。

现实的人才选拔也有很多将人才的优秀品质作为选拔的附带标准，如诚信、忠诚、正直、有主见等。之所以在意人才的特质，是因为人的特质往往决定了在工作过程中的态度和行为，而且拥有高尚品德的人才，往往具有巨大的人格魅力，这种人格魅力能够带动企业在未来的发展过程中，能够更加顺利。

小知识

美国哈佛大学心理学教授乔治·赫华斯博士经多年研究证明，一个人事业成败同他的人品优劣关系极大。他提出人生事业成功的九大要素，而导致事业失败的人品方面的要素也有九个。赫华斯指出：“成功的人物最重要的是高尚的品格和健康的身心，事业上的失意者大多是由于品格低劣及不能自我调节。”世界管理学界流传着三句话：智力比知识重要；素质比智力重要；觉悟比素质重要。对于成功的管理者，知识和智力是重要的，但人品、性格、觉悟更重要，信念、忠诚、意志、毅力、信心和勇气这些非智力因素在事业成败中所起的作用往往更大。

资料来源：刘家贵．孟子管理思想的特点及其现代精神．云南民族学院学报，2001（5）.

（二）用人

正如唐太宗李世民所言：“能安天下者，惟在用得人才。”假若得人是万幸，那用人恰到好处就称得上是万万幸了。

1. 扬长避短

《资治通鉴》记载唐太宗论举贤：“上令封德彝举贤，久无所举。上诘之，对曰：‘非不尽心，但于今未有奇才耳！’上曰：‘君子用人如器，各取所长。古之致治者，岂借才于异代乎？正患己不能知，安可诬一世之人！’”太宗之责备，因为封德彝说当今没有杰出的人才，太宗认为用人像选器皿一样选用其长处，而不能去求全完人。墨家的“任人尚贤”，反对任人唯亲。《人物志·材能》也写道：“夫人材不同，能各有异：有自任之能，有立法使人之能，有消息辨护之能，以德教师人之能，有行事使人谴让之能，有司察纠摘之能，有权奇之能，有威猛之能。”晏婴也强调：“任人之长，不强其短；任人之工，不强其拙，此任人之大略也。”（《晏子春秋》）均主张用人之长、避其之短，方能尽才之所能。

正如我们熟悉的《马说》有云：“策之不以其道，食之不能尽其材，鸣之而不能通其意，执策而临之曰，天下无马。”但是，天下不可能无良马！每个人都有其闪光的地方，用其所长，避其所短，挖掘偏材与偏材的互补性，调动和发挥每个人的积极性，并不断为每个人创造更富挑战的机会，促其发展，企业也才能发展。

2. 循名责实

循名责实最早出于《韩非子·定法》：“术者，因任而授官，循名而责实，操生杀之柄，课群臣之能者也，此人主之所执也。”韩非子主张以“术”治吏的管人思想，注重人才在实际中的效果和作用。虽然“循名责实”最初见于法家，但其实儒家也有类似思想，它主张有用“礼义”评判和规范官吏上任之后的效果。管仲指出：“审其所好恶，则其长短可知也；观其郊游，则其贤不肖可察。”（《管子·权修》）晏子也主张“举之以语，考之以事”。可见，我国古代的用人观也是一个动态的过程。

（三）塑人

“凡入国必择物而从事焉。国家昏乱，则语之尚贤尚国；国家贫，则语之节用节葬；国家憙音湛湎，则语之非乐非命；国家淫僻无礼，则语之尊天事鬼；国家务夺侵凌，则语之兼爱非攻。”（《墨子·鲁问》）就是说，教育能为国家服务，国家可以按照需要来塑造自己需要的人才。同时，塑人的含义是塑造自己，完善自己的人格修养，以实现自己的人生价值。

1. 塑造自我

自我的塑造，强调的是一种自我价值实现的努力和追求。正所谓，穷则独善其身。在追求自身完善的同时，还能收获识别他人的能力。

（1）严于律己。陈亮的《谢曾察院君》言：“严于律己，出而见之事功；心乎爱民，动必关天治道。”中国人历来讲究恕道，所以“严于律己，宽厚待人”一直是为人处世的哲学。待己之所以要严格，为的是不让自己产生苟且犯错的心态，避免一错再错。同时，还有另一种功效：其身正，不令则行；其身不正，虽令从。

因此，坚持严于律己，作风正派，可以用人格魅力来领导和影响他人，这种效果是事半功倍的。在企业管理中，不论是管理者，还是被管理者——员工，用高标准来克制自己，都是自我修炼的一种途径，更是自我上进的自发的内在约束机制。

（2）品格修炼。罗大经的《鹤林玉露》语：“洛阳人谓牡丹为花……尊贵之也。亦如称欧阳公、司马公之类，不复指其名字称号，然必其品格超绝，始可当此。”高尚品格的素养一直是注重内心修养之人的毕生所求。儒家之“仁”，集合了“恭、宽、信、敏、惠”，用仁爱之心处理人际关系，与人为善、成人之美，美美与共；儒家之“智”，是知识与智慧的化身；儒家之“勇”，是与“谋”相结合的理性思维下的勇气。

注重人格品德的修养，是一种更高层次提升自我的要求。大仁，有着包容万物、善待他人的仁义之心；大智，有着洞察事务、找准目标的智慧头脑；大勇，有着不畏牺牲、勇往直前的非鲁莽的勇气。这些正是那些在酷似战场的商场中不断奋斗的成员需要凝聚的人格力量。

小知识

"自我管理"对于一个商人来说，永远是一门重要的必修课，因为其中包含着一个商人成功的要诀。李嘉诚给自己规划的日常管理的八个要素是：①勤是一切事业的基础。要勤劳工作，对企业负责，对股东负责。②对自己要节约，对他人则要慷慨。处理一切事情以他人利益为出发点。③始终保持创新意识，用自己的眼光注视世界，而不随波逐流。④坚守诺言，建立良好的信誉。一个人良好的信誉是走向成功的不可缺少的前提条件。⑤决策任何一件事情的时候都应该开阔胸襟，统筹全局。一旦决策之后，则要义无反顾，始终贯穿这个决定。⑥给下属树立高效率的榜样。集中讨论具体事情之前，应该预先几天通知有关人员准备材料，以便对答时精简确当，从而提高工作效率。⑦政策的实施要沉稳持重。在企业内部打下一个良好的基础，注重培养企业管理人员的应变能力。⑧要了解下属的期望，除了生活，应给予员工更好的前途。一切以员工的利益为重，特别是在年老的时候，公司应该给予他们绝对的保障，使员工有归属感，无后顾之忧。

资料来源：革文军．李嘉诚商训．中国纺织出版社，2004.

2. 塑造他人

塑造他人，强调的是为别人创造提高道德修养、实现人生价值的途径，正所谓"达则兼济天下"（《孟子·尽心上》）。为他人发展提供便利，很大程度上要求一定的前提条件，如经济实力、权力职能等，所以是管理者更加需要注意的一个方面。这也是提升用人效果的一个很有效的途径。

（1）教育成才。中国最早的教育主要用于传授劳动技术、躲避自然灾害等生存技巧。据《史记》记载："禹令人民，聚土积薪，择丘陵而处之。"最早的育人教育应该是源于私塾教育，我们所熟悉的要数伟大的私塾大师——孔子。他弟子三千，学生学业有成，精通"六艺"的贤人达 70 余人。私塾教育很大程度上是同国家政事相联系的，也就是说教育很大程度上成了政治服务的先驱。不论其正确与否，至少我们可以承认，教育可以培育人才。

孔子主张的"有教无类"普及了受教育面，倡导"君子不器"培育的是治国平天下的通才，奉行的"仁、礼"成为贤人们尊崇的道德品质；墨子用"兼相爱、交相利"去教导他的学生，以"量力施教"原则教育学生；孟子传承孔子思想，提出"因材施教"思想，注重学生的"养气"修炼，倡导学生"舍生取义"；荀子以"礼法"培养学生的"君子"、"圣人"修炼。可见中国古代的教育注视的是学生内心道德的修养教化和通才的培养。[①]

孔子诸多弟子中最得意之人莫过于颜回，虽出身贫穷，却因其承孔子之教“仁、礼”而以德行著称，被历代文人学士推崇有加，也被历代统治者封赠有加，被后人尊奉为颜子。被后人称道的还有子路之伉直好勇、冉有之精通六艺，以及“瑚琏之器”的子贡等。

现代管理也是很注重教育育人的，管理实践中必要的理论知识需要接受正规教育，而实际的管理实践过程也是一个继续学习的过程。公司要组织专业培训、经验交流会等不断地开发员工技能，促进员工成长。

小知识

孟家附近有一片墓地，出殡、送葬的队伍经常从其门前经过。小孟子和玩伴们的过家家游戏都是出殡、送葬等活动。于是，孟母便把家迁到城里。到了城里后，孟母要求儿子读《论语》，孟子还是不能定下心来。原来他家处于闹市，打铁声、杀猪声、喊卖声终日不断。孟母再次搬家，到了城东的学宫对面住，那里环境果然不一样，经常书声琅琅，一派读书气氛，孟子果然安下心来读书，而且他还会向学宫里面探望，学着怎么学习、怎么跟着老师演习周礼。后来，孟子成为仅次于孔子的名儒。

资料来源：卢俊等．成语典故故事．商务印书馆，2004.

（2）标榜向圣。这里所指的拥有高尚品德修养和德行的人可以为世人起到标杆、榜样作用。正如《诗经·小雅》说：“高山仰止，景行行止。”意思说品德像大山一样崇高的人，一定会有人敬仰他；行为光明正直的人，一定会有人效法他。这里需要注意的是，我们所界定“圣”的含义不同于韩非子所说的“圣人”——“先王”和“新圣”，因为他的“圣人”是被界定为君主的，而我们强调的更是一种“圣人”的品格的修炼，一切美好的品德、高尚的情操都是“圣人”所拥有的。

管理者可以让高尚品德践行者的圣人为他人起到榜样作用，指导他人一心向“圣”，这是提高人品德修养的一条有效途径，特别是现代人对职场道德规范越来越重视。

① 董俊峰．中国文化专论．浙江大学出版社，2011.

本章关键词

人和　人本　仁爱　兼爱　人合　竞合　合纵连横　人道

本章提要

1. 在中国传统管理思想中，人和是圣明管理者及多个思想派别为之孜孜不倦的目标，这是同我国和谐的传统思想有关系的。

2. 我国传统管理思想的前提是对人性的研究，典型代表有孟子的性善说、荀子的性恶说以及其他代表的人性受习惯影响的性习说。

3. 以人为本的人本管理追本溯源同我国封建时期的君主统治的民本思想，是处处为人着想，时时做到公平公正，同时应该为其提供最大的发展机会。人本历史作用体现在：顺应民意，限制了皇权；构建了稳定的国家和社会形态；增进民族融合，促进文化大繁荣。

4. 人本思想应用于人本阴阳互弥、公平公正和爱人利人的观念中；人本之道有仁爱爱人、兼爱爱人和善行爱人。

5. 本着人合的管理，是在管理中注重人与人的和谐相处，期望的是合作以制胜。人合的历史作用主要体现在凝聚民心、共建国事和合纵、连横战略战术的实施。人合管理应用于和平竞争、和谐社会、合纵生存思想中。

6. 在古代人与人之间的合作主要是：治国之合作——民心齐；军事之合作——连横纵合；家族之合作——纲常。

7. 人合之道有：尚德法、讲竞合、求圆通。其中尚德法包括权刚衡柔、树德教化和规恶保权；讲竞合包括和而不同、共赢共利；求圆通包括因圆而通和由沟而通。

8. “人道”的理解是在义道基础上展开的：义道是以道之义（仁、爱、无为）去实现真正的人道——人的价值被尊重。人道思想的历史意义体现在顺天应人、国与民同发展。

9. 人道思想应用于赢得人心、营造氛围和养明心境的思想观念中。尊重人发展的思想在古代体现在：效法自然——无为而治、择其善者——中庸之道。

10. 人道之道包括：察人之非常和辨人之特质的识人；扬长避短和循名责实的用人；教育成才和标榜向圣的塑人。

复习与讨论

1. 人本思想的内涵及历史作用？人本之道有哪些呢？

2. 人合思想的内涵和历史作用？人合之道有哪些呢？

3. 人道思想的内涵和历史作用？人道之道有哪些呢？

4. 人本管理、人合管理和人道管理在思想观念上的应用分别主要表现在哪些方面呢？

5. 如何理解“人和”视角下的人本、人合、人道？在现代企业管理中，你觉得是否有必要引入呢？并说明理由。

6. 有人认为“企业制度化是现代企业运行规范化的重要保障”，你认为怎样呢？结合本章人和思想作出简要分析。

本章案例

材料一：

就企业中的沟通而言，无论行文修辞如何，其本质无外“坦诚”二字——让员工说出真话，让企业了解真实的信息。员工们不愿开诚布公地在企业里发表自己的言论，他们把自己的想法和评论保留起来，更多的时候，在公司里能够坦诚沟通的对象都是要好的同事和朋友，这又是为什么呢？答案很简单——不受伤害。无论是显性的还是潜在的，每个坦言的人都不希望收获任何形式的伤害，否则他宁愿变成沉默的人或虚与委蛇的人。人们避而不谈，以免激起上级的反感和其他人员的不快，他们甚至粉饰太平，以维护自己或小团体的利益。2006 年中国广东核电集团（以下简称“中广核”）做到了让员工说真话。

2006 年，在中广核发生了一桩“全世界最贵的清洁工”的故事。一个清洁工在例行清洁打扫时，看到一个机器的某个部位有些灰尘，顺手“勤奋”地用抹布擦了一下，无意中触到一个开关，启动了核反应堆停堆的指令，导致长达两天的停电。如果在一般的企业里，等待这位清洁工的一定是严厉的惩罚。但中广核只是让清洁工讲清事情原委，然后继续工作，甚至连工资和奖金都没有受到任何影响。

中广核的这个举动让旁人很难理解。中广核的领导是这样解释这一超乎常理的做法的：对于核电企业来说，安全至关重要。为了驱除所有安全事故隐患，企业需要千方百计地获取有关安全隐患的信息，这样才能采取各种措施，从根本上消除安全隐患。让员工说出真话，让企业了解真实的信息，就成了中广核高层处理这起事故的根本原则。公司全力追究核电停电事故原因，仅让当事人说出真话，却免除了追究个人责任。

资料来源：http：//www. cnpension. net/index _ lm/2008-08-22/501512. html.

材料二：

2011年10月10日的淘宝商城事件，缘自当日淘宝商城发布的新规，即2012年向商家收取的年费将从现行的每年6000元调整到3万元或6万元两档，大部分商家作为服务信誉押金的消费者保证金将从现行的1万元调整到1万～15万元不等。

淘宝商城称，将实行有条件的技术服务费年终返还制度，根据商家的经营规模、服务质量等指标的达标情况对商家的技术服务年费进行部分乃至全额返还。这次淘宝商城管理体系升级建立了“商家违约责任保证金”制度，即商家进驻该商城将根据所经营或者代理的品牌缴纳违约保证金，商家一旦达到一定程度的违约行为，将扣除至少1万元的保证金，保证金直接进入消费者保障基金。对于暂时达不到服务水平和经营规模的商城卖家，淘宝表示，将从技术层面做好协助商家从商城转移到淘宝集市的准备。

然而此举立即遭到部分中小卖家的反对。10月11日晚间，淘宝商城受到数千名自称“中小卖家”的网民集体“攻击”。一些中小商家通过语音聊天工具YY（游戏团队语音作战工具）、论坛等方式联络，组织对淘宝商城大卖家进行恶意攻击。出于对淘宝商城大幅提高服务费和保证金的不满，韩都衣舍、优衣库、七格格等多家商城大卖家成为此次攻击的目标。部分中小卖家在11日晚通过恶意购买等方式对一些大卖家不断进行批量拍货再申请赔偿，或是宣称要收货、给差评、再申请退款。行动开始后不到半小时，一些卖家商品因遭到非正常拍货而被迫下架。据悉，11日当晚结集在YY语音频道上的行动参与者将近7000人。随着淘宝商城提高准入门槛引起小卖家围攻大卖家之后，事态逐步升级。越来越多的小卖主加入“反淘宝联盟”，10月12日，逾3万人集结在“反淘宝联盟YY在线”，到10月14日，“反淘宝联盟YY在线”人数已经突破5万人。截至10月12日晚，已有数十家大型淘宝商城店铺被网民“攻陷”，部分或全部商品被迫下架。针对攻击事件，10月12日凌晨，淘宝在官方网站发出紧急公告表示，愿意接受任何对于淘宝商城规则的看法和建议，但绝不容忍因为有不同的意见而去侵害其他无辜商家的暴行，不会因为威胁、恐吓而放弃原则，并称已向警方报案。10月15日，商务部电子商务和信息化司负责人就发生的淘宝商城新规事件表示，商务部高度关注、重视此事件，要求有关方面从稳定物价和支持小微企业的高度妥善处理。也于当日，淘宝商城官方微博发表《淘宝商城释疑2012新规》，从16个方面阐述了淘宝制定新规的初衷和目的，坚决否认淘宝试图依靠提高技术服务年费和保证金两项收费标准来达到集资目的。10月17日下午，为了解决与中小商户之间的争端，阿里巴巴集团宣布，将向淘宝商城追加投资18亿元，同时还宣布针对商家的五项扶持措施。在淘宝宣布调整新规后，18日，反淘宝联盟在声明中表示，虽然联盟不满意淘宝商城的五项新措施，但不会再次组织对淘宝商城进行攻击。

资料来源：http：//www.gsjb.com/get/shxf/shxf08/201110241307460.html.

思考题：

1. 结合材料一，谈谈你如何理解现代企业中的人和思想的运用及其效果？

2. 结合材料二，有人认为淘宝商城事件是“石头”和“鸡蛋”的较量，你是怎么理解的呢？结合人和思想，谈谈人与人之间应该如何合作，如何共同发展。

3. 对比材料一和材料二，两个组织的领导人的做法为什么会产生如此大的反差？再谈谈你是如何理解企业管理中人和思想的运用，以及如何能够做到领导与员工合作共进的局面。

应用篇

第六章

治身——以自我为对象的管理

学习目的与要求

了解治身的途径及内涵；了解诚实守信，见贤思齐，勇敢果断的具体内容；了解言行一致，恭谦礼让，仁者爱人的具体内容

理解什么是为学的五个内容；理解如何培养系统思维

熟悉修德的两个方面；熟悉如何培养系统思维；熟悉自省、自律、恕情的具体内容

掌握修德的含义；为学的三个层次；修性的具体内容

题记

欲修其身者，先正其心，欲正其心者，先成其意。

——《礼记·大学》

子曰："弟子，入则孝，出则悌，谨而信，泛爱众，而亲仁。行有余力，则以学文。"

——《论语·学而》

导入案例

民族商业巨子：叶澄衷

清代末年的叶澄衷，宁波庄市人，是著名的宁波商团的先驱和领袖。他的一生充满了传奇色彩。叶澄衷出身寒微，在上海的黄浦江上，以摆渡舢板为生。一次，他在撑船送一个洋人渡江时，捡到了许多钱，可是他人穷志不穷，拾金

不昧，统统还给了那个洋人。那个洋人在感激和佩服之余，推荐他进入上海的商界。他从头做起，勤俭自持，终于积资日厚，自立门户。成功之后，不但对地方公益及慈善事业慷慨捐助，而且还在光绪年间斥资创办了一所“澄衷学校”，设备完善，规模宏大，是中国独资创办私人学校的开始。他为人处世既诚且信，宽厚待人，被称为“首善之人”。在叶澄衷传奇性的创业历程中，诚信宽厚的性格帮助他在穷途时得到难得的机缘，在萧条中仍旧昂首前行。在宁波商帮中，一直流传着这样一句话：“做人当如叶澄衷。”叶澄衷凭借宽厚待人，善于机变的本领，登上“五金大王”的宝座，生意也越做越大，成为民族商业的巨子。

资料来源：苏醒．“首善之商”叶澄衷．21世纪商业财经，2006（10）．

自古以来，中国人就把完善自我作为一个基础。而治身本质就是自我管理。治身，一是养德，二是修智，三是修性，德才兼备，养成良好性情，便是治身的理想结果。而养德又是修身的首要任务。因此，本章将从养德、修智、修性三个方面来谈如何治身。

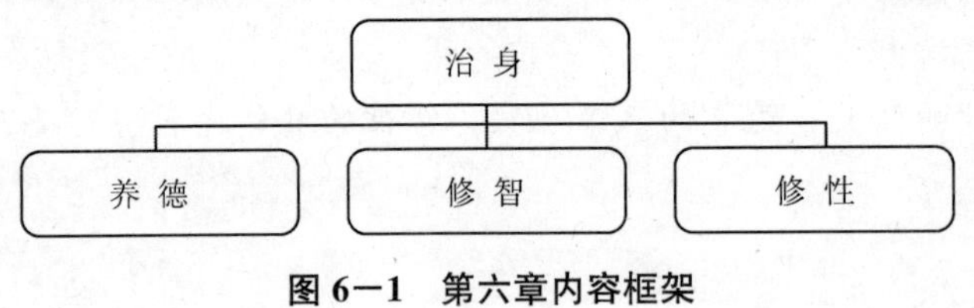

图6—1　第六章内容框架

第一节　引　言

一、治身的内涵

治身，即修身，自我管理，指修身养性，努力提高自身的思想道德及知识水平。我国古代儒家、道家、墨家、兵家、法家等十分注重修身。儒家将修身作为教育八目之一。修身是本，齐家、治国、平天下是末，“身修而后家齐，家齐而后国治，国治而后天下平”（《礼记·大学》）。而道家的修身要做到顺应自然，墨家则要求做到兴利除害，平天下。

“仁、义、礼、智、信”被称作中华伦理的“五常”，儒家所倡导的“仁、义、礼、智、信”中“仁、义、礼、信”皆旨在修养德行。走进《论语》，你会发现，修德之道无处不在。如“苟志于仁矣，无恶也”、“君子喻于义，小人喻于利”、“非礼勿视，非礼勿听，非礼勿言，非礼勿动”、“与朋友交而不信乎”，这些都已是家喻户晓的至理名言。《论语》还告诫我们，恭、宽、信、敏、惠乃人之“五德”。至于修智，《论语》不仅指明了学习知识“敏而好学，不耻下问”的正确态度和“举一隅”而“三隅反”的学习方法，更阐明了书本知识与实践的关系。孔子说过，即使“诵诗三百”，不能用于实践，“授之以政，不达；使於四方，不能专对”，又有何用，“虽多，亦奚以为”。所以他主张读书人要做“躬行君子”。他还教导读书人，知识面不要狭窄，要广博，提出“游于艺”，就是要学习“六艺”：礼、乐、射、御、书、数。

具体而言，治身的内涵大致可以分为三个层面：

（一）正心诚意

“欲修其身者，先正其心，欲正其心者，先诚其意。”（《礼记·大学》）品德端正是修身前提，正心诚意是中国古代所倡导的一种内心道德修养过程。是说心要端正而不存邪念，意必真诚而不自欺。儒家认为，“欲正其心者，先诚其意”。“正心”即“治心”一是身心和谐，二是怡情养性，孟子认为，“恻隐之心，仁也；羞恶之心，义也；恭敬之心，礼也；是非之心，智也”。人心受到愤激、恐惧、好乐、忧患等情欲的影响会不得其正，而心必须有所诚求，才能不乱而正。所以诚意的关键在于“格物致知”。只有对道德观念的认识提高了，才能主动克制情欲。这样，由于意真诚、心端正，个人道德完善，家庭中形成父慈子孝的关系，治国、平天下的政治理想也就实现了。正心诚意是达到心正意诚的至善道德境界的必由之路。宋代理学家程颐说，进修之术，“莫先于正心诚意”。

（二）为学

“人之为学有难易乎？学之，则难者亦易矣；不学，则易者亦难矣。”（《为学》）为学是通过后天学习来完善个人修养获得知识的一种方法。我国关于为学的思想很多，如“博学之，审问之，慎思之，明辨之，笃行之”（《礼记·中庸》），是说要广博学习，探究学问，认真思考，明白分辨，踏实实行。“博学而笃志，切问而近思”，“则其善者而从之”，广博的学习是基础。“君子博学而日参省乎己，则知明而行无过矣。”（《荀子·劝学》）

（三）修性

修性，是指性情的养成，这是最终目的和落脚点。“知人者智，自知者明”，修性最主要的是自我反省，这是基础。“不怨胜己者，反求诸己而已矣”（《孟子·公孙丑》），是说反过来追究自己，从自己方面找原因。“躬自厚而薄责于人，则远怨矣”（《论语·卫灵公》），接着通过自我约束即待人以宽、责己以严来实现，最终达到恕情。

二、治身的原则

古人对治身很有一套理论和原则，归结起来主要有：

1. 仁礼

古人治身十分注意仁与礼。《孟子·离娄》曰：“仁者爱人，有礼者敬人。爱人者，人恒爱之；敬人者，人恒敬之。”说明做人要重视仁、礼的修养，一言一行都要注意礼仪，相互之间要注意仁爱。只有这样，才能利于健康长寿。所以孔子反复强调“仁者寿”。《养心录集要》也讲：“身心严肃便是持敬，动作合宜便是集义。”“意诚则定，心正则静，身修则安。”

2. 性善

我国古代治身学者很注重“性善”，认为“性善”不仅可以免除灾祸，而且可以祛病延年。如《千金要方》曰：“夫养性者，欲所习以成性，性自为善，不习无不利也。性既自善，内外百病皆悉不生，祸害亦无由作，此养性之大经也。”《寿世保元·延年良箴》亦谓：“积善有功，常存善德，可以延年。”

3. 知足

“知足”是治身的重要原则。《道德经》云：“祸莫大于不知足，咎莫大于欲得。故知足之足，常足矣。”《庄子》曰：“以其知之所知，以养其知之所不知，终其天年而不中道夭者。是知之盛也。”《遵生八笺·延年却病笺》谓：“知足不辱，知止不殆。”这些论述告诉我们，只有“知足”，才能“常乐”，而终其天年；反之则病祸易至，而夭其寿。古人认为“人生解知足，烦恼一时除”，“草食胜空腹，茅堂过露居”，知足者常乐，即使食草食、住茅堂，也能满足人的起码需求。

4. 忍让

古人认为，修身养性要注意“忍让”。我国古代十分注意忍让，把忍让看作美德。《彭祖摄生养性论》曰：“神强者长生，气强者易灭。柔弱畏威，神强也；鼓怒骋志，气强也。”《养老奉亲书》亦云：“百战百胜不如一忍，万言万当不如一默。”《寿世保元·延年良箴》谓：“谦和辞让，敬人持己，可以延年。”常言道：“忍得一时之气，免得百日之忧。”这些都说明注意忍让，敬人持己，可免除忧患，不使神形受伤，从而可获延年益寿。

5. 宽容

古人云，宽容使人寿。治身之道在于胸怀坦荡，与人为善，通情达理，不计恩怨。宽容，即宽恕能容忍。《荀子·非十二子》："遇贱而少者，则修告导宽容之义。"宽容是人类生活中至高无上的美德，它能融化心头的冰霜。宽容需要一颗博大的心，海纳百川，有容乃大。而缺乏宽容，将会陷入无尽的痛苦与纠结之中。漫漫人生路，悠悠岁月情，学会宽容，人与人之间才有真情。做到宽容，才能情长路更长，身心更健康。上述"治身"的几个方面，虽有其历史的局限性和认识上的片面性，但其积极的一面可供修身养性、摄生延年者借鉴。

三、治身的应用

"内圣外王"的理想是儒家的根本目标和最高境界。"内圣"——正心诚意地修身，"外王"——齐家治国平天下，是这一境界和目标的两个部分。"修身齐家治国平天下"是中国文化和中国精神的一个重要方面。它由孔子提出，分别经孟子和荀子发挥。孟子发挥了"内圣"之道，使之成为以身作则式的具有历史责任感和使命感的伟大人格的自觉追求，是由"不忍人之心"而发扬的道德的自律和突出个体人格价值的人格理想与主体自我选择。荀子发挥了"外王之道"，使之成为注重改造外部世界，注重破除虚妄迷信的经验理知，积极进取的实践理性精神和现实实践品格。这两个方面正是修身的基础。它们相互补充、相互制约，共同形成了儒家的人生追求和理想境界。

"格物而后致知，致知而后意诚，意诚而后心正，心正而后身修；身修而后家齐，家齐而后国治，国治而后天下平。"(《礼记·大学》)格物、致知、诚意、正心、修身、齐家、治国、平天下，这是儒家的八条目，"八条目"的中心环节是修身，格物、致知是修身的外部途径，也就是不断地学习；诚意、正心是修身的内在前提，也就是内在德行，通过内在德行和外部途径，最终达到了性情的养成，最终实现"齐家、治国、平天下"。

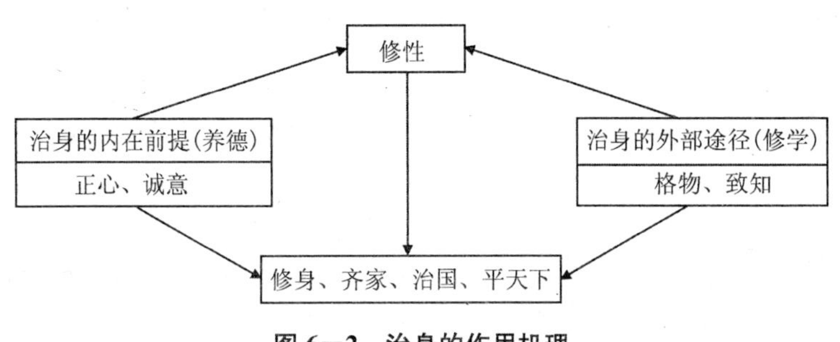

图 6—2　治身的作用机理

“修身，齐家，治国，平天下”，修身是治国平天下的基础，那么运用到企业家或领导者，修身也可以概括为三种境界：

第一重境界修身，着眼于自身：修养自身，领导者自我修养的提高。

第二重境界齐家治国，着眼于他人：修养自身，领导者管理下级管理者。

第三重境界平天下，着眼于天下一：修养自身，领导者管理整个企业。

第二节 养 德

“我善养吾浩然之气”，养德是治身之基，对于管理者而言，为人之德和处事之道是修德最主要的两个方面。修身，一是养德，二是修智，三是修性，德才兼备，便是修身的理想结果。而养德又是修身的首要任务。子曰：“弟子，入则孝，出则悌，谨而信，泛爱众，而亲仁。行有余力，则以学文。”(《论语·学而》)。意思是，先要懂得“孝悌”、“谨信”、“仁爱”，行有余力，然后“学文”，这就明确告诉我们，做人做事应以德行修养为先。我国关于德行修养的观点很多，如儒家倡导的“仁、义、礼、信”旨在修养德行。德行修养最主要可以概括为两大方面：一是为人之德；二是处世之道。

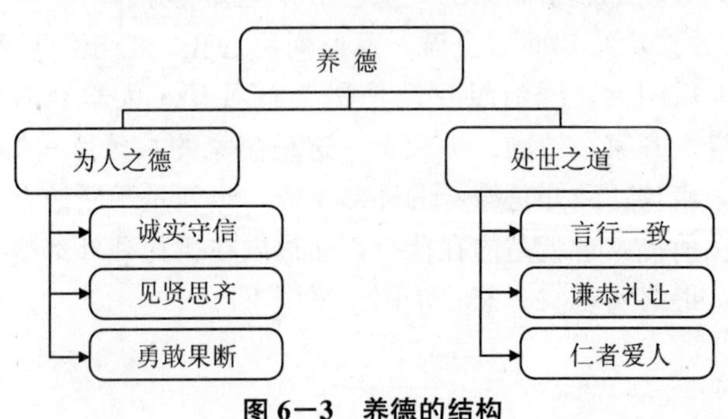

图 6—3 养德的结构

一、为人之德

企业家的为人之德，是指企业家在与其他人交往过程中所应具有的自身德行。为人之德不仅可以应用到企业家自身，对于一个企业来说也必须具备相应的德行，才能长久发展。为人之德的内容很广泛，主要有诚实守信、见贤思齐、勇敢果断。

（一）诚实守信

“人无信不立。言而无信，不知其可。”（《论语》）“诚”，即诚实，诚恳；“信”，即信用，信任。荀子云：“君子养心莫善于诚。”诚信是人类社会有序良好运行的基础，是其他所有德行的基础。“所谓诚其意者，毋自欺也”（《大学》），为人处世最重要的是一个“信”字，诚实守信是为人之本，更是企业之本。人无信不立，企无信不长，作为一个管理者也不可言而无信。

1. 人无信不立

孔子早在2000多年前就教导他的弟子要诚实守信，诚实守信不仅体现着相互信任，同时还体现着做人的道德与修养。秦朝末年，楚国有一个叫季布的人，凡是他答应过的事无论多么困难，他都会想方设法做到，世人传诵“得黄金百斤，不如得季布一诺”，这便是“一诺千金”的由来。诚实守信是一种无形资本，仅仅一次失信，就会把长期积累的形象毁于一旦。诚信是公民的立身之本，诚信不仅仅是做人的基本原则，更是人际交往，处理各种关系的基本道德要求。

2002年颁布的《公民道德实施纲要》作为我国历史上第一个道德纲要，第一次明确提出了公民的基本道德规范，即“爱国守法，明礼诚信，团结友善，勤俭自强，敬业奉献”。诚信就是其中一个很重要的规范。诚信建设已成为我国精神文明建设的重要内容之一。

小知识

史玉柱，曾经是莘莘学子万分敬仰的创业天才，5年时间内跻身财富榜第8位；也曾是无数企业家引以为戒的失败典型，一夜之间负债2.5亿元；而如今他又是一个著名的东山再起者，再次创业成为一个保健巨鳄、网游新锐。第一次，他上演了一个成功的版本；第二次，他演绎了一个失败的案例；第三次，他从哪里跌倒就从哪里爬起，并完成了对企业家精神的定义——执著，诚信，勇于承担责任。

当巨人大厦倒塌，讨债人蜂拥而至之时，史玉柱庄重承诺：“欠老百姓的钱一定要还。”也正是出于这种“还债”的动力，史玉柱终于东山再起，且赚钱后的第一件事情就是还债。

2. 企业无信不长

人无信不立，企业无信不长，做人如此，做企业也如此，面对现在的市场经济时代，诚信也成为了企业的立足之本，发展之源。诚信是中华民族的传统美德，对企业来说，更需要保持这一美德，诚信做人，诚信立业。诚信是为人之本，更是企业之本。企业如要长期发展，必须坚持“立诚，则行天下；守信，则强天下”原则，而且要有完善的诚信制度做后盾。

小案例

台湾统一企业集团总裁高清愿把“诚”奉为“统一”的经营理念。坚持“三好一公道”、“诚实苦干”、“创新求进”的经营理念，服务社会大众，也使企业茁壮成长。所谓“三好一公道”，就是品质好、信用好、服务好、价钱公道；所谓“诚实苦干”，就是以诚对待客户、同业、上司和部属，对工作保持苦干实做的精神；所谓“创新求进”，就是以创新领先的思想做法，配合时代变迁需要，不断开发研究，自我提升，参与国际竞争。

晚清大商人胡雪岩，是中国近代著名“红顶”商人，人称为官须看《曾国藩》，为商必读《胡雪岩》，创办了百年老店胡庆余堂，胡庆余堂制药遵守祖训：“采办务真，修制务精”，所生产药品质量上乘，所以在竞争上提倡货真价实，“真不二价”。“真不二价”的横匾至今还悬挂在国药号大厅。胡庆余堂崇尚戒欺经营，著名的“戒欺”匾额系胡雪岩于清光绪四年四月亲笔所写店训，他告诫属下：“凡百贸易均着不得欺字，药业关系性命，尤为万不可欺。”“戒欺”的理念，涵盖方方面面，反映在经营上，首推的是“真不二价”，即做生意讲诚信，老少无欺，贫富无欺，不能有丝毫掺假，“采办务真，修制务精”。“戒欺”是胡庆余堂以“江南药王”饮誉120年的立业之本。由于该店在经营时始终重视诚信，以致后来广受顾客的信赖，成为驰名的百年老店。

资料来源：苏东水．东方管理学．复旦大学出版社，2005.

（二）见贤思齐

见贤思齐，出自《论语·里仁》，“见贤思齐焉，见不贤而内自省也”。应用到企业管理中是指，企业家或者企业看到其他企业好的方面就要学习，变成自己的优势，看到不好的方面要从内心反省自己有没有跟他相似的毛病。见贤思齐，这是孔子说的话，也是后世修身养德的座右铭，“见贤思齐”说的是好的榜样对自己的激励作用，而“见不贤而内自省也”是说要学会吸取教训，不能随波逐流。孟子的母亲因为怕孟子受到坏邻居的影响，连续三次搬家；杜甫写诗自我夸耀“李邕求识面，王翰愿为邻”，都说明了这种榜样的作用。

1. 见人善，则思齐

“见善如不及，见不善如探汤。”（《论语·季氏》）我们见到好的行为要像赶不上一样马上照着做，见到不好的行为要像手伸到开水里一样赶紧避开。“三人行，必有我师焉。择其善者而从之，其不善者而改之。”（《论语·述而》）这些都说明了见贤思齐对于个人修养的作用。

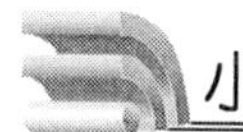

小知识

《弟子规》原名《训蒙文》，原作者李毓秀是清朝康熙年间的秀才。以《论语》“学而篇”第六条：“弟子入则孝，出则悌，谨而信，泛爱众而亲仁。行有余力，则以学文”的文义以三字一句、两句一韵编纂而成。分为五个部分，具体列述弟子在家、出外、待人、接物与学习上应该恪守的守则规范。后来清朝贾存仁修订改编《训蒙文》，并改名《弟子规》。

清朝的《弟子规》从几个层面对见贤思齐进行了论述，“见人善，则思齐，纵去远，以渐跻，见人恶，即内省，有则改，无加警”。当我们看到别人有好事或者比我们优秀时，应当有宽大的心胸，不应该嫉妒，而应该马上反省自己，向他学习，希望达到和他一样的水平，即使我们能力不够，没有办法做到，也要慢慢的学习，期望达到他的境界；当我们看到别人有不对或者是过失的时候，要立即反省自己，看看自己是不是也犯同样的过失，如果有的话要立即改正，如果没有则对自己加以警戒，告诫自己不可犯此类过错。人很难看到自己的过失，可是却很容易看到别人过失的一面。所以看到别人不管是善或者是恶，把他当作一面镜子呈现在我们面前，就会看得清楚明了。此时我们就要从自身做起，本身做好了，影响所及，你的家人也会向你学习，也会向你效法；扩充到整个社会，影响的就是你所在的团体。人人能如此，社会风气也会因为大家的努力而渐渐的改善。所以，当我们看到善的，一定要再加以发扬光大，从内心做起；看到不好的，从内心反省。这样，这个社会善良的就会越来越多，善事扩充层面也会越大；邪恶的也会逐渐萎缩，逐渐减少。

2. 企业中的见贤思齐

中国企业应该具备见贤思齐的精神品格，它不仅能推动更多市场化标准的出现，甚至其本身也应该作为企业界的一项道德标准。随着越来越多外资品牌的涌入，给中国企业带来的影响是深远的，同时，本土企业犹如雨后春笋般涌现，外资企业也开始感到压力，市场竞争越来越剧烈。要想在市场中占有一席之地，企业就必须少走弯路、寻找捷径，充分发挥自己灵活应变、快速行动的特点，来逐步追赶外企，甚至是超越它们。学习其他企业的优势，但这种学习并非是盲目的抄袭，需要清晰的战略规划和市场布局，同时，还应当有自己的特色，得到消费者的认同。如蓝月亮让中国消费者明白洗衣液也可以大众化，假设佰草集不在中草药方面大做文章，直接跟风模仿欧莱雅、资生堂、玉兰油，也不会有今天的业绩。

（三）勇敢果断

1. 勇于创新，敢于承担

孙武说："将者，智信仁勇严也。"曹操曾批注说："将宜五德皆备。偏施智则贼；固守信则愚；重仁则懦；持勇则暴；令过严则残。"能做到这五德，当可为良将。应用到管理学中勇敢果断是指在企业家或者是企业在市场竞争中需要具备勇于创新，敢于进取，冒险精神。勇者身先士卒，敢于承担责任而不畏缩，能率领军队战胜一切困难。勇敢面对问题是管理人的基本要求之一。同时还要懂得鼓励其他人员的士气，一同去解决问题。因为只有团队成员都能够有所发挥，才能真正地达到成功。不勇于承担最终就会被其他人所取代。

2. 中庸平衡

勇不可过头，持勇则暴，要懂得中庸平衡。孔子说，"仁者必有勇，勇者不必有仁"，"勇而无礼则乱"，"见义不为，无勇也"。好勇斗狠，匹夫之勇，算不上真正的勇。"将不勇，则三军不锐。"作为一个管理者如果没有迎难而上，乘风破浪，历险前行的勇，也就无法带领团队有所作为。管理中的勇并非独立存在，而是与道和智相辅相成。何为大智大勇？难不畏险，进不求名，退不避罪。在管理中是艰险的路程，当遇到困境和非议时需要勇，在这个时候勇就是不畏艰难险阻，始终坚持自我向正确的方向前进；当工作中取得成绩之时同样需要勇，这时的勇就是不居功自傲、不贪恋名利；而在工作中遭遇失败之时更加需要勇，这时的勇则是不推脱责任，能够反省自己承担并改正错误。

二、处世之道

在仁义道德的大原则下，中国人的处世之道也有很多方面的表现，应用到管理学中，企业家的处世之道是指企业家在与其他人或者是其他企业乃至整个社会的交往过程中需要具备的精神。主要有言行一致、谦恭礼让、仁者爱人。

（一）言行一致

孔子云："君子讷于言而敏于行。"作为君子言语要谨慎迟钝，工作要勤劳敏捷。所说的和所做的要一致。人的办事能力和语言能力往往是不相称的，会说的人不一定会做，会做的人不一定会说，既做得好又说得漂亮的人实不多见。子曰："君子食无求饱，居无求安，敏于事而慎于言。"君子吃饭不要求饱足，居住不要求安定，工作上勤劳敏捷，说话却谨慎，在做出决定之前，一定要经过深思熟虑。考虑清楚了，才对别人做出承诺。只要是做出承诺的事情，必须及时去完成。

1. 言必信，行必果

子曰："古者言之不出，耻躬之不逮也。"古人言语不轻易出口，就是怕自己的行动赶不上。"先行其言而后从之。"先把事情做好了，再说出来。"言必信，行必果"，说到做到，令行禁止，有反应、有答复、有落实、有结果。联想公司一贯纪律严明。如在联想，开会迟到必须罚站，无人例外。柳传志自己就被罚过三次。联想规定，迟到不请假就一定要罚站。有一次，柳传志被关在电梯里面，那时候没有手机，因此他叫天天不应、叫地地不灵，只好认罚。

2. 企业中的言行一致

企业要成功，就必须拥有一支"言必行，行必果"的队伍；个人要成功，就必须说到做到，言行一致。"言必行，行必果"和"马上行动"适用于人生每一个阶段的各个方面：帮助提醒你去做自己应该做、却不想做的事情；对不愉快的工作不再拖延；抓住稍纵即逝的宝贵时机，实现梦想。没有比今天的事情今天完成更好的习惯了。

（二）谦恭礼让

"温温恭人，维德之基。"(《诗经·大雅》)谦和的人温良恭敬，正是为德的基础。"满招损，谦受益"，谦恭礼让是对别人的尊重也是赢得别人尊重的基础。天外有天，人外有人，只有谦虚礼让才能找出自己的毛病不足，加以改进，不断进步。

"满招损，谦受益"，用毛泽东的话就是"谦虚使人进步，骄傲使人落后"。自信并不意味着自负，自负必然要吃大亏。

（三）仁者爱人

"仁"是中国古代一种影响很广的道德范畴，中国古代对于"仁"的解释因身份、学识不同而不同。儒家把"仁"作为最高的道德境界。人与人相互友爱、互助，对应到管理学中是指尊重关爱体贴部属，以仁爱对待顾客和社会。仁者："恭宽信敏惠。恭则不侮，宽则得众，信则任焉，敏则有功，惠则足以使人。"(《论语·阳货》)恭敬就不会受到侮辱，宽厚就能争取大众，信实就能赢得别人的信任，敏勤就能有成就，给人慈惠就能使别人更好地为自己效力。孔子对于仁的解释也可以应用到现代企业管理中来。仁者爱人，"爱人"就是"仁"，爱人是最广泛的内涵，爱民族，爱社会，爱企业，爱员工，爱他人，爱事业。

1. 尊重他人

"爱人者，人恒爱之；敬人者，人恒敬之。"(《孟子·离娄》)爱人的前提是了解人、尊重人，尊重别人是一种美德，也是人与人相处的一种规范。尊重别人就要了解、尊重别人的需求、爱好、习惯等。如在义利方面，既要提倡义，也要尊重利，利是人类生存的基本需要。在管理制度的制定执行方面，要尊重别人的权利，尊重别人的义务，保护别人的隐私。孔子说"泛爱众，而亲仁，仁者爱人"(《论语·学而》)，就是提倡博爱，提倡与有道德的人多亲近。孔子提出"克己复礼"，就是要求尊重别人，克制自己以符合礼的要求。"为仁由己"，更注重自我修养，尊重别人。荀子提"亲亲仁也"，提出"爱人"、"爱民"思想。爱人是泛爱，是道德层面；爱民则是政治和法律层面，实质上是民本思想，这种思想对于凸显人的价值、人的独立性和尊严性有很大的作用，以人为本，也是管理中必须遵循的基本原则。

2. 仁爱之心

儒家思想一直强调用仁爱之心去对待别人，提出"老吾老，以及人之老；幼吾幼，以及人之幼"，"仁者爱人"。自己不愿意做的事情，也不要强迫别人去做，实行换位思考。别人强加给你的，你不要强加给别人，泛爱大家。孔子说："君子和而不同，小人同而不和。"君子应听取大多数人的意见，团结大多数人。"礼之用，和为贵"，学习礼，遵守礼的目的在于达到和谐协调。仁爱之心是人与人关系中最重要的品质，在处理人际关系时要注重善和德的运用，以德化人，以善感人，以求实现和谐之道。

中西对话

儒家"仁爱"思想的内涵可归结为三个层次：①"仁爱"的出发点：亲情之爱。它主张首先要爱自己身边的亲人，如"弟子入则孝，出则悌，谨而信，泛爱众，而亲仁"。"仁爱"思想最根本的是血缘家庭的亲情之爱，随着血缘关系的向外扩展，亲情的程度也是在逐渐减弱的。②"仁爱"的扩展：推己及人。对自己亲人之爱，只是"仁爱"的出发点，并不是到这里就终止了，它还要推己及人，把亲情血缘之爱扩展到了对一般人的爱。③"仁爱"的终极目标：四海之内，皆兄弟也。"仁爱"思想的最终目标就是使天下一家，这与中国传统的家国思想也是一致的。

而西方"博爱"思想的内涵也归结为三个部分：①上帝对人之爱。表现在上帝创造天地万物和人类，赐予人类生命之身。②人对上帝之爱。人对上帝之爱的回应就是对上帝的爱，对上帝的虔诚。③人对同类之爱，即人们之间的互爱。

资料来源：程文亮．儒家"仁爱"思想与西方"博爱"思想之异同比较．法制与社会，2011（5）下．（经整理）

第三节　修　智

智能发谋。智，当然是指智慧，但不一定要博古通今，做到见飞蝇而知夜雨。智包括两种，一种是自己的智，即学识修养，但世事千奇百怪，总不能样样精通，事事知晓。所以，同时需第二种智，亦即容人之智。遇有自己不懂的，应虚心接纳专长之意见，从而亦可增加见识。所以，细心聆听旁人的意见，是作为领导的必要行为。

这里的修智是指领导者及整个企业中的所有员工学习知识、信息、智慧、才能等，领导者要多谋善断、随机应变、善于分析和决策。若能博学多才，人生经验丰富，当然能发挥得更好。我国十分重视学习的作用和功能，以达到完善人格。孟子提出"谨庠序之教，申之以孝悌之义"，就是主张通过学校教育提高道德修养。学习的形式是多样性，提高修养的途径也多样。我国关于修智的观点非常多，概括起来分为三个层面：一是学习能力的培养；二是专业技能的培养；三是系统思维的培养。

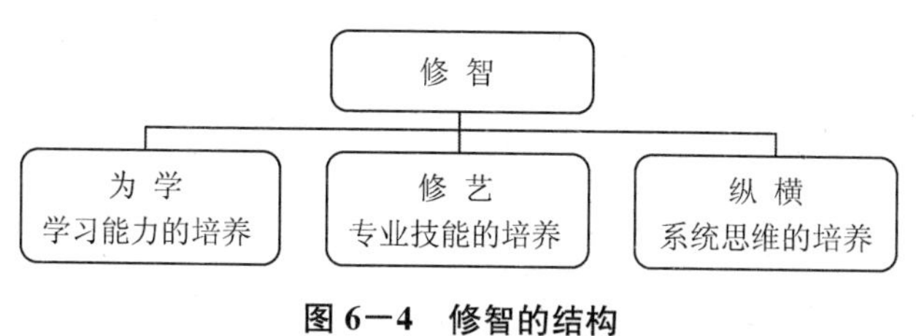

图6—4　修智的结构

一、为学：学习能力的培养

《礼记·中庸》有云："博学之，审问之，慎思之，明辨之，笃行之。"这是一个系统的完整的学习模式，是为学的几个层次，或者说是几个递进的阶段。"学、问、思、辨、行"是一个序列过程。对应于下面的各种学习：广博学习，探究学问，认真思考，明白分辨，认真实行，是由"博学"而至"笃行"的内在统一、相联互动的过程。以"学问思辨行"为做学问之道，方能学有所依、学有所成、学有所用。

（一）博学

博学是指企业家乃至整个企业广泛地学习各种知识。“有弗学，学之弗能，弗措也。”（《礼记·中庸》）有些东西不学习也就罢了，但是学就一定要掌握它，如果还不能掌握那就不要停止学习。为学首先要广泛地猎取，培养充沛而旺盛的好奇心，兴趣是最好的老师。

1. 兼容并包

“博”还意味着博大和宽容。唯有博大和宽容，才能兼容并包，使为学具有世界眼光和开阔胸襟，真正做到“海纳百川，有容乃大”，进而“泛爱众，而亲仁”。因此博学乃能成为为学的第一阶段。越过这一阶段，为学就是无根之木、无源之水。博学的内容很多，包括学习内容的广泛，学习方法的多样。内容的广泛是指涉猎多方面的知识，扩展个人的知识面，学习方法的多样是指可以采取多种手段以求达到理想的效果。活到老学到老，博学是专精的基础，先通过博学培养兴趣、打好基础。

鲁迅在 18 岁进入南京路矿学堂后，不仅学习自然科学知识，还阅读了大量有关外国文学和社会科学的著作。“遗传学之父”孟德尔进入大学后，还学习了古典哲学、数学、物理学等，正是由于他在大学期间的广泛学习，所以在他从维也纳大学毕业后，才真正找到自己的兴趣所在，转入了遗传试验的研究。

2. 兼并创新

现在的社会分工越来越细，信息的整合显得越发重要，只有通过博学才能培养出适应社会发展的综合性人才。创新是一个民族的灵魂，只有拥有了广博的学识，才能在不同思想、不同领域、不同学科的交融点上培育出创新。“读书破万卷，下笔如有神”，更加说明了博学的重要性。

（二）审问

审问是指详细地探究事物的原理。“有弗问，问之弗知，弗措也。”（《礼记·中庸》）有些东西不问也就罢了，但是问就一定要问个清楚，如果还没弄清楚就不要罢休。审问是系统学习的第二阶段，有所不明就要追问到底，要对所学加以怀疑。儒家思想的格物、致知说的也是这个道理。在系统学习时，审问是一项十分重要的能力，“知之为知之，不知为不知，是知也”。考察事物，获得知识，一定要探究事物的原理，知道就是知道不知道就是不知道。凡事多问几个为什么，是一个思考和学习的过程。

小案例

陶弘景是我国南北朝时的一位伟大科学家，一生有许多骄人的创造与独到的发明，其中关于蜾蠃秘密的揭示，解开了长期误传的谜团。

自然界，有一种细腰蜂名叫蜾蠃，传说它只是雄性，其后代是从菜地里偷来的一种名叫螟蛉的幼虫，经过自己精心抚养而成。从《诗经》开始，人们一直用“螟蛉”来形容假子、义子。陶弘景为了搞清真假，在查书无果的情况下，亲自去查个究竟。他找到了一窝蜾蠃，用竹签细心挑开它的窝，看到里面不但有衔来的螟蛉，还有几条小肉虫，同时发现蜾蠃也是雄雌成对地并进并出。第二天陶弘景又去观察，发现一条小肉虫将一条螟蛉已吃了一半。过两天后再去看，窝里的螟蛉已被吃完，肉虫都变成了蛹。不久，蛹化成蜾蠃飞跑了。陶弘景恍然大悟：原来蜾蠃有自己的后代，螟蛉不过是被衔来给幼虫当粮食罢了。他感慨地说：“人贵自立。不管什么事情，不能人家怎么说你就怎么信。最好自己亲自观察，认真弄清事情的真伪，绝不能人云亦云，要打破沙锅问到底。”

资料来源：唐志龙．凡事多问几个为什么．解放军报，2010-04-24.

1. 审问质疑

审问，先审察而后问，问必须先问自己，审察研究而仍有所疑，然后问工具书，学而不问，只做了一半工夫，“知之为知之，不知为不知，是知也”，牛顿因为问苹果为什么一定落在地上而发现地心引力，瓦特因为问一壶水开了，壶盖为什么被蒸气的力量所推动而发明了蒸汽机，我们一定要问字典，问辞源辞海、问百科全书，问其他参考书，问良师益友，问热诚的专家，疑问经指教后，再研究，再回想，然后触类旁通，举一隅而以三隅反，其乐融融！问必有所得，问方能进一步的有所疑，有了进一步的疑，再详加审察研究，可能自己就了解，如仍不能了解，则应当再问，这是求学的必然途径，千万不可以强不知以为知。

2. 反复推敲

不仅仅是在学习过程中，在日常生活中也需要多问几个为什么，审问之。如一个新的规章制度制定出来以后，只有经过多次质疑、反复推敲，才能最终适合工作要求；有人是不敢去问“为什么”的，觉得这会使自己显得很幼稚，会让领导和同事轻视。久而久之，不会干的工作越来越多，能够学习的机会越来越少，知识的漏洞越变越大，不经意间，自己把自己推上了被淘汰的边缘。多问几个“为什么”，是一个事前预防的过程。一个新的规章制度在实施之前，要想让它能够顺畅的实施，那么前期工作一定要做好，多问几个“为什么”把所有该想到的都想到，所有该解决的问题都在实施之前解决。这样才能保证在实施的过程中顺利地进行，减少许多不必要的麻烦。多问几个“为什么”，是一个发现问题的过程。领导多问几个“为什么”，不是在找员工的麻烦；员工多问几个“为什么”，也不该被认为是一种不称职的表现，不懂就问的道理大家都明白。既然都是想把工作做好，那就不能有太多的顾虑，把简单的事情想得复杂。我们应该将明确目的、确立标准、实施过程和反馈结果环环相扣，形成一个闭环管理。在每个环节中，无论是管理者，还是操作者，都要多问几个“为什么”，这将有利于及时发现工作中存在的问题，及时解决这些问题。

（三）慎思

慎思就是谨慎地思考。有些东西不思考也就罢了，但是思考一定要有所体会，如果还没有切身体会那就不要停止思考。问过以后还要通过自己的思想活动来仔细考察、分析，否则所学不能为自己所用，是为“慎思”，即为审慎的思考所学的东西。

“学而不思则罔，思而不学则殆。”（《论语·为政》）在日常的工作学习中，慎思是必须的，要对所学加以质疑，而后审问慎思予以释疑，否则所学不能为己所用。要能够发现问题。慎思是对周围事物及现象深入独到的思考和发现，是正确认识事物现象的“基本功”。要做到慎思，首先要认识事物的复杂性。客观事物、社会现象纷繁杂乱、相互交织、成员各异、表征多样、真假参差，要认识本质把握规律、必须静心凝神缜密思索，寻根求源，万不可轻信直感“浅尝辄止”。综合利用知识储备，有效筛选各种信息，及时发现和提早预见可能出现的情况问题，见微知著、洞察先机。摒弃“顾头不顾尾、干事一窝蜂、事后不反思、责任不敢担”的做派，勇于担当，理性审视，科学对待。其次要善于质疑。善于立体观察、多元思维，把困惑变成问题，把破解问题当成习惯。“小疑则小进，大疑则大进。”从不同方位审视，用不同方式求解，最终达到知行统一。

慎思需运用思想由近及远，由易及难，由浅及深，由小及大，由已知及未知，行动前有意志，意志前有思想，这个意志是经过思想考虑才决定的，思想不是空幻的想，不是杂乱的想，要有起点、有方法、有系统、有终点。所谓有思想程序有时用比较法，如月晕而风，础润而雨，这是用多年的经验来推断；有时用归纳法，所谓万殊归于一本；有时用演绎法，所谓一本散为万殊；较为周延可靠者，则为归纳演绎并用法。我们学习任何科学或技能，全是不断地在“尝试与错误，错误与尝试”的过程中的，意志薄弱的人，尝试发现错误，即自认失败，没有勇气再去尝试，意志坚强的人，不断的由尝试中寻到错误，改正了错误再尝试，错误是意志坚强的人的参考资料，失败是意志坚强的人的成功基石，归纳演绎并用法的确是较为周延可靠的思想方法，归纳演绎，演绎归纳，进化无穷，至善无极，做近思的工夫，必须慎思。

（四）明辨

明辨，就是努力辨清是非真相。“有弗辩，辨之弗明，弗措也。”（《礼记·中庸》）有些事情不辨别也就罢了，但是辨别就一定要把是非辨别清楚，如果还不能辨别清楚那就不要停止辨别。“明辨”为第四阶段。学是越辩越明的，不辩，则所谓“博学”就会鱼龙混杂，真伪难辨，良莠不分。

1. 辨别真伪

明辨就是要辨别真伪、是非、大小、轻重、长短、先后、缓急、公私、利害、忠奸等，要客观的根据事实，最好的论理是根据事实的论理，要主观的学有研究，品有修养，要虚怀若谷，有坦荡的胸襟，一尘不染，毋意，毋必，毋固，毋我，不以人废言，不以言废事，毋为感情所蔽，毋为孤陋寡闻所欺，毋为现象所惑而忽其本相。

2. 分析问题

客观分析事物现象，敏于把握事物现象本质规律，作出符实正确的判断，是正确处理问题的关键。要做到“明辨”：首先，要坚持真理，真理是客观的，但因人们认识的局限性或利益、立场的差异性，生活中对真理的承认与运用不免带有主观性。如果自己的认识确实符合客观情况，就要勇于坚持正确看法，不要在权威、众人压力下轻易放弃真理。坚持真理不仅需要勇气，更要有献身精神。其次，要有正确分析问题的方法。生活中许多似是而非的东西，真假混淆，需要我们认真辨析，坚持实践检验，做好去伪存真的工作。尤其在信息发达的当今，无论社会上流传的还是互联网上的消息，都不能盲信、盲从，以免上当受骗。

（五）笃行

笃行，就是坚决的实践所学真理。“有弗行，行之弗笃，弗措也。”（《礼记·中庸》）有些东西不做也就罢了，但是做就一定要做到底，如果还没做到底就不要停止。“笃行”是为学的最后阶段，就是既然学有所得，就要努力践履所学，使所学最终有所落实，做到“知行合一”。“笃”有忠贞不渝，踏踏实实，一心一意，坚持不懈之意。只有有明确的目标、坚定的意志的人，才能真正做到“笃行”。我国有很多这样的名言：“一屋不扫何以扫天下?”“勿以恶小而为之，勿以善小而不为。”实际上都重视一点：笃行精神。从颜回对孔子的评价也证明了孔子一生都是在笃行礼，用自己的行为阐释礼。荀子说：“不闻不若闻之，闻之不如知之，知之不若行之，学至于行事而止矣。行之明也，明之为圣人。”

“纸上得来终觉浅，绝知此事要躬行”，实践是检验真理的唯一标准。一般来说有书本知识与实践所得两条途径，前者属于间接获得的真理，后者属于直接获得的真理，二者从根源上讲都是人类在实践基础上得到的正确性认识。但是由于条件变化，书本知识往往具有局限性，必须根据时代的发展结合自己的实践予以检验，绝不能“唯书”、“唯古”不唯实。

真知重在笃行；唯有笃行，方能得真知。曾国藩云：“出之于口，入之于耳，口耳之间四寸耳，曷足以美七尺之躯哉?”颜习斋云：“凡事心中了了，口中说说，笔下写写，而不从身体力行过，全是无用。”在生活实践中，青年人大多有强烈的求知欲。但由于涉世未深，加之时间、文化水平、实践经验等各种条件的限制，所获知识往往真假参半，如果不加甄别地全盘相信，人云亦云，盲目付诸实践，就可能干出错事或蠢事。鲁迅先生说过，老年人常常怀疑许多真的东西，青年人往往相信许多假的东西。这就需要我们遇事认真思考，多问几个为什么，杜绝盲从态度，坚持去伪存真，在努力求真中弘扬科学精神。

中西对话

学习型组织是指通过培养弥漫于整个组织的学习气氛，充分发挥员工的创造性思维能力而建立起来的一种有机的、高度柔性的、扁平的、符合人性的、能持续发展的组织。但是建立学习型组织并非易事，需要进行五项修炼：

第一项修炼：自我超越。

它是指突破极限的自我实现或技巧的精熟，是学习型组织的精神基础。

第二项修炼：改变心智模式。

组织的障碍，多来自个人的旧思维，如固执己见、本位主义，唯有通过团队学习以及标杆学习，才能改变心智模式，有所创新。

第三项修炼：建立共同愿景。

愿景可以凝聚公司上下的意志力，通过组织共识，大家努力的方向一致，帮助组织培养其成员主动而真诚的奉献和投入的精神。

第四项修炼：团队学习。

团队智慧应大于个人智慧的平均值，以做出正确的组织决策，通过集体思考和分析，找出个人弱点，强化团队向心力。

第五项修炼：系统思考。

应通过资讯搜集，掌握事件的全貌，以避免见树不见林，培养综观全局的思考能力，看清楚问题的本质，有助于清楚了解因果关系。

企业的发展不能只靠像福特、斯隆、沃森那样伟大的领导者一夫当关、运筹帷幄、指挥全局，未来真正出色的企业将是能够设法使各阶层人员全新投入并有能力不断学习的组织：学习型企业。

资料来源：吴照云．管理学．科学出版社，2011.

二、修艺：专业技能的培养

修艺，是指专业技能的培养，某一专业领域内有关的工作知识和技能以完成某一专业领域工作能力的培养。

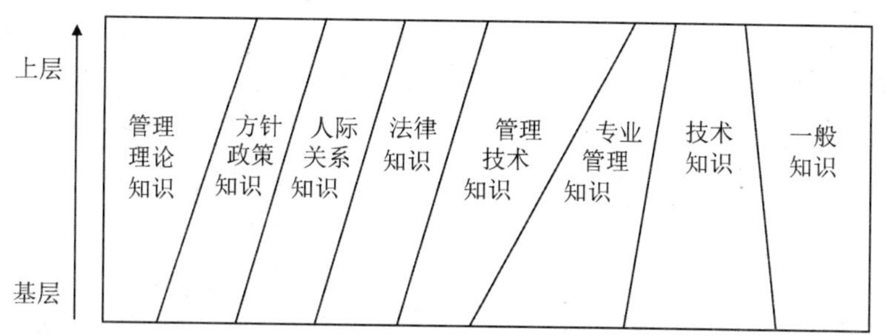

图 6－5　不同层次管理者的能力结构

（一）专精

庄子曰：“吾生也有涯，而知也无涯。”强调广博学习并非什么都学，什么都做。“闻道有先后，术业有专攻。”在科学突飞猛进的今日世界，研究学识的步骤，必须由通才而转向专才，学不博则不能守约，好多科学均是有连带关系的，个人的时间与精力有限，绝不能把样样学识都学得精通，守约就是精通于一种或数种学识，我们求学，很容易犯一通病，样样都好像懂得，其实样样都未深切了解，样样都好像能勉强做，其实样样都做不好，甚至于都不能做。

对于不同管理层次的管理者所需技能的相对重要性是不同的。技术技能、人事技能的重要性依据管理者所处的组织层次从低到高逐渐下降，而思想技能和设计技能则相反。对基层管理者来说，具备技术技能是最为重要的，具备人事技能在同下层的频繁交往中也非常有帮助。当管理者在组织中的组织层次从基层往中层、高层发展时，随着其同下级直接接触的次数和频率的减少，人事技能的重要性也逐渐降低。也就是说，对于中层管理者来说，对技术技能的要求下降，而对思想技能的要求上升，同时具备人事技能仍然很重要。但对于高层管理者而言，思想技能和设计技能特别重要，而对技术技能、人事技能的要求相对来说则很低。当然，这种管理技能和组织层次的联系并不是绝对的，组织规模大小等一些因素对此也会产生一定的影响。

（二）钻研

“温故而知新，可以为师矣！”读书钻研学问，当然得下苦工夫。

小知识

张衡（78～139），字子平，是我国东汉时期著名的科学家、文学家，他的出生地在现在的河南省南阳县的石桥镇。他的祖父张堪做过太守，为官清廉。父亲早逝，因此张衡家里很贫穷。张衡从小就勤奋好学，加上天资聪颖，很早就闻名乡里。据史书记载，他10岁时就"能五经贯六艺"，过目成诵。他兴趣很广泛，常常涉猎自然科学方面的读物，而且写得一手好辞赋。一天，张衡从一本诗集里读到四句诗，描述了北斗星在各个季节傍晚时的变化："斗柄指东，天下皆春；斗柄指南，天下皆夏；斗柄指西，天下皆秋；斗柄指北，天下皆冬。"他觉得这太有意思了。天上的繁星闪烁，有的像箕，有的像斗，有的像狗，又有的像熊，它们的运行各有怎样的规律呢？这简直是太美妙了。于是张衡根据诗的内容又参考别的书籍画成了天象图，每夜只要是没有云彩，他就默默地对着天象图仔细观察着夜空。广漠的星空有多少难解之谜呀，他观察着、记录着、思考着，他的脑袋里装满了各式各样的问题，充满了五颜六色的幻想。后来，他终于确认那四句诗里描述得不够准确，事实上斗柄早春指东北，暮春却指东南。

三、纵横：系统思维的培养

纵横是指合纵连横，互相交错，是指企业家的系统思维的培养，通过学习整体性能够把握未来动态，做出正确决定。我国的科学体系以"关系"为基础，着重研究整体性，强调和谐与协调。学习也是一样，要注重系统思维的培养，有大局观。

（一）笃志——学习的目的性

治学的起点就是立志。"志者，学之师也；才者，学之徒也。学者不患才之不赡，而患志之不立，是以为之者亿兆，而成之者无几，故君子必立其志。"（《中论·治学》）就是说人要有意识、有目的地去学习，要专心致志，集中意识，用心专一，只有有意识、有目的地学习才能把外在的知识内化，为我所用。子夏曰："博学而笃志，切问而近思，仁在其中矣。"复旦大学的校训"博学而笃志，切问而近思"便是由这里得来的，用简单的语句来解释，博学是从各方面广博地去学习，以开拓知识的范围，笃志是向远处、大处立个志向，立了志向，就要坚定不移。

作为一个企业家，对整个企业的未来负有重要责任，因此必须先立志，且必需笃志，不仅是个人需要志向，对于企业未来的发展也需要有一个整体的规划，有一个明确的目标。“承先启后，继往开来，为往圣继绝学，为万世开太平。”要立志做什么事，要立志做什么样的人，未立定志向之前，要多多思考，立定志向之后，就要坚苦卓绝，断不可见异思迁。

（二）博学——学习的整体性

同西方国家所不同的是，我国所说的认知不仅是对科学知识，而且是对日常生活所需要常识的认知，包括礼节知识、历史知识、音乐知识等。常人之学，多是偏于一理，主于一说，故不见四旁，以起争辩，圣人则中正和平，无所偏倚。

人有意识，有意识就会有对事物有所认识，有认识就会有所分别，有分别就会有所偏颇。荀子认为：“凡万物异，则莫不相蔽，此心术之公患也。”偏颇产生的原因有很多：“故为蔽，欲为蔽，恶为蔽，始为蔽，终为蔽，远为蔽，近为蔽，博为蔽，浅为蔽，古为蔽，今为蔽。”（《荀子·解蔽》）解蔽的方法就是兼陈万物，通过博文广志开阔视野。但是，博学不等于博杂，博学要关注知识的整体性。在企业中，成员不仅要掌握本岗位上的工作技能，而且要学习了解其他岗位的工作能力。只有这样，工作才能顾全大局、相互协作、高效，做到组织精简。

（三）关联——学习的有机关联性

“博学：谓天地万物之理，修己治人之方，皆当所学，然亦各有次序，当以其大而急者为先，不可杂而无统也。”（《朱子语类》）这是说我们学习虽然强调博学，但学习要有系统性。

“日记其所亡，月无忘其所能。”无论研究哪一种科学，都需要有相关的知识。“物有本末，事有终始，知所先后，则近道矣”，研究自然科学的人常嫌社会科学空洞抽象；研究社会科学的人常嫌自然科学枯燥艰难。许多人常避难就易，认为学社会科学，就不必了解自然科学，而学自然科学的人，常漠视政治的、社会的、经济的常识。其实，学识是彼此关联的，是各有其重要性的，研究社会科学而不研究自然科学，没有根；研究自然科学而不研究社会科学，没有果。现在就是研究高深的社会科学，有时也要有自然科学的基础，任何科学的本身，无所谓难易，亦无所谓有无兴趣，难与易，有兴趣与无兴趣，全是我们的主观，避难就易，易者不一定，而困难增多，咬紧牙关去解决困难，则难者不难，易者更易，如果我们肯集中注意力，认真研究，反复练习，了解熟练，能发现问题，解决问题，则逐渐的难少易多，兴趣盎然。强调博学但学习的内容相互之间要有关联，有助于系统思维的培养。

(四) 坚持——学习的动态性

学习要循序渐进不断积累。“积土成山，风雨兴焉。积水成渊，蛟龙生焉。积善成德，而神明自得，圣心备焉。故不积跬步，无以至千里；不积小流，无以成江海。骐骥一跃，不能十步；驽马十驾，功在不舍。锲而舍之，朽木不折；锲而不舍，金石可镂。”(《劝学》)君子要学无止境，活到老学到老。没有一本万利的知识。未来社会的竞争，必将逐渐从知识竞争转向学习能力的竞争。

1. 循序渐进

“书山有路勤为径，学海无涯苦作舟。”在信息技术高度发达的知识经济时代，人类唯有把学校教育延长为终身的学习才能适应社会发展的要求。终身学习，讲的是人一生都要学习。从幼年、少年、青年、中年直至老年，学习将伴随人的整个生活历程并影响人一生的发展。简言之，就是活到老，学到老。这是毛泽东常说的一句话，也是他一生读书学习的真实写照。他常说：“饭可以少吃，觉可以少睡，书不可以不读；读书治学，一是要珍惜时间，二是要勤奋刻苦，除此以外，没有什么窍门和捷径。”因此，无论是在戎马倥偬的战争年代，还是新中国成立后的革命和建设时期，为了求知，为了解决中国革命和建设的实际问题，毛泽东孜孜不倦地从大量的书籍中汲取营养。他总是挤时间读书，有时白天实在忙不过来，就减少夜晚的睡眠时间来读书。据他身边的工作人员回忆，毛泽东每天的睡眠时间很少，有时读书就像工作一样，常常是通宵达旦。即使每次外出，毛泽东也总要带些书，或者向当地借些书来读。

2. 不断学习

现代企业学习型组织中的“善于不断学习”：一是强调“终身学习”。即组织中的成员均应养成终身学习的习惯，这样才能形成组织良好的学习气氛，促使其成员在工作中不断学习。二是强调“全员学习”。即企业组织的决策层、管理层、操作层都要全心投入学习，尤其是经营管理决策层，他们是决定企业发展方向和命运的重要阶层，因而更需要学习。三是强调“全过程学习”。即学习必须贯彻于组织系统运行的整个过程之中。约翰·瑞定提出了一种被称为“第四种模型”的学习型组织理论。他认为，任何企业的运行都包括准备、计划、推行三个阶段，而学习型企业不应该是先学习然后进行准备、计划、推行，不要把学习和工作分割开，应强调边学习边准备、边学习边计划、边学习边推行。四是强调团队学习。即不但重视个人学习和个人智力的开发，更强调组织成员的合作学习和群体智力（组织智力）的开发。在学习型组织中，团队是最基本的学习单位，团队本身应理解为彼此需要他人配合的一群人。组织的所有目标都是直接或间接地通过团队的努力来达到的。学习型组织通过保持学习的能力，及时铲除发展道路上的障碍，不断突破组织成长的极限，从而保持持续发展的态度。

第四节 修 性

修性主要是指企业家良好性情的养成，通过内部德行的养成和外部不断地学习，进而养成良好的性情。

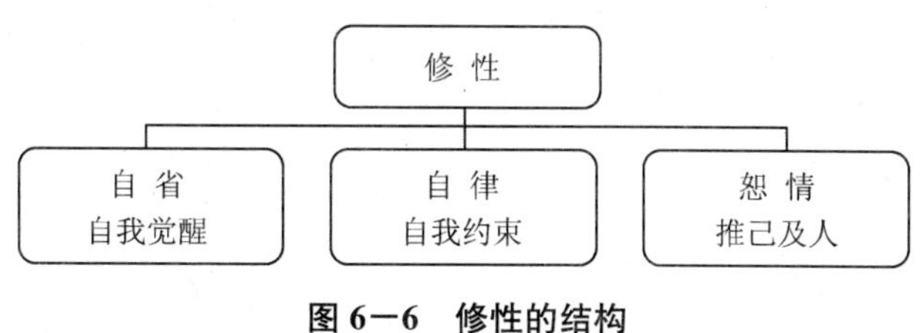

图 6—6 修性的结构

一、自省：自我觉醒

自我觉醒的实质是通过个体认识来呈现自己内在精神世界，以达到修养自己性情的目的，主要是通过反省内求的方法。但是正确认识自己很难办到。“夫以铜为镜，可以正衣冠；以古为镜，可以知兴替；以人为镜，可以明得失。”（《旧唐书·魏徵传》）我们如果想要做到自我觉醒则需要通过自我认知、他人认知、以史为鉴三个方面来了解自己，从而有助于性情的养成。

小知识

思考下面几个问题：

自我的觉醒，注定你要认识自己。但你真的认识自己了吗？

你知道自己能做什么不能做什么吗？你知道自己的长处和短处吗？你了解自己的优点和缺点，并能跟它们和平共处吗？

你能心平气和地面对自己的长处，而无惧他人的谬解和误读吗？

你能不屈不挠地面对自己的短处，而无惧他人的奉承和掩饰吗？

你知道自己在整个社会中处于什么样的位置吗？

资料来源：傅佩荣．自我的觉醒．国际文化出版公司，2006.

(一) 自知之明

"知人者智，自知者明。"(《老子》)此处的"明"是指反省自己的过错，知道自己的不足，是明白自己心性的表现。那么自知之明的主要途径是通过反省内求的方式。一个人之所以能够不断地进步，在于他能够不断地自我反省，找到自己的缺点或者做得不好的地方，然后不断改正，以追求完美的态度去做事，从而取得一个又一个的成功。

"吾日参省乎己，则智明而行无过矣"，"吾日三省吾身。为人谋而不忠乎？与朋友交而不信乎？传不习乎？"曾子说："我每天多次反省自己，为别人办事是不是尽心竭力了？同朋友交往是不是做到诚实可信了呢？老师传授给我的学业是不是复习了呢？"古代圣贤之人尚且如此。但是，事实上人最不乐意承认的是自己的不足或过错，只有通过自我反省才能不断认识自己、了解自己，这实际上是一种学习能力。

1992年9月3日，万通成立一周年纪念日，冯仑将这一天确立为万通"反省日"。一直到现在，每年的公司纪念日，他们都要检讨自己。反省其实是一种学习能力。创业既然是一个不断摸索的过程，创业者就难免在此过程中不断地犯错误。反省，正是认识错误、改正错误的前提。对创业者来说，反省的过程就是学习的过程。有没有自我反省的能力、具不具备自我反省的精神，决定了创业者能不能认识到自己所犯的错误，能不能改正所犯的错误，是否能够不断地学到新东西。在我们所接触的创业者中，除有限的神童外，其他大多也就是如曾国藩所说的"中人之质"而已，并没有哪个成功者在智力上有什么出类拔萃之处。相反，这些成功者有一个共通之处，就是都非常善于学习，非常勇于进行自我反省。

小案例

高德康做波司登，经常晚上睡不着，想心事。后来他的事业做大了，波司登已经成为中国羽绒服第一品牌，自己也变成千万、亿万富翁了，却仍然常常睡不着觉。高德康总是在反省自己，为了一些想不明白的问题，他还特意跑到北大、清华上了一年学。他说："我总是在听人家讲，听了以后抓住要害，再在实践中去检验，到最后看结果，看到底是不是真的。"高德康只有小学文化，而他现在最大的爱好竟然是看书。"时间再紧张，学习也不能马虎。平时很少有时间去看书，有的时候在飞机上看看。在这种学习时间很少的情况下，每个月一定要集中3天时间。集中3天学了之后，把自己的思路理顺。作为一个领导来说，不一定整天忙得不得了的领导就是好领导，你必须把思路理顺，用一种思维的状态来考虑这个企业的发展。”高德康作为一个山沟里的农民、上海人嘴里的乡巴佬，最后却能让上海人抢着购买自己的羽绒服，把上海人的钞票大把大把地揣进自己的兜里，原因何在？现在你明白了吧！

资料来源：根据和讯读书《波司登的成功之道》整理。

（二）以人为镜

古人云：“见贤思齐焉，见不贤而内自省也。”以人为镜，需要多听各方的意见，兼听则明，偏听则暗。

1. 兼听则明

唐朝贞观二年，唐太宗李世民问魏徵：“人主何为而明，何为而暗？”意思是说，当皇帝的怎样才算得上是个明君，怎样的才是昏君，明君与昏君的区别又在哪呢？我作为一国之君，怎样才能明辨是非，不受蒙蔽呢？魏徽回答说：“兼听则明，偏信则暗。”又说：“人君兼听而广纳，则贵臣不得以拥蔽，下情得以上通也。”作为国君，只听一面之辞就会糊里糊涂，常常会做出错误的判断。只有广泛听取意见，采纳正确的主张，您才能不受欺骗，下边的情况您也就了解得一清二楚了。成语“兼听则明，偏信则暗”就是从魏徽劝太宗的话演变而来。

清代大学者戴震曾说过：“天下古今之人，其大患，私与蔽二端而已，私生于欲之失，蔽生于知之失。”又说：“不以人蔽己，不以己自蔽。”这里所说的蔽，就是壅蔽阻塞的意思，不让别人壅蔽阻塞了自己，也不让自己自我壅蔽阻塞起来。

作为一个君主和领导人，决策是他的主要工作之一。如何让决策正确而少出或者不出偏差，这就要求君主或领导要做到兼听而不偏信。然而，如果兼听的仅仅是围绕在自己身边那些唯唯诺诺、唯命是从的人的话，那这种兼听就与偏信没有任何的区别了。这就如同赵高指鹿为马，秦二世本不相信，然而绝大部分大臣迫于赵高的淫威也纷纷附和说是马，最后秦二世也只有相信那只鹿就是马了。

2. 偏听则暗

古语说：“千人之诺诺，不若一士之愕愕。”意思是说与其听 1000 人唯唯诺诺的话语，还不如听一听一个正直之人的愕愕诤言。也就是说，作为一个君主或领导人，不仅要做到兼听，更要尽可能地多听听个别少数人的意见，只有这样，才能达到“兼听则明”的效果，才能做到“不以人蔽己”。

然而，作为一个君主和领导人，又该如何做到“不以己自蔽”呢？

相对而言，“己自蔽”较之“人蔽己”，有着更深的潜伏性和隐蔽性。作为权力中心的君主和企业领导人，对权力的持有欲望，能够使他们时常保持着一份清醒的警觉性，“人蔽己”必将导致权力的分散与滥用，其危害性是显而易见的。而“己自蔽”则是一个渐进的、不自觉的过程，其结果是产生唯我独尊的自大自满情绪，听不得别人的不同意见和不同声音，自塞言路，大搞“一言堂”。历史上的周厉王弥谤、秦始皇坑儒等，其最终结果是自掘坟墓，加速这个王朝的灭亡。

要克服这种现象的产生，除了从制度上加以约束外，很大程度还得依靠个人的自觉和自律。在这方面，唐太宗李世民算得上是个楷模了。贞观二年，唐太宗李世民对侍臣说：“人言天子至尊，无所畏惮。朕则不然，上畏皇天之监临，下惮群臣之瞻仰。兢兢业业，犹恐不符天意，有失人望。”试想，作为一个君王，应该是老子天下第一，我怕谁啊。但李世民却难能可贵地有一种畏惮的心理，也正因为有这种畏惮，才“兢兢业业，如临深渊，如履薄冰”，才能做到时常自警、自醒和自律。

作为一位君主，或者说领导人，只有时常保持这份兢兢业业的谨慎态度，才能真正做到“兼听”而杜绝“偏信”。

（三）以史为鉴

历史的发展具有规律性，因而学史是增长智慧、提高自我认识能力的重要一环。

读史让人明智，读史在读人心，古往今来，人心相通，“以史为鉴”，通常都是从正面积极地告诫人吸取历史的经验教训，以便更好地把握自己，大到治理国家，小到自我修养，都应该走正道而不要走邪路。借鉴历史事件，以对当时的时政、一件事或者一个人做出相对准确的决策或评价。

古代的许多帝王将相颇具领导艺术才能，对于提高现代人的管理水平，仍有宝贵的参考价值。研读历史而为管理所用，目前已经成为当代企业管理者的自觉行为。读史过程中我们若能结合管理实际，有所体会感悟，那么，对提高自身的领导和管理水平自然会有所裨益。同时，此处的以史为鉴也指用过去的经验来对企业进行管理。

二、自律：自我约束

自律，是指通过自己要求自己，变被动为主动，自我约束自己的一言一行。“今之学者，读古人书，多訾古人之失；与今人居，亦乐称人失。人故不能无失。然试易地以处，平心而度之，吾果无一失乎？吾能知人之失，而不能见吾之失；吾能指人之小失，而不能见吾之大失。吾求吾失且不暇，何暇论人哉?”(《弈喻》)待人以宽，责己以严。

(一) 严于律己

《孟子·公孙丑》曰：“不怨胜己者，反求诸己而已矣。”是说反过来追究自己，从自己方面找原因。领导者要做到以身作则，在工作中起到模范带头作用，这是严于律己的基础。所谓以身作则：则即准则、榜样，以自己的行动作为准则。孔子曰：“其身正，不令而行。其身不正，虽令不从”，“不能正其身，知何正?”他又说：“可与言，而不与之言，失人；不可与言，而与之言，失言。知者不失人亦不失信。”由此可见，孔子不仅从理论上强调以身作则，而且在实践上做出了典范。

我国在严于律己方面很重要的内容是克己、自制，因为在人类社会中，无论属于何种层次，为官为民，为将为兵，为学为商，都要遵守人类社会及某个领域的相应规范，若不如此，于己就会反过来为人所克、为法所克，于公就不能维持系统的平衡。

克己首先是端正己身，“若安天下，必须先正其身”，“其身正，不令而行；其身不正，虽令不从”。其次要战胜自己，不论创业或守成，要战胜自身的缺点，凡事不能感情冲动、意气用事，以免遭受失败的后果，孙子曾言：“主不可怒而兴师，将不可愠而致战。”最后，处世之道，以中为度，不即不离，中和为福，偏激为灾。处世要方圆自在，待人要宽严得宜，路要让一步，味须减三分。德在人先，利在人后，必受人尊；严于律己，宽以待人，必受人敬。忘功不忘过，忘怨不忘恩，功过不可少混，恩怨不可过明。对上要恭敬事奉，对下要谦逊忍让。

有生有克是必然现象，若能掌握自身所处环境的相应规范、律制，自觉地克己自制，便可稳扎稳打，发展壮大。

(二) 宽以待人

“躬自厚而薄责于人，则远怨矣。”领导人责备自己多于责备别人，这样别人就不会怨恨你了。

1. 宽容之心

在我国传统文化中，“宽以待人”历来被视为一种美好品德，一种值得提倡的为人处世之道。众所周知，宽以待人是指用宽宏的态度、宽厚的心态对待别人，不求全责备，不吹毛求疵，真心实意求同，体谅包容存异。实际工作中，要做到尊重他人的个性，体谅他人的难处，欣赏他人的缺点与不足，领导干部必须拥有博大的胸襟，必须用高尚的人格魅力感染他人，用发自内心的真

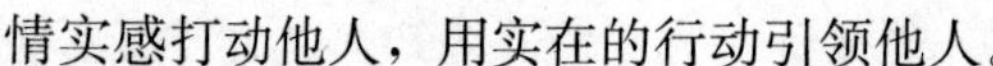

情实感打动他人，用实在的行动引领他人。

2. 容人之异

既要能容其“异见”、“异行”，又要能容其“异己”。凡人才大都有棱有角，特立独行。绝不能惧怕这些“棱角”，使其才不得所用，甚至横加糟蹋。当这些人受到不公正的评价或待遇时，要有惜才之德、护才之勇。对于“异己”之人，更不能抱个人好恶恩怨，而加以排斥、刁难。

宽以待人，应做到容人之异，善听人之异言。现实工作中，很多领导在面对决策中的疑难问题，咨询下级意见时，很多下级明明了解情况，却三缄其口，不肯发表自己的真实意见。一个很重要的原因，在于害怕说了领导不爱听的话，自己成了领导的反对者而遭打击报复。因此，领导者平时就要宽容对待下级提出的不同意见，甚至要允许下级敢于讲有利于促进工作的“错话”、说有利于增进团结的“异言”，目的在于关键时候能集思广益，获得真实的决策信息。而判断“错话”与“异言”对错的标准，不是领导的主观臆断，而是科学的实践证明，这是领导者必须把握的方向。领导者要做到善于容人之异，听人之异言，需要注意两点：一是在决策之前，宽容对待与自己持不同意见的人，不仅不打棍子、不扣帽子，而且从这些不同意见中汲取营养；二是在决策之后，对待那些被实践证明是错误的不同意见，也要保持一种宽容的态度。不能简单地否定提意见的人，更不能一味否定此人以后所提的其他意见。

3. 容人之短

宽以待人，应做到容人之短，善用人之短处。“金无足赤，人无完人。”领导者要辩证看待下属的优点、缺点、特点和弱点，尤其要具体分析、宽容看待下属身上的缺点和弱点。属于思想品质上的缺点和毛病，确实不能重用。而属于性格、气质、能力、工作方法上的缺点和不足，就要以宽容之心看待，不能求全责备。清代有个将军叫杨时斋，善于短中见长，能够合理运用人之短。在一般人看来，聋子、哑巴、瘸子在军中似乎是无用之人。但杨时斋却偏偏从这些人的“缺陷”中看到所长。他安排聋子当侍从，可以有效地避免军事机密泄露；用哑巴传递信息，万一被俘也问不出个所以然；安排瘸子去守炮台，有利于他们死守阵地。在他眼中，军中似乎不存在“无用之人”。从“容人之短”到“用人之短”，是领导者按照唯物辩证法分析，宽容对待下属缺点和短处的升华。只要使用下属得当，通常可以将其缺点和短处转化为优点和长处。

站在现代管理学的角度看，“宽以待人”是一种态度，更是一门领导艺术，如果我们能够掌握好这门艺术，将会在全面开发运用干部的才能和智慧，提升下属整体素质的同时，还有利于促进社会的和谐与发展。但是，也不能片面理解为"宽以待人"就是"睁一只眼闭一只眼"、"只说好话不挑刺"，这样会给社会生活带来消极影响。

古今对话

特质理论也称伟人理论，是研究领导者的心理特质与其影响力及领导效能关系的理论。这种理论阐述的重点是领导者与非领导者个人品质的差异。特质理论主要研究的是领导者应具备的素质。领导者与非领导者在特质方面的差异，不同场合并非固定不变。领导力不仅与个人的特质有关，它还与社会环境、职业属性以及人际关系有关。不同时代、行业的领导是具有不同特质的人。个人因素和特质十分重要，但领导者的成功主要取决于个人风格、魄力、意志、智慧、品格、知识等与情境相匹配的程度。

包莫尔的领导特质论：

(1) 合作精神，即愿与他人一起工作，能赢得人们的合作，对人不是压服，而是感动和说服。

(2) 决策能力，即依赖事实而非想象进行决策，具有高瞻远瞩的能力。

(3) 组织能力，即能发掘部属的才能，善于组织人力、物力和财力。

(4) 精于授权，即能大权独揽，小权分散。

(5) 善于应变，即机动灵活，善于进取，而不抱残守缺、墨守成规。

(6) 敢于求新，即对新事物、新环境和新观念有敏锐的感受能力。

(7) 勇于负责，即对上级、下级的产品用户及整个社会抱有高度的责任心。

(8) 敢担风险，即敢于承担企业发展不景气的风险，有创造新局面的雄心和信心。

(9) 尊重他人，即重视和采纳别人的意见，不盛气凌人。

(10) 品德高尚，即品德上为社会人士和企业员工所敬仰。

孔子的特质观：

恭、宽、信、敏、惠。

恭则不侮——神情庄重者就不会受人侮辱。

宽则得众——宽厚者能够受人拥戴和追随而得人心。

信则人任焉——诚信就能够受人倚仗和被人信任、信赖。

敏则有功——勤敏就能够建立功业，有成绩和成就。

惠则足以使人——慈惠者就可以役使和指挥他人。

资料来源：李雪峰．中国管理学：融通古今的管理智慧．中国人民大学出版社，2005.

三、恕情：推己及人，感同身受

“爱人者人恒爱之，敬人者人恒敬之”，恕情强调人与人之间在保留大是大非前提下的相互同情和理解，用自己的心意去推向别人的心意，设身处地地为他人着想。

（一）明辨是非

我们所讲的恕情：推己及人，感同身受并非是盲目的，应当在保留大是大非的前提下，在培养自己与人为善能力的同时还要明辨是非，切不可盲目行善。明辨是非首先要完善个人修养，要致力于读书求学，完善自身的认知水平；认知到达一定水平，就有了明辨是非的能力；有了分辨是非善恶的能力，就要端正自身的心态，不违背。

1. 正确的是非观

明辨是非是一种能力。明辨是非不容易，首先是是与非的标准就不同，大体说来其标准有四类：第一类是以社会道德准则为标准，违反的为非，遵守的为是。这种标准往往是不固定的，因为每个人群的道德观念有差距。如东西方国家的道德标准与我国各民族之间的道德标准是很不一致的，标准不一，是非难分。第二类是以个人的功利为标准，凡是自己能够得到且不伤害别人的为是，否则为非。企业与企业、政府与政府之间，就是这种准则，这实际上无所谓是、无所谓非。第三类是以法规为准则。合法守法为是，反之为非。但法律是僵化的，有时候合理的未必合法，合法的未必合理。何况，有的法本身就是恶法，有的法本身就充满争议。所以，这种标准很让人为难。如高考制度，有人说是，有人说非。这就叫做公说公有理，婆说婆有理。第四类是以真理为标准，凡证明是真理者为是，证明不是真理者为非。作为一个理想的人，应当以真理为标准看是非。

明辨是非要做到以下几点：①要明辨的是非是哪一种？是第一类就以遵守道德，遵守风俗为是；是第二类就以听大多数人的，自己能够得到好处的为是；是第三类，就以守法为是；是第四类，就以维护真理为是。②不断总结经验，根据经验判断是非。③认真学习逻辑，以符合逻辑为是，不符合逻辑为非。④听取多数人意见，以多数人意见为是，少数人意见为非。⑤认真调查研究，以能够最好地解决问题为是，否则为非。⑥用自己和别人的实践检验结论，检验正确者为是，否则为非。⑦坚持不懈地探讨真理，不断提出为什么，以能够得到证明的，更好的答案为是，其余为非。

2. 明辨是非易，做出选择难

在复杂的社会生活中，是与非、善与恶、美与丑往往是交织在一起的，而我们又经常会遇到需要做出选择的十字路口。这时，该如何判断，做出正确选择呢？在管理者对整个企业进行管理时，经常会涉及个人利益与集体利益的冲突，国家利益与企业利益的冲突等，此时就需要战胜自己，抵制诱惑。

（二）与人为善

《孟子·公孙丑》曰："取诸人以为善，是与人为善者也。故君子莫大乎与人为善。"与人为善是中华民族的传统美德，"勿以恶小而为之，勿以善小而不为"（《三国志·蜀书·先主传》）。

1. 积善成德

德行的建立都是从日常的一些点点滴滴积累起来的。《荀子·劝学》有云："积土成山，风雨兴焉。积水成渊，蛟龙生焉。积善成德，而神明自得，圣心备焉。"我若爱人，人必爱我；我若利人，人必利我。

2. 推己及人

我们在强调与人为善的同时，更强调要换位思考，推己及人。不能一味地以自己的感觉去做，一定要考虑到对方的感受与尊严，否则就会适得其反。

小案例

有一位民营企业老板讲述了这样一件事情。这位老板说："我公司门卫有一位老大爷，是一个孤家寡人，多年来他一直把企业当做自己的家，无论是平时上班，还是逢年过节大家放假了他都留守在公司，工作上勤勤恳恳、兢兢业业，让我这个做老板的很放心。为了表示对他的关心，我常常在陪客户吃饭时，都会刻意多点一些菜，并叫服务员打包放在那里，等回厂时送给他，因为经常这样，其他人就对老大爷说：'大爷，您看咱们老板对您多好啊！'哪知他轻哼了一句：'好什么好？还不都是剩饭剩菜！'后来这句话传到我耳朵里，我开始比较生气，认为好心没好报！后来仔细一想：我好心是没错，但这样做的方法是否恰当呢？尽管我并非将剩饭剩菜送给他，但给他的感觉就是如此。后来我改变了以往的做法，不再打包带给他，而是每个月请他到饭店里吃上一两次。从那以后，他逢人就说：'老板真是个好人！我们大家一定要把工作做好，不能对不起老板。'"

讲到这，这位老板稍微停顿一下，接着说："通过这件事，使我明白了这样一个道理：那就是，我们在做善事时，不能一味地以自己的感觉去做，一定要考虑到对方的感受与尊严，否则就会适得其反。"

3. 和谐人际关系

孟子曾曰："与人为善，善莫大焉。"与人为善是中华民族的传统美德，是社会和谐的"润滑剂"，更是我们处理好人际关系的必备素质。只有做到与人为善，才能造就和谐的人际关系。宽容包涵的蔺相如，对待位居己下的廉颇的挑衅，与之为善，大度谦让，书写了千古流传的"将相和"美谈，造就了和谐的将相关系。

本章关键词

治身　修德　修学　修艺　纵横　修性　自省　自律

本章提要

1. 治身，即修身，自我管理，指修身养性，努力提高自身的思想道德及知识水平。治身的途径有三条：正心诚意、为学、修性。修身也可以概括为三重境界：第一重修身，着眼于自身：修养自身，领导者自我修养的提高；第二重齐家治国，着眼于他人：修养自身，领导者管理下级管理者；第三重平天下，着眼于天下：修养自身，领导者管理整个企业。

2. 修德包括修炼为人之德和处世之道。为人之德包括诚实守信，见贤思齐，勇敢果断。处世之道包括言行一致，谦恭礼让，仁者爱人。

3. 修学包括三个层面的学习：学习能力的培养、专业技能的培养、系统思维的学习。

4. 学习能力的培养有五条途径：博学、审问、明辨、慎思、笃行。专业技能的培养包括学习的专精及钻研。系统思维的学习包括：立志，培养学习的目的性；博学，培养学习的整体性；坚持，培养学习的有机关联性；关联，培养学习的动态性。

5. 修性包括：自省，即自我意识的觉醒；自律，即自我约束；恕情，即推己及人，感同身受。

6. 自省包括三个层面的内容：自知之明，以人为镜，以史为鉴。自律是指严于律己，宽以待人。恕情包括明辨是非，与人为善。

复习与讨论

1. 治身包括哪几个层面？有何应用？
2. 修德是指什么？包括哪些内容？
3. 如何培养系统思维？
4. 学习能力如何培养？
5. 什么是恕情？包括哪些内容？
6. 你认为如何才能提高自己的学习能力？

本章案例

企业家的道德底线

“万科的 LOGO”王石一直很“偶像”，可这个“最令人尊敬的企业家”陷入了“负担门”风波，他健康、公益、富有责任心的形象，第一次受到公众质疑。“企业给地震捐 200 万元是合适的”、“慈善不能成为企业负担”的言论，引发了他个人信誉最大的次生灾害。数周内，他进入了自己痛苦的“汶川时间”。网友“不管你征服多少座高峰，你的心灵却高不过一座坟头”的批评，让这个胡子拉碴的硬汉不得不承认自己依然很“青涩”。

苦孩子出身、戴 18 元“蒙牛领带”的实干家牛根生，他“经营企业就是经营人心”的企业理念，他“裹尸布没有口袋”的裸捐行为，曾感动了整个中国。但三聚氰胺让这个把“奶卖到太空”的牛根生，坐上了舆论的“神舟 5 号”，陷入争议的旋涡。他电视上大讲“小胜靠智，大胜靠德”的形象被颠覆，一夜间这个圈内的老大哥，被公众挂上沉重的道德十字架。“蒙牛陷入了最危险的时刻。”显然，这个掉进质量“陷阱”的牛根生，忘记了杰克·韦尔奇的忠告：你要变成质量问题的疯子，否则质量问题将把你变成疯子。

不得不提中国首富黄光裕那颗凌厉的光头，曾经它被称作圈内最智慧的头，可事发后，被证明那“不是高僧的光头，而是黑社会老大的光头”。因为操纵股价被拘捕，如同过山车一样，他的财富帝国跌进了有生以来最残酷的日子。他的“原罪”和“犯罪”，一股脑儿地被抛在了“并不健忘”的公众面前。

当这些公众眼中的企业家明星们突然“崩溃”的时候，我们不得不审视他们为何如此。

刚刚以英雄的姿态成为商业杂志的封面人物，却可能在几个月之后销声匿迹甚至沦为阶下囚。中国的一些企业家，如螃蟹般，一红就死。

为什么企业家的形象如此脆弱？中国有具有真正企业家精神的企业家吗？为什么关于企业家的争议如此多？为什么商人与官员的界限如此混沌不清——商人像政治家，政治家像商人，商人像学者，而学者也像商人？

马云说："做企业有三重境界，分别为生意人、商人和企业家：生意人是完全的利益驱动者，为了钱什么都可以做；商人重利轻离别，但有所为，有所不为；而企业家是带着使命感要完成某种社会价值。如果一个人脑子里想的是钱，就永远不会成功，就永远不能成为企业家。只有当一个人想着去帮助别人，去为社会创造财富，为国家发展做贡献的时候，才能真正成功。"马云这段有名的话，应和了管理大师德鲁克的理念。

有人问德鲁克："我如何才能成功？"德鲁克回答说："如果你不改变你提问的方式，那么你注定不会成功。"有人又问："我该如何提问呢？"德鲁克说："只有你先问我该如何贡献你才能获得成功。"

显然，拿马云、德鲁克的尺子去量，我们鲜有真正的企业家。

也许，企业生存维艰，谈企业家精神本位，实在是件奢侈的事，活着才是头等大事。

借用"一脸卡通"马云的话：连"朱坚强"都能活，你为什么不可以？

资料来源：从玉华．富豪形象集体"崩溃"的背后．中国青年报，2008-12-15.

思考题：你是如何理解企业家的道德底线？利益与道德面前如何抉择？这些案例对你有何启示？

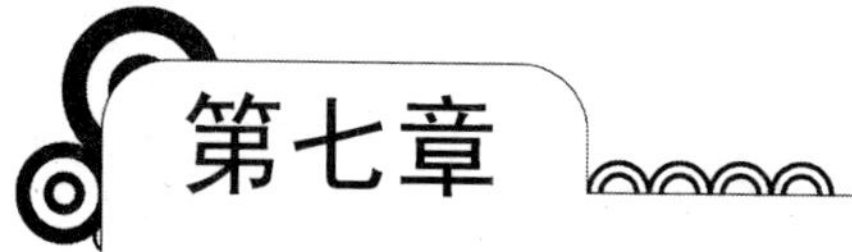

第七章

治众——以人员为对象的管理

学习目的与要求

了解治众的内涵和原则

理解治众的基础和应用

熟悉治众的根本和应用

掌握治众的策略和应用

题记

道私者乱，道法者治。

——《韩非子·诡使》

子曰："道之以政，齐之以刑，民免而无耻。道之以德，齐之以礼，有耻且格。"

——《论语》

政之所兴，在顺民心，政之所废，在逆民心。

——《管子·牧民》

中国几千年的历史发展证明，民乃国家和社稷的基础和根本，民心的向背决定着国家的兴衰和社会的治乱。因此，我国古代思想家提出了许多治理百姓的政治主张，如"政之所兴，在顺民心，政之所废，在逆民心。"(《管子·牧民》)"君者，舟也，庶人者，水也，水则载舟，水则覆舟。"(《荀子·王制》)"为政以德，譬如北辰，居其所而众星拱之。"这些管理思想对于现代企业管理同样有着重要的指导意义。

导入案例

行正道、顺民意、国兴邦

周厉王姬胡当政时国力已出现衰象，然而为维持荒淫的生活，他决定增加赋税，但苦于无名目可立。此时，大臣荣夷公进谗言征收“专利税”，即无论王公大臣抑或平民百姓，只要他们采药、砍柴，捕鱼虾、射鸟兽，均需纳税；甚至喝水、走路也必须缴纳财物。

这个办法引致民怨沸腾，一些较开明的官吏也纷纷反对。然而，厉王一味宠信荣夷公，根本听不进去。实行专利税后，百姓生活雪上加霜，民间流传着一首歌谣：“硕鼠硕鼠，无食我黍。三岁贯汝，莫我肯顾。逝将去汝，适彼乐土。”可见，百姓对厉王的强烈不满情绪溢于言表。大臣召公虎劝告厉王：“百姓们实在受不了了，专利税再不废除，难免不发生动乱。”厉王非但不听劝阻，反而让巫师去监视百姓，发现有人谈论“专利”，咒骂厉王，便抓来杀头。从此，人们虽然满腹牢骚不满，却不敢说出来。熟人在街上遇见，也不敢打招呼。厉王却以为自己的残暴统治产生了效果，沾沾自喜。不久，就发生了“国人暴动”，民众聚集起来，冲向王宫，连士兵也纷纷加入。厉王见大势已去，只好带上随从，偷偷逃离王宫。

周厉王一生逆天道而行，与人民为敌，钳制民口，蔑视民意，到头来仓皇出逃，客死他乡。他的可耻下场告诫后人：不行正道、不顺民意的人，只会招来亡国杀身之祸。

资料来源：（春秋）左丘明．国语．中州古籍出版社，2010.

治众，即以人员为对象的管理，是我国古代治国安邦的重中之重。本章在介绍治众的内涵、原则及应用的基础上，着重从治众的基础、策略、本质三个层次介绍我国古代治众的思想及其应用，层层递进，并结合现代企业管理进行分析。

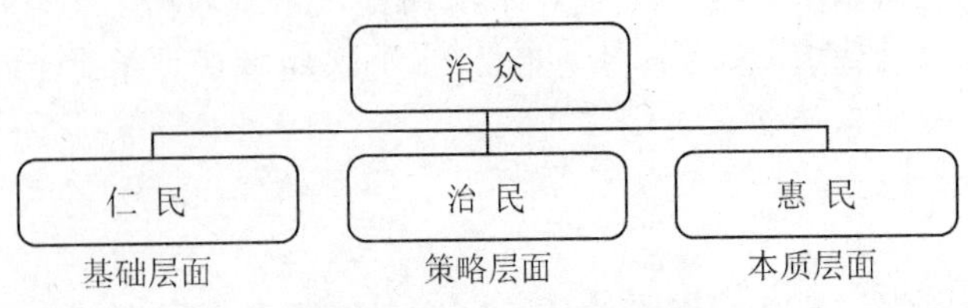

图 7—1 第七章内容框架

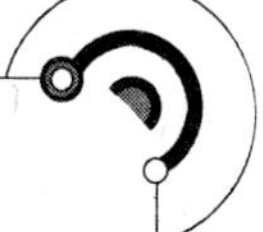

第一节 引 言

一、治众的内涵

众，与“寡”相对，指众人、民众、群众。在现代企业中，可理解为员工。治众，即以人员为对象的管理，在古代指统治者为促进整个社会的协调运转，对各阶层民众进行的主要包括维护社会秩序、规范社会行为、化解矛盾冲突、促进社会公正、保持社会稳定等方面的组织、协调、监督和控制的过程。

治众是我国古代治国安邦的重中之重，对此，我国古代儒、墨、道、法等学派提出了许多治理民众的政治主张，并经过历代统治者的不断践行、完善，形成了独具特色的中国式管理，对于现代企业管理有着重要的指导和借鉴意义。治众，首先要做到平政爱民，即修明政治，体恤民情，乐民之乐，忧民之忧，如此才能使天下归心，社会安定。因此，平政爱民是治众的基础和第一要务。其次要掌握好治众的策略，使用正确的策略对人员进行有效的管理。最后要将普惠民生视为治众的根本，重视民生、保障民生、改善民生，促进社会安定有序发展。

治众之于国家，当正确处理好统治者、民众和国家三者之间的关系，宽以养民，努力发展经济，维持社会长治久安。治众之于企业，当正确处理好管理者、员工和企业三者之间的管理，完善企业规章制度，推行人本管理，增强企业凝聚力。

二、治众的原则

中国古代治理百姓的指导思想和主要原则，可以概括为顺道、明德、人和、行法、重术。这也是我国古代较为系统的管理理论体系。

所谓顺道，即顺从道义，遵循事物发展的规律，并趁势加以引导，是治理百姓的最高指导原则。因而可以说“顺道”是中国古代管理思想中最重要、最基本的理论。

所谓明德，主要是指以德育为首，认同、践行和彰显美德，以德服人，通过礼乐教化，培养人们高尚的道德情操。

所谓人和，即人心归一，上下团结，是管理所要达到的至善目标。孟子曰，“天时不如地利，地利不如人和”。因此，治理百姓要以人和为原则，最终实现社会和谐，全面发展。

所谓行法，即实行法治，以法律制度来规范人们的行为，使社会保持长治久安。诸子百家有一个共同的认识：没有法制，国将不国。

所谓重术，即重视推行法令的策略和手段，强调具体实施管理、解决实际问题的步骤和方法。荀子“故相形不如论心，论心不如择术”（《荀子·非相》）强调的就是术在选拔人才中的重要性。

三、治众的应用

（一）古代的应用

1. 民心归顺

得民心者得天下，失民心者失天下。纵观中国管理思想发展史，大都将人民的重要性放在首位，强调治理天下，应以民众为根本。唐太宗李世民从隋亡的教训中总结出“为君之道，必须先存百姓”（《贞观政要·君道》）的道理。因此，治众，以人员为对象的管理，在古代的应用，首先体现在民心归顺上，民心归顺，方能天下治。

2. 国家安定

在中国封建社会中，每当一个王朝政治腐败、经济发生危机、社会矛盾尖锐的时候，就会发生农民起义或农民战争。随着夏、商和西周的灭亡，特别是春秋战国时期的大批诸侯国的灭亡和部分诸侯国的兴起，到后来的秦末农民起义推翻秦王朝的统治，人们从政治实践中领悟到统治者与被统治者的相互依存关系。即百姓是国家社稷的基石，有了百姓，才会建立国家，有了国家才有君，百姓安居乐业，政权才能巩固，国家才能安定。治众在促进国家安定方面的应用尤为常见。

3. 社会发展

治众，以人员为对象的管理，在古代的应用，另一个重要方面便是推动社会发展。政治清明，国家统一，社会安定，能够为经济发展提供有利的社会环境，促进社会进步和发展。在中国古代史上，既出现过许多天下大治的盛世局面，也有战乱不断王朝衰落的现象。总结其相关的历史规律，一个重要原因在于统治者能否采取有效的措施治理民众，维护社会安定团结，促进社会经济发展。

（二）现代的应用

当今社会，市场经济如火如荼，社会发展水平不断提高。以人员为对象的管理在现代企业乃至整个国家中都有广泛应用。

1. 企业：内聚人心，外塑形象

对内，管理者通过先进的管理理念、有效的管理手段，可以激励企业员工努力工作，提高工作积极性和创造力；同时，能够有效协调上下级关系，处理好企业发展过程中出现的各种矛盾，增强企业凝聚力，促进企业持续健康发展，实现预期目标。另外，可以加强企业之间的联系，处理好、协调好企业与供应商、顾客之间的关系，塑立企业形象，增强竞争实力。

2. 国家：民族团结，社会发展

有效管理民众，对于提高人民生活水平、维护社会安定团结有着重要的现实意义。一方面，有利于实现各民族平等、团结、互助；另一方面，有利于促进整个社会安定有序发展，推进社会主义和谐社会的建立，增强国家综合国力和国际影响力。

第二节　仁　民

治众，首先要做到的便是仁民，即以“亲亲”为核心向外推为仁民再推展开来，将仁爱和仁义施之于人。仁民是治众的基础。儒家思想从仁爱的角度出发，提倡仁民爱物、与民同乐，反对暴政虐民、违背民心。清代曾国藩的《答刘孟容书》中提出，“亲亲与民殊，仁民与物殊，乡邻与同室殊”。

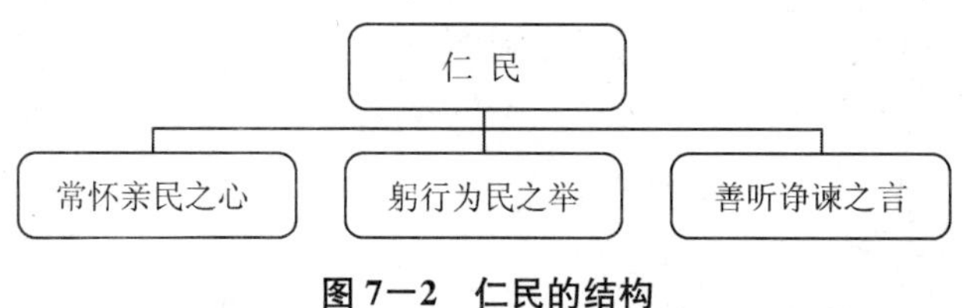

图 7—2　仁民的结构

一、常怀亲民之心

管子曰：“道之纯厚，遇之有实，虽不言曰‘吾亲民’，而民亲矣。”意思是，为政者对待老百姓，只要淳朴淳厚，多办实事，即便不说自己爱民，百姓也会亲近他。亲民者，民亲之，而要做到亲民，首先应心存百姓，亲近爱抚民众，贴近人民生活，方能真正了解民情，体恤民间疾苦，更好地实施管理。

（一）心存百姓

“心存百姓的人，百姓心中自有你。”唱出了多少老百姓的心声。“心存百姓”不仅是为官的基本标准，同时也应该是每一个富有责任感的人的为人之道。群众的眼睛是雪亮的，亲民之情当是发自内心、真心实意地爱护民众，视民如亲。而不是拿这句话标榜自己、名不副实。只有真正心存百姓的人，才能够做到为民请命、为民谋利。一言以蔽之，“心忧天下，兼济苍生”。

小知识

肇始宋代，一些廉政爱民之官，常在官署衙门撰题对联，以表明其官风、心迹、政愿，作自律自勉之用。

悬挂于山西平遥县衙二堂两旁的一副对联：

与百姓有缘才来到此；

期寸心无愧不负斯民。

有趣的是，联中有两个错字，“愧”字少了一点，“民”字多了一点，巧妙含蓄地提醒知县：到此为官，是你与老百姓的缘分，遇事为民想的多一点，就会少犯错，也就会少一点愧疚，充分体现了其亲民之心。

资料来源：李春碧．勤政爱民佳联．秘书之友，2011（4）．

古时的海瑞、包拯，今天的孔繁森、牛玉儒，都是其中的优秀代表。他们“先天下之忧而忧”，他们心存百姓，将人民的事业当成自己的事业，正是拥有这样的心境，人民才会自心底感激和爱戴他们，真正做到了流芳百世。因此，亲民，首先要心存百姓，爱惜民众，不以暴政虐民。如此一来，民众也会爱戴他、支持他，治理国家才能得心应手。

（二）了解民情

张居正在《答福建巡抚耿楚侗》中曰：“治理之道，莫要于安民。安民之道，在于察其疾苦。”所谓“了解民情”，即通过广泛接触民众、深入民众，拉近与民众之间的距离，真切地倾听人民群众的呼声，全面掌握民间的基本情况。一是了解当地民众的生活情况，以及他们的所思、所忧、所盼；二是了解政策的推行落实情况；三是了解当地民众对官员政绩的评价。只有深入了解民情，才能切实解决民忧。在网络越来越发达的信息时代，网上反映民情也越来越流行。通过网络问政，可以了解更多民情，从而更好地为民办事。

1. 明察制度

在我国古代史上，统治者为了强化中央集权，加强对官僚队伍和地方机构的控制，设置了比较发达的监察制度，以保证政通人和，下情上达。

中国古代监察制度，具有两面性特征。积极方面：一是监察权的独立性，直接对中央负责，对审察、考核、上报有很高的办事效率。二是渗透于考核，凭考试任职，凭能力升迁，相对人性化。三是奖惩制度中重奖重罚，具有相对严格性和公平性。四是以轻制重，对监官采用秩卑、权重、厚赏、重罚的政策，避免了监察部门权高位重徇私舞弊，体现出“监察”不受权位干扰，合理和稳定。消极方面：由于监察制度是为维护统治秩序，保证国家机器正常运转而设立的，因此其“监察”性能过多地受统治者个人能力的影响。若是有识、明智的皇帝执政，那么这一套体系便能很好地考察民情，下情上达，发挥其优越性。若昏庸无能之人掌权，反而会起到紊乱朝纲的作用，使人民生活和社会风气变得十分晦暗。

历史上监察制度的发展和演变对于现代企业的制度建设也有一定的借鉴作用。对于管理者而言，应不断完善企业制度，做好民主、分权、监督，加强思想教育，严格赏罚，保证企业经营活动的有效运行。

2. 实地探访

治理民众面临的一大问题便是“如何获得真实信息”。“明察”应是知晓民情的主要形式，是一种正式的社会控制方式，其目的在于监督和保障社会秩序。但当正式的社会控制制度失灵，信息传递受阻时，或者决策者对下级报告的情况存有疑虑，失去了对下级的信任时，为获得真实信息，做出正确判断，就需要其他措施进行补救，通常采用的便是实地探访调查。

虽然探访的方式多种多样，但主要可分为两类：观察式探访和介入式探访。观察式探访是指探访者以旁观者的身份，不动声色地考察民情，或观察事件的发展过程。而介入式探访是指探访者有意隐瞒或改变身份，作为当事人直接介入事件本身，探访实情。而具体采用何种方式则需要根据事件的具体情况而定。

现代企业管理者同样可以通过“走动式管理”，经常抽空前往各个部门，以获得更丰富、更直接的员工工作情况，及时了解所属员工工作困境，以弥补正式沟通渠道的不足。

（三）与民同乐

所谓“与民同乐”，即与百姓休戚与共，同享欢乐。那么统治者如何才能做到与民同乐呢？首先，应当为民着想，了解人民的苦乐；其次，应当爱惜民力，不以暴政虐民；最后，稳定经济，发展生产，减轻人民负担，方能真正做到与民同乐。

孟子曰："乐民之乐者，民亦乐其乐；忧民之忧者，民亦忧其忧。乐以天下，忧以天下，然而不王者，未之有也。"（《孟子·梁惠王》）因此，与民同乐一个重要的体现便是体恤民苦。清朝循吏石家绍曾说过："吏而良，民父母也；不良，则民贼也。父母，吾不能；民贼也，则吾不敢；吾其为民佣乎！"可谓字字珠玑，精彩独到。唐代大诗人白居易见百姓在饥寒中挣扎，大为愧疚，感同身受，亦发出了"念彼深自愧，自问是何人"的慨叹。为官者应当时刻站在民众的立场上，设身处地地为他们着想，体恤民间疾苦，忧民之所忧，才能真正为人民群众做实事，赢得民众的青睐。

二、躬行为民之举

所谓"为民"不能只是空口白话，一味标榜自己，而必须拿出勇气做实事，要有为民请命的志向。

（一）立好为民之德

《菜根谭》云："德者事业之基，未有基不固而栋宇坚久者。"良好的从政道德是为民的第一要求。自古官德隆，民德昌；官德毁，民德降。立好为民之德，关键在于：第一，应有不计得失、任劳任怨、清正廉洁、默默奉献的高尚道德品质；第二，应坚持说真话、办实事，不阿谀奉承，敢于犯颜直谏，为人民谋福祉；第三，戒作风漂浮、大而化之，戒好大喜功、盲目攀比，戒华而不实、劳民伤财。

作为管理者，同样应当端正自己的德行，不应存私心，贪污腐败，而应当清正廉洁；不应只做"形象工程"、"政绩工程"，而应实事求是，脚踏实地；既要立足当前，又要着眼长远；既干显山露水的"显绩"，又干增强后劲的"潜绩"。

（二）恪尽为民之职

"天之生民，非为君也；天之立君，以为民也。故古者列地建国，非以贵诸侯而已；列官职、差爵禄，非以尊大夫而已。"（《荀子·大略》）统治者之所以存在，为民也。其一切行动的出发点当是为民谋利。首先，应以人民的根本利益为重，立志为民服务，心系本职责任；其次，应忠于职守，为民尽责，知职图进，知责思为；最后，应除暴安良，不畏强权，敢于犯颜直谏，切实履行好"为官一任、造福一方"的职责。

作为管理者，身处重要岗位，担负重要职责，也当恪尽为民之职。坚持把员工的利益放在第一位，统筹好、安排好、落实好各项事务，尽职尽责，不失重、不失衡，不顾此失彼。

（三）勤办为民之事

“为民”不是空话一句，而必须躬于行，实实在在为民办事，多兴利民之举，多办利民之事，不图虚名，不务虚功。一要从“小处着手”，切实为民办事，帮助百姓排忧解难，尤其是解决衣、食、住、行中的具体困难和具体问题。二要从“大处着眼”，志存高远，胸怀大局，大力发展经济，使人民生活更加宽裕。

作为管理者，也应当关心员工，服务员工，以服务的心态做管理。一是为员工创造一个快乐、简单、轻松、和谐的工作环境；二是随时随地给予员工支持和帮助，协调好、处理好与员工利益攸关的事；三是倾听员工呼声，设立意见箱，妥善处理员工的意见和建议。

三、善听诤谏之言

广开言路、虚怀纳谏是古代帝王成败与否的关键因素之一，主要体现在四个方面：一是昭示闻谏之诚，倡导直谏；二是纳谏方法得当，兼听则明；三是注重纳谏效果，择善而从；四是完善制度措施，畅达言路。

（一）昭示闻谏之诚，倡导直谏

关于纳谏，即所谓“匡正君主，谏诤得失”，我国古代在总结历史经验的基础上，逐渐形成了在一定范围和程度上对君主的言谏制度。《唐六典》记载，进谏有五种：一曰讽谏，即讽之以言；二曰顺谏，即顺其君之所欲，以微动之；三曰规谏，即陈其规而正其事；四曰致谏，即致物以明其意；五曰直谏，即直言君之过失不得已，然后为之者。

统治者首先当从思想上打消群臣的顾虑，显示自己闻言听谏的诚心诚意，鼓励并倡导大臣直谏。对敢于直谏的人当大力奖赏，鼓励谏诤，促进直谏之风的形成。在唐太宗虚己纳下的恳切诚意下，才有了敢犯龙颜、触忌讳、以直谏闻名的魏徵，贞观朝才出现了前所未见的直谏之风。

（二）纳谏方法得当，兼听则明

“君之所以明者，兼听也；其所以暗者，偏信也。”（《潜夫论·明暗》）所谓“兼听则明，偏信则暗”，是指同时听取各方面的意见，才能正确认识事物；只相信单方面的话，必然会犯片面性的错误。因此，统治者当明白兼听的重要性和偏信的危害性，采用适当的纳谏方法，鼓励群臣献策献计，集思广益，消除政事“一人独断”可能带来的严重后果。

小案例

从贞观初年始，唐太宗就诏令五品以上的官员必须轮流在禁中的中书省值宿，以备随时召见。每次召见时，唐太宗都赐坐交谈，详细询问外面的情况，力求掌握朝廷政策对百姓是利还是弊，了解政令的得失与教化的成败。唐太宗认为“天下之广，四海之众，千端万绪”，为避免个人局限性，要“须合变通，皆委百司商量，宰相筹划，于事稳便，方可奏行”。

资料来源：陈洪起．唐太宗的自悟、自比、自鉴．文史天地，2004（10）．

（三）注重纳谏效果，择善而从

所谓“择善而从”，是指采纳正确的建议或选择好的方法或好的制度并加以实行。统治者应当有反省自己错误的心胸和气魄，对于臣下提出的正确谏诤，应当积极采纳并加以施行。贞观六年，唐太宗欲封禅泰山，魏徵屡次劝说太宗：百姓生活尚未十分殷实，仓廪尚虚，国力尚弱，此时祭告天地，以为帝王功业已就，十分不妥。唐太宗随即打消了封禅的念头。作为一代帝王，唐太宗尚且能听取谏言，择善而从，现代管理者又何尝不该以此为榜样呢？

（四）完善制度措施，畅达言路

所谓“畅达言路”，即从制度上采取了一系列措施，以保证谏诤工作的顺利开展。首先，强化制度职能。古代部分官员常常碍于情面或拖沓慵懒，并没有就决策正确与否提出意见，而是充当了照抄照转诏令的“收发员”的角色。为此，统治者要求大臣要敢于说真话，可以驳回不适当的政令。从制度上保证言路的畅通和政令的恰当。其次，重视谏官作用。商议国事时，安排谏官一同听政，让他们了解政事。对于谏官发表的意见，一定要虚心听取采纳，为朝政决策提供参考。此外，对于杰出的谏官可提拔到重要的岗位上来。如贞观时期的魏徵、王珪等都是因为敢于直谏而后被委以重任的。

企业管理中，不能做到虚心纳谏，只会使小人当道，谗言满耳，于企业、于员工甚至于自己都是不利的。因此，管理者应当以开放的心态听取不同的意见，全面地了解情况，然后独立作出自己的判断，明辨是非。否则，若自以为是，固执己见，不听取不同意见，只喜欢听支持自己的观点，就必然会犯片面性的错误。

第三节 治 民

管子提出“天地为心”的心术论：人君应以天地为楷模，“以天地为心”，无私无欲。天道产生权，权产生法，以法治国；地德产生义，义产生礼，以德治人。进而，衍生出宽猛相济、刚柔并举的和谐管理原则。

管子融合了法家和儒家的思想、墨家和兵家的智慧，使老庄道家的易经实用，兼具权法之刚性、礼义之柔情，符合天地人三才和谐的自然观，是治事治人的全面法则。因此，本节以管子“天地为心”的心术论为基础，着重从以法相治、以德治人、和谐管理三个方面对管理民众的策略进行阐述。

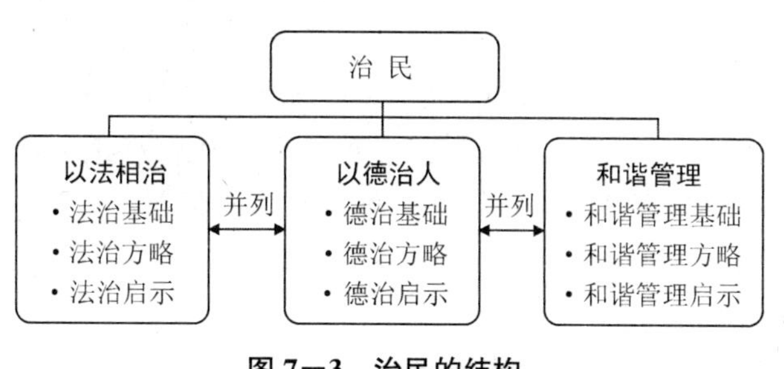

图 7—3 治民的结构

一、以法相治

“法者，国仰以安也；顺则治，逆则乱，甚乱者夭。”（《杂说》）强调的便是法制对于治国安邦的重要性。

（一）法治基础

1. 法治的内涵

中国古代法治思想理论最早是由战国时期的法家提出来的。法家的法治要求“不别亲疏”、“不疏贵贱”、“一断于法”，同时强调以国家暴力作为法律的后盾，认为法律的强制手段是统治国家最有效的甚至是唯一的方法。法家强调治国的关键是“法”而不是“人”，更多地接近“法制”，与现代的“法治”有本质的区别。现代法治的精髓在于法律具有至高无上的权威，统治者也应当受法律的约束，而这一思想已经成为现代法治思想的常识，也成为法治社会的思想基石。

明确法治的内涵是实行以法相治的第一要务。法治是形式意义的法治和实质意义的法治的统一体。形式意义的法治，强调“以法治国”、“依法办事”的治国方式、制度及其运行机制；实质意义的法治，强调“法律至上”、“法律主治”、“制约权力”、“保障权利”的价值、原则和精神。形式意义的法治体现法治的价值、原则和精神；实质意义的法治必须通过法律的形式化制度和运行机制予以实现，两者缺一不可。而以法相治是治理民众的基本方略，是实现国家长治久安的基本要求。

现代企业必须以法制作为管理的基础，健全企业内部的规章制度，重视法制在企业生存、发展中的作用，规范企业法制化建设，做到管理有“法”。

2. 法治的特征

早在春秋战国时期，法家先驱管仲就提到“以法治国”。之后，“法家”代表人物韩非子强调“法、术、势”三者结合的思想。法家的“法治”反对宗法等级制和世袭制，要求平等守法，并且主张制定和公布成文法，凡事不别亲疏，不殊贵贱，一断于法。

法家的“法治”主义其特征有：①主张干涉而反对放任。②排斥“人治”主义而独任“法治”主义。③排斥“礼治”，不承认自然法的存在。④主张国家至上，社会团体甚至血缘亲属团体的利益都得服从君主的国家利益。⑤反对徒任“势治”。

3. 法治的基本要求

“律法严明”是实现法治的基本要求。所谓“律法严明”，指法令制度的内容必须明确，严格界定清楚，而且必须公之于众，使人们有所遵循、有法可依。法律是一切制度的基石，国家社会要想长治久安，其重要的维系力就是法律制度。因此，对于国家也好，企业也罢，各项律条制度需制定清晰明确，为人们提供一个寻求公正的法律框架和程序，并不断完善它，做到有法可依，有法必依，制度面前人人平等。在制定法律时还必须坚持“法不阿贵”的原则。

在企业管理中，管理者必须秉公执法，不偏不私，即便是最高层管理者也不能享有“法”外特权；在运用赏、罚两种激励机制时要做到目标一致，措施得当，在物质激励的同时结合适当的精神激励。

（二）法治方略

1. 恃法治官

恃法治官，指运用法律制度来治理约束官员，把重心放在以法治权、治官上，保证依法治理的有效进行。

（1）肃清吏治。以法治国必须自上而下，先从中央治国、调治国家机器开始。韩非子“刑不避大臣，赏善不遗匹夫”（《韩非子·有度》），强调了法律制度对于官员不应有特权，即使是对高贵的、有权势的人也不徇情。

要真正达到恃法治官的目的，首先应大力整顿朝纲，建立清正廉明的吏治，稳定国家政权。无论大小官吏都应一律从严治理，严格查处官吏的不法行为，肃清贪污腐败之风，大力进行廉政建设。告诫那些心存侥幸的官员，不要以身试法；应勤于职守，爱护百姓。

（2）强化监督。要实现恃法治官的目的，还必须有强有力的监督手段。我国传统行政制度中就设置了严密的监督机制。首先，在国家机构设置上遵循"分权"原则，通过"分权"达到互相牵制。其次，在官吏选拔任用上严格标准、严格权限、严格程序，历代都建立了自己的选官制度。再次，加强对官吏任职情况的考核，这是权力监督的直接方式。最后，加强对行政官吏的司法监督，即对违法失职的官吏开展刑事审判。

2. 令行禁止

令行禁止，是指严格落实法令制度，有令必行、有禁必止。对于法律禁止的事情一定要严格查处，方能维护社会安定，保障人民生活。有法不用，不如无法。古代立法，不仅为了惩办天下已经犯法之人，更是为了告诫那些可能犯法之人。有法律却不施行，则百姓知道法律不足以顾忌。这样，即便颁布为号令，也不成为"号令"，而叫做"空言"。如果法律成为一纸空言，则不如没有法律。古代的法律始之于必用而终至于无所用，如今的法律始之于不用而终至于不胜其用。因此，必须强调法律的权威性，做到有法必依、执法必严、违法必究，才是真正的以法治国。

小案例

孙武去见吴王阖闾，与他谈论带兵打仗之事，说得头头是道。吴王心想："纸上谈兵管什么用，让我来考考他。"便出了个难题，让孙武替他训练姬妃宫女。孙武挑选了一百个宫女，让吴王的两个宠姬担任队长。孙武将列队训练的要领讲得清清楚楚，但正式喊口令时，这些女人笑作一堆，乱作一团，谁也不听他的。孙武再次讲解了要领，并要两个队长以身作则。但他一喊口令，宫女们还是满不在乎，两个当队长的宠姬更是笑弯了腰。孙武严厉地说道："这里是演武场，不是王宫；你们现在是军人，不是宫女；我的口令就是军令，不是玩笑。你们不按口令训练，两个队长带头不听指挥，这就是公然违反军法，理当斩首！"说完，便叫武士将两个宠姬杀了。场上顿时肃静，宫女们吓得谁也不敢出声，当孙武再喊口令时，她们步调整齐，动作划一，真正成了训练有素的军人。孙武派人请吴王来检阅，吴王正为失去两个宠姬而惋惜，没有心思看宫女训练，只是派人告诉孙武："先生的带兵之道我已领教，由你指挥的军队一定纪律严明，能打胜仗。"孙武没有说什么废话，而是从立信出发，换得了军纪森严、令出必行的效果。

资料来源：刘利，纪凌云，译注．左传．中华书局，2011.

做人难，做个优秀的管理人才更难。特别是担任管理职务的中层干部，往往会遇到孙武这样的问题，制定一些政策在推行的时候却因为触及了一些人的旧有利益而无法施展。这些人或者是比自己职位更高，或者有很多自己开罪不起的背景，他们形成的阻碍让人进退两难。此时，管理者就应该坚持正确的原则，保证政策的有效执行。

3. 完善法律体系

法律体系，是指由一个国家的全部现行法律规范分类组合为不同的法律部门而形成的有机联系的统一整体。法律体系的形成是一个国家法治成熟和政治文明进步的重要标志。建立有效的法律体系是推行法治的根本保证。

中国自夏朝开始正式确立法制以后，每个朝代都建立了自己的法制，而且还不断总结经验，推进法律体系的不断完善。春秋战国时期，各诸侯国为了稳定统治、整顿秩序、富国强兵，纷纷颁布法律，如郑国子产作刑书、邓析作竹刑、晋国铸刑鼎等。尊君权、重法治、禁私学成为当时社会政治之大势所趋。而法家在此基础上将"法"、"权"、"术"三者糅合为一，汲取道家思想，加以理论化和体系化，强调"法"为治国安邦之根本。此后，法律制度在内容和体例等方面都不断发展。自战国时《法经》的六篇，经过汉朝《九章律》等的演进，到隋朝的《开皇律》已形成十二篇及其篇名，并为《武德律》以及以后的《唐律疏议》所继受。而当代中国的法律体系是以大陆社会主义法律为主体，包括港澳地区法律制度在内的全部现行法律规范分类组合为不同的法律部门而形成的统一整体。

（三）法治启示

良好的法律秩序是古代盛世最明显的标志，法盛则政兴。我国古代的法治理论及其实践，对现代企业管理有着重要的借鉴意义。管理者当取其精华，去其糟粕，以更好地满足现代企业管理的需要。

1. 健全法制，规范管理

以法为本，事断于法的管理思想，是现代企业制度管理的思想基础。建立成熟完善、可操作性强的管理机制，用"法治"代替"人治"，有利于降低企业内部的运行成本，保证企业生产经营活动有序进行，实现管理科学化。

成功的现代企业都有详细的条文制度，内容涉及整个企业的方方面面，主要包括条文规章制度和流程制度管理。现代企业管理制度应坚持的原则：一是制度要健全，力求完善；二是坚持领导与员工相结合；三是根据实际需要，以能发挥实效为目的；四是符合国家法律法规，考虑人性和风俗；五是形成完整的体系，相互配套，避免重复和矛盾。

建立了制度，还要特别重视制度的实施，“以法为本”，树立制度的绝对权威性。一是依法遵守制度；二是执法要严明。企业管理制度的实施要依据以上两点才能保证企业顺利发展。

2. 树立权威，发挥效力

法家思想强调“势”，在现代企业管理中同样应注重“势”与领导者管理权威的建立。只有占有优势，才可先声夺人。所以企业管理者有势者需处势，无势者需造势，无力造势者需借势。

（1）处势。“君执柄以处势，故令行禁止。”（《韩非子·八经》）制度的推行必须有权力作保障，而这个权力就是“势”。在现代企业管理中，领导者必须善于“处势”，通过必要的地位与权力，树立威信，赢得下属的服从，充分发挥管理效力，保证管理活动的顺利进行。

（2）造势。善于借助机会、组织众人造势，为企业注入精神与灵魂，形成全体员工共同遵循的核心价值理念，促进企业更好更快地发展。然而，造势并没有一个固定模式，环境不同，造势的方式也有所不同，这就需要充分发挥管理者的创造性。

（3）借势。不拘一格借势，借一切可借之势。及时地抓住广受关注的社会新闻、事件以及人物的明星效应等，或者通过企业间不同形式的合作“借势”来实现互惠发展。总之，管理者要善于借助环境，抓住机会，利用各种关系为自己办事，赢得员工的广泛认同。

3. 刚柔相济，领导艺术

法家所谓“术”是指君主运用法律和权势来御臣治民的方略。在现代企业中，过于谦和的领导者让人感觉怯懦，过于威严的领导者让人难以亲近。因此，刚柔相济的领导艺术就显得尤为重要。

领导艺术是领导者个人素质的综合反映。一方面，领导者要具备刚的心理素质，善用刚性的工作方法，处理问题坚决果敢，保证命令的有效执行；另一方面，还要具备柔的心理素质，善用柔性的工作方法，融入员工之中，对员工们嘘寒问暖，关心体贴，通过自由、轻巧的语言实现与员工的有效沟通，做到刚柔相济。

管理者若能很好地把法、术、势相结合，就不容易被蒙蔽，而下级也不会因为没有制度的约束而作乱，才能轻轻松松做领导。

二、以德治人

儒家思想提倡以德治民，反对苛政和任意刑杀，“道之以政，齐之以刑，民免而无耻。道之以德，齐之以礼，有耻且格”（《论语》）。统治者要爱惜民力，取信于民，正身律己，在人人道德自觉的基础上建立礼乐文明社会，这对于促进社会和谐具有积极意义。

（一）德治基础

1. 德治的内涵

德治是中国古代的治国理论，是儒家学说倡导的一种道德规范，被封建统治者长期奉为正统思想。儒家认为，无论人性善恶，都可以用道德去感化教育人。这种教化方式，是一种心理上的改造，使人心良善，知道耻辱而无奸邪之心。儒家的德治对于维持封建社会的稳定起到一定作用。

我国古代德治主要包括两层含义：其一，要求统治者以身作则，注意修身和勤政，充分发挥道德感化作用；其二，重视对民众的道德教化，“为政以德”，德主刑辅。

2. 德治的形式

古代中国德治有三种形态：第一种叫“德政”，就是统治者、当权者采取一些宽松的、惠民的政策，让老百姓在动乱的世道之后得到一些休养生息；第二种叫“德教”，讲求的是“修己以安百姓”，认为为政者的道德表率作用对百姓的道德言行以及对社会的稳定起着至关重要的作用；第三种是“礼教”，即通过礼乐教化，树立社会道德规范和行为准则来治理百姓。

3. 德治与法治的关系

对一个国家的治理来说，法治与德治，从来都是相辅相成、相互促进的，二者缺一不可，也不可偏废。

（1）法治对德治具有重要的保障作用和促进作用。法治利用政和刑从外在的方面向民众施加一种威慑力量，以其权威性和强制手段规范人们的行为；而德治从根本上规劝教导民众向善，自觉遵守法律，维护社会稳定。法治保障能促进道德建设的健康发展，通过道德法律化保障道德规范的实现。

（2）德治为法治提供坚实的思想政治保证。道德是法治的价值标准和推动力量。在推行法治的同时，实行德治，以道德教育、道德自律和道德建设，作为法治的后盾，提高民众的道德素质，法治才能进入良性循环，社会发展才能进入较高层次。

简而言之，法治属于政治文明，德治属于精神文明，二者范畴不同。道德教化是依据、是归宿，刑罚则是手段、是过程，二者相辅相成，共同推动社会的发展进步。

（二）德治方略

孟子曰："以力服人者，非心服也，力不赡也；以德服人者，心中悦而诚服也，如七十子之服孔子也。"

1. 正身及人

要真正做到以德服人，必先端正自身品行，以身作则，教化民众，成为他人效仿的榜样。

（1）内修品德。子曰："政者，正也。子帅以正，孰敢不正？"只有端正自己的品行，不断地修炼自我的道德情操，才能管理好他人。"其身正，不令而行；其身不正，虽令不从。"（《论语·子路》）只要自己能够身正，根本无须法律的威慑作用，也可以使下民就于正道。

具体而言，就是修"仁、义、礼、智、信"五德。首先是仁德，即对世间万物都要有仁爱之心，仁者爱人；其次是义德，做事要讲道义，必要时舍生取义；再次是礼德，即讲求礼义廉耻，尊师重道；又次是智德，即修炼个人的智慧，领悟待人处事的真谛；最后是信德，即要注重诚信为本，以守信为荣，言出必行，不能言而无信，说一套，做一套。

而在现代企业中，修己正身的思维尤为重要。首先，要有强烈的责任感，全力以赴地去做好每一件事，不抱怨、不埋怨，树立个人的人格魅力，以德服人。其次，一定要以身作则，不能存私心、贪念，凡事以大局为重。如此，下属便受到感染而效法，自然也会提升整个企业的凝聚力。

（2）外塑榜样。言教再多也不如身教有效。感化在效果方面，自古以来都比严刑酷法大不止一百倍。榜样具有良好的感染力，榜样的力量是无穷的。通过树立榜样，可以昭示许多人学习他，从而建立良好的社会风气。因此，管理好民众在内修品德的基础上，还必须重视榜样、楷模的力量。

在企业或组织里，领袖当然是众人的榜样，他们的言行举止都看在众人的眼里，只有懂得以身作则来影响下属，才能达到上行下效，管理起来才会得心应手。同时，可以通过评先进、树榜样，作为企业管理思想的鲜活例子，引导员工向他们学习、向他们看齐。

2. 重教尚贤

重教尚贤，即重视教育，尊重有才德的人。明代朱之瑜认为："敬教劝学，建国之大本；兴贤育才，为政之先务。"（《朱舜水集·劝兴》）

（1）敬教劝学。从古到今，每个时期都十分重视对教育和人才的培养。

1）思想上：《礼记》强调"建国君民，教学为先"。孔子在教育对象上，主张"有教无类"，打破了奴隶主贵族垄断教育的局面；在教育目标上，不仅要把学生培养"成人"，而且要培养成"君子"，"学而优则仕"；在教学方法上，提倡因材施教，注重言传身教。古语"万般皆下品，唯有读书高"，强调了读书的神圣地位，引导全社会敬学。这些思想无疑影响了社会风气，促成了重视教育的优良传统。

2）制度上：汉武帝推行儒学教育，在长安兴办太学，在地方设立学校。隋唐时期，科举制度的完善推动了教育事业的发展，唐代建立了中央到地方完备的学制体系。宋代，书院将教育、教学和学术研究结合起来，授徒讲学、培养人才。明代，中央有国子监及宗学（贵族学校），地方有府学、州学、县学，边疆及特殊地方则有卫学（军事学校）。以科举为手段，以高官厚禄为诱饵，吸引一部分读书人参与政治，也在很大程度上刺激了敬学的文化心态。

（2）尚贤使能。墨子要求君主能尚贤使能，反对君主任人唯亲。对于贤者则不拘出身，提出了"官无常贵，民无终贱"的主张。而唐太宗也说："为政之要，唯在得人。用非其才，必难致治。"

1）求贤若渴。《孟子·告子》中六位名人的成功事例说明了领导者求贤若渴，选拔人才当"英雄不问出处"，不以其之前的困顿失意而小看，用发展的眼光看待，让英雄有用武之地。

2）举贤无私。推举贤能，不能根据亲疏远近、地位高低来判断，而应根据他们的才能来任免。只要是才能卓著、能力超群的人就应当破格提拔任用。一个典型的事例就是齐桓公不计前仇重用管仲，成就春秋霸业。

3）知人善任。即用人所长，因才施用，使不同的人才各尽其能，按照才能来授官。尺有所短，寸有所长，每个人都有自身的优势和缺陷，只有放到最适宜的地方，才能让其施展才能。所以，我国古代的为政之道，强调人才不可能尽善尽美，重要的不是弃之不用，而是用其所长，避其所短。

管理者不一定要事事亲力亲为，但一定要先了解下属的专长、特性，知人善任，把合适的人才放在合适的位置上，让他们最大限度地发挥自己的才能。

（3）人才选拔。先秦诸家的治国资政理论以及秦汉以来的儒法合流趋势，促成了察举制度、科举考试、三省分立、文官体系等一系列政治制度的形成。这些制度的稳定与成熟一方面体现了道德与官制的融合，提高了政府运作的效率，另一方面也为人才脱颖而出创造了良好的条件。我国古代人事管理制度的发展与变迁主要表现在官员的选拔和任用上，但不同时期又有不同的内容。对于现代企业中的人力资源管理同样具有重要的借鉴意义。

3. *教之以礼*

儒家认为，"礼达而分定"，国家便可以长治久安；反之，"礼不行则上下昏”，国家也就不可得而治了。荀子曰：“礼者治辨之极也，强国之本也，威行之道也，功名之总也。”“由之所以得天下也，不由所以陨社稷也。”

(1) 明教化。强调向臣民灌输礼，强调各级长官定期宣讲礼，从控制人们的思想意识入手，以期在人们的思想中构筑精神防范的堤坝，达到社会安定团结的目的。

子曰：“安上治民，莫善于礼。”“不学礼，无以立。”先王之道最突出的特点是它的礼乐政治文化。而孟子对此表示赞同，以“具体性”即孝悌来突出“普遍性”即先王之道。“有人于此，入则孝，出则悌，守先王之道。”(《孟子·滕文公》)总之，传统社会是一个宗法一体化的社会结构，礼仪既是人们立足社会、与人交往的行为准则和修身律己的原则，也是政治制度、法律典章、社会规范和风俗习惯的表现。

(2) 厚风俗。提倡孝悌，从而建立一个长幼有序、尊老爱幼、亲善和睦、相互周恤、简朴淳厚的社会。

朝廷之礼更重于等级，民间之礼更近于风俗。中国自古就有重视风俗的传统，“为政必先究风俗”、“观风俗，知得失”是历代君主恪守的祖训。风俗由于是历史形成的，它对社会成员有一种非常强烈的行为制约作用。风俗是社会道德与法律的基础和相辅部分。提倡厚风俗，民众自然也就安守本分、团结和睦了。

中西对话

企业文化，或称组织文化，是一个组织由其价值观、信念、仪式、符号、处事方式等组成的其特有的文化形象。

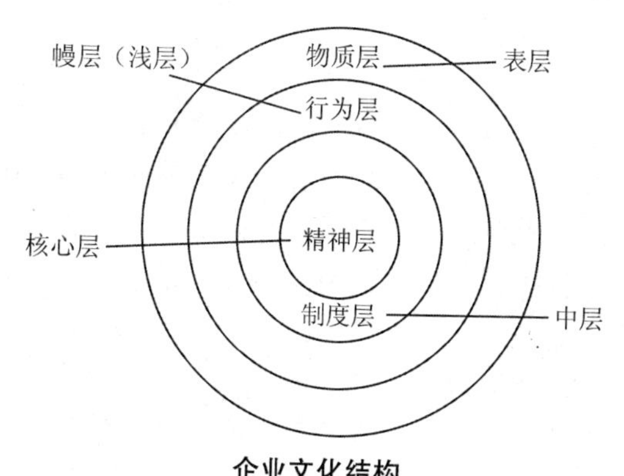

企业文化结构

企业文化结构可以分为四层：

第一层是表层的物质文化，它是产品和各种物质设施等构成的器物文化。第二层是幔层的(或称浅层)行为文化，指员工在生产经营及学习娱乐活动中产生的活动文化。第三层是中层的制度文化，是企业为实现自身目标对员工的行为给予一定限制的文化，它具有共性和强有力的行为规范的要求。第四层是核心层的精神文化，是指企业生产经营过程中，受一定的社会文化背景、意识形态影响而长期形成的一种精神成果和文化观念。

以中国为代表的东方企业文化的特点有：①求同心理，强调集权式管理。②企业社会化，强调企业的社会责任。③人本管理，重视人的精神作用。④情感伦理突出，倡导在组织内形成一种温馨和谐的家庭气氛。⑤政治管理，政治制度与经济制度相混同，强调组织的整体控制能力。

以美国为代表的西方企业文化的特点有：①强调科学性和明确性，倾向于"授权"与"分权"。②讲究效率，重视质量、技术等物质要素。③英雄主义与个人主义突出，具有创新和进取精神。④在管理中注重"法"，不同部门的领导人在公平环境下相互竞争，形成"能者上，庸者让，弱者下"的竞争氛围。

资料来源：刘光明．企业文化．经济管理出版社，2006.

（三）德治启示

历代思想家、统治者都以伦理道德作为政治统治的基础，主张以德治国，充分发挥道德感化作用。"以德治企"、"德"的制度化对于现代企业同样有着重要的借鉴意义。

1. 人本管理

人才是企业发展的宝贵资源。坚持以人为本的理念，把员工作为企业最重要的资源，努力营造良好的学习氛围，增强全体员工主人翁意识。将企业目标和员工的个人目标有效地结合，充分发挥员工的能力、兴趣、特长、主动性、积极性和创造性，增强企业的凝聚力，使企业获得长久的发展。

2. 义利兼顾

追求短期利益与长期利益的统一。企业的短期利益要服务并服从于企业的长期利益，追求长期利益，才是企业工作的出发点和落脚点。眼光狭隘，过于追求短期利益，企业将失去未来的竞争能力和发展后劲。而企业实现短期利益与长期利益二者之间的统一，重要的一环是要制定一个科学的、切实可行的发展战略。

3. 以礼尚和

树立良好的企业文化，统一员工意志，规范员工行为，凝聚员工力量，充分发挥企业文化的规范作用、导向作用和凝聚作用，追求制度约束与内部和谐的统一。在企业文化建设中，坚持的原则有：一要强化以人为中心，关心人、尊重人、理解人和信任人；二要表里一致，切忌形式主义；三要注重个性，建设具有自己特色的文化；四要注重效应，不能忽视经济性；五要继承传统文化的精华。

4. 修己安人

修己安人是孔子管理思想的重要课题。修己是管理的前提与基础，安人是管理的目的。一方面，管理者应该以个人的道德修养为基础，严于律己，以德服人，树立榜样，影响被管理的人；另一方面，用指导自己修身的方法，去指导管理别人修身，让员工受到良好的感应也自动修己，最终实现自我管理和垂范表率的统一。

5. 诚实守信

诚实守信是指真实无欺、遵守承诺和契约的品德及行为。在现代企业中要强化诚实守信观念，追求对内诚信与对外诚信的统一，形成企业的无形资本。在企业内部，要努力形成三种共识，即客户至上、质量第一、严守承诺。在企业外部，重视企业形象设计、广告策划和宣传以及新闻媒体对企业的深度报道，形成企业的特色，扩大企业的知名度。

三、和谐管理

（一）和谐管理的基础

1. 和谐管理的含义

和谐，指的是事物协调生存与发展的状态；是人们所追求的美好事物和处事的价值观、方法论；是社会政治稳定与发展所必需的基本条件，对调适、化解、规范社会各方面利益的矛盾与冲突有着不可低估的作用。

“和谐管理”强调统一，主张协同，追求和谐，使有着矛盾和差异的双方协调地共处于一个统一体之中，从而构成和谐而又充满生机的社会。

2. 和谐管理的主张

在人与社会的关系上，我国古代思想家十分强调人与社会的和谐统一，他们认为，个人总是生活在社会之中，个人的命运与社会息息相关，只有将个体融入社会之中，实现人与社会的和谐统一，才能达到天下大治的目的。

（1）孔子提出“礼之用，和为贵”的主张。认为治国处事、礼仪制度，以和为价值标准，来构建一个理想的和谐社会。

（2）孟子提出“与民同乐”的观点，强调人与社会的和谐。并描绘了“老吾老以及人之老，幼吾幼以及人之幼”的和谐社会。

（3）荀子在人与社会的关系上强调“和”，强调“一”，强调“天下大齐”。

（4）儒家中和思想贯穿着和谐的原则。强调允执其中，讲中和，不走极端，办事恰到好处，不偏不倚，既不过头，也无不及。持中重和，以中为原则，来实现天下和谐。

(5) 以民为本。儒家和谐思想肯定老百姓的主体地位，主张建立以民为本的和谐社会。

(6)《易传》中的太和观念，讲“保合太和，乃利贞”。(《周易·乾卦·彖传》)重视合与和的价值，认为保持完满的和谐，万物就能顺利发展。

(二) 和谐管理方略

1. 以和为贵

“以和为贵”是儒家管理思想中的重要理念，孟子曰：“天时不如地利，地利不如人和。”管理他人，治理百姓，当从大局着眼，和平忍让，维持社会、企业安定团结，善于协调关系，构建和谐氛围。

(1) 攻心为上。中庸之道，直击人心，即人的内在精神世界，以人的内在要求，即人性、本心为出发点和根本价值依据，在外部环境中寻求结合点，得到最适宜的、最恰当的、无过与不及的表达与实现。遇到欺诈的人，以诚心感动他；遇到残暴的人，用和气熏陶他；遇到贪得无厌的人，把廉耻送给他；遇到见利忘义的人，以仁义气节激励他。如此，便能营造出良好的社会秩序，实现和谐管理。

管理者只有把握了民众的心理状态和个性特征，才能有的放矢，对症下药，有针对性地采取适合的治理方式和方法，攻心为上，突破管理中的种种心理障碍，最终实现和谐管理。

(2) 以退为进。“忍一时风平浪静，退一步海阔天空。”能够做到能忍则忍，以退为进，甚至会收到意想不到的效果。这里的退，并不是消极避世、一味退让，而是一方面为了先看出矛盾所在，然后从容出击，问题自然可以得到更好的解决；另一方面为了缓和危机，在后退中求得整体的长远发展，促进社会的全面和谐安定。当治理百姓遇到困难，举步维艰时，不妨以退为进，韬光养晦，厚积薄发。

2. 贵和持中

“贵和持中”，即顾全大局、维护团结，注重和谐、坚持中庸，是强调协调管理的体现。儒家文化以个性服从共性来强调个人与社会的和睦相处，以“贵和持中”的精神来约束人们的极端思想，使社会秩序得以维持。

关于如何致中，大致包括以德致中、以礼致中、以刑（法）致中、以政致中、以力致中几种方法。前面四种分别指用道德、礼仪、法规、政策来调节社会关系，使社会得以和谐发展，属于“软实力”的范围。而以力致中主要是指“硬实力”，包括经济、军事、科技等方面。

3. 刚柔相济

治理百姓的手段应刚柔相济。刚柔互用，一张一弛，不可偏废，太柔则

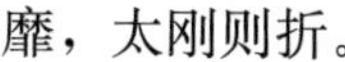

靡，太刚则折。

（1）以柔克刚。“天下莫柔弱于水，而攻坚强者莫之能胜，以其无以易之。弱之胜强，柔之胜刚，天下莫不知，莫能行。”（《道德经》）意思是天下再没有什么东西比水更柔弱了，而攻坚克强却没有什么东西可以胜过水。弱胜过强，柔胜过刚，遍天下没有人不知道，但是没有人能实行。老子所举水的例子是人们日常生活中常见的。水最为柔弱，但柔弱的水可以穿透坚硬的岩石。水表面上软弱无力，却有不能抵挡的力量。

在企业管理中，“以柔克刚”也是非常有用的。人的性格千奇百怪，这个世界上什么人都有，如果你是一个管理者，而你的团队里恰好就有一些不好管理的人，软硬不吃，你该怎么办呢？其实，以柔克刚就是一个很好的方法。

（2）软硬兼施。治理百姓当赏罚分明，软硬兼施，不可偏废其中一方。所谓“软”，指运用怀柔政策、以民为本、宽以养民等方式进行教化治理。所谓“硬”，指运用权威、命令、法律等手段对百姓进行控制、监督和惩罚。儒家思想提倡以仁义治理天下，但实际治理中刑法亦不可少。只有法德相结合，软硬兼施，方能更好地治理百姓。在企业管理中，同样须刚柔相济、软硬兼施，方能起到事半功倍的效果。

（3）张弛有度。子曰：“张而不弛，文武不能也；弛而不张，文武弗为也；一张一弛，文武之道也。”“文武之道，一张一弛”就是说要治理好国家，要让人民有劳有逸，劳逸结合，使工作、生活有节奏地进行。然而，在实际治理中，还必须把握好张弛之度，收放自如。古语说，“过犹不及”，如果张弛之度没有把握好，那么治理百姓同样收效甚微，甚至会产生反作用。

4. *无为而治*

以老子、庄子为代表的道家学派提倡“无为”，都是为了实现“和”。老子的“无为”不是主张人们“不为”，而是“不妄为”。用“无为”的态度去对待一切，顺应社会规律，实现人与社会和谐发展。

在汉代刚建立的时候，为了促进经济社会的发展，管理者就采用了“无为而治”的管理思想，让人民休养生息，国家逐步繁荣强大起来。对管理者而言，“无为”就是要求管理者要善抓大事，抓主要矛盾，把具体的工作分配给具体的机构和人员去做，而不要事无大小都亲力亲为。通过分工协作、权责分明、各展其长、各尽其力，管理者就能把整体的以及各部分的工作都能做得井井有条，也就做到了“无为而无不为”。

（三）和谐管理启示

和谐管理是中国古代管理思想的精华。对企业而言，和谐管理就是把和的管理与谐的管理相结合，刚柔并济。

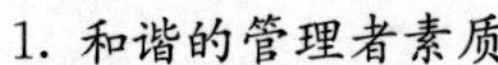

1. 和谐的管理者素质

管理者的素质是企业管理有效与否的基础。现代企业中，一个和谐的管理者，应具备以下素质：

(1) 良好的道德修养。一个以人为本、任人唯才、重视品德修养的管理者，才能建立一支团结、凝聚、高效的队伍，产生更高的企业效益。

(2) 良好的工作技能。和谐的管理者要对组织的长远目标认识清晰，对企业的战略规划坚决支持，对部门的各项事务科学安排，对下属的具体工作合理指导。同时，能科学制定、合理运用企业制度，促进企业发展。

(3) 敏锐的洞察力。和谐的管理者素质要有敏锐的洞察力，善于发现企业内外的各种问题、机遇，用独特的眼光看待各种经营现象。

2. 和谐的用人之道

企业用人的基本道理是扬长避短，还应该加强对人才的分析和研究，加强对企业组织结构的研究，仔细分析岗位的职责特征，寻找三者的有效结合，科学选拔人才。可以推行竞岗、试岗、轮岗等有利于发挥员工特长和优势的任用方法，而对于个人的缺点，企业在用人时注重“规避而不是无视，制约而不是剔除”。

3. 和谐的内部沟通

没有沟通和交流，企业管理就没有活力。一方面，企业的领导者必须重视员工的声音，对待来自广大员工的声音和表现，持中肯公正的态度进行分析。另一方面，善于使用巧妙的语言和语境，可以实现和谐沟通，提高工作效率，保证企业凝聚力。

4. 和谐的发展观念

所谓和谐的发展观念，是指在企业的经营中注重现实环境，制定科学战略，坚持效益导向，寻求科学方法，实现持久发展。在现实的环境中，企业的效益好坏在某种程度上取决于竞争者的策略、供应商的材料、客户的信誉和相关企业的资产状况，因此，在投资、营销决策时要分析透彻，制定科学的发展战略，避免损失。

5. 和谐的营销竞争

社会主义市场经济体制下的企业，在不断加剧的竞争环境中展开竞争，但是这样的竞争应该是对消费者充满责任感、对竞争对手充满竞争感的竞争。一方面，树立以客户为中心的理念，摒弃以竞争者为导向的思想。重视消费者的能量，充分掌握消费者的资讯状况，以满足消费者的需求为产品设计和制造的出发点，赢得自己经营的空间，赢得更大的消费者群体；另一方面，坚持以诚信来固化消费者，持续增加客户忠诚度。

第四节　惠　民

“德惟善政，政在养民。”(《尚书·大禹谟》)所谓“惠民”，指惠泽民生，是治众的根本所在。春秋初期，管仲曾明确指出：“凡治国之道，必先富民。民富则易治也，民贫则难治也。”“善为国者，必先富民，然后治之。”(《管子·治国》)在管子看来，管理国家、教化人民，先富后治是最可靠也是最基本的方法。

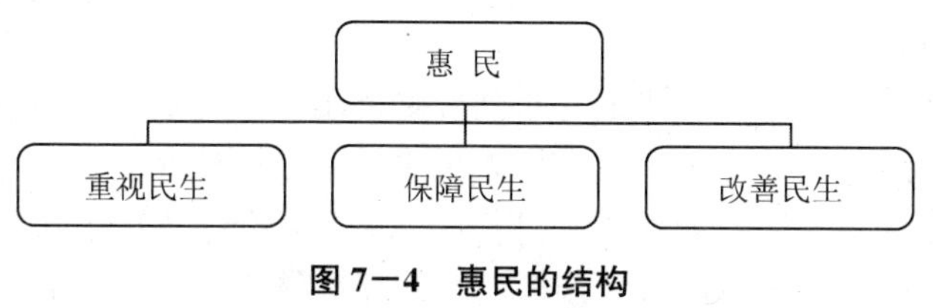

图 7—4　惠民的结构

一、重视民生

所谓“得民心者得天下，失民心者失天下”，民是立国之本，民生问题关系到国家的兴旺发达和社会的安定团结。

(一) 立足民本

民本思想萌芽于商周时期，春秋战国时期得到巨大发展，同时涌现出众多杰出的思想家。

(1) 孔子。“仁”的学说，“仁者，爱人”、“己所不欲，勿施于人”；主张“为政以德”，反对苛政和任意刑杀，取信于民，正身律己。

(2) 孟子。重民思想。“民事不可缓也。”天命是人民意志的体现。“天视自我民视，天听自我民听。”“民贵君轻”思想。主张“政在得民”，反对苛政。

(3) 荀子。“天之生命，非为君也；天之立君，以为民也。”“君者，舟也；庶人者，水也。水则载舟，水则覆舟。”

(4) 唐太宗的民本思想。反复强调“存百姓”的思想，悟出人民百姓是王朝兴亡的决定性力量，要以民为本，看重民生。

(5) 明末清初，民本思想有了新的发展。黄宗羲继承发展了先秦时期的民本思想，提出“天下为主，君为客”；反对重农抑商，提出“工商皆本”。

（二）治国实践

1. 重视民生

（1）春秋时期，齐桓公任用管仲改革“通工商之业，便鱼盐之利”，使齐国成为东方强国，为齐桓公称霸奠定了基础。

（2）战国时期，秦孝公任用商鞅变法“重农抑商，奖励耕织”、“统一度量衡”、“废井田”，确立土地私有，使秦国经济发展，为统一六国奠定了基础。

（3）唐太宗强调“存百姓”的思想，采取了一系列的措施：“知人善任，虚怀纳谏”，“轻徭薄赋，劝课农桑，戒奢从简”，“兴科举”，创造了“贞观之治”的盛世。

唐玄宗“选贤任能”、“大力发展生产”、“限制佛教”、“实行募兵制”、“大兴文治”，形成“开元盛世”。

（4）北宋王安石变法，通过一系列理财措施，如青苗法、募役法、农田水利法、方田均税法、市易法，促进了人民生活水平的提高。

（5）明清时期的“一条鞭法”，“摊丁入亩”，相对减轻了农民的负担，使封建国家对农民的人身控制进一步松弛，对于我国人口增长和社会经济发展有重要意义。

2. 忽视民生

（1）夏桀暴虐无道，狂妄自大，汤起而灭之。

（2）商纣王大建宫殿苑囿，生活腐朽；作“炮烙之刑”残害百姓；实行“人祭”、“人殉”等残酷的奴隶制，最终导致商朝灭亡。

（3）周厉王贪财好利，残害剥削百姓，引发“国人暴动”。

（4）秦始皇徭役繁重，刑罚严酷，赋税沉重，土地兼并严重，引发农民起义。

（5）隋炀帝的暴政直接导致隋朝的灭亡。

（6）明朝后期加派“三饷”，引发陕北农民起义。

由此可见，民生问题是立国之本，关注民生、重视民生对于政权巩固、国家兴旺发达具有重要意义。只有解决好民生问题，人民群众才能感受到治国理政的实际效果，从而拥护和支持国家政权。

二、保障民生

（一）安民：定国安邦

保障民生，首先要定国安邦，重在威慑与防卫，保护人民生命安全，促进生产发展，创造一个稳定和谐的社会环境。

1. 足兵

作为统治者，要“足兵”，即要有充足的军备，提高军队作战和防卫能力以保障国家和人民安全。当国家民族处于危难之中，外族入侵，社会动荡时，统治者理应通过吊民伐罪、解民之倒悬来达到富国强兵，保卫国家，济危扶颠的目的。

2. 非攻

所谓“得道者多助，失道者寡助”，作为统治者对待战争之事尤其要慎重。在战争的性质问题上，我国古代思想家多反对不义之战，即将战争作为政治的继续，为了实现迅速扩充土地和人口肆意侵略弱国。不能图谋和侵扰其他民族，进行涂炭生灵的兼并战争，应集中精力发展生产，维护社会稳定。

（二）保民：王道仁政

“保民而王，莫之能御也。”(《孟子·梁惠王》)保，爱护，关心之意；王，统治之意。孟子认为只有爱护百姓，施行仁政，才能够治理国家，统治天下，没有人可以阻挡。

1. 存仁心

统治者当有仁爱之心，不能高高在上，全然不顾百姓疾苦，而应把自己置身于人民之中，“推恩”于百姓，“乐民之乐，忧民之忧”。施政时要能体现“仁心”，将仁爱之情推而广之到天下人。儒家的“仁爱”是“爱有差等”之仁爱，但同时又是“万物一体之仁”。

在现代企业中，管理者同样应当关心员工，用一颗“仁爱之心”与员工沟通、交流，提高企业凝聚力和向心力。

2. 行仁政

所谓“仁政”，顾名思义，即仁之政、由仁施政。从古到今，仁政虽然不一定能解决执政合法性与制度合理性的问题，但却可以在更广泛的时空场景中，成为兼顾修身、齐家、治国、平天下的执政有效性的指导思想。孟子提倡的“仁政”，是基于“义”的原则来变革当时的社会制度，以求使社会达到公正、有序。

行仁政不是空洞的口号，而应是切实的政治行动。民众是一切政权的根本和关键，如果国君要令国家强大，就必须能够保民，让人民拥有丰足的物质生活，以及在施政时处处优先考虑民生利害，从而达到保民而王的目的。

（三）养民：富国养民

养民是着眼于社会发展的管理。具体而言，就是要满足人民的生活需要，为百姓提供安居乐业和尊礼守义的物质基础。管子提出，“仓廪实则知礼节，衣食足则知荣辱”(《管子·牧民》)。唯有“仓廪实”、“衣食足”才是“礼节”、“荣辱”进入人心的真实基础。

1. 宽以养民

孔子提出“节用而爱民，使民以时”的主张。孟子认为应当给农民以一定的土地和劳动时间；减轻人民负担，省刑罚，薄税敛。因此，统治者当坚持“宽以养民”的人性化原则，顺应自然，不以暴政虐民，不侵扰百姓。

2. 民富国强

民富则国强，民是国家存在的根基。宋代名臣范仲淹在《陈十事》中说：“此言圣人之德唯在善政，善政之要，唯在养民。养民之政，民先务农。农政既修则衣食足，衣食足则爱体肤，爱体肤则畏刑罚，畏刑罚则盗寇自息，祸乱不兴。是圣人祸乱不兴之德发于善政，天下之化起于农亩。”因此，君王治理天下应注重富国养民，保证人民安居乐业，丰衣足食，少有所养，老有所依。人民生活富足，百姓有恒产，足温饱，知孝悌，懂礼节，整个社会才能和谐发展。

三、改善民生

（一）轻徭薄赋

孔子提出“苛政猛于虎”，主张“薄赋税”。后来，孟子发展为其“仁政”学说的内容之一，曰：“王如施仁于民众，省刑罚，薄赋敛，深耕易耨。”(《孟子·梁惠王》)轻徭薄赋有利于发展农业生产、减轻农民负担，从而改善民生，促进社会稳定发展。

1. 中国古代减轻农民负担的重大举措

(1) 唐朝时，以轻徭薄赋的思想改革赋役制度，实行租庸调制。

(2) 唐朝后期实行两税法，对农民的人身控制有所放松，也相对减轻了农民的负担。

(3) 王安石变法时实行募役法，减轻了农民的差役负担，保证了生产时间。

(4) 明朝后期，实行“一条鞭法”，把从前按户、丁征收的役银，分摊在田亩上，按人丁和田亩的多寡来负担，相对减轻了农民的负担。

(5) 清初推行的“摊丁入亩”政策，把丁税平均摊入田赋中，征收统一的地丁银。废除人头税，封建国家对农民的人身控制进一步松弛。

小案例

休养生息，指在战争或社会大动荡之后，减轻人民负担，安定生活，恢复元气。最典型的是汉初实行的休养生息政策。

背景：秦始皇的残暴统治，加之连年的战争，社会生产遭到破坏。公元前206年，刘邦攻破咸阳推翻秦的统治。西汉初期出现了社会经济凋敝、人口减少、粮食奇缺的残破景象。在吸取秦亡教训的基础上，西汉实行休养生息政策。

具体措施：①解甲归田：宣布凡退役归农的军吏卒，按军功大小分配田宅或免除徭役。②劝民还乡：因战乱逃亡山泽的民众，归还故里；领取原有田宅。③释奴为民：因饥饿而卖身为奴婢的释放为平民。④十五税一：减轻田租，定税率为十五税一。

文帝、景帝时期，继续推行休养生息政策，奉行安民为本的方针，具体措施有：①轻徭薄赋。首先，十五税一改三十税一，其次，慎用民力，服役一年一次改为三年一次。②减轻刑罚。文帝废除连坐法和肉刑，景帝减轻笞刑。经过文帝和景帝近40年的整治，统治者"躬修俭节，思安百姓"，形成一个"吏安其官，民乐其业"的社会环境，史称"文景之治"。

影响：①创造安定局面，有力地推动了西汉农业的发展和恢复。②巩固了西汉初期的统治，出现了文景之治的开国盛世。③增强了国家实力，为西汉的强盛奠定了物质基础。

资料来源：史源．汉朝的"休养生息"政策．政策瞭望，2008（12）.

2. 中国古代税制的发展

以人丁为依据的人头税即丁税，以户为依据的财产税即调，以田亩为依据的土地税即田租同，以成年男子为依据的徭役、兵役和其他苛捐杂税。

表7—1　中国古代税制的发展

名称	时间	主要内容	作用或影响
相地而衰征	春秋时期齐国	根据土地的数量和质量征税	承认土地私有，推动了土地私有制的转化，有利于社会经济发展
初税亩	春秋时期鲁国	按亩收税	
编户制度	两汉	编户齐民向国家缴纳田租、人口税、更赋，并服徭役和兵役	我国封建社会完整的赋役制度正式形成

续表

名称	时间	主要内容	作用或影响
租庸调制	隋、唐前期	受田农民除缴纳租调外，可以庸代役，官僚地主也要缴税	保证了农民的劳动时间
两税法	唐中期	每户按资产缴纳户税，按田亩缴纳地税，一年分夏、秋两次交纳	改变了自战国以来以人丁为主的征税标准，收税时间由不定时改为定时
募役法、方田均税法	北宋	包括地主官僚在内，不服役的都要交免役钱，重新丈量土地，按亩纳税	限制了官僚地主的特权，保证了农民的劳动时间，标志着代役由实物变为货币
一条鞭法	明朝	赋役、差役合并为一条征收银两	化繁为简，实物税转化为货币税，利于商品经济
摊丁入亩	清朝	把丁税平均摊入田亩中，征收统一的地丁银	废除了人头税，促进了人口的增长和社会经济的发展

（二）发展生产

1. 重农抑商

农业产品是封建社会最基本的生活资料，而工商业不能提供最基本的生活资料，其发展会加剧农业劳动力的流失。封建国家可以通过征收稳定的土地税保证财政收入，而经营店铺、作坊等不如经营土地有保障；将农民束缚在土地上，有利于社会安定。因此，我国古代推行重农抑商的政策。

战国时期的商鞅变法重农抑商，奖励耕织；隋唐沿用均田制，轻徭薄赋，实行租庸调制；王安石变法中的理财措施都有利于农业的发展，同时限制了商业活动；清初实行更名田等恢复经济的措施，对资本主义萌芽进行压制。

2. 开源节流

孔子主张发展经济，提出了以“富民”为中心的“庶、富、教”论。对于君王来说，国家的巩固与强大在于老百姓是否富裕，“百姓足，君孰不足？百姓不足，君孰与足”？（《论语·颜渊》）因而，“富民”是国“利”之所在。所以，作为统治者就必须“因民之利而利之”，做到“节用而爱人，使民以时”。（《论语·学而》）意思是要节省开支，不奢侈浪费；正确地使用官吏，役使老百姓应该在农闲时间，即：一方面，国家在财政开支上尽可能节省，此为节流；另一方面，让老百姓按时从事农业生产，顺应春、夏、秋“三时”，不在农忙时节征收徭役，以免影响了农业生产，此为开源。

本章关键词

治众　仁民　治民　惠民　以法相治　以德治人　和谐管理

本章提要

1. 治众，即以人员为对象的管理，指统治者为促进整个社会的协调运转，对各阶层民众进行的主要包括维护社会秩序、规范社会行为、化解矛盾冲突、促进社会公正、保持社会稳定等方面的组织、协调、监督和控制的过程。

2. 治众的原则包括顺道、明德、人和、行法、重术。

3. 仁民是治众的基础，需做到常怀亲民之心、躬行为民之举、重视开言纳谏。

4. 惠民，即惠泽民生是治众的根本，需做到重视民生、保障民生、改善民生。

5. 治众的策略有法治、德治、和治。以法相治包括恃法治官、令行禁止、完善法律体系。以德治人包括正身及人、重教尚贤、教之以礼。和谐管理包括以和为贵、贵和持中、刚柔相济、无为而治。

复习与讨论

1. 治众的原则有哪些？

2. 仁民是指什么？包括哪些内容？

3. 以法相治的策略有哪些？对于现代企业有什么启示？

4. 以德治人的策略有哪些？对于现代企业有什么启示？

5. 和谐管理的策略有哪些？对于现代企业有什么启示？

6. 惠民包括哪些内容？

7. 在现代企业管理中，有人认为法治更重要，有人认为德治更重要，你认为如何呢？

8. 结合我国企业存在的问题，谈谈你对企业管理理念和策略的认识。

本章案例

企业要发展，必须依靠管理制胜。而谈到管理马上就让人想到“人情化管理”与“制度化管理”。人情化管理是以“个人情感”、“关系”为主的一种管理模式，其特点是以“情面”为主线，而制度化管理讲究的是各部门法制健全，在管理中事事处处都有规章制度约束。

材料一：

贵州某中餐厅，2009 年开业，经营地道贵州地方菜。餐厅面积 500 平方米。开业近两年，餐厅坚持以味道为先，凭借出众的菜品质量，得到了客户的认可，生意火爆。

企业老板李总原为厨师，对厨房出品及菜品创新非常有经验，但对餐厅管理不在行。为规范企业管理，李总也多次外出学习，寻求企业管理的最佳方式。在学习中他发现，某餐饮同行运用制度化管理将企业管理得井井有条，于是他回到企业后，出台了各类管理制度并加以实施。但问题来了，通过近两个月的努力，四处的查找与参考借鉴，大部分的制度是有了，但却执行不下去，原本工作积极的朋友、亲戚及部分领导感到信任危机，团队战斗力急速下降，且出现凡事看制度，没制度就互相推诿的现象。

这种状态出现后，李总陷入了矛盾中，到底是运用制度化管理还是人情化的管理？哪种方式才是最适合自己的？几经思考，李总决定采用人情化的管理方式。主要原因有：

一、店内各核心岗位的人都是自己比较放心的。

二、自己当前也没有精力完善一套适合自己的制度。

于是，李总调整了管理方式，除企业必需的员工考勤、卫生制度及员工的服务标准外，管理上采用人情化的管理方式：

一、经常与各部门的领导、员工谈心，定期举行总经理接待日，了解领导与员工的想法，并给予及时的激励与处理问题。

二、不定期地带领各部门领导、骨干员工外出考察、用餐、娱乐等，在轻松的氛围中建立与员工之间的情感。

三、送各部门领导及骨干员工生日礼物，以及用心编写的问候短信。

四、亲自给生病的员工制作病号餐，并为生活困难的员工送生活用品。

五、与团队一起吃饭、一起下班，生意好啦，大家就加个菜、喝些啤酒、发些奖金等。

于是，团队活起来了，认为老板人真好，跟着这样好的老板干舒心。而最让李老板高兴的是，在当前餐饮企业招人难的情况下，自己所在店的员工流失率很低，甚至还有员工介绍朋友来工作。用李总的话来讲：“做企业还是人情化管理好，因为这是在中国，中国人就吃这一套。”

材料二：

2005 年，深圳某豆捞火锅店开业。店面面积 1200 平方米，创始人王董对市场洞察力敏锐，并拥有自己的技术团队。王董凭借准确的市场定位，领先的产品技术，5 年内开了 6 家店，生意不错。

当店开到 3 家时，王董已感到巨大的管理压力，店内领导配置不齐，员工领导工作没有标准，某领导一离职，一个部门的工作都脱节。每家店、每个领导都有一套自己的管理方法，总部也根本无法实施有效的检查。企业虽陆续从猎头公司高薪招聘了一些职业经理人，但耗费巨资招聘的职业经理人，有的具备丰富的行业经验，但却无力结合企业的实际情况进行本土化的推广，相反，却一味照搬原企业的管理模式，硬行实施，导致水土不服而夭折……

摆在王董面前的问题是，外聘职业经理人行不通，内部领导能力跟不上，各店管理脱不了手，各环节管理失控，而凭个人能力，管理完全无法顾及。于是，几经周折后，王董咨询了相关咨询公司，采用了制度化的管理。

一、重新梳理了总部及分店的组织结构。

二、实施单店店主负责制，给予各领导相应的权责，清晰地划分各自负责的事务、职责、流程等。

三、建立了包括员工福利、出勤、考核、卫生、采供、验收、出品、收银等管理制度，让各部门管理有据可依。

四、建立单店标准化管理模式，规范领导每日流程、事务处理标准和关键环节的管理；同时，运用表单量化管理的方式，规范了各店领导的管理。

五、建立了企业培训体系，规范了新员工入职接待，在职和新员工培训标准及手册、企业领导骨干员工职业生涯规划及管理等，逐步建立企业人才梯队培养机制。

六、建立了总部对分店营运的检查、督导流程与标准。

七、以成本核算为核心，规范了企业与成本相关的各环节，如采购、库房，储存、加工、出品、下单、领用、盘存、报损、菜品标准成本卡及售价管理、成本异动处理方案等。

通过系统规范的导入，历时一年的努力，各店管理得到了规范并拥有明确的标准，外聘领导加入只需按照管理规范执行即可，领导培训、各店的管理也统一了，真正实现了连锁化管理。而这些都是制度化管理为企业带来的变化。

资料来源：曾伟．人情化管理与制度化管理：领导管人流程管事．中国经济出版社，2010.（经整理）

思考题：

1. 根据材料一和材料二，比较说明两种管理的不同之处。
2. 根据案例材料，分析说明两家企业管理方式转变的原因。
3. 从案例中，我们可以得到什么启示？

第八章

治事——以事务为对象的管理

学习目的与要求

了解治事的具体内容、原则以及应用

理解什么是察事、谋事、行事

理解察事的目的、谋事的对象、行事的态度

熟悉察事的思维、谋事的理念、行事的方法

掌握察事的方法、谋事的策略、行事的方式

题记

主道知人，臣道知事。

——《荀子·大略》

谋先事则昌，事先谋则亡。

——《说苑·谈丛》

料敌制胜，计险厄、远近，上将之道也。

——《孙子·地形篇》

导入案例

长平之战

赵奢是赵国的一员猛将，一生征战无数，打的胜仗也无数，他的儿子叫赵括，熟读兵书，谈起兵法无人能敌，每每与其父谈论打仗之事，不管问及是攻是防，都能够依据兵书所言，对答如流。公元前260年，在秦、赵之间发生了一次决定性的战役——长平之战。

赵括被封为将军，向赵王夸下海口，说他打败秦军就像秋风扫落叶一样。赵王听了十分高兴，就赏赐了许多钱财给他，于是乎，赵括带着一箱兵书，来到了前线，他接替了老将军廉颇，并完全改变了廉颇的战略，要军队主动出击，想杀秦军个片甲不留。

秦军统帅白起深知赵括的本领和性格，先故意被赵括打得落花流水，然后装出退却的样子，暗中设下埋伏。赵括赢得小仗便自以为是，将白起看成不堪一击的手下败将，第二天，便率领大军直追秦国军队。秦军假意败逃，在长平把赵括拼命围住，大战 46 天，赵国 40 余万大军死伤大半，赵括拼命突围，被秦军杀死，余下的 20 万降兵也一夜之间被全部活埋。

治事是全面系统的过程，单单凭借自身的知识是无法对事物进行全方位的掌控，赵括熟读兵法却无法凯旋，正是因为他缺少对这场战争全方位的考虑。

第一节 引 言

"治"是经营治理的意思。对治事的探讨就是通过汲取中国从古至今治事的理念与实践精华，遵循"德本才末"的道德观和"诚、信、义、仁"的伦理思想为核心，依据事物发展的客观规律，寻求中国管理的治事之道。

一、治事的含义

治事，即企业的经营管理，指企业在经营过程中处理事务的原则及方法。它的任务是通过察事、谋事、行事，最终达到成事，使得企业能够长治久安、持续发展，这是治事的理想境界。

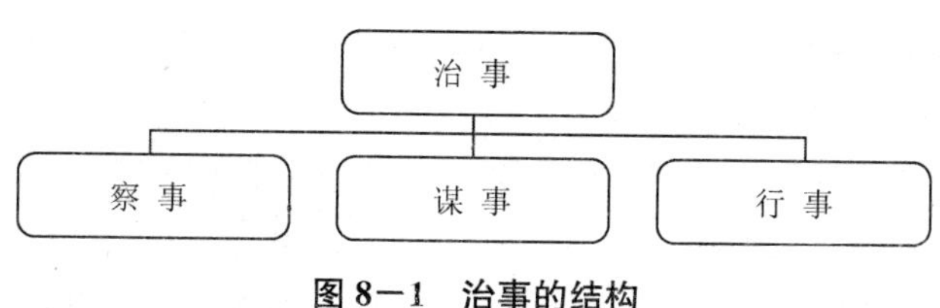

图 8－1 治事的结构

中国古人重视事业的成败，尽心竭力地促使事业成功，其成功的经验是一笔宝贵的精神财富。儒家治事是站在“人道”的思想基础上，主张用伦理道德来统摄、主导经济利益，坚持合义之利则取之，悖义之利则舍之，当义利之间发生矛盾的时候，应当为义而舍利。道家的治事观念则不同于儒家，提出在生产管理上要实现“天人合一”，在生产的过程中要做到适度开发、合理利用自然资源，反对竭泽而渔的掠夺自然的生产方式，主张以自然的方式对待自然，追求人与自然的和睦与协调。道家的经营管理思想站在“天道”的基础上，强调对天的尊重以及对自然规律的遵守。

曾国藩将治事分为四类，“曰兵事，曰饷事，曰吏事，曰交际之事”，划入现代企业管理中即企业经营中的四个关键环节：生产、后勤、人事以及沟通。可见治事是在生产发展和经济运行的基础上通过管理者的实践逐步积累起来的。

二、治事的原则

中国古代思想中蕴涵着极为丰富的现代管理价值，在组织管理中发挥着重要的理论指导作用。

（一）无过无不及的适度原则

中国古代的中庸思想中的“中”指适度、无所偏倚、恰如其分，主要指人的主观认识和行为与实务的客观实际相符合，从而达到一定的预期目标；“庸”即平凡、平常、平易可行，即无改易又必须灵活掌握的通常之理，含有普遍适用的意思。无过无不及的适度原则体现中庸之道，反对“过”与“不及”即反对走极端，倡导适度原则。

古人智取皇位，雄霸天下，其攻心治人、为人处世等智谋巧妙地运用到无过无不及的适度原则，中国古代帝王的御臣之道就是无过无不及的适度原则最为典型的事例。秦始皇赏罚有度可以安民，可以光大帝业；刘邦恩威并用是一种谋略，是王者之道；李世民对待功臣宽严适度，巧妙地处理了自己与群臣的关系，将功臣团结在一起，体现了最高明的统御之术；武则天御臣宽严相济，宽容之中也并非毫无节制，用以实现应有的效果；康熙威严有度，使臣子在宽严相济的环境中生存。以上事例都体现了成功之人往往离不开对于“度”的把握。

这一原则运用于企业管理中，要求领导者树立适度观，使事物的质处于合理的度的范围之内，并尽可能朝最佳的度的方向努力，实行适度管理，为人处事，待人接物，既不要太过，也不能不及，一切都要恰到好处。现代经济学中流行的“博弈”理论中，均衡是一个很重要的概念，即指经济事物中有关的变量在一定条件的相互作用下所达到的一种相对稳定的状态。可见均衡是“中”

的一种表象；而要维持这一均衡状态就要遵循一定的规律，就是孔子所谓的“庸”，恰到好处，适可而止，这就是无过无不及适用原则的最佳的度。

（二）执两用中的合理选择原则

“执两用中”引自“执其两端，用其中于民”，指的是详细地研究事物两端的道理，把事物两端的道理研究清楚，解释清楚，然后取其中点而用之。“执两用中”的选择原则含有从全局来把握事物本质的意思，认清事物的两个临界点，确定事物的量，以实现主观与客观的一致，保证事物的合理性。

中国传统文化强调对利要取之有道，取之以义，要见利思义，决不能见利忘义，所有的人都想得到奖赏，都有所贪图，或图义，或图利，聪明的帝王在处事时利义兼顾。这种“执两用中”的谋略往往能让百姓更加的认同他，更加心存感激。

如今，“执两用中”的合理选择原理在经过革命洗礼的中国得到了广泛的认同，并很通俗地被表达为“实事求是”，这正是毛泽东思想、邓小平理论的精髓，也是被无数事实所确证的有效选择原则，同样的“执两用中”的合理选择原则在现代企业中也得到了认可，从实际出发，从中引出固有的而不是臆造出来的规律，并以此找出解决问题的可行方案。

（三）经权损益的权变原则

权变，即具体情况具体分析；损益，即删节补充。“经权损益”指按照客观的规律去办事，已达到天地万物之和谐，形势发生变化，度应该随之而发生变化。权变损益的思想避免了绝对的僵化模式，而将原则性与灵活性结合起来，使治事过程更加合理。《论语·里伦》中说“可与共学，未可与适道；可与适道，未可与立；可与立，未可与权”，强调在处理实际问题时要灵活运用、创造性地发挥，同时在处理问题时，把握一个合适的度，但这个合适的度不是固定不变的，而是要根据不同的事情、不同的场合、不同的人加以衡量，即“通达权变”。

在经济迅速发展的现代社会，企业所处的环境也随时都在发生变化，科学日新月异，生产力的迅猛发展，员工的知识水平大大提高，社会价值观念也在发生着变化。企业所面临的社会环境的变化和波动日益成为影响企业经营和管理活动的重要因素。因此，在现代管理中，一切的管理行为，都要在把握形势的情况下进行变化，都要把握“经权损益”的权变原则。

三、治事的应用

在中华民族的历史文化中，有着很多成功的经验和失败的教训，能够给我们以借鉴，尤其在今天的企业管理、制度建设服务中得以应用。以孔子为首的儒家、以韩非子为首的法家、以孙子为首的兵家、以老子为首的道家，各以其富含哲学与方法论的思想、所表达的管理道理，对于时下的现代企业管理有着极强的借鉴意义。

（一）儒为本——以人为本，建立规范

儒家的文化建设高屋建瓴，在继承民族文化传统的基础上，既强调适应时代的变化，又强调深深地扎根在民族的土地上，对现代企业管理有着很强适用性。

1. 仁治

“仁”，即以人为本。在管理中，企业客观看待人性至关重要。看到人性中的善端，就能信任、授权和奖励，激发人们的主动性、积极性和创造性；看到人性中的恶端，就能约束、监督和处罚，让人们自我约束、克服怠惰、避免堕落。“仁者爱人、推己及人”，要求企业有社会责任感，不仅关心自身，也关心客户、关心员工，强调管理的换位意识，充分从客户和员工的角度思考问题，从而做出正确的决策。

2. 礼治

所谓礼治，就是建立国、家道德行为规范，以之为纲，约束和规范人们的行为。“礼治”在现代企业管理中的应用可包括企业组织架构明晰、部门职能分工明确、工作流程简便高效、员工位责权利清楚、员工行为礼仪规范等。换句话说，也就是企业规范化的五个层面，即组织规范化、流程规范化、制度规范化、文化规范化、信息规范化。

3. 德治

儒家主张“为政以德”、“以德服人”，提倡教化，反对“不教而诛”。在管理中，讲究德治，就是注重价值观教育，强调企业制度和行为规范的培训与宣导，寻求员工的意识认同和自我约束，以形成统一的企业文化，从而有效推进企业管理，促进企业发展。这是一种比强力推进、简单奖罚更为有效的方式。

4. 人治

儒家认为管理的好坏取决于管理者的好坏，提出“唯仁者宜在高位”、“有治人、无治法”。在管理中，诚如儒家所说，人治不可避免，因为凡事皆须由人完成。正因如此，人的重要性才不言而喻。“人治”，强调以人为中心，充分认识和发掘人的作用。注重人力资源管理的全面建设，注重职岗体系的完善规划，注重激励措施的综合运用，做到人岗匹配，以使人当其位、人尽其才、才尽其用。

（二）法为用——以法为纲，推行全面规范化管理

法家核心思想可概括为五个方面：以法为纲、事断于法、法由一统、以法

为教、不法常可。

1. 以法为纲

即“以法为本”，企业应建立起管理的基本原则与规章制度，明确职、责、权、利，并协调统一。在管理中，首要之事应是建立企业之“法”。“以法为本”，要求法度严谨。要让“法”真正做到“定纷止争、兴功禁暴”，就要求企业建立起管理的基本原则与规章制度，明确企业中的职能分工。法度严谨，就是要求法理缜密、衔接周到，要求职、责、权、利四位一体，无所偏废。

2. 事断于法

企业应以“法”为准，大小事宜，依“法”而行，而不能随心而治。在管理上，由于人存在主观上的裁量与偏见，难免失真，标准不定。因此企业应以“法”为准，建立客观、量化的标准化流程、规范化制度和综合评价机制。

3. 法由一统

法家主张法令必须由官府制定。对企业而言，企业构建在组织架构、订立标准化流程、制定规章制度和行为规范时，应该统一规划、严格职属，不可政出多门。在管理上，企业亦应统一规范化管理，必须有专门的规范化管理部门。这样，才能保证规范化的全面性、严谨性、统一性和实时性，才能最大限度上将规范化管理的效用发挥到最大。

4. 以法为教

法家将“以法为教”作为一种推行法治的重要手段。“以法为教”，有两方面内容：一是公开透明，告知大家，以便于遵从行事；二是思想统一，排除杂念，以专心其事。在管理上，企业对规范化管理的内容应加强教育和培训力度，不断宣导。更为重要的是，与规范化冲突的其他内容，都应该加以摒弃和消除，以免影响规范化管理的效果。

5. 不法常可

法无常可，须应时而变。时代在变，形势在变，人心在变，一切都在变。“法”亦需应时而变。管理上，各种措施都应顺势而变。企业中不存在一成不变的管理。组织架构随情而变，职能分工应需而调，工作流程时时优化，规章制度多为损益，行为规范常有更新，这些都视为必要。

四、兵为锋——以兵法为指南，讲究策略，注重战术

1. 安危论

《孙子兵法》说：“兵者，国之大事，死生之地，存亡之道，不可不察也。”“主不可怒而兴师，将不可愠而致战。”现代社会，随着科技迅猛发展，商业竞

争越来越激烈，企业应具备强烈的忧患意识，居安思危。这样才能在竞争中立于不败之地。管理亦应如是。

2. 谋攻论

兵家主张战争应讲究谋略，主张从全局出发，多方考量，周密谋划。谋攻即智取，避免自身损失，取得最大收益。现代商战诸多案例都无比鲜活地证实了这点。推进管理措施，也应讲求谋略，尽量寻求认同与支持，避免不必要的冲突，慎用强制力，减少管理阻力。

3. 胜战论

兵家主张胜战，认为消耗战不可打，应力求歼敌，从而获取资源、鼓舞士气和支持战略实现。胜战论包括三个层面：一是不打无把握之仗，强调准备充分，形势有利，自身无疚；二是争取取得主动地位，获取战利品，以补充消耗，增长实力；三是提振士气，增强信心。这三个层面有力支持整体战略的实现。

在管理上讲究胜战，就是推行管理必须高度重视，行动谨慎，严谨务实，注重实效，要敏锐把握住管理时机。彼得·德鲁克说过，“管理是一种实践，其本质不在于知而在于行，其验证不在于逻辑而在于成果。其唯一权威就是成就”。

4. 速决论

兵贵神速，是兵家首重之语。速度是产生力量和把握先机的关键因素。只有先人一步，才能占据主动地位、以逸待劳；只有速战速决，才能避免久则生变、减少消耗、战略制胜。现代社会，科技发展日新月异，现在的市场竞争不仅是大鱼吃小鱼，更重要的是快鱼吃慢鱼。因此，在管理上，必须注重效率，讲究速度，力争速战速决。

5. 虚实论

兵家历来重视虚实，讲究形势，主张因敌而变，奇正结合，集中兵力，攻其不备、出其不意。讲究虚实，就是要察情观衅，审时度势，顺应形势，因敌制变，避强就弱，避实击虚，避重就轻，避难就易，抓住关键，集中资源，务求成效。

6. 情报论

兵家重视情报，强调用间，强调知己知彼方能百战百胜，认为虚实、形势所体现出来的都是情报，情报是胜战的关键因素。只有充分收集全面、翔实、准确的信息，才能为正确决策打下基础。要收集好管理信息，分内、外两种情况，内部信息应建立完善、畅顺的信息系统，外部信息应充分建立收集渠道，包括使用商业间谍。

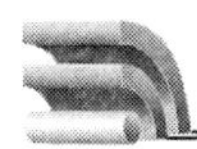

中西对话

现代管理也重视信息的收集，管理信息系统（Management Information System，MIS）就是一门"研究组织如何有效地利用与管理'信息技术'管理信息系统来支持其'营运能力'达到提升'经营效率与策略目标'的学问"，通过利用计算机硬件、软件和网络设备，进行信息的收集、传递、存储、加工、整理的系统，以提高组织的经营效率。管理信息系统有别于一般的信息系统，因为它是用来分析其他信息系统在组织的业务活动中的应用。学术上，管理信息系统通常是用来指那些和决策自动化或支持决策者做决策有关的信息管理方法（如决策支持系统，专家系统和主管支持系统）的统称。

资料来源：林东清．资讯管理：e化企业的核心竞争能力．（台湾）智胜文化，2010.

五、道为基——以客观为基础，尊重规律，做到无为无不为

1. 道法自然

在管理上，"道法自然"要求我们应以客观为基础，尊重自然规律，而不做违背自然规律的事。尤其是不片面夸大主观的作用。管理措施不可急功近利，不搞"浮夸风"，要实实在在去做好工作。

2. 相对主义

道家认为天地万物及其运行规律都是相对的，无为即有为，无用也是有用，二者对立统一和相互转换。相对主义要求我们不可片面、孤立、静止地看待问题，而应该学会全面、联系、动态地思考，从而多方面综合考量，以做出正确的决策。

3. 天人合一

道家主张"天人合一"，追求"天地与我并生，万物与我为一"的精神境界。要求企业在推行管理时应不断探索和认识管理规律，使自身的管理行为符合管理规律。就是管理行为要合法、合理、合情，不夸大、不贬低主观能动性。

4. 无为而治

道家主张"无为而治"，就是最好的管理。管理应顺其自然，处事低调，懂得授权与集权，各司其职，不擅自越级、越权，力求以最简单、最自然、最朴实的方法进行管理。

第二节 察 事

察事，即企业经营事务管理当中最为基础的一个环节，强调的是一个了解事物本质、环境以及条件的过程，必须要掌握察事的目的、思维和方法，更清楚、更详细地对事务进行剖析了解，以达到察事这一过程。

一、察事的目的

（一）兼听则明

兼听则明，即听取多方面的意见，才能明辨是非得失，只听一方面的意见，就信以为真，往往会做出错误的判断。“兼听则明”出自《资治通鉴》：上问魏徵曰：“人主何为而明，何为而暗?”对曰：“兼听则明，偏信则暗。”要求企业管理者在察事的过程中，多听取意见，对事物进行一个全面的了解和判断。

唐太宗时，有一位非常著名的政治家叫魏徵，他以劝谏有方而闻名天下。有一回，唐太宗问他：“作为一个国家的君主，如何才能断事正确、明白而不糊涂呢？反过来说，办错了事又往往是什么原因呢?”

魏徵稍加思索，便答道：“你应该听一听各方面的意见，那样自然而然地就会得出正确的结论；如果你只听信一面之词，就会因为片面而把事情办错。”接着，魏徵列举了许多历史上的教训，说明如果一个君主偏听偏信，就会造成非常严重的后果。

他以秦二世等人为例，说：“秦二世偏信赵高，而遭来望夷之祸；梁武帝偏信朱异，而自取台城之辱；隋炀帝偏信虞世基，而导致了彭城阁之变。相反，如果多了解一些情况、多听取一些意见，就可以避免或防止一些祸害。”

唐太宗听了魏徵的话，觉得他说得非常有道理，不停地点头说：“太好了，太好了！”

（二）审时度势

审时度势是指观察分析时势，估计情况的变化，即说通过管理者主动地分析现存的条件达到事物处理的最佳效果。

中国人在决定行动之前都会好好地盘算一下，对事物进行全方位的了解和查询，好对可预见的未来有一个清晰的、系统的打算。但这并不是说行动是一成不变的，因为在事物管理的推行过程中，如果坚持不做任何变更，那么很可能就会被迫停止，因此要观察时势，边做边修改边调整。

古语云："夫事有常变，理有穷通。故事有今不可行而可预定者，为后之福；有今可行，而不可永定者，为后之祸。其理在于审时度势，与本末强弱耳。"（《资政新篇》）只有做到审时度势，才能够切中事物的重点。

现在的企业要正确处理事情，单凭企业管理者的个人经验和直觉必将使企业面临巨大的风险，尤其是随着信息越来越多、时间越来越短、影响面越来越广，管理者也由个人转向了群体，但决策的思想精神是不变的。

对决策者的至高要求莫过于"察"。"察"是一切事物处理的基础，佛家认为，必须要做到"明察"，即分辨是非黑白，真假美丑，透过现象看本质的能力，有了这样的"察"，才能够使之后的谋事更为顺利。

二、察事的思维

（一）系统辩证

中国古人早已熟悉和习惯以系统辩证的思维去认识世界。《易经》把世界看作一个由基本要素组成的系统整体，分为两仪、四象、八卦，最后到六十四卦。中国古代的明君会从发展变化的角度来看待事物、从阴阳的对立统一来看待事物、从整体到局部来看待事物，这些早就是自然而然的事情。

既要从矛盾的结合上把握对立互补的思维方式，坚持"求同存异"策略，又要掌握灵性思维方法，做到工具理性与价值理性的巧妙结合。现代企业的领导者要将企业以及企业所处的环境看成一个整体、一个系统，用系统辩证的思想去认识它。

（二）顺其自然

"自然"是"道"的本性，所谓"自然"并不是指存在于人类之外的自然界，而是指"道"和由它而派生的宇宙万物的"本性如此"、"本然如此"的自然状况和天赋的存在形式与运作方式。

老子说："故道大，天大，地大，人亦大。域中有四大，而人局其一焉。人法地，地法天，天法道，道法自然。"（《道德经》）在这里，"道"含有规律、道理、道术等多重意义，但最重要的是作为天地万物发生的根源和规律。以科学规律为依据，即可对将要发生的事物了解得更为透彻。

我国古代商人早就认识到规律在市场经营中的重要性。“论其有余不足，则知贵贱。贵上极则反贱，贱下极则反贵。”（《史记·货殖列传》）这就是说，在市场上，供过于求，商品的价格就低；供不应求，商品的价格就高。一种商品贵到了极点就会向贱转化，贱到了极点就会向贵转化。这是不以人的主观意志为转移的市场运行规律。

掌握了科学规律，就可以提示人们用自然现象和自然规律来解释事物的本质和规律。在现代企业管理中，只有不违背客观经济规律，不凭主观想象去发号施令，才能使企业获得成功。

三、察事的方法

中国5000年的历史，先人留下浩如烟海的历史著作，其中蕴涵着极其丰富的政治、军事和人生谋略等思想，这些谋略哲思大能治国平天下，小可修身避难。其中的宏韬伟略信手拈来皆可用于治理一个企业。

中国古人认识事物，采用的主要方法有：以理为据和以史为鉴。

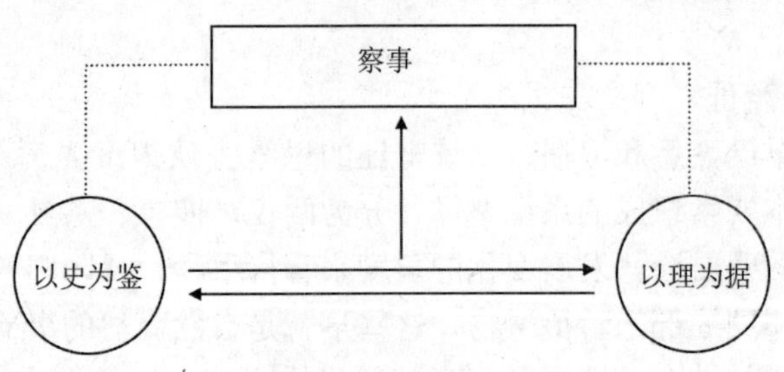

图8—2　察事的方法

（一）以理为据

以理为据是指依据各个领域的科学理论对事物进行判断。

古人崇尚《四书》、《五经》，通过书本上的各个科学理论，对事物进行认知理解。如《梦溪笔谈》是宋朝沈括所著的笔记体著作，其中收录了沈括一生的所见所闻和见解。现存的《梦溪笔谈》分为26卷，分故事、辩证、乐律、象数、人事、官政、权智、艺文、书画、技艺、器用、神奇、异事、谬误、讥谑、杂志、药议17个门类共609条，内容涉及科学技术的各个方面。

汉高祖六年（公元前200年）韩王信反叛，高祖亲自领兵去镇压。到了晋阳（今山西省太原市），听说韩王信和匈奴想要一同进攻汉朝，皇上大怒，派人初试匈奴，匈奴把壮士和肥壮的牛马都藏起来，只见到老人、小孩和瘦的牲畜。派去的使者十余批回来，都说可以进攻匈奴。皇上又派出刘敬出使匈奴，刘敬回来报告说："两个互相攻击，应该夸耀显示自己的长处。现在我到那里，仅仅看到瘦小的牲畜和老弱的士兵，这一定是让我们看到短处，埋伏下了奇兵，来争取胜利。我认为不可以进攻匈奴。"皇上发怒了，骂刘敬说："齐国的混蛋，靠耍嘴皮子得到了官职，如今一派胡言阻挠我军。"于是把刘敬囚禁在广武（今山西省代县），自己带兵前往。到了平城（今山西省大同市），匈奴果然出动突袭部队，把高祖包围在白登（今山西省大同市），经过7天才得以解围。高祖回到广武，赦免了刘敬，并说："我未采纳你的意见，以至于被围困平城。我已经把以前的十批说匈奴可以进攻的使者都斩杀了。"于是赏封刘敬2000户，赐爵位内侯，称为建信侯。

刘敬的正确分析源自对兵法疑兵理论知识的掌握。对于现在的管理者而言，在察事时必须依据科学理论，对事务进行分析了解。

（二）以史为鉴

中国文明几千年，从历史中可以找到认识事物最好的参照。唐太宗李世民曾说："以铜为鉴，可以正衣冠；以人为鉴，可以知得失；以史为鉴，可以知兴替。"以史为鉴，即通过吸取历史经验、教训，更好地把握自己，大到治理国家，小到自我修养。通过历史，可以看到未来，现在是历史的延续，未来是现在的延续。总结历史经验、教训，就是寻求导致国家兴衰存亡或个人成败得失的原因。

第三节　谋　事

谋事，即计划、规划事情，强调的是努力的过程，是指企业根据已了解的具体情况，对事务进行谋划，并制定行动谋略。谋事是事务管理中最核心和最重要的一步，其核心的问题就是要解决如何做出决定、怎样做出决定、依据什么做出决定的问题。在中国历史上，譬如《史记》、《战国策》、《孙子兵法》、

《资治通鉴》等著作中，都有大量丰富的谋事思想和案例。

本节的重点是了解谋事的对象、理念以及谋事的方法。

一、谋事的对象

欲行事首先要谋事，谋事中最为重要的是对谋事对象的把握，明确谋事对象，才能清楚地对后面的行为进行谋划。

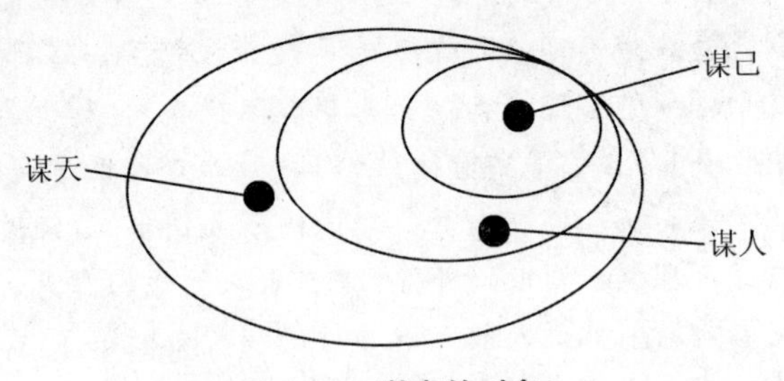

图 8—3　谋事的对象

（一）谋己

谋事先谋己。谋己是指谋事者对自身能力、素质的培养谋划。不管何事，领导者个人的能力、素质都是最重要的。

古有毛遂自荐，脱颖而出；有相如一怒，完璧归赵；亦有项羽刚愎自用，四面楚歌；赵括纸上谈兵，全军覆灭。可见谋己是最基本的自我审视能力，好高骛远、师心自用、自以为是都是谋事的大敌，结果自然是成事不足、败事有余。

（二）谋人

谋事谋己更要谋人。所谓“知己知彼，百战不殆”。大雾弥漫，却草船借箭，“谋”的正是曹操的生性多疑；一曲空城计，唱了多少年，谋的正是“司马懿知我一生谨慎，料我必不会行此险遭”；庞涓毙命马陵道上，正是因为既心胸狭窄，更不能谋孙膑之智更胜于己；而孙膑却能看出“彼三晋之兵素悍勇而轻齐”以因势利导之。鸿门宴上，霸王看到的是自己的不可一世，何曾看到软弱的刘邦背后的“老谋深算”？谋人其实就是谋成事需要的社会背景和复杂的人际关系，有智慧的人总会通过简单的人际表象，看出背后的真相，军事上的“相机而动”、“因势利导”其实也正是谋人之后的智慧行动。

（三）谋天

谋的最高层次，可谓“谋天”。天是什么？具体就是“天时，地利，人和”。古人强调为将者要上知天文、下懂地理、中能游走于复杂的人际关系中。

赤壁之战上，若无借东风，虽万事俱备，依然功败垂成。面对复杂的人际关系环境，诸葛亮分析了各种力量与人的心态，舌战群儒；此后“周瑜打黄盖”、“阚泽下降书”、“连环计”，环环相扣，精彩纷呈，孙刘联盟，痛击曹操。谋天，就是审时度势，胸怀大局；绝不是“天之亡我，非战之罪”的托词。天时不是上帝，而是机会机遇、是环境、是人际，不利的环境对任何人都是公平的。

二、谋事的理念

理念决定着行为，在谋事过程中最重要的就是要树立正确的理念思想，决策的成功与失败也取决于管理者、经营者的理念。一个正确、积极、能代表企业信念、激发企业活力、推动企业生产经营的理念，能够更好地规范企业行为，树立团队精神，使企业长治久安。

图 8—4　谋事的理念

（一）仁与礼

仁是孔子仁学中最根本、最具普遍意义的道德范畴。仁的内涵极其丰富，有亲亲、孝悌等立基于血缘亲情的家庭道德情感，如同孔子所说“仁者人也，亲亲为大”（《礼记·中庸》），“孝悌也者，其为仁之本与”（《论语·学而》）；有立足于人性之善而产生的“仁者爱人”（《孟子·离娄》）、“博施备物”（《礼记·祭义》）之类的社会道德情感；也有反映仁之特性的“恭、宽、信、敏、惠”（《论语·阳货》）等具体的做人道德原则。

对企业而言，仁学以人为中心，强调道德和权威、人格的完善、企业内部群体的共同利益以及社会道德责任，其核心观念是“仁本礼用”，其思维方式和实践程式是“内圣外王”（《庄子·天下》）、“推己及人”而后及于社会。这对企业的经营者、管理者提出了更高的道德要求。

礼，既是道德范畴，又是伦理原则。礼在儒学理论体系中，其更重要的地位是作为伦理原则呈现的。儒家经典《礼记》中对礼的性质、功能及其与道德仁义、政治人事的关系做了明确的规定与说明。这些记载表明：

1. 礼既是“定亲疏、决嫌疑”的人伦准则，又是“别同异、明是非”的理性准则

礼既规范着社会上不同等级、不同类别的人群（如君臣、父子、夫妇、朋友、师生）的等级秩序，又成为人们在政治、军事、文化、经济、宗教等活动中各种社会行为的标准与制度，可见“礼”的根本性质是伦理规范与秩序性制度。

2. 礼是成全内在道德情感的外在性规范

儒家所谓“道德仁义，非礼不成”（《礼记·曲礼》），“忠信，礼之本也”（《礼记·礼器》），“乐动于内，礼动于外”，“乐极和，礼极顺”（《礼记·乐记》），正说明礼仪制度与道德情感的关系是一种表里和谐、体用一致的关系。

3. 礼作为伦理规范，对每个社会成员都提出了道德要求

如强调“父子有亲，君臣有义，夫妇有别，长幼有叙，朋友有信”（《孟子·滕文公》）等，并要求所有社会成员必须遵守这些道德准则，认为只有如此，才能使人格完满、家庭和谐、社会安定。

4. 儒家思想中的礼，是与时推移、因时制宜的

如《礼记·礼器》中孔子所说，“礼也者，合于天时，设于地财，顺于鬼神，合于人心。理万物者也……礼，时为大，顺次之”。《中庸》中孔子之言“君子而时中”等。

由此可见，儒家所讲的礼，虽然具有很广泛的社会功能，但它主要是用以确立等级社会中人与人关系的、外在性的规范和制度，是一种他律性的伦理原则，而非自律性的德性原则，而且礼是不断发展更新、与时俱进的。可见，在孔子等儒家学说中，道德之仁与伦理之礼是一种表里体用关系，因而不应混为一谈，或片面地将孔子学说归为“礼学”。

对现代企业而言，礼以仁为存在的根据，礼是内在仁心、善性的外在表现。所以孔子要说“人而不仁，如礼何”，并且主张“克己复礼为仁”，孟子则以“恻隐之心”为“仁之端”，而以“辞让之心”为“礼之端”。而且礼作为一种道德，本身还具有敬、让、忠、信等多重道德含义，而这些含义，实际上无非是内在仁心的外在表现。由此可见，在中国传统的思想中，仁与礼虽然同为德性原则，但相互之间却存在一个表里、体用的关系，即“仁本礼用”的关系。

（二）利与义

利与义作为价值取向的两极。实质上是从不同角度对利益的概括。义指的是一种宏观的、整体的公利，也就是利他、利群、利国之利，即一种大义，同时也意指伦理道德，公平合理。利指的是一种微观的、属于个人的私利。在决事过程中利与义往往是领导者最为重视的。

对于义、利，中国古人早有定论。孔子认为“君子喻于义，小人喻于利”，“君子义以为上”，“义然后取”；孟子强调“义，人之正路也”，提倡“惟义所在”，要“去利，怀仁义以想接”；荀子则认为，“义胜利为治世，利胜义为乱世”，主张“先义后利”。“重义轻利”的利义观，似乎成为了一个不争的结论。

然而，我国的传统文化并非只讲义不讲利的，而主要是强调对利要取之有道、取之以义，要见利思义，而决不能见利忘义。中国历史上各位聪明的帝王心中更是深明此理。他们在用人时就能洞察人性，利义兼顾。

现在的企业作为市场经济环境下的经济主体，它追求的是利润最大化。企业期望财富不断增长、实力不断提高和经济稳定快速发展，这是无可非议的。但是，我们不能把企业管理目的绝对化。企业不仅仅是一个经济组织，也是一个社会组织，它是人类社会不可分割的组成部分。企业在追求“利”的同时必须有益于社会，以为社会做贡献为前提，这便是“义”。既重视眼前之利，更着眼于长期利益；既重视局部之利，更重视全局之利。“无见小利……见小利则大事不成”。只有如此，企业的经济利益才是符合义的利，才是可持续发展的长远之利。

（三）诚与信

诚、信是事务管理者在管理过程中重要的道德理念。

诚是儒家最基本的道德规范，也是华商的成功之道。市场经济中，成功的企业没有一个不是依靠诚、信而获得的。市场竞争的残酷现实使西方管理者重视企业外部信誉，提出“顾客是上帝”的信条。海尔“真诚到永远”的服务理念贯穿于顾客的售前、售中和售后服务，赢得了海内外顾客的赞誉。不仅在企业外部信誉上要讲诚，而且在处理企业内部人际关系时，也要强调管理者的真诚和守信。失信于民，管理者就会在被管理者面前失去威信。“信则民为任焉”，管理者诚信，就能得到被管理者的信任。“君子信而后劳其民；未信，则以为厉己也”（《论语·子张》）。也就是说，管理者首先要获得民众的信任，取信于民之后，才能去管理民众。诚与信在内部管理中要体现在企业宗旨、企业目标、企业文化以及企业精神中。

信，即言而有信，也就是讲信誉。现如今的市场经济对企业而言，更是一种信用经济。信誉程度往往预示着企业的生命力。“信则人任焉”（《论语·阳货》），交往信实，别人就会信任你。商业信誉已经成为现代企业重要的无形资产，信誉好的企业在与其他企业交往时，无疑会使对方产生心理上的安全感，使其在商品交易、融资、投资、合作合资等经营方面拥有更多的优势。

重诚守信要求企业在相互交往时，必须待人以诚，不欺诈，不虚伪。中华民族是“信”的民族，《诗经》中已有“信誓旦旦，不思其反”。子夏说：“与

三、治缘的应用

(一) 缘的作用

我们说的缘就是关系，而关系在中国人心目中有着重要地位。和谐融洽的关系不仅有利于工作目标的达成，更是中国人生活的中心议题和目标。当然，一个人不可能同所有与他交往的人都结成良好的关系，但是在他的首属群体中需要很好的关系，才能利于工作。

关系在中国人生活中的重要作用体现在以下两个方面：

1. 关系在界定个体身份中有很大作用

我们常听到别人自我介绍时说自己是张三或李四的学生、老乡、朋友、亲戚等，这里的张三或李四必定是对方了解的一个重要人物。建立在关系人基础上的人缘认知，基本规定了双方之间关系的水平及以后关系依赖性的程度。

2. 不同类型的关系直接影响人缘互动方式

这一点中西方都一样，不过中国社会表现得更为明显。费孝通 1948 年所揭示的中国人人际关系表现为“差序格局”的特点，即以自我为中心，向外围不断扩散，就像一粒石子投入水中激起的波纹一样，越远则波纹越大越淡，关系越一般，到今天依然适用。如由血缘和亲情决定的家人关系，是注重责任而不讲回报或回报性很低的；除此之外的其他类型的关系，应该是一种有条件的依赖型的关系，要相互讲人情并期望回报。

在各种关系中，人的关系又是影响范围最广、影响因素最多的。统计资料表明：良好的人际关系，可使工作成功率与个人幸福达成率达到 85%以上；一个人获得成功的因素中，85%决定于人际关系，而知识、技术、经验等因素仅占 15%。现代社会，竞争更加激烈，一个人处理人际关系的能力，不但能够反映出他的智慧，更是他的心态与价值观的展现。善于处理人际关系的人，能够把握与周围人的相处之道，获得良好的人际关系，这些都是有利于他实现个人成就最大化的。

小案例

赵匡胤早年落魄时曾投奔到董遵海父亲帐下，董遵海对赵匡胤经常冒犯，赵匡胤忍不下去就投奔他处了。后来，两人同殿为臣，董又和赵的政敌声气相通。赵匡胤即位后，就召见董遵海。董自忖死罪难逃，便要自杀。这时，他的

朋友交，言而有信。”（《论语·述而》）孔子毕生致力于信的传授，信贯穿着孔子的整个思想体系，他推崇四教“文、行、忠、信”。现代企业充分认识到，诚、信是管理者必须具备的商业道德规范，也是管理者必须树立的思想理念。重诚守信是现代企业互相合作的重要前提，也是公平竞争赖以维护的重要准则。随着市场经济社会的不断发展，法律和法规就像电脑软件一样设计得更加精细和完善。但是法无尽备、法无尽善，法律不是规则的全部，因此同时要有诚实守信的道德，从内心深处规范自己的行为，通过守法和守信建立起健康有序的社会生活。从某种意义上，来自道德层面上的自我约束，要比来自法律层面上的约束更为重要。法律仅仅是在一定范围内对人的特定行为产生约束作用，受到时间、空间及其技术手段和执行成本的限制。重诚守信才是企业发展的基石。

三、谋事的策略

谋事在行动之前往往有其相应的策略和方法，指导行动。《孙子兵法》、《三十六计》等集历代“韬略”、“诡道”之大成的谋事之著，之所以影响深远，是因为它不仅仅局限于军事领域，对企业而言，更具有适用性。

小案例

在大名鼎鼎的“春秋五霸”之中，齐桓公以其“正而不谲”的谋事之道为世人称颂，孟子讴歌他“五霸桓公为盛”。

齐桓公的谋略，表现在他善于正确判断形势，根据实际情况与对手作必要的妥协。召陵之盟，充分体现了他通过妥协的方式，实现其战略利益的稳重风格。当时，楚国兵锋咄咄北上，成为中原诸侯的巨大威胁。“南夷与北狄交，中国不绝若线”。在这种情况下，齐国当缩头乌龟是不成的，保护不了中原中小诸侯，但如果心血来潮，同楚国真刀真枪干上一仗，也不是正确的选择。最好的办法是组织起一支多国部队，兵临楚境，给其施加巨大的政治、军事、外交等压力，迫使对手做出一定的让步。于是，齐桓公与楚国方面在召陵地区联袂上演了一场妥协大戏。楚国承认不向周天子进贡“苞茅”的过错，表示愿意承担服从“王室”的义务，给了齐桓公所需的脸面；而齐桓公也达到了警告楚国、阻遏其北进迅猛势头的有限战略目的。这种战略上不走极端、巧妙妥协的做法，可能会让习惯于唱“攘夷”高调的人觉得不够过瘾　可它恰恰是当时齐桓公唯一可行的正确抉择。

齐桓公善于把握时机，算盘精明，从不做赔本的买卖，总是用最小的投入去换回最可观的利益。他让后人津津乐道的几件大事，如迁邢、存卫、救助周室等都是投入甚少而收益甚大的合算买卖。如他迁邢、存卫，并不是在邢国与卫国一遭到戎狄的攻击时就出兵施援，而是在局势明朗之后才展开行动，所以当齐兵姗姗来迟，抵达邢、卫时，邢、卫早已被戎狄所攻破。如此一来，齐军并未遭到损失，但却赢得了抗击戎狄、拯救危难的美誉，齐桓公本人也几乎成了人们的大救星。

资料来源：黄朴民．齐桓公的谋事之道．国学，2011（2）.（经整理）

（一）料敌制胜

料敌制胜是指准确地判断敌情，并赢得胜利。其关键是对企业的事务有一个全面系统的了解，最关键的是对现实情况的一个判断。放到现在企业中，要求企业的经营者、管理者要“料敌制胜，计险厄、远近”，才能一展身手。

料敌制胜是孙子的制胜思想，亦称先胜思想，是全面系统的战争准备论。料敌制胜强调对事务进行充分的了解判断，将危险消除于萌芽状态之中。孙子认为：“故善战者，立于不败之地，而不失敌之败也。是故，胜兵先胜而后求战，败兵先战而后求胜。”（《孙子兵法·地形篇》）善于作战的人，总是使自己立于不败之地，而不放过击败敌人的机会。所以，胜利的军队会先对局势进行一个全面的了解判断，而后才寻求与敌交战；失败的军队往往是先冒险与敌交战，而后祈求侥幸取胜。这里包括两层意思：其一，先胜，其所要解决的是战争的客观物质基础问题，强调“防微杜渐”，将一切危险化解于事前；其二，先胜要求在一定实力的基础上做到信息的尽知与先知。这一策略在现代企业中具有两个方面的借鉴价值。

1. 领导者应该具备一种战略层次上的谨慎，拿捏尺寸，把危机消灭于萌芽状态

所以，老子曾说：“为之于未有，治之于未乱。”（《老子》）战略上的成功与否，往往在实际竞争接触之前就已经决定。《尉缭子·战权》对此也有深刻论述，“权先加人者，敌不力交；武先加人者，敌无威接”，就是强调防患于未然的重要性。

2. 管理者要尽可能地做到信息的尽知与先知

尽知强调信息的准全原则，就是要掌握决策所需要的相关信息；先知强调信息的及时原则，就是要不失时机地快速为决策提供必要的信息，尽可能减少信息在中间环节的滞留，防止信息失真。对于现代领导者而言，坚持信息准全

原则，就要坚持实事求是的原则，深入实际调查研究，一切从实际出发，一切以时间地点条件为转移，自觉按客观规律办事。只有做到先知与尽知，才能够成功。

（二）因敌变化

随着敌情的变化而随时调整作战方案是《孙子兵法》中的一条最重要的原则。

“兵者，诡道也。”兵不厌诈，出奇制胜是孙子军事思想的精华。《孙子兵法》中：战场上所谓用诈，就是以虚为实，以实为虚，以此引诱敌人。关键就是避实就虚，以实击虚，出其不意，攻其不备，最后克敌制胜，获得全面胜利。

“因敌变化”即“兵无常势”，“因敌变化而取胜”。孙子用十分形象也十分浅显易懂的比喻——“兵形像水”说明战场上的情况千变万化，战术战法的适用要根据情况的变化而变化，只有灵活机动，才能取得胜利。

“夫兵形象水，水之行，避高而趋下；兵之形，避实而击虚；水因地而制流，兵因敌而制胜。故兵无常势，水无常形。能因敌变化而取胜者，谓之神。故五行无常胜，四时无常位，日有短长，月有死生。”（《孙子兵法·虚实篇》）“践墨随敌，已决战事。”（《孙子兵法·九地篇》）

按照这些原则，企业管理者也要根据市场的变化、竞争对手的情况、顾客的需求而随时调整自己的经营方略，从而保证企业的生存和发展。

（三）知己知彼

《孙子兵法》云：“知彼知己者，百战不殆；不知彼而知己，一胜一负；不知彼不知己者，每战必殆。”知己知彼，即如果对敌我双方的情况都能了解透彻，打起仗来就可以立于不败之地。

放置于现代企业，这就是现代管理学的“信息观”。我们处于一个信息爆炸的时代，对于一个管理者来说，不进行调查研究，不摸清实际情况，不清楚事态的发展趋势，而擅自“拍板”，势必陷入危险境地，造成的往往是最大的危害。由此可见管理上“知彼知己”的重要性。

第四节　行　事

行事最核心要解决的问题是如何实现既定的目标。明确事务的具体情况，制定了相应的决策策略，就必须以此为依据执行。本节的重点主要介绍了行事的态度、方法和行为。

一、行事的态度

事务的成败往往取决于领导者的态度。

（一）未雨绸缪

小案例

武王灭纣后，封管叔、蔡叔及霍叔于商都近郊，以监视殷遗民，号三监。武王薨，成王年幼继位，由叔父周公辅政，致三监不满。管叔等散布流言，谓周公将不利于成王。周公为避嫌疑，远离京城，迁居洛邑。不久，管叔等人与殷纣王之子武庚勾结行叛。周公乃奉成王命，兴师东伐，诛管叔、杀武庚、放蔡叔，收殷余民。周公平乱后，遂写一首《鸱鸮》诗与成王。其诗曰："迨天未下雨，急剥桑皮，拌以泥灰，以缚门窗。汝居下者，敢欺我哉?"周公诗有讽谏之意，望成王及时制定措施，以止叛乱阴谋。成王虽心中不满，然未敢责之。

兵法有云"兵贵神速"，作战时谁的军队速度快，抢得先发制人的有利地位，谁就能占上风，就会赢得胜利。市场如战场，商场如兵场。成事最重要的就是拥有洞察先机、未雨绸缪的能力。如果管理者缺乏洞察先机的能力，那么他的团队将会处于危险的境地中。

在这方面，古人特别强调在顺利和成功时要很好地做到未雨绸缪，避免被动。如《易经·既济》中就认为，"君子以思患而豫防之君子，君子以慎辩物居方"。君子应在事情顺利的时候，就考虑可能发生的祸患，事前加以预防。当然在不顺的时候，应当慎重地从本质去辨别事务的变化趋势，找准行动的方向。

对于现在的企业而言，如果要发展，一定要有"居安思危，未雨绸缪"的忧患意识。早在 1984 年，海尔集团总裁张瑞敏，就当着全体员工的面，将 76 台带有轻微质量问题的电冰箱当众砸毁，使员工产生了一种危机感与责任感，由此创造出了一套独具特色的海尔式产品质量和服务，如"用户永远是对的"，"海尔"卖的不是产品，而是信誉，"真诚到永远"等，就像海尔的生存理念："永远战战兢兢，永远如履薄冰"，更给人一种强烈的忧患意识和危机意识，这是海尔集团打开成功之门的钥匙。所以，对于一个企业而言，无论是在一个什么样的环境里，都要时刻保持着一种危机意识。

(二) 荣辱不惊

欲成事者必须保持荣辱不惊的境界。

领导者如果只是为了获得权势，以便个人享乐和谋求私利；如果一个人的目标只是为了获得财富以便奢侈享乐，那么，这个人根本没有资格成为一个领导者。即便凭借机缘或者狡猾手段成为领导者，终必归于失败。只有在极大程度摆脱了物的束缚，实现了精神境界提升的人，才是理想的领导者，也才有可能成为成功的成事者。

战场上的英雄连死都不怕，自然无所畏惧；古代的高僧靠一块布条即可遮身、靠一点白粥即可果腹，自然看淡浮沉、无挂无碍。

钱钟书说："成功不仅意味着事业上取得成就，还包括人生境界的提升。"上海实业（集团）有限公司董事长蔡来兴也说："一个企业可以跳多高，很大程度上取决于企业家的境界：你的境界多高，企业就能飞多高。"因此，企业家本身怎样提高自己的境界非常重要。

(三) 当机立断

事务的发展、问题的解决都有一个时机的问题。因此，当机立断也是一个重要的决策理念。

从前，有一个家长，拿出一团乱麻，让两个儿子把麻捋出来，大儿子一点一点地往外挑，而小儿子却抽出一把刀斩断乱麻，这就是所谓的"快刀斩乱麻"。决策者就要有这种当机立断的魄力，"当断不断，必受其乱"。当断立断才能树立领导者果敢、自信的形象，只有这样的领导才能让部下信服、尊敬。

在当代企业管理中，对领导者当机立断的能力要求更高，它体现在各种各样的决策过程中。对于管理者而言，做出决策的时机极为重要。各种各样的决策有时如流沙中稍纵即逝的珍珠，必须当机立断，方可把握住这不可重来的瞬间机遇。决策正确，但机会错过了，会使效果大打折扣。延误的决策会给事务管理带来不利的影响。果断的性格，可以在形势突变的情况下，迅速分析形势当机立断，不失时机地做出正确的决策以适应变化了的情况。

当然，领导者应该明白果断决策不等于武断决策，危机决策也不是随机决策。这貌似瞬间的果断抉择，其实是平时大量决策经验、决策机制等积累的爆发。

果断决策其实已超出了性格的范围，有效的管理者的当机立断更多的是源于其丰富的阅历、认知和对形势的把握。所以，管理者左右为难、拿不定主意而迟迟不拍板也未必是不够果敢而很可能是需要进一步的学习。

现代社会是信息社会，信息瞬息万变，机会稍纵即逝，就更需要现代领导者善于抓住机遇，当机立断，取得成功。当然，当机立断是在正确分析、判断的基础上，不能是毫无根据，没有条件的冲动、莽撞的行为。

二、行事的方法

中国传统的行事方法有其特色的一面，并不同于西方的辩证法、批判法、演绎法、归纳法、直觉法、比较法、现象法、发生法、分析法、综合法等哲学或科学的方法，归咎起来就是经权法。

（一）经权法的定义

经指“经常不变”的法则，“凡为天下国家有九经”，中国人秉持这些“道义法制的常道”，讲究“万变不离其宗”。《中庸》说：“道也者，不可须臾离也；可离，非道也。”道的本源乃是出自天命而不可更易的，古往今来，中国人不管怎样修、怎样变，却还是这一道。中国人讲变，但在变之上又要讲一个通，就是要求通于道。

权即“通权达变”。子曰：“可与共学，未可与适道；可与适道，未可与立；可与立，未可与权。”（《论语》）中国先哲认为：自知乃知人之始，能自知的人，才可与共学；学以学做人，然后可以适道；信道要笃，才能独立不挠。所以唯有能够自立，也就是朱子说的“笃志固执而不变”的人，才可以讲求“通权达变”。

经、权合起来说，就是“理有不可变的，亦有可变的；不可变的为‘经’，可变的为‘权’”。但在中国人看来，权不可与经反，因为权是经在特殊之事中的运用。所以权必须保持同质的变。宋明理学家常说的“理一分殊”或“一本万殊”，正是由“经”与“权”的关系转化而来。

（二）经权法的基本法则

“经权法”的基本法则即中道的标准，亦即权变的法则。

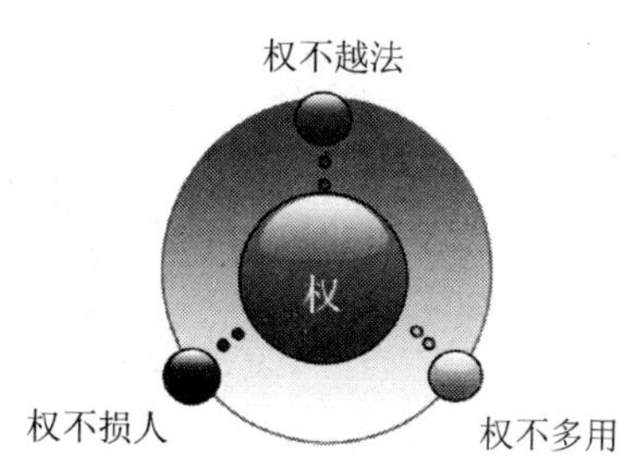

图 8—5 “经权法”的基本法则

1. 权不越法

权不越法，即权不舍本。企业间员工利害不同，难免竞争，产生怨愤之气，以致影响和谐融洽。各人无不寄望管理者借权变的力量，对自己有所助益。管理者如果越法特准，结果只会增加员工内心的不平，不如坚持权不越法，一切权变，都在法令许可范围之内。管理者一方面切记法必须随时修订，使其切合时宜，勿成“呆法”；另一方面则开诚布公地表示：“我可以尽量帮你的忙，但是我相信你也不愿意叫我违法。”当能取得大家的谅解，促成成员之间的和谐。

2. 权不损人

古往今来，大家都害怕权变，不愿意权变的原因，是权变往往损害某些人而又造福了另外的某些人，造成“几分欢乐几家愁”的场面。在结果尚未明显的时候，总是反对的多，赞成的少，形成恐惧权变、阻挠革新的心理。实际上权不损人，才能得宜。管理者如果坚持原则，当然可以建立部署的信心，使他们不但不反对权变，而且深信权变有利于大众，因而表现出欢迎的态度。权不损人，主要功夫在协调，协调费时劳神，固属事实；但不协调引起的弊端，要设法加以消除，恐怕更费力更伤身更浪费时间。这是管理者不可不详加考察判别的。

3. 权不多用

权是特别的变通，权变太多，严重影响到常规，会引起成员对于常规的怀疑，使成员失去遵守的信心。常规是经，但经也要随着实际情况而做适当的调整，这才合乎经权的精神。常规时常变更，常常权变，显见已经失去经的正确性和可靠性，不如根本修订原来的常规，使之更为公平合理。况且权一多用，机构内无法维持层层节制的常态，员工不理会组织的层次，一心盼望最高主管能够特别通融。各级主管，不是形同虚设，就是不敢也不愿意负责。

依老子的说法，管理有如烹小鲜：不可不求变易，也不可轻易求变。管理者在一切变化因素之中，要时时把握变中之常。常是经，经是不易，也应该及时变易，才是切合此时此地的经。世间万物不断变化，唯一的不同就是时间有久暂。对经而言，世间较为持久，空间较为广大。通权达变之目的，乃在求取经的达成，所以变易之中，要力求不易，亦即坚守“权不离经”的原则。这经权的相辅相成，管理者有责任把它弄得十分简易，使不知不觉中，员工由于经权的简单化和明朗化，得以易知易行。

(三) 经权法的应用

究竟中国现代企业中，要拿什么做经，来融合一切外来的管理呢？我们把握“易简”的精神，依据近百来中国现代化的经验，“伦理、民主、科学”是中国企业的“经”。

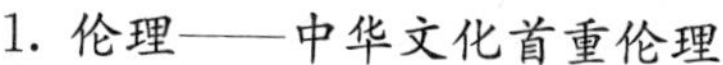

1. 伦理——中华文化首重伦理

伦就是类，理就是纹理，引申为一切有条贯、有脉络可寻的条理。它说明的是人对人的关系，包括个人对集体、集体与集体之间相互的关系。伦理与法制不同，伦理从人类本性上启发人的自觉。对企业而言，法制是最基本的要求，中国企业，尤其是现代化企业应该以伦理为出发点，来启发管理者本身和企业内部的员工，以提醒每一个人对企业、对组织、对他人、对自己的责任，使其知所感应、有所感应，以扩大管理的效果。

2. 民主——孔子主张容纳异己，即现代民主的基本条件

中国式管理，欲求成员守纪律、负责任，唯有树立民主的精神，才能有效。世界上不同国家所表现的民主是不同的，仍有其缺陷，仍有其流弊，或存有种族的歧视，或造成卑劣驱逐贤能的弊端。孙中山曾同意“以更多的民主，去革除民主的流弊”，希望“以更多的民主，去打击反民主、假民主”，我国企业管理，包括中国管理民主化，任何机构均应以“合理的民主”为依归。

3. 科学——中国人重实际，喜欢从事物现象的表现，做如实的描述

科学技术的发明为时甚早，其中陶瓷、纸、印刷、指南针、火药等，对于人类文化尤有重大的贡献。中国管理科学化的时候，必须警觉：中国所需要的科学，不是反人性的以屠杀、殖民、毁灭为能事的科学；中国所珍视的乃是“保民”与“养民”的科学。我们所要的科学精神，是求精求实的精神。因为真正的科学，其精神在求合理与真实；而其方法，则在彻底与精密。

小知识

劳资关系，西方因为受到洛克（John Lock）的影响，往往认定“不是劳方压倒资方，便是资方压倒劳方”，彼此利害冲突，自非对立不可。唯就中国伦理观念来看，人人同有一颗爱人之心，如果大家按照孔子所说的方法，各人“尽其在我”。资方努力创造一个合适的工作环境，让劳方感受得到照顾与关爱，并因而产生强大的向心力；劳方感到个人受到器重，受到鼓舞与激励，心知感应，因而尽一己之心、尽一己之力，把分内的工作做好，让资方觉得所有消极性的人事管理，俱属不必要而趋于“无为”，更进一步消除劳方心里“以工作换取薪资”的感觉。机构之内，充满着孔子所描述“老者安之，朋友信之，少者怀之”的气氛，那还有什么“劳”与“资”的区别呢？所以劳资关系，在中国管理现代化中，应该转化为“以和为贵”，彼此和谐相处，互敬互爱，才是合乎中国伦理的精神。

然而，我们并不认为，劳资之间和睦相处，便不需要工会组织。依照中国

管理民主化的观点，劳工工会的存在，对企业和整个社会都非常有益。原来欧美资本制度盛行，劳工为了对付资本家专利、保护劳工地位与提高劳工福利，乃组织工会，以求制衡。中国伦理社会，并不需要制衡，但是中国人观念，资方和劳方所谋求的目标，最后是一致的，大家共同以“安人”为目的，不过公司和工会所注重的要点各有不同，借着双方的互调与协助合作，更能加速“安人”目标的达成。公司与工会之间，诚心诚意相待，和衷共济相处，从不同的角度提供宝贵的意见，自不同的立场考虑相同的问题，不仅公司加速发展，员工福利也能提高。

再就科学的取向来看：劳资关系，有如车的轮子，如果一边大一边小，车子就很难适当和缓地前进，必须维持两边的轮子同样的大小均衡才好。因此当一方的力量较大时，肯帮助对方的发展而出力，有如此的度量才是可喜的。公司和工会双方的力量相当平衡，才能产生最好的劳资关系。

由此可见，中国管理现代化，既不抱持“没有工会省掉麻烦”的保守心态；也不坚持“所有工会运作比照西方”的西化心态；更彻底扬弃“弄个假工会装装门面或骗骗劳工”的虚伪心态。我们透过经权法，拿伦理、民主、科学的经来过滤西方式的劳资关系，建立对公司与工会都有帮助的工会制度，双方尽可适应实际情势，做适当的权变，以解决问题，增进双方的福祉。

资料来源：曾仕强．管理大道．北京大学出版社，2004.

三、行事的方式

根据《易经》的思想，宇宙中各项时间的相互联系是有秩序、有原因、有结果的。如果掌握事务之间相互联系的动态变化的能力，就能够根据科学的决策，做出正确的行为。领导者要以“无为而为”为最高管理境界，通过刚柔相济的管理方法，确保危机管理控制，以达到一项事务的成功。

（一）有无相生

有无相生是说有生于无，无生于有，有和无是相互转化的。无指无形、无名等意，有指有形、有名等义。道是有和无的统一。《老子》曰，“为无为，则无不治”；“道常无为，而无不为”；“以正治邦，以奇用兵，以无事取天下”。

有无相生包含形而上与形而下两层含义：从形而上看，《老子》认为“天下万物生于有，有生于无”，即认为宇宙间的一切有形有名的具体事物皆源于混沌未分的实有之物，而有则本于无形无名的无；而天下万物又在运动变化中“复归于无物”。从形而下看，任何具体事物都是不断地从无中产生，又不断地由有转化为无，这种有无相生的过程是“周行而不殆”的，每一次周行都是历史的进步。

在现代企业中，许多著名的企业家面对经济转型和激烈的市场竞争，自觉地将有无相生运用于企业管理经营中，作为成事的一种最直接的方法。将无转换成有，把提倡改革创新、反对墨守成规看成企业管理的最为重要的内容之一。

（二）恩威并重

在管理上，孙子主张“恩威并重”、“文武兼施”。“卒未亲附而罚之，则不服，不服则难用也、卒已亲附而罚不行，则不可用也。”（《孙子兵法·行军篇》）这里讲的就是一个“刚柔相兼”、“恩威并重”。即认为当统帅的恩爱尚未施加于部属使之亲附于统帅时，如果骤然而惩罚之，则士卒不会服气，不服则难用也。如果恩爱有加，士卒已附，而军纪法规不严，赏罚不明，则士卒必然骄惰，这样的骄惰之兵也是不可用的。所以，指挥军队必须恩威并重、刚柔相兼。

刚性是管理的基础要素。因为管理是运用各种手段对资源进行有效的整合，以实现组织既定的目标和任务，确保各项经营活动的关键。过去的中国企业在管理上对制度创新、职能转变、内涵式扩大再生产缺乏深层次的探索和研究，导致管理效能不高，效果不好。柔性管理是延伸刚性管理的触角，柔性管理是通过计划、组织、指挥、激励、控制等手段的协调运用，基于对组织成员的心理需求进行了解、引导和激发潜能等研究之上，使企业中的成员体会到努力工作的愉悦感和自豪感，从而自主地、自愿地为实现目标而积极工作的方式。

刚柔相兼的处事方法对现代企业管理也有一定的借鉴意义。“恩威并重”的治事一般管理原则，对于每个企业来说，则要根据企业的具体情况，采取或刚或柔的具体方法。

从实际效果看，刚性管理和柔性管理各有所长。刚性管理易于维持企业正常的工作秩序，易于对员工进行量化管理。柔性管理则能满足员工的高层次的需要，深层次地激发员工的工作动力，发挥出潜能。同时柔性管理有利于企业内部形成集体主义和相互协作的精神。在实际工作中，刚性管理是管理工作的前提和基础，柔性管理是管理工作的升华。目前，世界上许多企业的管理方法及措施不外乎两种：要么强调刚性管理，要么强调柔性管理。其实大部分企业都是刚柔并济的。假设把事务管理工作比作一辆汽车的话，那么刚性管理与柔性管理如同这辆汽车的两个前轮。正是这两个轮子同时滚动，目标、方向一致，追求两个方面的不断完善，才使管理在实践中不断完善并得以升华。所谓刚柔相兼的管理方法，就是以刚性管理为基础，研究员工心理和行为的活动规律，使员工个人需要与企业的意志结合，从而达到生产效率和管理效率的全面提高。

(三) 居安思危

居安思危，即指处在安乐的环境中，要想到可能有的危险，指要提高警惕。

中国古代领导者都将居安思危作为防患于未来的一种方法。刘备和曹操喝酒的时候，故意把筷子掉到地上，才保全了自己的性命，让曹操消除了戒心；秦始皇修筑万里长城，为的就是防范外来侵略者。

对于现代的企业而言，既面临着机遇，也面临着挑战。俗话说："天有不测风云，人有旦夕祸福。"一个企业要成功就必须对所要面临的危机提前预防。

本章关键词

治事　察事　谋事　行事　料敌制胜　因敌变化　知己知彼　经权法　恩威并重　无为而为

本章提要

1. 治事，即企业的经营管理，指企业在经营过程中，处理事务的方式方法，它是一个系统过程，通过察事、谋事、知事，最终达到成事。治事的理想境界是企业的长治久安、持续发展。坚持无过无不及的适度原则、执两用中的合理选择原则、经权损益的权变原则，对企业进行经营管理。

2. 察事，即企业经营事务管理当中最为基础的一个环节，强调的是一个了解事物本质、环境以及条件的过程。通过系统辩证、顺其自然的理念思维，以理为据、以史为鉴的方式方法，以达到兼听则明，审时度势。

3. 谋事，即计划、规划事情，强调的是努力的过程，是指企业根据已了解的具体情况，对事务进行谋划，并制定行动谋略。谋事是事务管理中最核心和最重要的一步，其核心的问题就是要解决如何做出决定、怎样做出决定、依据什么做出决定的问题。谋事的对象为谋己、谋人、谋天，秉持"仁"和"礼"、"义"和"利"、"诚"和"信"的理念，通过料敌制胜、因敌变化、知己知彼三大策略，达到谋事这一过程。

4. 行事最核心要解决的问题是如何实现既定的目标，在明确了事务的具体情况，制定了相应的决策策略，就必须以此为依据执行。秉持未雨绸缪、荣辱不惊、当机立断的成事态度，以经权法为方法，通过有无相生、恩威并济、居危思安的行为，使得企业能够最终成事。

复习与讨论

1. 阐述什么是治事，并指出治事的对象、原则，以及如何在现代进行应用。
2. 说明察事的目的、思维、方法。
3. 指出谋事的对象，明确三组谋事理念关系，并描述谋事的策略。
4. 评论行事所采取的态度和方法，并说明行事的方式有哪些。
5. 有人认为“利和义”是难以做到兼顾的，你怎样理解它们的关系？
6. 中国有句古话是“谋事在人，成事在天”，你认同这种说法吗？

本章案例

日本的情报搜集活动堪称世界一流。当然，搜集科技情报更是历来以“拿来主义”著称。“二战”后，日本有1万多人被派到美国学习新工艺和管理技术，并陆续学成回国。美国人后来经调查研究得出惊人的结论：这些日本人仅仅花费了25亿美元，就几乎把西方的所有技术都搞到了手，而这笔花费仅占美国每年研究经费的10%。

早在20世纪60年代，日本出于战略上的需要，非常重视中国石油的发展，把大庆油田的情况作为情报工作的主攻方向。日本的“有心人”根据有关事迹宣传中的一句话：王进喜到马家窑时说“好大的油海，把石油工业落后的帽子丢到太平洋去”，及其他的许多蛛丝马迹，分析出了大庆油田的地理位置。随后又根据中国报纸上一张炼油厂反应塔的照片就推算出了大庆炼油厂的规模和能力。

中国安徽泾县的宣纸，素有“千年寿纸”、“纸中之王”的美誉。然而，这种独步天下的优势被日本人打破。事情是这样开始的：安徽泾县在浙江扶持某镇办起一家造纸厂。某年，造纸厂迎来了三个日本某造纸公司的“技术人员”。在座谈会上，日方提出了有关宣纸生产过程及工艺加工方法等问题，就连蒸原料的盐水浓度这么细的问题都问到了。如今，日本人便骄傲地宣称：世界宣纸，中国第一，日本第二。

据报道，在日本本土，专门设有一幢楼的广播监听室，有8名监听人员昼夜监听和收录中国中央及地方电台广播节目，并立即整理，制成卡片、分类存档。在中国境内，日本的商社和金融机构已发展到近千家，遍布中国大中城市，他们或亲自下手，或利用中国雇员，从事经济间谍活动。

近年来，日本在其确定的科学技术综合战略基础上，正在实施第二个“科学技术基本计划”。在这一计划的5年期间，科学技术的投资总额要达到24万亿日元，基本实现约占GDP 1%的目标，比第一个“科学技术基本计划”增加40%，并将生命科学、信息与通信、环境、纳米技术和材料列为加大投资力度的“特别重点”。日本学术振兴会派驻瑞典首都斯德哥尔摩的“研究联络中心”已正式开张。该中心就设在医学和生理学诺贝尔奖评选机关（加罗林斯卡研究所）内，除了向世界宣传日本科学技术和介绍日本科学家的“实力”外，这个中心无疑在为搜集情报发挥着“高感度天线”的作用。

据日本报纸透露，日本自2001年起，为了加强遗传基因、纳米技术等尖端领域情报的收集，由文部科学省和经济产业省分别从大学及产业研究人员中挑选“合作者”。文部科学省以基础研究领域为中心选择1800人，经济产业省则以应用研究为目标，要求情报搜集的“合作者”搜集技术开发方面的情报。综合科学技术会议与十几名活跃在第一线的研究人员签订合同，建立了独自的情报网，并委托民间咨询机构调查主要国家科技战略和科技政策的动向。科研情报的“合作者”则着重搜集各自专业领域的最新情报，一有所获，即通过互联网报告给综合科学技术会议进行分析研究。由此可见，在日本“研究开发战略中心”正式启动后，日本的世界科技情报搜集活动会更加系统化。

资料来源：http://military.china.com/zh_cn/important/64/20030902/11533549.html。

思考题：

1. 请简述材料中日本情报工作对其经济、文化、技术等方面的影响。

2. 请根据材料，谈谈察事对一个企业的重要性。

3. 请结合材料，分析我国企业想要长期发展，应该如何做。

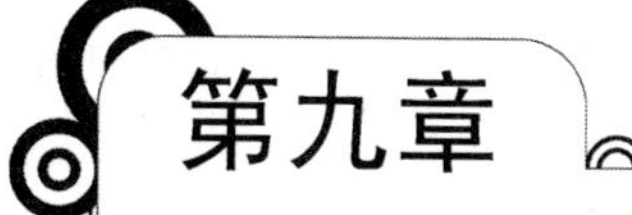

第九章

治缘——以人际关系为对象的管理

学习目的与要求

了解治缘的内涵、原则和目标

理解并掌握以情感人的作用、适用范围，能够在管理实践中了解情的作用范围

理解什么是理的管理、合于理的管理以及合理性的内涵，能够将理的管理与管理实践相结合

理解并掌握法的管理以及在管理中的必要性和科学性，了解法在管理中应用时应注意的方面

题记

道之以政，齐之以刑，民免而无耻；道之以德，齐之以礼，有耻且格。

——《论语》

礼之用，和为贵。

——《论语》

任势、明法，使天下不得不为己视，不得不为己听。

——《韩非子》

导入案例

晓之以理，动之以情

公元前204年，南郡守尉赵陀趁中原楚汉相争之际，正式竖旗成立了南越国。刘邦统一中原后，忙于巩固成果，无暇对付山高路远的赵陀，决定对其采

取安抚手段。于是，他派太中大夫陆贾为特使，带着诏书、王印和礼品，去岭南封赵陀为南越王。

赵陀根本不把朝廷特使放在眼里。他头不着冠、腰不系带，很不雅观地坐等陆贾拜见。

陆贾不卑不亢，义正词严地说："足下是中原人，父母、胞弟和祖先的坟墓都在真定。现在怎么忘了中原人的习惯，打扮成这般模样？难道是想凭借南越这弹丸之地，跟皇帝对立吗？要是这样，那你就想错了。秦朝纲纪败坏，天下英雄纷纷举兵，流血牺牲，推翻了它。你在这场战争中没有一点功，却割地自立，朝廷的将相无不要求讨伐你。由于大汉皇帝不愿劳苦百姓，才派我送上王印，破例封你为南越王。你本该知恩报恩，用臣下的礼节到郊外隆重迎接我，没想到你却这样不通情达理。这事要是皇帝知道了，先掘了你的祖坟，灭了你的家庭，再派一员武将，带领十万兵马赴南越问罪，那时你手下的将士定会杀你而归附中原，你自己可是死无葬身之地了。"

陆贾一番话晓之以理，动之以情，细陈利害，说得赵陀赶紧起身更衣谢罪，然后又按臣民之礼接受了朝廷的封授。

人际关系是人与人在交往中建立的直接的心理联系。包括亲人、朋友、师生、雇佣等多种关系。人是有社会属性的，每个个体均有独一无二的思想、背景、态度、个性、行为模式和价值观，但是通过社会性的活动，人与人之间的关系会对每个人的情绪、生活、工作产生很大的影响。人的成长、发展、成功、幸福都与人际关系密切相关。没有人与人之间的关系就没有生活基础。对任何人而言，正常的人际交往和良好的人际关系都是个体心理正常发展、个性保持健康和生活幸福感的必要前提。同样，在企业管理实践中，人力资源有着非常重要的作用，人际关系也会影响组织氛围、组织沟通、组织运作和组织效率。所以调节和利用人际关系，对于组织稳定和发展是非常必要的。本章将从中国传统概念中的"缘"为切入点，帮助读者掌握"情、理、法"三者在企业实践中的运用原则。

第一节　引　言

缘，作为关系解释时有商缘、地缘、亲缘、文缘、神缘，这些都是以人为中心，以人际关系这种社会资本为基础的划分。我们所讲的治缘，也就是对于人际关系的管理。如何治缘涉及人的管理中很多方面的问题，从心理、行为、动机等角度来考量人与人之间的关系对于组织管理的影响，对于领导者来说是很重要的。

一、治缘的内涵

（一）缘的内涵

缘，是一个有着丰富内涵的字，有边界、原因、关系等释义，亦可作为名词、连词、介词、动词来理解。对于“缘”的探究也是多角度、宽范围的，从文学领域到宗教领域，一个“缘”字一直吸引着人们去体会它、感悟它。在众多的释义中，用以表示关系的缘更是涵盖了诸多内容，引发了许多深刻认识。

中国社会历来重视缘，对于缘的研究也有久远的历史。在各种联系中，以人为中心的联系又是最为主要的组成部分。中国文化就是一种以关系为纽带，以家庭为中心，强调国、家、人的伦理关系的一种伦理社会。与西方契约社会文化不同，中国历史上长期占据统治地位的儒家文化，在结构上最大的特点便是伦理中心主义。这种以伦理为中心的文化构架形式，以家庭为中心，由小而大，由近而远，由亲而疏，延伸扩展，形成社会关系的网络。在此基础上产生和发展的东方人缘文化，就是以研究人际关系为内容，在总结古今中外关于人际关系管理的理论研究和实践经验的基础上，将人际关系这种社会资本依据其性质进行划分，创造性地提出了“五缘”价值论，即亲缘、地缘、文缘、商缘和神缘。

小知识

亲缘，就是宗族、亲戚关系。它包括了血亲、姻亲和假亲（或称契亲，如金兰结义等）；亲缘的结合是人类历史上最古老、最原始、最自然的结合方式，在任何一个社会中，亲缘纽带都普遍具有重要意义。

地缘，就是邻里、乡党等关系。即通常所说的“小同乡”或“大同乡”；产生于原始社会末期农村公社的出现。

文缘，是指同学、同行之间的关系。有共同的利益和业务关系，有切磋和交流的需要和愿望，由此组合而成的人群，其组织形式便是同学会、同业公会、商会和研究会等。文缘组织产生于中古封建社会。

商缘，即经贸关系。所谓商缘，以物为媒介而发生关系并集合起来的人群，如以物为对象而成立的行会、研究会之类的组织。

神缘，即宗教信仰关系。所谓神缘，就是共同的宗教信仰和供奉之神祇为标识进行结合的人群，其组织形式便是神社、教会等。

资料来源：苏东水．东方管理学．复旦大学出版社，2005.

（二）治缘的内涵

治缘，依其字面是对于人的关系的管理，即以人际关系为对象的管理。

治缘的核心在于“人”。“唯天地万物父母，唯人万物之灵”（《尚书·泰誓》），人的生存、价值、尊严以及所处的环境是中国管理中最关注的主体，即一切管理方法和活动要以人为本，实行人性管理，处理好“修己”和“安人”的关系，把握好“人为”和“为人”的标准。

治缘的原则在于解决好“情、理、法”三者的关系。在管理过程中首先要以情感人，用感同身受的情谊、推己及人的感情去打动对方，若行之无效就要用道理和合理的说法说服对方，再若不行，则要运用行之有效的规章制度去规范和处理。

治缘的最高境界是“无为”。也就是儒家的“无为而治”思想，让组织成员自觉自愿地发挥自己的力量以达到组织目标。

治缘的思想精髓在于“中庸之道”。中庸并不意味着在管理过程中管理者可以凡事打太极，而是需要管理者在合理和适度的范围内进行调节，将事情调整到和谐的最佳状态。

二、治缘的原则

（一）情、理、法的作用

中国是一个人情社会，庞大的人际网络和根深蒂固的人情思想在管理实践中影响着领导者的决策，考验着领导者的领导艺术。在人缘关系中，古人总结了“仁、义、礼”来规范和约束个体行为，现代管理结合“情、理、法”来解决现实问题，“仁、义、礼”的内涵正与“情、理、法”的解释不谋而合，可以说后者是前者在现代管理中的实践和表现。

情表现为管理中的“安人之道”，用珍惜、关怀和爱来消减员工的不安情绪，给他们创造安居乐业的环境，让他们安心工作而没有后顾之忧，继而用点滴的爱温暖员工心灵、缓解员工矛盾，“滴水之恩当涌泉相报”，员工也会用良好的工作表现来回报领导者真诚的情谊。所以“爱惜管理”乃是合乎人性的管理，是管理的人性化表现。

理是一种经权之道，即确立共识，并以此为不变的常道，然后“执经达权”，以达到“权不离经”目标。管理没有灵丹妙药可以使管理者在管理过程中固定不变地使用，任何管理措施，如果用得其义便可，若用失其义就不可。其可或不可，就需要靠理来裁决。管理过程中需要随时随地调整方式方法，以期变而能通，达到管理合理化的境界。

法就是管理中的制度化，“没有规矩不成方圆”，中国人讲求平衡圆融，不喜欢任何人“无法无天”，所以法就是管理中的“絜矩之道”，使用规章制度来控制和规范人的行为。法的推行要依靠外在的权力和权威，人在其中是一种被动接受的状态，所以它也是管理中必不可少却又行之有度的辅助工具。

（二）情、理、法的运用

如何在管理过程中融合好情、理、法三者，以及这三者孰先孰后也一直是引发讨论的主题。

有人说中国管理的最高境界就是情、理、法三者的有效融合。用情、理、法来领导，就是要由情入手，以理为核心，以法为必要情况下的配合。当三者能够很好地协调统一的时候，合情、合理、合法的领导就能达到完美的统一。同时，三者之间的矛盾对立运动会再次推动领导行为的前进发展，也就是在综合三者的同时，因时而变，不断适应变化着的环境的要求，才能真正发挥情、理、法的管理作用。

中国式管理，其实就是情、理、法的管理。凡事以情为先，彼此所重在理，情不化、理不通的时候就要把法拿出来，这样一个刚柔并济、步步递进的管理方式便不会让大家觉得刻薄寡恩、残酷无情。只要处于真情中，何必怕情、矫情、绝情？情可以调动积极性，理可以继续调整情绪因素，法可以规范标准性，但是它们需要度来互相转化和统一，在市场竞争的环境中，竞争并不只表示了冷酷无情，它也需要情、需要理，从而硬要硬的有理，柔要柔的有度，刚柔并济才是最佳的状态。

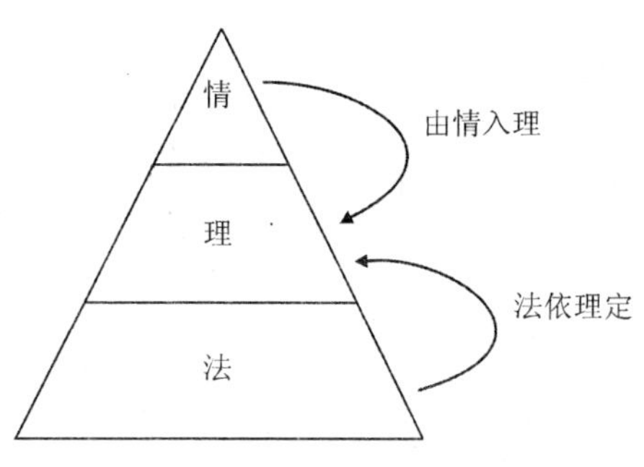

图 9—1　情、理、法的关系

妻子对他说：等皇上要你死时，再去死也为时不晚。万乘之君，岂会小肚鸡肠，同你计较过去的一点私嫌旧怨？果然，董遵海上朝请死时，赵匡胤开怀一笑泯恩仇，不予追究，还委之以重任。董遵海感激涕零，一生忠诚。就这样，赵匡胤以和为贵，迅速安定了新皇朝的局面。

（二）"和"是治缘的目标

"人何以能群？曰：分。分何以能行？曰：义。故义以分则和，和则一，一则多力，强则胜物。"（《荀子·王制》）在荀子看来，人是天底下最高贵的动物，虽然人本身有身体上的局限性，但人却可以役使牛马，这是因为人能合群，而合群是因为组织有所分工，同时有礼义协调相互关系。所以用礼义来协调彼此的关系，人人各得其所，就能和衷共济；和衷共济组织就能团结一致，团结一致力量就大，力量增大组织就强盛，组织强盛了就能战胜万物。《论语》中也提到"礼之用，和为贵。先王之道，斯为美，小大由之。有所不行，知和而和，不以礼节之，亦不可行也"。意思是说礼的作用，以做人做事达到和谐最为可贵，以往圣明的君王治理国家，可赞美的地方就在这里。他们无论大事小事都处理得恰到好处，但是如有行不通的地方，只是为了和谐而求和谐，不以礼来规范它，那也是不可行的。可见，和在管理活动中的价值：圣王治理国家以和为贵，营造的是和谐的组织氛围，但同时要注意和必中节、[①] 和而不同。

在人际关系的管理中和谐也有着重要意义，人既是"理性人"，追求收入和物质奖赏的最大化，但同时也是"社会人"，渴望拥有和谐的人际关系。

所以以人为核心的人际关系的和谐一直是人们追求的目标。自古以来，中国传统文化就重视天、地、人及社会之间自然和谐的状态。和合，落实到社会关系中便是追求人缘关系的和谐。和合的理念通过社会教化逐渐被个体所接受，变成个体追求和谐的最初动力。破坏和谐并非不可饶恕，但一定要想办法补救，以达到新的和谐状态。

第二节　动之以情

中国人讲情，朋友间说"义结金兰"，就是可以为情意投合的朋友两肋插

① 意思是说"和"要合乎礼义法度。

刀。领导与员工也是如此，如果二者之间形成的是一种纯粹的雇主与员工的关系，那是很难调动员工的工作积极性，让员工对所在组织产生感情的。但是如果用情将二者联系起来，领导者注重员工心理需求，了解并与之沟通，就会使得员工产生归属感、认同感，获得尊重的存在感，这种良好的关系，会形成一种强大的凝聚力和向心力，是组织克服困难、取得成功的法宝。

一、情的内涵

（一）情的内涵

中华文化最宝贵的特质之一便是“情”。一个情字包罗万象，从“喜怒哀惧爱恶欲七者，弗学而能”（《礼记·礼运》）中代表感情的情，到“夫物之不齐，物之情也”（《孟子·滕文公》）中代表本性的情，再到“缘物之情”中表示道理的情，情在中国文化中扮演着一个非常特殊的角色。《论语》虽没有明显提出情的观念，但仁字频频出现。孟子说：“仁，人心也。”（《孟子·告子》）其实仁就是一种合乎礼义、发而中节的情感。这种情感与生俱来，但如何表达便有赖于后天的教育。孝是子女对父母应有之情，悌是对兄弟侪辈应有之情，忠是对长上君国应有之情，礼便是表达情感应有的方式。

孔子对人情非常重视，这一点在《论语》中就有表现。[①] 宰予曾批评三年之丧太久，认为一年便够，孔子问他：“当你父母死后不久，你能吃好的、穿好的，很安适地过日子吗?”宰予答：“当然可以。”孔子说：“要是你心里过得去的话，你便这样做吧！当一个孝子居丧的时候，他吃东西不觉有味，听音乐不起劲，甚至住华丽的房子也觉得不舒服。所以他禁绝了一切享受。要是你处之泰然、无动于衷的话，就随便你怎样吧!”宰予一出去，孔子便对其他学生说：“予太不仁了。当一个孩子生下来，三年内都在父母的怀抱里，所以普天之下的人都定居丧为三年。宰予有没有报答父母三年怀抱的恩德呢?”孔子在这里批评宰予的不仁，就是谴责他对父母无情。儒家维护孝的礼节，目的在于提倡情感教育，然后通过情感来维持一般人的道德水平。同时，孔子也主张以情治国，认为严刑峻法不是治国的良法，所以他主张德治，即用“情”来感化。这一主张后来

---

① 宰问：“三年之丧，期已久矣。君子三年不为礼，礼必坏；三年不为乐，乐必崩。旧谷既没，新谷既升，钻燧改火，期可已矣。”子曰：“食夫稻，衣夫锦，于女安乎?”曰：“安。”“女安则为之。夫君子之居丧，食旨不甘，闻乐不乐，居处不安，故不为也。今女安，则为之!”宰出，子曰：“予之不仁也！子生三年，然后免于父母之怀，夫三年之丧，天下之通丧也。予也有三年之爱于其父母乎?”（《论语·阳货》）

由孟子发展成了一套王道的政治思想，以德行仁者王，以力假仁者霸。

情可以说是在中国以家庭为单位的经济生产方式背景下产生的，这种生产方式构成了中国人的生活方式和思维模式，即以家庭为核心，无论光宗耀祖、为君为人都是围绕着如何保证人际关系的长期稳定和谐，属于一种社会关系或社会互动方式。在社会中，这种人际心理结构和社会关系结构的吻合使得人情从家庭向社会泛化，社会中的人情不仅指血缘关系，还指社会或组织成员之间在必然或偶然联系的基础上产生的情感互动。

人情是我国文化宝贵的财产。不论是对父母之情，子女之情，兄弟姐妹之情，朋友之情，乡土之情，家国之情，先祖之情，我们都要加以爱护，加以珍惜。情的价值在人际交往中往往能发挥出意想不到而又事半功倍的效果。

（二）情的地位

1. 情的必要性

当代组织的复杂性比较集中地体现在两大矛盾体系当中：①能力与权力间的不平衡。②成员的需要与组织目标能否保持一致。

解决第一类矛盾，基础性的思路是从合理性出发（能力与权力不相匹配，就被认为是不合理的。能力强、权力小或责任大、责任小的人这样认为，能力平庸而责任小、权力大或者责任大、权力也大的人，心里实际上也这样认为）；而一旦权力和能力已形成一种搭配结构，则管理的基本方式就是沿着合法性（合于法的管理思路）进行。解决第二类矛盾，基础性的思路是从合情性（合乎人情和人性）出发，而后就采取合于理的管理方式（合理性），即侧重于诱导、教育员工个人和群体发展、组织目标之间的共识平衡。

可以看出，情的管理在解决现代复杂组织的结构与发展中，是相当重要的。

2. 情的人本性

儒家创始人孔子指出：“道之以政，齐之以刑，民免而无耻；道之以德，齐之以礼，有耻且格。”（《论语·为政》）就是说，用政法来诱导百姓，用刑法来整顿百姓，百姓只能是暂时免于罪过，却没有廉耻之心；如果用道德来诱导他们，用礼教来约束他们，百姓不但有廉耻之心，而且人心归服。所以制度能用来约束人的行为，却无法“得民心”、“悦民意”，而这时情作为黏合剂能达到直取人心的效果。人性化的管理中，情感因素会使组织团结一致，情感的纽带可以将员工个人价值与组织价值结合起来，为一个共同目标而努力，也就是说使员工的努力方向与企业的发展方向达到高度统一。

所以我们说情在管理中的运用是管理人性化的体现，管理的主体是人，而人是有思想、有感情的，如果单纯将人看作工作的机器，而忽略了人的情感需求就无法获得长久发展，也失去了极佳的开发人的能力和潜质的机会。

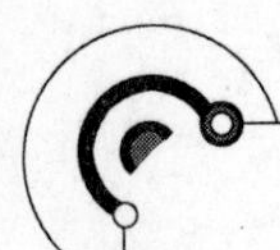

二、管理不能没有情

（一）情的作用

1. 以情得人心

唐朝诗人白居易说："动人心者莫过于情，情动之后而心动，心动之后而理顺。"历史上，刘备就是一位善于表达仁爱，从而实现内部公关驭人的领导者，这种特质使他能够从一个"织席贩履之徒"成长为一代枭雄。

仁是儒家思想的核心，所谓"仁者，爱人"（《孟子》）意思是领导者要关爱下属、帮助下属、体恤下属，才能赢得人心。中华文化本质上是一种仁的精神，注重人情与个体的心灵感受。孟子说："民为贵，社稷次之，君为轻。""乐民之乐者，民亦乐其乐；忧民之忧者，民亦忧其忧。"提醒领导者要重视普通民众的感受，与他们同甘共苦，这样就可以获得大家支持。

在中国历史上，人心向背往往决定着一个国家或政权的生死存亡。所以国君要想成功地治理天下，必须爱惜民众，实施仁政。如此一来，赢得人心就可以保证国家政权稳定，从而在多事之秋达到自己的预期目标。

小案例

刘备在三国时期曾被曹操打得四处奔波，好不容易在小县城新野安定下来，得到军师徐庶的辅助。曹操就派人绑架了徐庶的母亲，派人给徐庶送来母亲的信，要他归降曹操。徐庶虽然知道是曹操诡计，但他是孝子，执意要走。刘备顿时大哭，说道："百善孝为先，何况是至亲分离，你放心去吧，等你救出母亲，以后有机会我再向先生请教。"徐庶非常感激，想立即上路，刘备劝说徐庶再小住一日，明天给他饯行。第二天，刘备为徐庶摆酒饯行，等到徐庶上马时，刘备又亲自为他牵马，将徐庶送了一程又一程，不忍分别。感动的徐庶热泪盈眶，为报答刘备的知遇之恩，他不仅推荐了后来辅佐刘备的天下"卧龙"诸葛亮，并发誓终生不为曹操献一条计谋。徐庶人虽离开，却留下了"身在曹营心在汉"的典故。

2. 用情谋发展

（1）留下人才。在现代管理活动中，实施仁政是很有必要的。管理者通过改善工作条件、重视安全生产、关心员工疾苦，就可以达到"仁者无敌"的境界，获得组织发展所需的各种资源。

实际上，现代商业领域与社会生活中广泛推行的“以人为本”，与儒家的“仁者爱人”思想是一脉相承的。在组织内部，管理者以父母之情去关心每一位员工，随时回答他们的问题，经常了解他们内心真实的想法，努力帮助他们解决困难，从而使其心情愉快地工作。由此可见，以“仁爱”精神关心下属，不把对方当成办公室里的机器人，才能赢得人心，留住人才。关心下属，既是符合人性的情感经营方法，也是帮助员工树立自尊和自信，从而使他们尽心竭力为公司服务的管理手段。

（2）建立信任。管理学的研究也表明，管理者与单个团队成员建立的良好关系不会自动转移到另一个人身上，所以持续不断地与更多员工建立良好的互信关系，让对方充分感受到你的关心非常重要。通常这种沟通不会占用太多时间，一句问候、一个点头，都会取得出乎意料的良好效果。重要的不是说了什么做了什么，而是你在时刻关注每一位员工。

这种点滴努力会“润物细无声”，成为管理者与员工融洽相处的润滑剂，有助于团队协作、和谐共处，更重要的是，员工会以忠诚回报，在工作上认真负责、全力以赴。

（3）提升认同。显而易见，在一个充满仁爱精神的组织中，成员更容易接受组织文化，也更乐于融入组织生活，因为他们在一个信任的环境中会自觉形成组织认同。同时也应注意到，情的受众不仅局限于组织成员，也应包括与组织成员相关的家人和朋友。现代研究表明，家庭会影响员工的情绪体验和工作态度。如果领导人有效关照员工家庭，自然就会调动他们的工作积极性，激发组织活力、增强凝聚力。尤其面对激烈的竞争压力，组织领导者照顾好员工家庭，也利于员工投入工作，提高组织运作效率。

（二）感情投资

所谓感情投资，是借用经济学中投资一词，喻示领导者要注重对下属的感情投入，以培养下属对于组织的感情，增加下属的主人翁责任感。

感情投资已经成为许多领导人制胜的法宝，通过有效的情感经营，往往可以减少员工流动性，降低人力资源成本，调动员工工作积极性，增强组织凝聚力。

在感情投资中，用于投资的东西可以是感情，也可以是物质，但无论如何都是感情的产物。一个组织领导者经常到基层与员工沟通，嘘寒问暖，为员工庆祝生日等，这就是以感情作为投入。当员工生活遇到困难及时伸出援手给予物质帮助，这就是以物质作为感情的媒介进行投入。所以总的说来，既然是感情投资，其投入就是感情。与之相对，感情投资所期望的回报也是感情，其形式或是直接的感情，或是其他形式以感情为基础的活动。

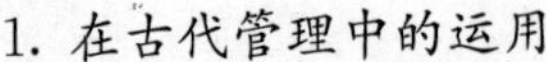

1. 在古代管理中的运用

这种以情感人，用情投入的管理方式自古便有，古代圣贤深谙此中深意，运用得当便可受益甚丰。

（1）齐桓公不记前仇重用管仲。

虽然齐桓公重用管仲，不计前嫌是有其欲称霸的私心，但这种不计杀身之仇的度量和宽容之心也是一般人很难做到的，齐桓公正是用这种感情投资以求富国强兵、称霸诸侯。结果是不但得到了这种回报，而且远远超过了当初的期望回报值。司马迁也在《史记》中说道："知与之为取，政之全也。"就是说明了给予就是获取这个道理。

小案例

东汉末年，魏、蜀、吴三分天下。蜀丞相诸葛亮受昭烈帝刘备托孤遗诏，立志北伐，以重兴汉室。就在这时，蜀南方之南蛮又来犯蜀，诸葛亮当即点兵南征。到了南蛮之地，双方首战诸葛亮就大获全胜，擒住了南蛮的首领孟获。但孟获却不服气，说什么胜败乃兵家常事。孔明得知一笑下令放了孟获。之后的一天，他请孟获入自己帐内，将孟获捆绑后送至了汉营。孔明用计二次擒获了孟获，孟获却还是不服，诸葛亮便又放了他。这次，汉营大将们都有些想不通了。他们认为大家远涉而来，这么轻易地放走敌人简直是像开玩笑一样。孔明却自有道理：只有以德服人才能真的让人心服，以力服人必有后患。孟获再次回到洞中，他的弟弟孟优给他献了个计谋。半夜时分，孟优带人来到汉营诈降，孔明一眼就识破了他的诡计，于是下令赏了大量的美酒给南蛮之兵，使孟优带来的人喝得酩酊大醉。这时孟获按计划前来劫营，却不料自投罗网，被再次擒获。这回孟获却仍是不甘心，孔明便第三次放虎归山。如此一来二去，孟获又先后被擒了三次，但由于每次都输得不心服口服，最终还是被诸葛亮放走。到了第七次被擒，诸葛亮故意还要放了他，这时孟获忙跪下起誓：以后决不再谋反。孔明见他已心悦诚服，觉得可以利用，于是便委派他掌管南蛮之地，孟获等听后不禁深受感动。从此孔明便不再为南蛮担心而专心对付魏国了。

（2）诸葛亮七擒七纵感蛮王。

从诸葛亮七擒七纵孟获的故事中，可以感受到感情的投入需要配合其他手段，包括晓之以理、强硬的控制手段等，如果不是把孟获逼得走投无路，以孟获之性格大概也无法心服。所以感情投入柔要有，刚也要有；曲要有，直也要有；实要有，虚也要有；明要有，暗也要有；直接要有，间接也要有。

可见，“感人心者，莫先乎情”，感情虽不是商品，但却是一种非常重要的资源，这种资源的内在价值不是用金钱可以衡量的。但感情的投资却可以带来一定的物质效果，创造价值。凝聚力是需要感情来维系的，用情感沟通的手段培养和巩固组织的凝聚力，这也是现代管理实践中“文化”制胜的表现。

2. 在现代管理中的重要性

感情投资是组织爱护其成员的重要表现，也是提高组织运作效率的重要手段，是建立良好的领导——下属关系的重要保证。

（1）感情具有动力功能。一个组织如果有良好的情感氛围，便于组织中的沟通和建立融洽的组织关系，可以大大提高成员的工作热情，从而提高组织的运行效率和经济效益。美国通用食品公司总裁弗朗克斯说过，“你可以买到一个人的时间，可以雇用一个人到指定的工作岗位，可以买到按时或按月计算的技术操作，但是你买不到一个人的热情，买不到一个人的创造性，买不到一个人全身心的投入”。在组织内部建立一个良好的情感氛围，着力打造成员的归属感和责任感是高明领导管理中的重要手段。

（2）感情具有感染和信号功能。领导者的言行举止对组织成员的影响是很大的。如果领导者主动放下架子，和下属打成一片、平易近人、同甘共苦，就会使下属对领导产生一种尊敬和爱戴的感情，就能更好地促进组织的发展壮大。这种感情的影响作用也会潜移默化地影响下属与组织间的关系，培养出下属的主人翁意识和与组织休戚相关的思想。

（3）感情投入的良好调节功能。领导对下属信任、爱护、尊重，下属的工作热情和自信心就会油然而生，这种热情继而会激发下属的工作积极性，提高工作效率。下属在组织中的态度好坏、心情是否舒畅、对工作的满意度等都直接关系到他工作效率的高低。领导者对下属所投入的情感因素，能调动起下属的积极性和创造性，这些是用货币和物质无法换来的。

三、管理不能只讲情

（一）情的适用范围

情要讲，利也要求。在现实市场经济中，利润是企业追求的目标，如果没有利润，企业就没有存在的条件。情作为企业管理中的手段，是为促进企业良性发展服务的，其最终目标也是使企业更好地在市场竞争中获得资源和竞争优势。

中国经济学家茅于轼在《择优分配原理》中有过一段精湛的语言：“从经

济行为的准则看，利益导向不但是允许的，而且必须如此才能求得全社会的经济利益最佳。我们没有理由批评小商小贩和跨国公司追求自身利益的合法行为，更没有理由要求企业放弃利大大干、利小小干、无利不干的经营原则。如果它们按照另一条原则来行动，社会的经济生活将陷入巨大的混乱。出乎意料的是不加区别地鼓励崇高的志趣却可能导致贫穷，所以说，'通往地狱的道路上铺满了善良的意图'。"

这里所说的"崇高的志趣"便是指在市场经济中如果一味地讲求高尚情操而忽略社会竞争的目的，就会导致社会利益的损失。我们需要明白的是，每个个人由于"利己"的出发点，"它所追求的仅仅是他个人的安乐，仅仅是他个人的利益。在这样做时，有一只看不见的手引导他去促进一种目标，而这种目标绝不是他所追求的东西。由于追逐他自己的利益，他经常促进了社会利益，其效果比他真正想促进社会利益时所得到的效果更大"。

从经济学看，在自愿的基础上建立起的经济关系，追求自身利益并不会引起矛盾，而会不断地提高社会的效益。但从伦理学的角度看，牺牲自己、助人为乐类似这种行为才是高尚的。这两种似乎相互对立的标准在人类社会的实践中辩证地统一起来了。任何肯定一方、否定另一方的企图都会给社会带来祸害。《镜花缘》中提到过一个"君子国"，在这个"君子国"中，贸易中的买卖双方讨价还价的主题与现实生活相反，是卖方想尽可能低价出售商品，而买方想坚持以高价购进。这样的思想如果带入现实生活估计会让卖方暗自窃喜。但是如果真的按照"君子国"的行为准则，非但不能组织起一个社会，还会使生活陷入巨大的混乱。利己的行为如果超越了法律许可的范围，同样将使社会失去安定。正确地将这两个标准结合起来，划清二者的使用界限，是经济管理和社会管理的基本课题之一，也是人类社会需要不断探索的一个重要方面。

（二）情的适用条件

管理者不能不讲情，但也绝不能只讲情。只讲情的管理，到最后只会导致混乱和矛盾，导致感情的涣散和破裂。在管理中，只讲法容易造成组织成员的不满和不安，只讲情也会造成组织的无序。

情的运用也要讲究情况和条件，在一些情况下如果把感情放在首位会产生很不利于组织发展的结果，甚至使组织处于危险的境地。

在管理过程中，由于合于情的考虑而代替合于法的管理思路是不明智的，它会使好形势变得坏起来，容易使好的苗头演变为一种恶性循环。

所以我们说管理不能没有情，也不能只讲情。这是理智所决定的。一个好的管理者，任何时候也不可失去理智。中国有句成语叫利令智昏，说的是在物质利益面前失去理智是很危险的，因为一旦智昏，做事就会陷入盲目之中。同样地，还有权令智昏、气令智昏、爱令智昏、情令智昏、怕令智昏等，这当中爱令智昏、情令智昏等属于情的范畴。“以其昏昏使人昭昭”并不是一个好的管理者。

四、用情管理的艺术

（一）安人：满足需要

情的管理包括两个方面：人性和感情。对应在管理实践中也就是需要体现、释放和发展人的本性，尊重、满足和激励感情的活力。

中国自古就有人性本善（孟子为代表）和人性本恶（荀子为代表）的争论，我们在这里不去评论孰是孰非，而要理解其中给予我们的启示：人的本性中是有需求这种心理特征的，人的需要和动机不仅在同一时间、同一情况下不止一种，而且会随时间、空间、条件的变化而变化，所以对人的心理活动的诱导和管理方式，要因时、因地、因事、因条件而异。

对于人的认识，实质上就是了解人的行为产生的原因，从而把握行为方面、行为目的和行为结果。对于人的行为模式，已有的研究如图 9—2 所示。

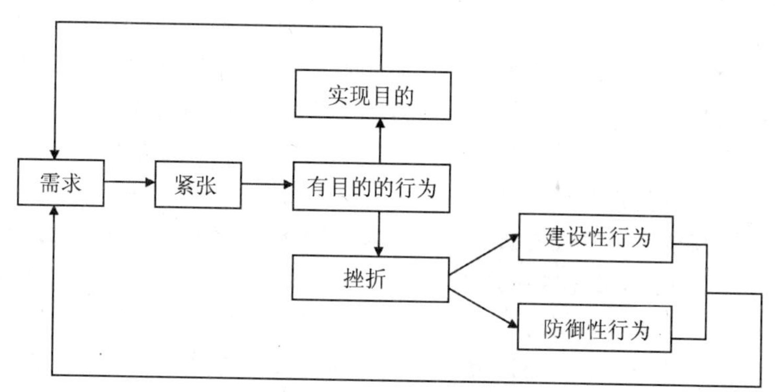

图 9—2　人的行为模式

需求引起一个人的紧张，引起满足需要的欲望，这种欲望会产生一种有目的的行为。但行为的结果有两种情况：实现了目的和没有实现目的。如果实现了目的，满足了需求，就会产生一个反馈，即需求已得到满足，于是在新的刺激下，又会产生新的需求。如果没有实现目的，也会有反馈，这时的反馈是一种挫折感，这时又会出现两种行为：一是可能采取建设性行为，以继续实现目的；二是可能采取防御性行为，放弃原有的目的。

中西对话

奥尔德弗在1972年和1973年的著作中对马斯洛的说法做了修正，把马斯洛的五层需求压缩为三层：

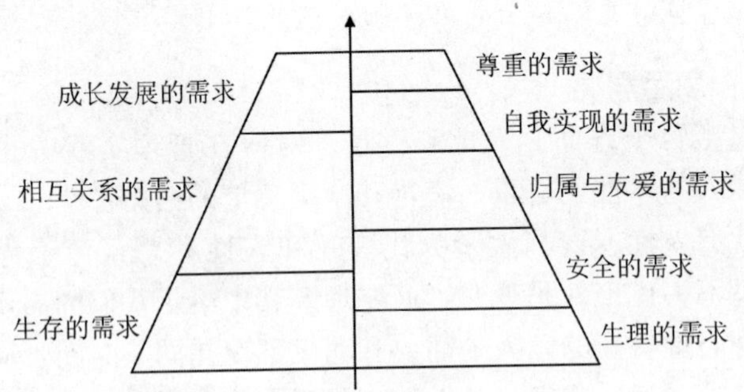

图 9—3　奥尔德弗与马斯洛的需求对比

奥尔德弗的理论（ERG）与“马斯洛需求层次论”相比有以下不同：

（1）马斯洛需求层次论是建立在满足上升的基础上的，也就是说一旦较低层次的需求得到满足，人们将向更高一级的需求上升。而ERG论不仅体现在满足上升的方面，而且也提出了挫折倒退的方面。这种方面表明较高的需求未满足或受到挫折的情况，会把更强烈的欲望放在一个较低层次的需求上。

（2）马斯洛需求层次论认为每一时期只有一个突出的需求，而ERG论认为在任何一个时间内都可以有一个或一个以上的需求发生作用。

（3）马斯洛需求层次论认为人的需求是严格按由低到高逐级上升的，而ERG论认为人的需求并不一定严格按由低到高的发展顺序，是可以越级的。如有的人在生存需求得到满足后，就可以直接上升到成长发展的需求。

（4）马斯洛需求层次论认为人类有五种或七种需要，它们是生来就有的，是内在的。而ERG论提出只有三种需要，其中有生来就有的，也有后天学习得来的，如成长发展的需求。

资料来源：张福墀，安桐森．管理中的情·理·法．经济管理出版社，2001.

可以看出，人的行为是由需求引起的，而行为的目的是为了满足需求。如果人的需求可以得到满足，并且使人看到满足需求的可能性的话，就可以激励行为。而这里所提到的激励，即管理者为什么和如何对组织成员进行激励便是合于情的管理思路的基本出发点。

我们知道人的需求是有不同层次的。西方管理思想中，也有许多对于需求的研究，如马斯洛的需求层次理论、奥尔德弗的三种需求理论，就是通过人所处的不同发展阶段解释需求的发展。处在不同需求层次的人会有不同的行为动机。这决定了合于情的管理方式和方法也需要有不同的针对性。所以在现实的管理实践中，管理者动之以情时，要考虑到组织成员的所需所想，有针对性地用情，才能既满足了对方的需求，又实现了激励对方以实现自己目标的目的。

（二）用人：创造主动

主动性、负责程度、创新精神等在每个人身上的发展是不平衡的。有的人责任心较强，但不够主动，以做好本职工作为限；有的人工作主动，但是持久性差，经不起挫折，容易放弃。主动性产生于自身的需要，同时受到主观认识的调节和客观环境变化的制约。所以人的主动性的变化主要是由需要、认识和环境变化引起的。如何综合需要、认识和环境变化之间的关系，以激发、调动和保持人的主动性，就涉及激励的问题，而激励是合于情的管理思路的出发点。

管理是一个长期的过程，如何让管理效果持续得更长久、更良好，就需要管理者善于不断地调动成员的积极性和主动性。主动性的产生包括三方面的过程：认识过程（感觉、记忆、想象）、情感过程（愉快、烦恼、激动）和意志过程（坚持、忍耐）。这三个方面可以说都和情息息相关。如果管理者在管理过程中充分发挥情的积极因素，真诚地沟通、关怀、帮助下属的工作，而不是机械地命令，就会让下属更乐于或易于接受工作任务，并为此付出努力。这就是一个激发主动的过程。

如果说需要是管理过程中的动力的话，主动性就是催化剂。它可以推动组织目标更好更快的实现，也可以使管理过程更持续顺畅。

（三）爱人：驭人如父母

《六韬》云：“善为国者，驭民如父母之爱子，如兄之爱弟。见其饥寒，则为之忧；见其劳苦，则为之悲；赏罚如加于身，赋敛如取己物。此爱民之道也。”

《孙子》曰：“视卒如婴儿，故可与之赴深溪；视卒如爱子，故可与之俱死。爱而不能令，厚而不能使，乱而不能治，譬如骄子，不可用也。”

可以看出，当一个管理者将下属看作自己的孩子时，就会感同身受、同命相连，也才会真切地忧之所忧、乐之所乐。

从父母的视角看待下属，与放低身段的融入基层不同，它既要求体会到下属的感受，与他们时刻保持联系、站在一起，在父母的高度帮助他们渡过困难，为他们的职业发展进行规划。因为我们知道好的父母不是对子女一味溺爱，溺爱虽然是爱，但是却会耽误子女的教育和发展。好的父母要恩威并施，不论是热爱、管教还是给予，都不是强加给他们的，而是通过沟通、诱导、事先认同的方式，让他们所接受并且尽可能地使他们认可和受到感动。

与权力高度集中、“一言堂”式的家长式管理不同，“驭人如父母”是通过真情实感与理性的管理方式相结合，从而将合于情的管理思路推进到一个新的境界。

第三节　晓之以理

中国人讲情，但同时也讲理。领导者对于员工需要动之以情，但也需要晓之以理，从而让员工自发地工作，发挥最大的能动性和创造性。也就是要做到情理结合，情理之中。管理只有讲情又讲理，才是合情合理的管理，才会产生良好的效果。

一、理的内涵

(一) 理的内涵

理的含义有：纹理、理顺、事理，推而广之有理论、道理、学理、条理等说法。

《治国方略》一书中提到“理在人心随遇可见”，说的是人的行动在受同一道理，即同一思想所支配时，则会成为自觉的行动，则会成为社会和人群中不同个体相互协同而不相互伤害的行为。

理的特性有以下几个方面：①理是针对某一具体事物的看法。②不同人考虑问题的角度和出发点不同，会造成不同的看法和认识，也就是理会有所不同。但是它又是可以发现共同特征，从而达成共识的。③不同的群体，对理有不同的认识。就如中西方有不同的文化价值观一样，在理的管理上，也要求同存异，协调共生，允许多理并用、多理并存。④理会随着环境和条件的变化而变化。因为理是看法，是认识，是评价，是精神形态的东西。

总的说来，理是一种认知，是符合人的心理效用的道理。针对不同事物，不同事物的不同要素，不同环境和条件，不同人和群体会表现出各种各样的形式，所以需要沟通，需要协调，需要否定和升华，才能符合“合于理的管理”的艺术性要求。

(二) 理的地位

1. 理是情的目标

孟子说“居仁由义”，其中的“仁”便是管理中的“情”，义是“理”。“居仁由义”也就是“由情入理”，明确了仁是义的基础，情是理的基石。我们说由情入理，虽然是通过情的手段来调节，但是最终目标是要达到“合情合理”的境界。如果情的表达没有理的支撑，或是用情的结果没有合于理，也都不能算是合于情的管理方法。

2. 理是法的标准

法需要依理制定，一切规章制度都要随时求其合理，制度化要紧跟合理化的脚步，使其适合时空变化，符合安人的需要，才是合理的。我们说理是一种认知，当这种认知被大多数接受，并且被条例化、强制化时就形成了法。法不是凭空存在的，它的精神是理，我们常说合理合法，虽然理和法也有其不同和矛盾的地方，但是法的制定是要经过理的推理和检验的，不合理的法是不存在的。

3. 理是情和法的中心

“言仁必及于义，所以仁义并称；言礼亦必及于义，所以礼义并重。”我们说仁和礼都离不开义，都要义与之比，这其实符合了“以中为吉”的原则。在仁、义、礼三者之中，义居中间位置，也是权衡仁和义的标准。孔子说“可与共学，未可与适道。可与适道，未可与立。可与立，未可与权。”他根据深浅关系，从四个层级上层层深入地进行了把握和说明，可与共学为最简单，属层级较低的一级，能做到的人较多；权最困难，属高深的一级，能做到的人较少。所以用以权衡作用的义，委实是不容易判定的。

在情、理、法三者中，情在理先，法在理后。一般人觉得情最要紧，理在其次，法最不重要。其实，中国人由于受到中庸之道的影响，自有其独特的次序观：理居其中，而居中为吉，所以它的次序意义应该是“以情为先，所重在理”。而我们常说的“有理走遍天下，无理寸步难行”、“蛮法三千不及道理一个”，这些也证明了我们对于道理的重视。

仁、义、礼的实践，就是“情、理、法”。中国人情理并称，而又法理并重，情和法都离不开理，所以情、理、法仍是所重在理。

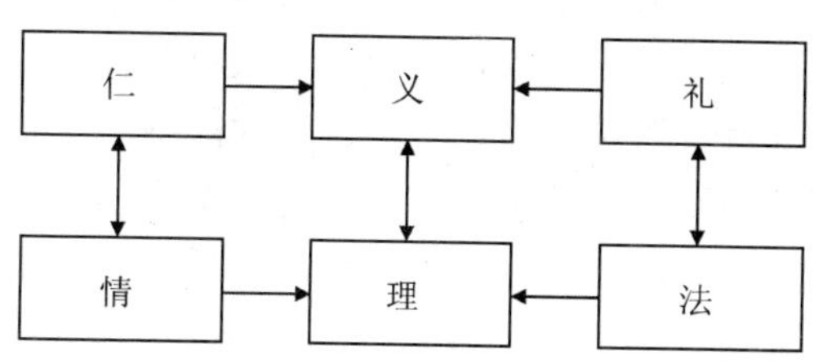

图 9—4　仁、义、礼、情、理、法的关系

二、理的管理与合理性

（一）理的管理

理的管理，即合于理的管理。是指一种立足于组织成员群体心理效用和未来心理效用而实施的组织管理，是这种组织管理的思路、方式、方法和手段。

这种管理方式所立足的心理效用是一种理性思考，也就是组织成员对于一项工作所作出的判断是基于理性思考的。如果说情的管理是一种以情感、人情、情绪为出发点，以满足成员需要并实施激励，创造主动的人性管理的话，那么理的管理就是立足于组织成员集体的群体心理和综合感情的管理。所以理的管理是一种基于效率逻辑和感情逻辑相融合立场的考虑。

合于理的管理全在于协调好效率逻辑和感情逻辑的思路，全在于因事因地、因事因人地恰当而巧妙地讲道理以便让不同的人接受（至少是大多数成员在一段时间内），全在于把成员自己认可的各不相同的小道理诱导归顺于大道理之中。

（二）合理性的内涵

1. 合理性的内涵

合理是指合乎于道理或原理。合理性是指合于理的特征或性质。前文已经介绍了理的内涵，我们根据其中理的特质进行把握，也就可以理解如何能够合理，拥有合理性。

组织成员个人把个人的认识强加于别人或群体，尽管他自己振振有词，称道理在握，但却不是我们所讲的合于理。即使该道理确实应当成为别人或群体的共识，采用强加于人的做法，却是不合理的。所以合理既要求道理要合理，也要求方式方法要合理。我们所讲的合理不是完全的科学理性，不是绝对的真理，而是合于所涉及对象的共识，是能够被成员广泛接受的。

2. 合理性的判断标准

在现实生活中，对是否合理的评价不同，这表现在两个方面：第一，每个个体对于理的理解和认知是不同的，所以每个人对于合理是有各自的评判标准的。第二，在不同的背景和条件下，对于合理性的判断也是不同的。如我们说将所得积蓄送给别人使用，这听起来会让人觉得不合理，但是如果这些钱是拿给急需的人或者是贫困山区的孩子，那这就是合理的了。所以，合理与否是因时、因地、因人而异的。

但是我们这里所讲到的理，是在大家求同存异的基础上达成的，满足大多数人心理认知的理，所以它的评判标准就要根据公共的条件和背景来制定。也就是说要看是否符合多数成员的认知。

由于在管理实践中，被组织成员百分之百接受的共识是很难达到的，所以合理乃是大多数人的共识。正因如此，合于理的管理，在实际运作中，就经常表现为中和、折中、通融、协调。而这正体现了管理科学性和艺术性的结合。

正因为如此，群体共识的合理性，也就显得很通常、很平凡、很一般化，没有什么大的反差和起伏，没有什么波澜壮阔的声势。

（三）合理性的诠释：中庸之道

1. 中庸之道

儒家所主张的中庸是一种待人接物不偏不倚、调和折中的态度。中庸思想在中国五千年文明发展史中有着特殊地位，它不但潜移默化地影响了各个社会生活领域，也是中国文化的基本精华之一。

宋代朱熹说："中者，不偏不倚、无过不及之名。庸，平常也。"程颢、程颐说："不偏之谓中，不易之谓庸。中者，天下之正道；庸者，天下之定理。"是说没有偏颇就是中，平和而不乖戾就是庸。他们对于中庸的定义从字面上指出了中庸的本意就是不偏离某个极端太远，也不过分依托某一极端；不过分超现实，也不落后于形势；不过于格格不入，也不否定一切；不急于冒进，也不故步自封。

可以说，中庸思想是一种哲学思维，是一种伦理思想，是一种政治主张，是一种修养要求，等等，总而言之，它展现了做人做事、管人管事的大道理。所以，中庸之道有着强大的生命力。

2. 由庸达理

每个人在认识每件事情时，由于观察角度不同，所能见到的要素及该要素的表现方式不同，因此所表达和坚持的自以为是的理就不同。这充其量只能称之为小理。人际关系中不协调和产生矛盾，各执一词，各持己见，就是互相之间的理格格不入造成的。正因如此，对一个组织或群体来说，才有沟通协调的要求，也就是沟通协调理，是大家取得共识，遵从共同的价值观和思路。而合于共同守则或已取得共识合作的认识和行为就叫做合理。可见，合理在一定意义上指的是合于达成共识的大道理。

正是由于中庸之道与合理性之间这种折中共识的共同之处，我们认为合理性与中庸之道所提倡的内涵和价值观是相吻合的，所以才将中庸之道作为诠释合理性的经典。

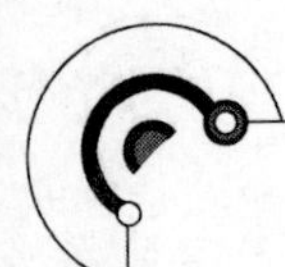

三、以理管理的应用

（一）明理：树立目标

1. 管理需要目标

管理的过程是：确立目标和标准，然后赋予员工应有的责任和权限，使其在法令规章允许的范围内权益应变。这是“经权之道”，是义，也就是我们所讲的理的法则。组织成员应共同发挥“持经达权”的精神，适时地应变，以求合理。

我们说理的管理是协调、变通以求共识的过程。也就是把原则提出来后，经过成员共同讨论，汇集大家的思想，得到所有人认同的过程。而后的变，是在这个既定目标基础上的变通，如方式、方法或进度阶段的因时、因地的改变。既然目标是共同讨论取得的共识，自然在执行过程中抱怨等声音就会减少，同时大家由于有了一个共同认可的目标，也便于个人目标与组织目标的统一协调。所以我们说目标的确立是明理的过程，只有先让组织成员对于共同认可的理心中有数，才能使他们的工作在合理的条件下展开。

2. 目标的设定

在管理中，目标有大有小，有公有私，如何使目标发挥最大作用呢？

（1）把个人目标与企业目标间的关系准确、精练地描述出来，是一件很必要的事。个体应该看到怎样取得成就与提高工作效率有助于推动企业目标的完成；同时，也有必要去了解企业将会提供怎样的报酬予以补偿，以便帮助个人实现自己的目标。

（2）让目标充满乐趣。中国人常常乐于付出更多的尝试去玩一场游戏，其投入程度远胜于他们所干的工作，其实这很容易理解，因为在游戏中，人们扮演自己喜欢的角色，每个人都知道该怎样做才会赢。游戏中，人们大多表现得异常激动和精力充沛。

游戏和竞争这种法则，对于一个企业的工作及挖掘企业中员工的潜力来说，是一种可以借鉴的非常可行的方法。

目前，中国的很多企业正使用这种方法。为使组织的整体工作水平提高，运用图表法、游戏法和竞争的方法使目标更富有趣味，那么企业的行为必定会充满个性并有趣，显然与之相应的回报也必定会是高效率产出及不断增长的利润。

如果组织中的每个人各想各的，这个团体就没有合力。每个人都是有力量的，但是合起来却并非易事。和、合这两个字，对中国人来讲是很难做到的。合而不和，就是和稀泥、混日子，最后还是各自做各自的。和而不合就更麻烦，大家表面上一团和气，其实暗地里各怀鬼胎，那么最后什么也做不成不说，甚至会毁掉组织。所以，和、合统统要变成我们共同努力的目标，也就是大家既能合作，又能齐心协力、志同道合。

中西对话

目标管理（Management by Objectives，MBO），是美国著名管理学家彼得·德鲁克在1954年《管理的实践》一书中首先提出并加以系统论述的。

“目标管理系统可以描绘为这样一个过程：组织中的上级和下级管理者一起制定组织的共同目标，根据预期效果规定个人的主要职责范围，并用这些衡量尺度作为单位经营的指导方针和评定个人所做贡献的标准。”

简明地说，目标管理，是指建立在职工能力开发基础上的以工作目标为中心的管理。其管理重点是由行动转移到目标上来，从而改变了职工对于工作的看法。实施目标管理较好的单位，职工关心的不是“我做些什么”，而是“我的工作目标是什么”，要求对工作成果负责，而不是对行动负责。其基本思想是一切活动开始于目标的制定，活动的进行以目标为导向，活动的结束以完成目标的程度来评价。

推行目标管理一般包括的程序是：目标的制定、目标的分解、明确考核办法、实施和评价。

资料来源：张福墀，安桐森．管理中的情·理·法．经济管理出版社，2001.

（二）达理：有所为有所不为

小案例

汉惠帝时，曹参新官上任，进了相国府。他上任后没有照惯例搞什么“新官上任三把火”，而是一不发政令，二不调人马，一切都按老相国萧何的规矩办。他整天无所事事，日夜痛饮美酒，游山玩水，好像根本不用心治理国家。汉惠帝责怪他不管事，他回答说：“请陛下好好地想想，您跟先帝相比，谁更贤明英武呢？”惠帝立即说：“我怎么敢和先帝相提并论呢？”曹参又问：“陛下看我的德才跟萧何相国相比，谁强呢？”汉惠帝笑着说：“我看你好像是不如萧相国。”曹参接过惠帝的话说：“陛下说得非常正确。既然您的贤能不如先帝，我的德才又比不上萧相国，那么先帝与萧相国在统一天下以后，陆续制定了许多明确而又完备的法令，在执行中又都是卓有成效的，难道我们还能制定出超过他们的法令规章来吗?”接着他又诚恳地对惠帝说:“现在陛下是继承守业,而不是在创业,因此,我们这些做大臣的,就更应该遵照先帝遗愿,谨慎从事,恪守职责。对已经制定并执行过的法令规章,就更不应该乱加改动,而只能是遵照执行。我现在这样照章办事不是很好吗?”

曹参在朝廷任丞相三年,极力主张清静无为不扰民,遵照萧何制定好的法规治理国家,使西汉政治稳定、经济发展、人民生活日渐提高。他死后,百姓们编了一首歌谣称颂他说:“萧何定法律,明白又整齐;曹参接任后,遵守不偏离。施政贵清静,百姓心欢喜。”史称“萧规曹随”。

资料来源:根据“萧规曹随”的故事整理而成。

1. 老子的无为而治

老子所提出的无为而治是有着丰富内涵的管理学问。我们说理在情、理、法三者中处于中心地位,是一种“经权之道”,所以其通达之精髓也是一种在为与不为中权衡思辨的过程。

《老子》中说:“太上,下知有之;其次,亲之誉之;其次,畏之;其次,侮之。信不足,焉有不信。悠兮其贵言!功成事遂,百姓皆谓我自然。”意思是,最高明的统治者,民众只知道有他;次一等的统治者,民众爱戴他,称道他;再次一等的统治者,民众畏惧他;更次一等的统治者,则民众侮谩他,蔑视他。统治者的诚信不够,才会有民众对他的不信任。要悠闲地治理又何必重在号令!大功告成,事业遂人愿,老百姓都说是自己努力取得的。

老子在这里明确提出了如果统治者能够让老百姓只知道有他这个人,这样是最高明的统治,因为一个统治者若是在治理国家的过程中,并不重在每日发号施令,而是在悠然自得之中进行,虽然建立了大功,完成了大业,却能让百姓认为是百姓自己的成绩。这种所谓的“无为而治”并非真的无为,这种表面毫无责任和智能的管理方式,实质上包含了重大的责任心、巨大的智慧和高超的管理能力。

又如老子云:“天下皆知美之为美,斯恶已;皆知善之为善,斯不善已。故有无相生,难易相成,长短相形,高下相倾,音声相和,先后相随。是以圣人处无为之事,行不言之教。万物作焉而不为始,生而不有,为而不恃,功成而弗居。夫唯弗居,是以不去。”说的是圣人处世不用施为,行教化不托空谈。万物自然而然地发生着而不试图创始什么,蓄生了又不把它们占为己有,有所作为而不恃骄,大功告成而不自居,正是因为有功而不居功,所以也就无所谓失去什么了。

老子在这里特别强调了一切事物都是相对存在，互补又互动地自然发展的宏大道理。正因为要顺应万物自然之理，所以圣人才实践无为而治，才不尚空谈，不违背客观规律去创造，而是心平气和、怡然自得，无所谓功与过，荣与辱，得与失。所以无为而治乃是大作为、大智慧，只要合乎情、顺乎理，符合客观规律。

2. 有所为有所不为

高明的管理者，善于治理国家和管理组织的人，必是有所为有所不为的。有所为有所不为反映了极高的管理思维和高超的管理艺术。

《治国方略》中说："为国者，不可从事于其小而忘其大者也。天下之事，小者固不可以不究心也。然必究心于其大而后及其小，则所行为得体。拘拘于其小者，两大者未尝过而问，吾恐其小者之所得，不足以补其大者之所损矣。"说的就是治理国家的人是不应该只致力于日常生活中的琐碎小事而忘掉国家大事。天下的事，小事情固然不可以不去尽心，但是一定要把主要精力用于抓大事，然后再顾及小事，这样做就叫做得体。只被小事束缚住手脚，而对大事却不过问，恐怕其在小事上所取得的成果，是不容易弥补在大事上的损失的。

在管理实践中，管理者要善于抓主要方向和关键事件，同时如果能处理好其他方面，那自然最好，即使照顾不到，也不必焦虑，因为只要先保证大局平稳了，之后再处理非主要的方面和次要事件，也不会造成重大损失。这就叫做"大事有所为而小事有所不为"。

有所为不是让管理者事无巨细、事必躬亲，有所不为也不是让管理者超然世外，不闻不问。为与不为需要合于理，也就是要合乎情理、道理，在理所规定的范围内进行。孔子曰："不在其位，不谋其政"，说的是有所不为。而如果改成"在其位谋其政"，则讲的是要有所为。所以由于管理角色的不同分工、不同的角色功能及行为，就必须很好地体现有所为有所不为的思想，否则就会造成混乱的局面。

（三）说理：建立沟通

1. 沟通的含义

人际关系中的沟通，是相互的探讨、交流、争论、求同存异、取得共识的基本方式，是说理的基本实现方式，也是理的管理的重要表现方式。没有沟通，人与人之间就无法实现思想的交流，也就无法在交流中取得共识。

人与人之间的沟通，又有其特殊性：①人与人之间的沟通主要是通过语言（或语言的文字形式）来进行的。②人与人之间的沟通不仅是消息的交流，而且包括情感、思想、态度、观点的交流。③在人与人之间的沟通过程中，心理因素有着重要意义。在信息的发出者与接收者之间，需要彼此了解对方进行信息交流的动机和目的，而信息交流的结果是会改变人的行为的。④在人与人之间的沟通过程中，会出现特殊的沟通障碍。这种障碍不仅是由于信息渠道（即传递）的失真或错误，而且还由于人所特有的心理障碍。

2. 沟通的意义

沟通在管理过程中是人与人相互了解和认识的桥梁，管理者需要通过沟通来了解自己在下属中的权威和声望，需要了解下属对于工作任务的认识水平和接受程度，而下属需要通过沟通明晰工作任务，得到应有的支持和帮助。同时平级成员之间也需要通过沟通来表达情感，协同工作。

远见固然重要，有目标只是领导行动的一半，另一半则是要设法让大家明白自己的远见和目标。关键时刻，必须以沟通来使受领导的人目标一致。拥有远大的目标，善于与人沟通，成功也就越来越近。

通过沟通，把品格、感情、水平和能力同宣传说理的逻辑表述，以及个人的风格魅力融合起来，就能更好地将“理”宣传给组织成员，同时让“理”变得更乐于、易于被接受。

第四节　束之以法

中国人讲情、重理，但这并不代表中国人不注重法。事实上，在现代社会，法是衡情论理的基础，离开法也就没有情理可言。法在企业管理中的具体化就是规章制度，它规定了企业管理的基本原则和方法。对公司的所有人、所有部门都具有同等的约束力。领导者就是要善于运用这一约束力使企业有法可依、有法必依，形成良好的行为秩序。

小知识

《周礼》是儒家经典，西周时期的著名政治家、思想家、文学家、军事家周公旦所著，今从其思想内容分析，则说明儒家思想发展到战国后期，融合道、法、阴阳等家思想，与春秋孔子时的思想发生极大变化。《周礼》所涉及之内容极为丰富。大至天下九州，天文历象；小至沟洫道路，草木虫鱼。凡邦国建制，政法文教，礼乐兵刑，赋税度支，膳食衣饰，寝庙车马，农商医卜，工艺制作，各种名物、典章、制度，无所不包。堪称为上古文化史之宝库。

资料来源：根据网络资料整理而成。

一、法的内涵

（一）法的内涵

古代汉语中法的含义是复杂多样的，其中最为主要的意义是：①法象征着公正、正直、普遍、统一，是一种规范、规则、常规、模范、秩序。②法具有公平的意义，是公平断讼的标准和基础。③法是刑，是惩罚性的，是以刑罚为后盾的。

“法不阿贵，绳不绕曲”（《墨子》），“故治国无法则乱，守法而弗度则悖”（《吕氏春秋》）。法是法则、法令、制度、规矩。我们常说“没有规矩不成方圆”，可见中国人是很重视制度的。早在西周时期，就有了《周礼》，即周朝的各项典章制度。法就是“仁、义、礼”中的礼。孔子重视礼，礼就是典章制度和行为规范，表现为管理中的“絜矩之道”，也就是管理的制度化。礼的观念是孔子学说的起点。孔子之学由礼的观念开始，进而至仁、义，是一个不断进升的过程。

制度化是管理的基础。任何一种制度，在创立之初，必有其外在的需要，也有其内在的用意，绝不是凭空想象出来的。组织的典章制度，是成员必须共同遵守的法。制度要经常调整，以求合理，使员工感到公平、合理。

（二）法的地位

孔子推崇《周礼》，主张“按照盛周的典章制度，以调整君臣上下的权利与义务”。任何组织，如果成员都能各依其名位而尽其所应尽之事，用其所当用之物，则秩序井然，彼此皆安。有些观点认为讲法的只有法家，其实儒家也重视法，只是两者的区别在于儒家重法轻刑，认为“道之以政，齐之以刑，民免而无耻。道之以德，齐之以礼，有耻且格”。也就是说他更重视法在“节度秩序”上的效果，认为组织成员如果能够“约之以礼”，“非礼勿视、非礼勿听、非礼勿言、非礼勿动”，就不至于触刑。

没有规矩不成方圆。在现代管理中，任何一个组织都是要有规矩的。国有国法，家有家规。组织中的规矩是每个成员工作的基础，不了解规矩的人，根本不知道该如何做事。我们常说，一个不守规矩的人，就不应该享有自由。因此可以说，法则、规矩、制度等，都是用来约束成员行为的。

古今中外一切制度，一般都不会永久好下去，日子久了，都可能变坏。所以制度化的管理需要靠人来创立、修订和推行，否则必定僵化。制度化是管理的基础，也是起点，必须不停地向上提升，才能达到管理的完善境界。制度有其空间性和时间性，既不可以盲目移植，也不能不加改善，是需要随时加以修订的。

管理的情、理、法，法为基础，组织成员必须共同遵守。然而“崇法务实”乃是成员的基本素养，有待进一步“毋必”、“毋固”，防止使“制度”变得死板和教条，而要充分适应时空变迁。

二、法在管理中的作用

小案例

三国时期，蜀地远离中原地区，那里的人们形成了骄纵狂放的民风，为了加强统治，诸葛亮采取了严格的法令，但是这种严刑重典，引起了许多官员的反对，包括诸葛亮的重要参谋法正也请教其中的原因。

诸葛亮解释说，按照往常惯例，在大局初定，人心思稳的时候的确需要轻徭薄役、宽减刑罚，采取休养生息的怀柔政策。但是懦弱无能的刘璋治蜀的时候，使这里的百姓变得骄纵刁蛮，把法令不当回事，如果还采用这样的策略，势必造成全国一盘散沙的局面，会为日后讨伐中原埋下隐患。法正听后心服口服，明白了诸葛亮通过加重刑罚的方式扭转蜀地混乱局面的良苦用心。

（一）法的必要性

严格的法律是社会行之有效运行的保障，而明确的企业管理制度是组织和谐发展的关键。行之有效的规章制度和服务守则，使成员有章可循，继而为组织目标的实现提供保障。韩非子说：“君无术则弊于上，臣无法则乱于下。此不可一无，皆帝王之具也。”一个组织只有具备了科学的制度、法规，管理者才能督促部署，防止成员各行其是，最终顺利实现组织的发展目标。

谈到制度，纪律最严格的恐怕是军队的军纪，通过严明的军纪，统帅才能号令三军，保证将士高效地执行任务。同样，在企业管理活动中，也不能完全依靠道德引导下属，需要依靠制度制约。高明的管理者要善于利用制度来约束下属，通过建立科学有效的管理制度，保证计划实施、有效统领下属。这是企业管理活动中的应有之义，而非可有可无的东西。

在企业的运营中，管理制度不完善往往会造成工作流程的不流畅，内部考核不到位，员工价值观不统一，这些会严重制约企业的发展壮大。这时，建立明确有效的企业管理制度，“定纷止争”，使大家各安其位，就显得有必要了。

事实上，许多人都知道在管理中要公私分明、照章办事，但是真正做起来并非易事。中国人往往重视情面，在遇到一些实际问题时往往很难做到不留情面，或是不掺杂个人情感因素地秉公行事。因此，坚持在制度之内从事管理工作，就显得非常重要。老子说："天地不仁，以万物为刍狗；圣人不仁，以百姓为刍狗。"意思是天地产生万物，任万物自然生长，不存偏爱之心；圣人对百姓无偏无爱，任其自然发展。具体到管理中就是秉公办事，持有自然、客观的态度。只有在制度之内做事，才能建立个人领导威信，提升与下属的人际关系质量。

社会经济生活中，企业管理者必须正视人性的缺陷以及环境的复杂影响因素，在管理中要善于借助法令使复杂的管理事务变得可执行、可操作。

（二）法的科学性

1. 法的管理

法的管理也就是合于法的管理，是指一种非立足于组织成员个体和群体心理而实施的组织管理，是一种组织管理的思路、方式、方法和手段。法的管理是立足于物化的管理。它的管理实施，从效率的考虑角度出发，最终也归结于对效率进行的评价和考量。所以，法的管理，被认为是一种基于效率逻辑的管理，这一点同科学管理和管理科学的要求是相似的。

合于法的管理，在企业中可以体现在规章制度上，可以体现在操作规程上，可以体现在员工手册上，可以体现在决策方式上，可以体现在计划制订和作业调度上，可以体现在岗位描述和岗位责任制上，可以体现在协调控制方式上，也可以体现在工厂和车间的布置及生产的时间、空间组织上，等等。

所以我们将法的管理看作是管理科学性的表现。

2. 科学对待法

我们说法的科学性，不仅指法在管理方式上的科学性，同时我们也要以科学的方式对待法。

没有人喜欢一味地被动服从，恰恰相反，人是喜欢主动的。人最乐于服从的是自己的决定，而非别人的决定。对于别人的决定会感到压力和抗拒，而对于自己的决定会乐于接受，并不折不扣地去执行。所以对于法，也就是制度和规矩，需要在具体执行过程中融入适当的弹性：

（1）法如果完全没有弹性，那这个法也是行不通的。法为了要行得通，它得有相当的弹性。所以就出现一个弹性变动的范围。

（2）情和理要在法允许的范围内，也就是要同时考量三个因素。在法许可的范围内讲情理，才是合理解决办法。

法是人定的，日久终将不合时宜，必须依理改变，才能合用。制度化是管理的起点，一个组织需要通过制度使行为规范化、标准化，但同时制度也需要不断生长。一方面离不开理论的基础；另一方面又要配合实践的作用。以理论为制度的精神生命，以显示为制度的血液营养。既不能否定传统制度背后的一些理论根据，也不能忽略现实环境里面的一切真实要求。制度如果墨守成规，在不断地发展过程中势必会出现各种问题，而制度如果任意乱变，那制度又失去了稳定性和存在的必要性。所以我们要求制度化，与此同时也要让制度合理化。一切典章制度，都要随时求其合理。太阳会下山，制度也有其失效的时候，这种“日落法则”正是制度合理化的精神。经常修订典章制度，使其适合时空的变迁，符合安人的需要，才是合理的。

三、以法管理的应用

（一）明法：制度公开化

《管子·明法解》中说：“法者，天下之程式也，万物之仪表也。”意思是法律制度是天下的规程，万物的准则。所谓“以法治国”，就是将法律制度公布开来，使之公开化、明确化，让老百姓明明白白，认真遵守。这样，依法治罪，按法量功，就不会有不满和抱怨。

古时，统治者信奉“法藏官府，则威不可测”的说法，这造成了许多因信息不公开而导致的社会问题。同样，在管理企业中如果不将制度公之于众，不但会造成法的不明，也会造成虽有法，却无法可依的矛盾局面。

既然法是组织成员在公识基础上形成的，合理的制度化形式，那每个组织成员就有责任去遵守，也有权利去了解。从制度的成因到制度的执行程序、范围，都需要公开、透明地告知组织成员。否则，就算制度制定的再合理，也会引起人们的怀疑和不满，也就不利于制度的进一步推行。

我们说合理必然合法，所以只要是合于理的制度就必然是能够被组织成员接受和执行的；反之，如果制度制定的不合理，在成员共同的讨论和协商中，也利于修订出更合时宜的制度，这也是法的科学性的要求。

（二）崇法：不搞特殊化

平等，是实行法的管理的基本原则与要求。商鞅曾经指出，如果君臣抛弃法度而以个人的好恶来管理国家，则国家必乱无疑，因此，君主要带头守法，按法行事，言论和行为都要以法为准绳；君主在实施赏罚时，也应该不分远近亲疏，一概以法度量。

三国时期，诸葛亮挥泪斩马谡。虽然马谡是诸葛亮赏识的将领，但是诸葛亮并没有手下留情，因为他知道，一旦对马谡搞了特殊化，那么军法的权威性就要大打折扣，造成的后果也会更加恶劣。公司中的制度就如同诸葛亮的军法，必须被不折不扣地执行，公司的制度一旦不被重视很可能会使其走向失控。但是在现代企业中，由于中国人“刑不上大夫，礼不下庶人”的思想，管理者还是常常忽略这一点，破坏了制度。所以，制度制定以后，关键在于执行，否则再好的制度，执行力不够也是没有用的。

古人云：“其身正，不令而行；其身不正，虽令不从。”作为组织的管理者，自身的规范表率作用对周围员工有着直接的、重要的作用。管理者要想管好下属必须以身作则，示范的力量是惊人的。一旦通过表率树立起在组织中的威望，将会上下同心，大大提高组织的战斗力。因此，作为组织的管理者，在进行管理时，一定要依章办事，强调制度面前人人平等，而不能因为自己的偏好搞特殊。只有这样组织才能够上下一心，赏罚分明。

（三）严法：执行坚决化

严法，就是要严格执行规章制度。严也是一个组织具有强大战斗力的保证。对于那些公然蔑视法规制度的人进行严肃处理，才能起到威慑作用。韩非子主张凡赏罚一定要坚决，这是为了鼓励立功和禁止犯法。赏赐丰厚，就会出现争先恐后去建功立业的局面；处罚严峻，大家厌恶的种种奸邪现象就可以很有效地禁止。

严法制的思想要求管理者必须有法可依、有法必依。商鞅认为只有制定详细周全的条文法令，民众的行为才能有依据。而对现代企业而言，在已经制定了完备的企业制度的条件下，管理者必须进行科学严密的管理，离开严格的管理，企业将陷入混乱无序之中。松下幸之助说：“身为一个企业管理者，最重要的是能做到宽严并济。如果一味宽大为怀，人们就会松懈，但如果一味严格，又会使人退缩。所以宽严并济很重要。”所以，作为管理者，其本身要严于律己、坚持原则、以身作则，为员工起到模范作用的同时，才能令行禁止，保证企业规章制度的顺利进行。

仅有战略，并不能够让企业在激烈的市场竞争中脱颖而出，只有强有力的执行力才能够使企业创造出实质的价值。失去执行力，就失去了企业长久生存和成功的必要条件。没有执行力，也就没有核心竞争力。

本章关键词

治缘　感情投资　理的管理　合理性　法的管理

本章提要

1. 治缘，是对于人的关系的管理，即以人际关系为对象的管理。治缘的原则在于解决好“情、理、法”三者的关系，在管理过程中首先要以情感人，用感同身受的情谊、推己及人的感情去打动对方，若行之无效就要用道理和合理的说法说服对方，再若不行，则要运用行之有效的规章制度去规范和处理。治缘的目标是达到和合的境界。

2. 用情管理的作用体现在：领导者要关爱下属、帮助下属、体恤下属，从而赢得人心；为企业留住人才；帮助企业中的成员之间建立信任，使他们融洽相处；通过对下属及其家人、朋友的照顾提高他们的组织认同感。用情管理也要合于理、合于法，既要符合在市场竞争环境下企业追求利益的原则，又要理智分析情况，不能用情代替法理，造成组织的无序和混乱。

3. 理的管理，即合于理的管理。是指一种立足于组织成员群体心理效用和未来心理效用而实施的组织管理，是这种组织管理的思路、方式、方法和手段。合于理的管理全在于协调好效率逻辑和感情逻辑的思路，全在于因事因地、因事因人地恰当而巧妙地讲道理以便让不同的人接受（至少是大多数成员在一段时间内），全在于把成员自己认可的各不相同的小道理诱导归顺于大道理之中。合理性是指合于理的特征或性质。合理即要求道理要合理，也要求方式方法要合理。我们所讲的合理不是完全的科学理性，不是绝对的真理，而是合于所涉及对象的共识，是能够被成员广泛接受的。

4. 法的管理也就是合于法的管理，是指一种非立足于组织成员个体和群体心理而实施的组织管理，是这种组织管理的思路、方式、方法和手段。法的必要性体现在它明确了企业的管理制度，使成员有章可循，继而为组织目标的实现提供保障。法的科学性体现在管理的科学性和对待方式的科学性上，法的管理是一种基于效率逻辑的管理，这是科学管理和管理科学中的必要考虑。同时，法也需要弹性，需要依理改变，符合时宜，才能合用。

复习与讨论

1. 什么是治缘？它的原则是什么？如何应用？
2. 情在管理中有什么样的地位？有什么适用范围和条件？
3. 什么是感情投资？它起什么作用？
4. 什么是理的管理？

5. 如何用中庸之道解释合理性？

6. 什么是法的管理？如何对待法的管理？

7. 有些人认为中国式领导喜欢顺从的下属，实际上中国式领导并不欣赏完全听话的人。中国式领导最重视的是“有所从有所不从”的人，也就是尊重他人意见却不盲从的人。请从你的角度谈谈你是如何理解“有所从有所不从”的？

8. 关于如何处理情、理、法三者的关系一直有很多观点，中国平安保险公司董事长马明哲认为应坚持“法第一，理第二，情第三”的原则，请根据你对情、理、法的理解，谈谈在管理实践中如何处理情、理、法的关系。

本章案例

材料一：

在娃哈哈，你问任何一名员工：是谁在他们跌倒的时候扶起他们？是谁常常教导他们？又是谁抚慰他们的创痛？“宗庆后”就是答案。宗庆后就是这样，在公司努力营造大家庭的氛围，在生活上给予员工细致的关怀，帮助员工解决后顾之忧，让他们能够全心全意地投入工作之中。

而且他还会努力营造职工工作和生活的大家庭氛围。如尽量解决员工亲人不在身边的实际困难，积极帮助两地分居的员工在企业内部寻找合适的工作岗位。

宗庆后还要求保障部门充分认识到本职工作的重要性，要确保员工吃饱、吃好、休息好，努力做好职工的生活服务工作。除了生活上一系列保障措施外，娃哈哈还实行带薪旅游制度，每位员工每年都有 7 天的假期，并发放 3000 元旅游费用，使员工们在紧张繁忙的工作之余也能够尽情放松。

由于娃哈哈在外地的分公司众多，有许多一线销售人员长期在外，公司对这些人员的后勤保障工作更是做得细致入微：专门组织力量帮助其家属解决后顾之忧，做到主动上门问寒问暖、服务及时到位。这种人性化的、无微不至的关怀令员工感动不已，更加激励他们做好工作。

资料来源：尚阳，陈劲．娃哈哈密码．北京大学出版社，2005：171-172.

材料二：

每到年末，娃哈哈公司总要评先进、发奖金。因为此前平时没有业绩的考评，结果是谁也不服谁，有的科室、班组采用“轮流坐庄制”，有的甚至靠抽签来决定，效果很不理想。从2000年6月开始，保卫部制定了业绩考核条例，做什么事该加分、加多少，犯什么错误该扣分、扣多少，条例中都有明确规定。各级班组自行考核，有争议的可向上级“申诉”。

2001年1月，“末位淘汰制”正式启动。以生产基地为考核单位，各级相互监督，值班干部随机抽查，每月底公布分数和排名，排名靠后者要被通知离岗。

由于末位淘汰制严格按照分数、排名，整个操作过程公开公正，所以虽然有些突然，走的人还是心服口服。员工的积极性和危机感则同时得到了加强。

资料来源：高超．娃哈哈方法．中国工人出版社，2004.

材料三：

一个公司的老总在听到他的一位经理想要离职时，颇感惊讶，因为这名员工是自己亲手培养的非常优秀的技术骨干，而且在3年前，他刚进公司时，还对这名老总信誓旦旦，并签订了5年的工作合约。这位老总就亲自找这名员工，并在下班后一起吃饭，先是谈心，问他这几年的工作感受，有什么困难等。在谈话中了解到这位经理是因为薪水问题，加上有个外企想要他去工作，所以他也就想要跳槽离开。这位老总听后先是动之以情后又晓之以理，讲了很多企业现阶段的困难，一时无法达到外企的待遇，但正因企业处于发展阶段，所以更加需要他这样的人才支撑。但是这位经理并不为之所动，去意已决。无奈之下，老总拿出公司的规章制度和这位经理的合同，告诉他如果真的要离开，那么公司会尊重他的选择，但是由于之前有合同约定，而且公司无法在短期内找到合适人选，所以他需要留下来几个月时间把工作进行交接，培养可以胜任的新人选。

考虑到违约问题，而且老总亲自委婉挽留自己，这位经理权衡之后还是决定留下。不久公司升他为副总，在企业独当一面。

资料来源：孙海芳．中国式的管人细节．中国言实出版社，2006．（经整理）

思考题：

1. 材料一和材料二同样是娃哈哈的管理方式，但却有很大不同，这两种管理方式矛盾吗？请结合材料谈谈你的理解。

2. 材料三中的老总在管理中将情、理、法相结合，最终留住了人才。请结合材料谈谈你如何理解情、理、法的关系，它们应如何运用？

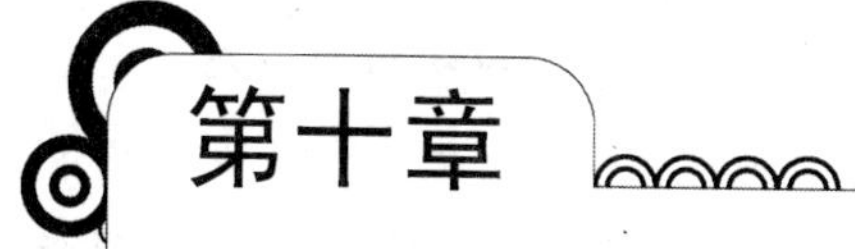

第十章 情境之治——以具体情境为对象的管理

学习目的与要求

了解情境的含义、情境变化的特点和影响因素、情境变化的三个类型

理解情境之治“善因—利导—整齐”模式的来源、应用、与情境变化类型的关系

掌握对情境发展三种类型应该采取的具体方法

题记

世异则事异，事异则备变。

——《韩非子·五蠹》

制事者因其则，服药者因其良。书不必起仲尼之门，药不必出扁鹊之方。合之者善，可以为法，因世而权行。

——陆贾《新语》

善者因之，其次利导之，其次教诲之，其次整齐之，最下者与之争。

——《史记·货殖列传》

导入案例

春秋时期，燕昭王为了报齐国杀父之仇，尊重人才，礼贤下士，以乐毅为将，联合赵、楚、韩、魏四国，统领五国大军把齐军打得大败，攻克了齐都临淄，把无数财宝和礼器都运回了燕国。此时，齐国田单在即墨城临危受命，被推为首领。田单听闻燕惠王和燕国将领乐毅不和，遂派人到燕国行使反间计，扬言乐毅胆小怕事，不敢出战攻克齐国仅剩的两座城池，并且乐毅想联合齐国

兵力，在齐国称王。燕惠王认为这话是对的，于是派大将骑劫代替乐毅。但是燕国官兵了解实情，对此愤愤不平。于是田单又在即墨城内宣扬齐国要有神仙下界指导他们克敌制胜，而且田单在城内找了一个“神人”做老师，凡事都要问过“老师”。田单还诱导燕兵做出激怒即墨人的事情，如割去齐国俘虏的鼻子、盗挖齐国的祖坟等，即墨人痛哭流涕，请求出城拼杀，士气高涨，这是造势计。而田单认为时机还没有成熟。随后，田单将自己的妻子、姬妾都编入了与战士一起修筑工事的队伍中，将所有的食物都拿出来犒劳士兵。时机将要成熟之时，田单命令老弱妇女上城防守，装备精良的队伍都埋伏起来，并派去使者和燕国约定投降事宜，请求燕军不要伤害年迈的父母、柔弱的妻妾、幼小的孩子，燕军满口答应，这是痹敌计。时机成熟之时，齐军 5000 名壮士悄无声息地杀向燕军，燕军溃败四散。

田单在不同的情境中采取不同的措施，如反间计、造势计、痹敌计、胜战计等，均取得了良好的效果。这便是最原始的“情境之治”。那么“情境之治”在现代企业中有哪些运用呢？这便是本章要讨论的问题。

资料来源：（汉）司马迁．史记（四）．内蒙古文化出版社，2009.（经整理）

第一节　引　言

随着时代的变迁，我国古代的管理思想体系逐渐形成，在两千多年的发展历程中与中国情境下的管理实践相结合，并与西方管理思想交会碰撞，诞生了诸多东西方管理思想和方法融合的产物。以情境为对象的管理——情境之治便是其应用之一。

一、情境之治的内涵

我国古代管理思想体系中，法家认为，古法不必然能为今人所用，要求根据形势的变化而变法易政。商鞅指出“礼法以时而定，制令各顺其宜”（《商君书·更法》）。就是说礼法制度要根据时势来确定，制度命令要顺应它们的相关事宜。“治世不一道，便国不法古”（《商君书·更法》）。治理社会不必采取同一种方法，为国家谋利益不必效法古代。韩非子也认为，随着时代的变化，治国治民的方法也必须随之变化，以适应新时代的要求。这便是我国较早的“管理权变观”。将其与西方管理思想——情境管理相结合，就是我们所说的“情境之治”。

（一）情境之治的含义

情境是指在一定时间内各种情况相对的或结合的境况。情境之治就是对这些具体情况做出分析、采取措施、加以修正的管理过程。西方管理学思想中提出：“管理具有四项基本职能——计划、组织、领导、控制”，在每种管理情景中的管理者都应该执行管理的基本职能，只是执行这些职能的类型和风格要依情境而异。

执行管理职能的类型和风格取决于管理实践所处的情境，情境不同，管理实践也要随之变化。这是西方情境管理（也称权变管理）理论的观点，而在我国，情境之治最通俗的体现便是“因人而异，因地制宜”。

（二）“善因—利导—整齐”模式的来源

司马迁在《史记·货殖列传》中提到：“善者因之，其次利导之，其次教诲之，其次整齐之，最下者与之争。”这句话是司马迁主张经济自由的集中体现。“善者因之”就是说国家最好的经济政策是顺应经济发展之自然，听任私人进行生产、贸易等活动，不加干预和抑制。“利导之”就是在顺应、听任私人进行经济活动的前提下，由国家在某些方面进行一定的引导，以鼓励人们从事这方面的经济活动。“教诲之”、“整齐之”、“与之争”是指由封建国家采取教化手段、行政手段、法治手段来干预人们的经济活动，对私人的经济活动加以限制和强制。“善因—利导—整齐”的情境管理模式便是从司马迁的“善因论”演变而来的。

二、情境之治的途径

情境是处在具体管理实践中的，因此受到多方面因素的影响。将其归纳可大致分为三类：第一类是人员因素，包括管理者因素和员工因素。管理者因素包括管理者的领导模式、管理才能、价值观和个人魅力等；员工因素包括员工价值感受、员工职业技能、员工素质等。第二类是竞争因素，主要指竞争对手的发展态势和其采用的应对策略对自身所处情境产生的影响。第三类是环境因素，包括自然因素、政治因素、经济因素、文化因素等。

（一）情境变化的类型

根据情境变化的影响因素和特点，将情境变化分为三个类型：自然变化型、利好引导型、恶性发展型。

1. 自然变化型

这一类型是众多因素对情境变化影响的初级阶段，情境处于自然的、温性的、良性的变化中。管理者要通过温和变动以顺应形势，如提升自我、培训员工等。

2. 利好引导型

这一类型强调“情境主动”。情境主动就是指要主动引导和创造利好情境，也有在具体情境中选择利好时机的含义。

3. 恶性发展型

情境变化若超出了管理者预测范围或者已经朝着不良方向发展，管理者需要在此时做出正确决策，通过思想教化、制度约束、集权管理等强权手段遏制情境的恶性发展。

（二）“善因—利导—整齐”模式与情境变化类型的关系

司马迁的“善因论”是针对国家经济事务提出的观点，将他的思想延伸到管理领域同样受用。善因、利导、整齐三者是层层递进的关系：善因是指顺应情境变化；利导是指以利益为目的的鼓励和引导；整齐是指重视思想教化、制度约束、统一管理在情境之治中的重要作用。结合情境变化的三个类型，在不同类型中，管理者采取情境管理的措施应当遵从一定准则。

1. 自然变化型

管理者应该采取对人、对己的塑造和改进措施以顺应变化，迎合形势，以期在有利情境中获得最优的管理成效。

2. 利好引导型

这一类型通常是情境变化波动较大的类型，其情境变化趋势是可以通过提前预测、提前准备而向利好的方向引导的，通过创造利己情境以获得最大利益。

3. 恶性发展型

企业或者组织已经处于或者即将处于不利情境中，此时管理者应该破除守旧思想，鼓励创新，并建立制度加以规范等措施，治理恶性情境，逆转不良态势。

三、情境之治的应用

将“善因—利导—整齐”模式应用到管理实践中，可以解释以下几个问题：在不同情境中，对待不同的人有不同的策略；在管理实践中，不同的时间节点采取的措施不同；在管理过程中，对不同层次的情境有不同的管理侧重点。

第二节　善因：顺应自然变化的情境

自然变化型的情境是指处于自然的、温性的、良性的变化中的情境，管理者要通过温和变动以顺应形势的变化。“因”即顺应。本节按照影响情境变化的三个角度的因素：自身因素、他人因素和环境因素将情境做分类，针对不同因素引起的情境变化列举了管理者应该采取的措施。

一、顺应自身因素引起变化的情境

所谓自身因素引起变化的情境，是指在管理过程中，因管理者个人因素导致管理形势、管理情境发生变化。因为人性的好利性和管理者自身价值观的约束，一般情况下，因管理者个人因素引起的情境变化具有较强的主观性。同时，管理者在企业中充当决策者的角色，管理者的决策往往影响到企业在未来一段时间内的发展。

（一）反省知耻

孔子在回答他的弟子子贡的所问“怎么样的人才配得上称之为‘士’”时，他答了“行己有耻”的话。孔子认为，能用“知耻”作为标准来要求人，只有“知耻”者才配得上称为“士”。而“知耻”首先要“反省”。纵然自然变化的情境是温性的、良性的，管理者也应该在具体情境中不断反省，明晰情境管理中的对与错、得与失、成与败。对成功之处的经验加以整理和研究，对失败之处的教训加以警示和反思。

1. 自省

儒家提倡“修身”，自省是其中重要一法。自省是一种自我的行为，没有他人督促、监视，完全凭自己的觉悟，审视自己，发扬成绩，找到缺点，改正错误，继续进步。

对管理者来说，肩负着为企业寻发展、为员工谋福利的决策重任，需要时常审视自己。管理者的思想、行为和决策往往是影响企业所处的情境最重要的个人因素，因此，管理者需要通过“自省”来不断修正自己的思想，使其客观化、理性化和全局化，以便更好地顺应情境的变化。

2. 慎独

慎独是关于个人品格操守的一个概念。慎独是自省的高境界，在独处的情况下，慎言、慎行，不做非礼之事，不为非理之行，老老实实，规规矩矩。在此，慎独可以和真诚联系为整体，是指管理者要真诚对人、真诚对己。

作为管理者，在面对连续变化的情境时，必须保持一颗镇定和坚守的心，在千变万化中找到不变的准则——一切为了整体的长久利益，这样才能顺应情境变化而不会被其控制。

小案例

万向集团创立于1969年，位于杭州市萧山区国家级经济技术开发区。1990年起列为浙江省计划单列集团，1997年起列为国务院120家试点企业集团，1999年起被列为全国520家重点企业。万向品牌在品牌价值实验室（World Brand Value Lab）编制的2010年度《中国品牌500强》排行榜中排名第66位，品牌价值达87.46亿元。主要致力于汽车零部件产业。

万向创始人鲁冠球身怀中国企业家最珍贵的品质——慎独。万向集团，脱胎于鲁冠球的起家产品万向节（一种利用球形连接实现不同轴的动力传送的机械结构），那是汽车配件中十分不起眼的一个小配件。在鲁冠球家楼梯的拐弯处挂着一个镜框，里面是一辆轿车，他这辈子的理想就是造汽车，但历经21年，仍未能圆梦。2000年前后，全国50多家私企宣告要造汽车，浙江的李书福宣布以5亿元进军汽车业，瞬间夺走了鲁冠球的风头。而鲁冠球却沉住气，对汽车产业认真分析，得出结论："要造汽车，我需要100亿元。"按下种种冲动，鲁冠球将小小的万向节做到了全球规模第一位，自身也常年稳居各类富豪排行榜的前五位。

鲁冠球的慎独思想使得万向成功将企业界百年危机转化为百年机遇，2011年集团营业收入达816亿元，利税70亿元，出口创汇23亿美元，均创下历史新高。

3. 知耻

人无完人。人都有犯错误的时候，管理者也不例外。即使现在企业所处情境良好的，管理者也应该通过"自省"审视自己的决策，分析决策是否是最正确、最客观的，利益最大化的。企业在顺应所处情境时，某些决策中的小纰漏还不足以对现有的情境产生巨大的影响，但是日积月累，其弊端就会日益凸显，因此管理者要通过及时改正的方法避免这一情况。这便是"知耻"的做法。

（二）学而时习

学而时习是儒家的思想。孔子把学习当作一件高兴的事情，而且还要做到“时习之”，不断地学习才是人类得以进步的原动力。作为管理者在管理过程中，会遇到不同的情境；在不同的情境当中应该采取的管理模式和管理艺术不同，管理者需要在不断学习中积累管理经验，这样在情境不断变化中才能灵活应用管理技巧，达到管理目的。

1. 不耻下问

管理者既要聪敏又要好学，也要不耻下问。向上问容易做到，如问前辈、问领导、问上级、问有头有脸的人，不至于降低管理者的身份；问下是问的较高境界，如问后来者、问下级、问员工、问地位低下者、问微不足道者。

管理者应当全方位地掌握管理的过程，对下问是受众面最广的方式，接受信息最广泛、最快捷。因此，不耻下问是管理者增长知识、积累经验必不可少的一种做法。

同时，孔子还提出了“每事问”（《论语·八佾》）的管理思想，即要求管理者在管理过程中多问几个问题，以达到广泛征求意见、全面认识问题、做正确决策的目的。

2. 学思结合

学与思应该做到结合，学中要有思，以求甚解；思中要有学，以求问题得到解决。

只有学没有思，是肤浅的学，没有意义；只有思而没有学，思的原材料没有，那只能是空思。学习必须思，勤动脑筋，勤想问题，对问题得不到合适解的，再学，再思，又再学，又再思。

对管理者来说，情境不断变化，不能墨守成规，需要通过不断学习和思考接受新的管理思想，并将其转化为适合企业的管理模式。此处，对思的认识应该进一步扩散，思的成果是建立在实践基础上的，将学到的东西付诸实践，同时在实践的过程中思考所学内容的科学性和实践性，总结经验，做出修正和改进。

3. 进而不止

《论语·子罕》中说：“譬如为山，未成一篑，止，吾止也。譬如平地，虽覆一篑，进，吾往也。”这句话的意思是如果用土堆山，只差一筐土就成功了，但你却不添了，前功尽弃，成为你的过失；如用土平整土地，虽然只加一筐土，却也是前进，这是自己的成功。这话告诉我们，学习也要如土堆山那样进而不止，如土平地那样进而不止。

（三）生涯设计

孔子曾经对自己的一生做总结，他说：“吾十有五而志于学，三十而立，四十而不惑，五十而知天命，六十而耳顺，七十而从心所欲，不逾矩。”(《论语·为政》)孔子这段话实际讲的是生涯设计问题。在情境的不断变化中，管理者（决策者）要根据情境的变化调整管理的目标和方法，对管理对象：个人和企业做出阶段性的目标，根据分阶段的目标进行个人和企业的生涯设计。

情境不断变化，在进行生涯设计的过程中要掌握一定的方法和准则。

1. 管理者为自己、为企业设计一个“志”

人有脊梁使人挺直，人有高尚的志使人精神屹立。管理者为自己、为企业设定一个目标，有目标才能有方法。

2. 建立一个学习型的自我和企业

生涯设计中“学”重要。只有学才能长知识、长才干。从这段话可见，孔子的“学”为他今后的“而立”、“不惑”、“知天命”、“耳顺”、“从心所欲”等打下了扎实的成长基础。这说明“学”十分重要。这是自我的“学”。对企业来说，要建立一个学习型的组织。

学习是企业生命的源泉。当世界更息息相关、复杂多变时，学习能力也更要增强，才能适应变化。企业不能再只靠某个伟大的领导者一夫当关、运筹帷幄和指挥全局，情境变化很快。不可能等待由上而下的缓慢的官僚主义的程序。在工商业活动日益复杂而瞬息万变的年代，工作必须更富有学习性，仅由一个人代替组织学习的时代已经过去，真正出色的企业将是能够设法使各层员工全心投入，并有能力不断学习的组织。

3. 重视重要和敏感的时间段

对个人来说，要重视“三十而立”这个时段的光阴。在人的一生中，“三十”属于青、中年时段，“而立”即代表成人。这个时段是人的一生中最基本、最主要的时段。这个时段一般是在工作、劳动中度过的。一个人是否在事业上做出了成绩，主要就看他在这个时段上的表现。对这个时段，我们要好自为之，不要蹉跎。三十岁上下，是人的风华正茂时期，此刻人思维敏捷，精力充沛，记忆力强盛，创造力富有，理解力突出，是人们在事业上多多出成就时期。

小知识

李想，1981 年出生，目前是泡泡网（北京泡泡信息技术有限公司）首席执行官。1998 年前，给《电脑报》、《计算机世界》等报刊撰写稿件；1998 年，开始做个人网站；2000 年，注册泡泡网并开始运营；2001 年下半年，从石家庄来到北京，开始“正式的商业运作”；2005 年，从 IT 产品向汽车业扩张，创建汽车之家网站；2006 年 5 月，被评为“中国十大创业新锐”。

达贝妮，1981 年出生，前 Pcpie 视频搜索引擎 CEO，拥有技术、传媒及管理整合背景。具备多年传媒运作经验，擅长产品规划，对技术商用化，技术传媒化有深刻研究。在加入 Pcpie 前，曾独立发行并运作国内第一本消费娱乐《DM》杂志。2004 年于澳大利亚五大律师事务所之一的安德慎律师事务所（Allens Arthur Robinson，AAR）工作，主要面对亚太地区的企业。2005 年底，投资并组建了 Pcpie 视频搜索引擎，担任 CEO，目前为网络经济方向在读博士。

资料来源：http：//www. cec-ceda. org. cn/cyqyj/.

而对企业来讲，要关注在成熟阶段，企业内部的制度建设、目标建设、企业文化建设、员工培训等方面，只有做到人和企业都在重要时间段和敏感时间段密切关注自身所处情境，才能做到顺应。

二、顺应他人因素引起变化的情境

在此，“他人因素”是指除管理者之外的企业员工因素和企业所在行业的竞争者因素。要顺应这些因素产生的变化，对企业员工可以采取“有教无类，因材施教”的方法，对竞争者可以采取“虚实迂直，攻守自如”的方法。

（一）有教无类，因材施教

1. 有教无类

有教无类是说，凡是愿意学的，都要好好地教，而不管他身份如何，是否有钱等。教，可以使人懂仁、懂义、懂礼、懂智、懂信，使人知书明理，使人聪明，使人长学问。没有生而知之的人，只有教而知之、学而知之的人。这个思想处在今天显得更有意义了，特别是对处在不断变化的情境中的管理实践来说。

现在社会推行终身学习，人人需要知，人人需要教，活到老，学到老。对企业来讲，企业要想适应现代经济竞争，就要不断注入新鲜的知识和信息，要通过不断学习来获取；对员工来讲，他们是企业生产、销售的主力军，要用先进的知识武装自己。现在是知识经济时代，知的重要性更突出，更需要有教无类。

2. 循循善诱

循循善诱是讲教学规律、学习规律。教人学理、学知识要一步一步地教。

学知识、做学问要一步一步地学与做。而且，在一步一步地教、学过程中，总是先教、先学浅显的、简单的，然后一步一步深化，乃至掌握十分深奥的知识。在管理实践中，要先做好基础的事情，不能好高骛远。对员工的培训也要从基本的业务做起，使员工通过扎实的基本功在企业遇到情境变化的时候做到“以不变应万变”。

3. 因材施教

因材施教是孔子的教学思想的一个内容。因材施教，这句话是孔子后的儒生们据孔子思想给予概括而成。孔子讲过这样的话：“中人以上，可以语上也；中人以下，不可以语上也。”语意是，素质在中等以上水平的，可以给他讲高深的学问；素质在中等水平以下的，不可以给他讲高深的学问。

因材施教，是说教学要根据受教学者的不同智力、不同喜好、不同水平、不同习惯等而教，不搞统一式，不搞固定式，不搞僵死式。因材施教是有的放矢地教学，在教学中必须据情而教。员工培训中，因员工的受教育程度、个人能力、所在岗位不同，而且不同的人对知识的需求和接受程度不尽相同，所以在培训员工时要因材施教，这样使得员工能够熟练掌握在能力范围内的业务，以应对情境的变化。

（二）虚实迂直，攻守自如

1. 虚实

孙子专门写了一篇《虚实》，其中说：“兵之形，避实而击虚。”在该篇文字中还要求在作战时，避他人之实，击他人之虚，做到“出其所不趋，趋其所不意”；“攻而必取者，攻其所不意也”；“守而必固者，守其所不攻也”。（《孙子·虚实》）在做生意中要善攻善守，该推出新对策时推之，该退却时退之。在与对手竞争时，要击他人之虚，避他人之实，避我之虚、之短，扬我之实、之长。在商场竞争中“奇正”之术也是值得应用的，在竞争中企业就应该善于出奇，如商品出奇、广告出奇、销售出奇等。

2. 迂直

什么是直，把两点之间用直线连起来，这条线就是直。直，直线距离，直径，短，走近路，迈近道。但有时需要迂，迂，虽然要多走点路，但可避开直线路上可能遇到的险。前一种走法还可能出现欲速则不达的情况。

3. 攻守

孙子有这样的话：“不可胜者，守也；可胜者，攻也。”（《孙子兵法·兵势篇》）作战总是有攻有守的。攻好，因为主动。但是持攻势状，就有可能留下后方空虚的弊端，会被对方乘虚而入。守也不见得不好，守，积蓄力量，窥探时机，待机反扑。是否应该做这样的认识，应该兼有攻、守两套本领，该攻时攻之，无坚不摧地攻之；该守时守之，固若金汤地守之，以拖垮对方战斗力。

三、顺应环境因素引起变化的情境

影响情境变化的因素中，有一些因素是个人不可抗力的，如自然因素、文化因素；有些则是人为创造的，如经济因素、政治因素等。针对企业外部环境因素引起的情境变化，企业应该采取怎样的措施顺应这种变化呢？

（一）百物生焉，天言何哉

“天言何哉”是孔子的哲学观点之一，强调的是天的自然状态。这句话的可贵之处在于：其一，唯物，天独立于人而存在，是客观的；其二，揭露了天象状态，四时在行，百物在长；其三，将天人相分，天是天，人是人。

天独立存在，一般处于自变状态之中；人大体上说也是独立的，但要依附于天使自己生活得更好。人依附于天作变，如天下雨了，人就会撑伞以挡雨，人是应变体。但人绝对不是处于完全被动状态之中，人完全可以去做一些适应天、制伏天方面的工作，使“天人合一”起来，让“天人关系”协调起来。如主动地做些保护自然生态环境的事，因为自然是人类赖以生存的基础，人类的一切活动都在自然范围内。

在此将天的概念引入管理学的范畴，旨在强调管理者在决策时要顺应自然变化，遵循事物发展的客观规律。因为事物发展的客观性，所以自然状态对情境产生的影响也是客观的，因此在管理实践中，管理者要根据客观规律制定企业的发展目标和战略。客观因素对企业所处情境产生了影响，管理者应该做出顺应该变化的决策，不违背自然规律才能在自然中生存。

（二）不期修古，不法常可

圣人不能迷恋过去，不能去仿效所谓的永恒不变的原则，必须根据变化了的世事，做出相应的备份的变化办法来。

前文讲要遵从自然规律，不能违背事物发展的客观性；在此则讲要打破固执的、落后的原则和规矩，管理者要对情境的变化培养敏感，随着情境的变化创造出适应此时客观规律的策略。

（三）逝者如斯，不舍昼夜

对管理者来说，时间很是宝贵。情境瞬息变幻，来不及慢慢思量；形势千变万化，也来不及细细忖度。顺应情境变化，就要适应其瞬息万变的特点，珍惜并不多的时间做出决策。

第三节 利导：引导利好发展的情境

《论语·卫灵公》中提出“工欲善其事，必先利其器”，这句话是在强调准备工作的重要性。情境变化的第二个类型：利好引导型，管理者要主动引导和创造利好情境。想要创造有利的形势，就要做好充分的准备工作：用合适的人，选择合适的时机，创造合适的有利形势才能取得全胜。

一、识人励士

在任何情境中，处于主导位置的始终是人，因此我们引导情境变化的过程中，要重视人的作用。一般，将企业中的人分为两种，管理者和普通员工；本节中，我们将管理者进一步细分，分为管理者和被管理的管理者，即最高决策者和普通管理者。

对于管理者自己，要遵循因静无为的原则，以自我不变应他人万变；对普通员工，在引导过程中要机智察人，以防受到诱惑和蒙蔽；对被管理的管理者，定要赏罚分明，才能使其充分发挥他们的才能，并保持忠诚。

(一) 对己：因静无为

申不害说：“古之王者，其所为小，其所因多。因者，君术也；为者臣道也。为则忧矣，因则静矣。”(《吕氏春秋·任数》)因在前文中已经做了解释，就是指顺应规律，静就是无为。中国人很重视城府的修养，常常用城府来形容一个人非常有心机。对于一个管理者来说，通过修养城府来隐藏自己的喜好厌恶，通过任用能人贤士来隐藏自己的能力，将自己的态度在做出最终决策之前隐藏起来，以此避免自身的缺点、弱点被不良竞争者利用。可见，城府对一个管理者是很重要的。

1. 藏之于胸，秘而不宣

老子曾经说过：“致虚极，守静笃。万物并作，吾以观复。”(《道德经》)他认为静观才能认识到本质和规律。韩非子认为，“术”是以虚静而保持隐秘性。管子也认为，有些术要藏之于胸，秘而不宣，“禁藏于胸胁之内，而祸避于万里之外。能以此制彼者，唯能以己知人者也”(《管子·禁藏》)。

在对具体情境进行引导的时候，管理者要做到将个人主观藏而不露，这样他人就无法迎合管理者的好恶，无法揣摩管理者的态度，也就无法掌控管理者，这样避免了管理者在做决策时被蒙蔽。另外，主张以虚静控制和超越自身，可以避免主观因素带来的决策误区，进而有效地控制管理对象。

2. 明主治吏，明确分工

上下之间要明确分工是指领导者要抓好核心和关键，明确规定下级的职责。在法家看来，在君臣之间，君主处于主导地位，君臣不能相互替代，要有分工。正如申不害所指出的："明君如身，臣如手；君若号，臣如响。君设其本，臣操其末；君治其要，臣行其详；君操其柄，臣事其常。"（《申子·大体》）韩非子则认为："明主治吏不治臣。"（《韩非子·外储说》）

小案例

一位年轻的炮兵军官上任后，到下属部队视察操练情况，发现几个部队操练时有一个共同的情况：在操练中，总有一个士兵自始至终站在大炮的炮筒下，纹丝不动。经过询问，得到的答案是：操练条例就是这样规定的。原来，条例因循的是用马拉大炮时代的规则，当时站在炮筒下的士兵的任务是拉住马的缰绳，防止大炮发射后因后坐力产生的距离偏差，减少再次瞄准的时间。现在大炮不再需要这一角色了。但条例没有及时调整，出现了不拉马的士兵。这位军官的发现使他受到了国防部的表彰。

管理的首要工作就是科学分工。只有每个员工都明确自己的岗位职责，才不会产生推诿、扯皮等不良现象。如果公司像一个庞大的机器，那么每个员工就是零件，只有他们爱岗敬业，公司的"机器"才能得以良性运转。企业是发展的，管理者应当根据实际动态情况对人员数量和分工及时做出相应调整。否则，队伍中就会出现"不拉马的士兵"。如果队伍中有人滥竽充数，给企业带来的不仅仅是工资的损失，而且会使其他人员的心理不平衡，最终导致公司工作效率整体下降。

资料来源：不拉马的士兵．中国煤炭工业，2007（3）.（经整理）

在企业内部，只有分工明确了，各个岗位的要求提得明确了，才能更好地做每件事情。对任何一件事情，都应该分工明确，让组织内的成员知道应该做什么，不应该做什么；这些人负责什么，另外一些人负责什么。如果责任不清，对一件事要么谁都不管，要么谁都来管，就会造成办事效率低下。而作为管理者，在管理企业的过程中，不能事事亲力亲为，只能管理重点事务。明确分工有助于管理者在决策过程中获得最快捷、最系统、最重点的信息和数据，这样才能保证决策的及时性和科学性。同时，明确分工使企业内的人员都了解自己的工作职责和任务，在遇到具体情境时，能够在第一时间做出判断和修正。

3. 礼贤下士，任人唯贤

管子说："明主操术任臣下使群臣效其智能，进其长技，故智效其计，能者尽其功。"(《管子·明法》)总之，"明主不用其智，而任圣人之智；不用其力，而任众人之力"。(《管子·形势解》)

这两句话表达同一个意思，明主谋略和智慧不是用来做基础的事情，而是用在任用有谋之士、借助智者之力上的。要能够使有才能的人集中在企业，并且将他们的才能发挥到极致，需要管理者做到礼贤下士，任人唯贤。

在情境变化过程中，人的作用不可忽视。因此，在选拔、任用人员时要十分重视其才能，切忌用人唯亲。真正具有才能的人才在思想上、行为上都是比较容易教化和约束的，他们了解情境的变化特点，明确自己的责任，并且有勇于担当责任的素质。这为情境之治中对情境变化加以利好引导打下了人员基础。

(二) 对人：机智察人

在情境变化过程中，管理者要适时修正在具体情境中的策略，做出及时决策。因为情境变化莫测，影响因素也很多，特别是人为的影响因素，因此在引导过程中，要机智察人，以防受到诱惑和蒙蔽。

1. 警惕为害之人

《韩非子·八奸》中指出，臣子可能利用同床、在旁、父兄等达到自己不可告人的目的。首先，利用君主最亲近的人（同床），贿赂君主喜爱的夫人、嫔妃等，"使惑其主"。其次，利用君主不设防的身边艺人（在旁），贿赂他们，使他们在不知不觉中对君主逐步施加影响，"使之化其主"。最后，利用君主的亲人（父兄），贿赂他们，为自己在君主面前说话，"使犯其主"。

在管理实践当中，要用客观的眼光和心思对待身边的每一个人，尤其是较为亲近的人。管理者要做出的决策是可以引导、创造出对整个企业有利的情境，而不是对个别人或者个别企业内的小组织。因此，在决策时要避免受到个别人主观因素的影响，而要顾全大家的利益。

2. 警惕为害之道

同样在《韩非子·八奸》中也指出了臣子可能利用养殃、民盟、流行、威强、四方等方式对君主施加政治阴谋，并分别提出了具体的防范措施。《韩非子·内储说·六微》则提出了六种君主应该提防的情况。综合为三点：

(1) 直接贿赂君主（养殃）。作为管理者应当以"廉政"要求自己，不开贿赂先河，不接受变相贿赂，不给"养殃"生存的空间。

(2) 贿赂百姓（民盟）。这种方式大多是散公财以取悦广大员工，收买民心，使大家都说自己的好话，以蒙蔽决策者。对此，管理者应该广开言论，接受来自员工的直接反馈，阻止企业内小组织的势力壮大。

(3) 利用外部力量（四方）。通常情况下是利用企业的竞争对手通过不正当竞争对企业施压，此时，管理者要明辨对手的竞争意图，不轻易迎战；竞争对手在竞争中没有得到预想的效果，圈套不攻自破。

3. 机智考察实情

“金无足赤，人无完人。”在具体情境中，表面现象与事件实质是有差别的，管理者想要在引导过程中不走弯路，不浪费时机，就要机智考察实情。有六种机智考察实情的方法：①

(1) 众端参观法——多方观察与验证企业内员工的言行。

(2) 一听责下法——听取意见，严格检查下属所管部门的事务。

(3) 疑诏诡使法——运用各种计谋，使员工不敢隐瞒真实情况。

(4) 挟知而问法——拿知道的事情询问员工。

(5) 倒言反是法——说与本意相反的话，做与本意相反的事，以试探所疑惑的事情。

(6) 利害有反法——从反面考察事情：如国家受到侵害，就要观察谁从中捞到了好处；企业受到损害，就要观察谁是最大的获利者；企业员工受到伤害，就要观察与这个员工利害关系相反的人。

（三）对官：赏罚分明

在管理实践中，官担任决策者和执行者（员工）之间的重要桥梁，我们将他们理解为被管理的管理者。在具体的情境中，他们除了要承担管理者的角色，管理各自的部门或者团队，对情境进行分析，或顺应，或引导，或整改，以对企业所处情境的改善做出贡献，同时也要承担被管理的角色。鉴于他们如此重要的位置，决策者就要十分重视对官的引导。

下面将介绍三种对“官”的引导措施：信赏尽能，必罚明威；审合形名，循名责实；以事察人，赏罚分明。

1. 信赏尽能，必罚明威

信赏尽能是指奖赏要守信用使人尽其所能；必罚明威是指惩罚要坚决以显示其威势。

2. 审合形名，循名责实

实，法家是指担任政府职务的人，名，是指这些人的头衔，这些头衔要指

① 李雪峰．中国管理学：融通古今的管理指挥部．中国人民大学出版社，2005.

明担任该职务的人应当合乎理想地做到的一切，这样的定义在企业内同样适用。循名责实就是责成担任一定职务的人，做到该职务应当合乎理想的一切。管理者的责任就是把某个特殊的名加于某个特殊的人，也就是把一定的职务授予一定的人。这个职务的功能，早已由法律、制度规定了，也由该名指明了。

管理者在具体情境中，不需要了解他用什么方法完成任务，只需要关注任务是否圆满完成。同时，管理者还应该关注名与实是否相符，就是说，要监督在某个岗位上的人是否承担起该岗位上应该承担的全部责任和事务，在管理中是否有“越权”的现象。

3. 以事察人，赏罚分明

作为管理者，常常会有很多人向他出谋划策，哪些话是真的有用，哪些话是没有用的，哪些话不但没有用而且还有害，在一般情况下是很难决定的。因此，仅凭一面之词还不能判断一个人的为人、素质和能力，管理者要通过具体的事件来对一个人做出判断。将他的行为与他的言论对照、结合起来，以考察此人是否言行一致，是否有足够担当。他的行为与他的言论一致，为企业争取了利益，管理者就要奖励他；他的行为与言行不一致，夸大或者弱化都是要惩罚的对象。

通过以事察人也可以满足企业对人才源源不断的需求，使正确的人永远处在正确的岗位上，淘汰不称职的人，这对引导情境的利好发展是有利的。

二、造势制胜

什么是势？《孙子·势》说：“激水之疾，至于漂石者，势也。”是说，汹涌奔腾的水把石头漂浮起来，就是势。同篇中又说：“善战人之势，如转圆石于千仞之山者，势也。”就是说，善于指挥作战的人会造势，造就一个如千仞高的高山上滚下圆形的石头来，那就是势。

企业管理也要谋势，如为企业谋一个强大的科研之势、生产之势、销售之势等。企业在管理实践中要如何做到造势制胜，以在千变万化的情境中创造对己有利形势呢？

（一）未战：以计为首

《孙子·计》说：“夫未战而庙算胜者，得算多也；未战而庙算不胜者，得算少也。”就是说，未战要算，力求多算，多得胜算。若不是这样，少算，没有胜算，作战就会败。

何谓庙算？庙算者，决策也。是廊庙之算，祖祠之算，国家根本之算。国家在出征前，或在迎战前，国君常常会带着群臣，带着祭品，去廊庙、祖祠那里做祭祀，愿祖先保佑我作战获胜，并分析、研究、决策我这个仗该如何打。

小知识

孙子认为："兵者，国之大事，死生之地，存亡之道，不可不察也。"(《孙子兵法·始计篇》)如何察？孙子提出：要"经五事"，"道"、"天"、"地"、"将"、"法"；"校七计"，"主孰有道？将孰有能？天地孰得？法令孰行？兵众孰强？士卒孰练？赏罚孰明？"细析上述五事的"事"，七计的"计"，有些因素是相同的，如关于"道"、"将"、"法"等，这都是孙子强调的在造势的过程中应该注意的点。

资料来源：杨先举．向"四子"学管理．东北财经大学出版社，2010.

庙算就是在考虑了五事和七计种种庙算因素后，并与对方的这些相应因素作了比较后算计做出，力求我多得算、多胜算，使我的决策是上乘的，是有取胜把握的。决策要考虑内外因素问题，天候、天象、天气及其他的自然的天、社会的天等问题；要考虑地候、地象、地形及其他的自然的、社会的等问题；更要考虑内的情况，我的道，我的将，我的士卒，我的兵众，我的法令，我的赏罚，并与对方的相应因素作比较，然后做出正确决策。打仗需要算，算己方的情况，对方情况，并使之尽量多得算。是这样了就可以与对方战，反之就不能战。对企业间的竞争来讲，商争也需要庙算，也需要"经五事"、"校七计"，也需要"多算"，并力求"得算多"，以此，在竞争中取胜对方。

（二）战前：知彼知己

孙子说知主要有三种用法：作知识讲；作求知讲；作情报和信息讲。孙子所说的"知彼知己，百战不殆"的"知"，所要了解的就是指情报和信息等东西。情况明晰，信息准确，作战决策就可能对，作战的胜利才有可能成真。

关于知彼知己的彼与己应该做这样的了解——我是己，非我的就是彼。在一般情况下知彼难于知己，因为在作战中的"彼"是决不会轻易地让对方去取得他的信息的，甚至还会制造假象"诡道"欺骗对方，如"能而示之不能，用而示之不用"(《孙子兵法·始计篇》)等，使人上当受骗，进而取胜。

知的问题，在现代仍然十分重要。我们做任何工作，包括管理都需要获知。"知彼知己，百战不殆"的话，是被毛泽东称为"孙子的规律"、"科学的真理"的。我们说企业管理，与其他企业开展竞争，也必须获得对方的知，知其长短，知我长短，然后采取正确对策与之战。

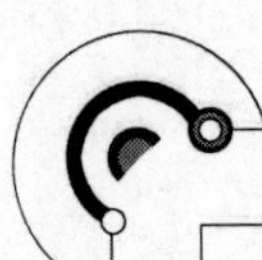

中西对话

企业一般可以用SWOT分析法来对企业的优劣处进行分析。S（Strength）优势；W（Weaknes）劣势；O（Oportunity）外部机遇；T（Threat）外部威胁。就是说，在企业开展外间竞争中，要作上述的SWOT分析，然后确定企业所处情境的利好或者利坏，随后做出企业的竞争战略与策略。

SWOT分析步骤：

（1）分析企业的内部优势、弱点既可以是相对于企业目标而言的，也可以是相对于竞争对手而言。

（2）分析企业面临的外部机会与威胁，可能来自与竞争无关的外环境因素的变化，也可能来自竞争对手力量与因素变化，或二者兼有，但关键性的外部机会与威胁应予以确认。

（3）将外部机会和威胁与企业内部优势和弱点进行匹配，形成可行的战略。

SWOT分析有四种不同类型的组合：

（1）优势：机会（SO）战略，是一种发展企业内部优势与利用外部机会的战略，是一种理想的战略模式。当企业具有特定方面的优势，而外部环境又为发挥这种优势提供有利机会时，可以采取该战略。

（2）弱点：机会（WO）战略，是利用外部机会来弥补内部弱点，使企业改劣势而获取优势的战略。存在外部机会，但由于企业存在一些内部弱点而妨碍其利用机会，可采取措施先克服这些弱点。

（3）优势：威胁（ST）战略，是指企业利用自身优势，回避或减轻外部威胁所造成的影响。

（4）弱点：威胁（WT）战略，是一种旨在减少内部弱点，回避外部环境威胁的防御性技术。

SWOT分析运用于企业成本战略分析可发挥企业优势，利用机会克服弱点，回避风险，获取或维护成本优势，将企业成本控制战略建立在对内外部因素分析及对竞争势态的判断等基础上。而若要充分认识企业的优势、机会、弱点及正在面临或即将面临的风险；价值链分析和标杆分析等均为其提供了方法与途径。

资料来源：① 李雪峰．中国管理学：融通古今的管理智慧．中国人民大学出版社，2005．

② 邹晓春．人力资源管理88个工具精讲．人民邮电出版社，2011．

（三）战时：先胜后战

善战者先做好战的准备工作，然后再与敌战；不善于作战的人，先与敌人战，然后再去求取胜利。前一种的作战打的是必胜之仗，后一种打的是侥幸取胜之仗，结果是要吃亏的。这个思想告诉我们要在确定能取得胜利之后，做好充足的准备，再迎战，即先胜后战。

诸葛亮在《便宜十六策·治军》中说："智者先胜而后求战，暗者先战而后求胜。"他在其兵书《将苑·将诫》中还有这样的话："先计而后动，知胜而始战。"

前面我们已经讲了很多取胜之法，如庙算、伐谋、先知、造势等，这些无疑是十分重要，但是，仗还是要靠打才能取得最终胜利的。打仗靠准备，匆匆而战、贸然出战，依然难免有失败的危险。庙算、伐谋、先知、造势等是作战取胜的先决条件，不是取胜的完全条件、充分条件、必成条件。只有把庙算、伐谋、先知、造势等工作搞好了，而且把战争的各种准备工作做好了，用孙子的话说，做到"先胜后战"了，胜利才有可能实现。

先胜后战是军争的原则，也是企业间竞争取胜的原则。打仗要打有准备之仗，商争也要打有准备之仗。企业的决策已定，竞争的决心已定，就要做好各种与对方战的准备工作，如选好办厂的地址，选购设备，选用人员，准备资金，做好物质生产准备工作，把企业的人财物、产供销等各方面的准备工作，把组织工作做得细致、周到，然后与对方竞争。

三、利动权变

权变，用某种物作标准变。如用利为标准变。关于权变，《孙子兵法·虚实》中的意思是说，水是避高趋下的，兵是避实就虚的，没有常态的兵，也没有常态的水。能够做到据敌情的变化而变化与之战的人是神。这句话是说权变的重要。而权变的尺度是利。利动是说，领导者在考虑问题的时候，要考虑问题的利和害两个方面：在有利的情况下考虑不利方面，使事情得以顺利进行；在不利的情况下考虑有利的方面，使祸患得以清除。

（一）合于利而动，不合于利而止

合乎利益原则是决策的基本准则。利益也就是满足人们需要的客观条件，是一个基础性的范畴。我国古代的一些思想家，已经认识到利益的重要性，如"富与贵，是人之所欲也"，"贫与贱，是人之所恶也"。（《论语·里仁》）

利益原则是企业做决策的基本原则和出发点。我国古代兵家更是主张这一原则，孙子的观点是国家利益是战争决策的最终衡量标准。对企业来说，管理者的决策影响着企业今后一段时间内的发展，管理者要在复杂的情境中分析计算利益。利益最大化即可做出决策，若利益无法最大化或者出现负利，则坚决不能做出举动。

（二）两利相权从其重，两害相衡取其轻

合乎利益原则是决策的基本原则。然而利与弊是结合在一起的，对于聪明的管理者而言，选择方案时往往会同时虑及这两个方面。

1. 趋利避害

“智者之虑，必杂于利害，杂于利而务可信也；杂于害而患可解也”（《孙子兵法·九变篇》）意思就是，智者决断时都会虑及利与害两个方面，在有利的情况下考虑不利的方面，而不利时考虑有利的方面，祸患就能解除。在管理决策过程中，既要考虑利的一面，又要考虑弊的一面。在有利的情况下，考虑弊，并想办法避开弊，化解弊。在困难的情况下，不灰心，不丧气，考虑利，发展利，使弊转化为利，使利增利。这种做法就叫“趋利避害”。

2. 利弊明暗

这是关于分析利弊的又一个注意点——明显的利与隐藏的利的问题，与之对应的明显的弊与隐藏的弊。它要求我们慧眼识利弊，不要为一时的利而高兴，或为一时的弊而烦恼，冷静想问题，超然思正误。有时，为长远利益暂时损失些眼前利益也不必大惊小怪；同理，管理者也不必为局部之胜而费神费力，而要从整体的角度分析利弊得失，这样才有利于企业的长远发展。

3. 利益双赢

马克思说：“人们奋斗所争取的一切，都同他们的利益有关。”人需要利是一回事，逐利是另一回事。一个人生活在社会中身无分文不行，但为逐利，为使自己腰缠万贯胡作非为更不行。同样在企业竞争中，企业都是以营利为目的的组织，都有获取利益的手段，那在企业之间就可以进行“利益双赢”。也就是在竞争中共赢。彼此在利益点上都做出一点让步，这样就会互不损失，且均有收益。

此外，在情境之治中，利动权变还有其他策略：“谋贵众，断贵独”。（《美芹十论》）是指出了集思广益和独立决策之间的关系，也指出了决策一般过程：在谋划时要吸收众人的意见，在决断时则贵有独立思考的精神；诡道制胜是说在竞争过程中应该采纳一种新异、奇特、诡异的策略，这样才能出奇制胜，立于不败之地。

（三）因利制权，诡道制胜

因利制权，诡道制胜说的是管理者应该具有创新精神，要根据企业外部环境的变化和市场情况，制订出各种应变的计划，以立于不败之地。变，是世界的本质。现在外部市场环境变化日益加快，很多企业就是因为其计划决策跟不上外部环境变化的步伐而惨遭失败。传统的“大鱼吃小鱼”的兼并威胁已经被

“快鱼吃慢鱼”的速度威胁所取代。对于企业来说，唯一的方法就是因敌制胜，践墨随敌。

第四节 整齐：治理恶性变化的情境

影响情境变化的因素众多，管理者往往不能顾及全部因素产生的影响，甚者，会忽略对情境变化影响最为严重的因素，导致情境恶性变化，严重脱离原先的发展路线。情境变化的第三种类型——恶性发展型，情境变化若超出了管理者预测范围或者已经朝着不良方向发展，管理者需要在此时做出正确决策，通过思想教化、制度约束、统一管理等强权手段遏制情境的恶性发展。

一、思想教化

思想指导行为，因此，在治理恶性情境时，首先要从治理思想入手。此处的思想包含的内容已经不再局限于人的思想，也包含了企业的思想。

治强为王思想是对管理者提出了要将企业定位在“王”的角色上，才能在情境恶性变化的时候更好地做出取舍和对策；远利得胜思想是要求管理者要用长远的眼光对待眼前情境，以获得更大的利益。

（一）治强者王

《韩非子·饰邪》中言：“乱弱者亡，人之性也；治强者王，古之道也。”是说，社会动乱，国家衰弱，国家亡，这是人间经验；社会安定，国家强大，则这个国家必定称王于世，这是历史告诉我们的道理。自私有制以来，战事不断，成则为王，败则为寇。何以如此？根本之点，在于力之强弱。“力多则人朝，力寡则朝于人。”（《韩非子·显学》）为政必须治强，务力，王天下，人朝；或亡天下，朝于人。关键是治，是力，是武。历史上，除尧、舜据说是通过禅让的办法登上领导宝座的外，有哪一国哪一代的统治者不是通过治强、务力、用武而登基王位的，如春秋五霸、战国七雄、秦始皇等。

而对企业来讲，企业要将治强者王的思想根植在企业文化当中，只有通过强硬的内政和外交，市场和忠诚度，才能使企业在竞争中立于不败之地。在情境恶性变化时，用治强为王思想来指导企业的发展、管理者的决策和员工的行为，发挥自己的优势，在优势领域称“王”，才能治理或者逆转恶性变化的情境。

治强为王并不是一人之力，必须结合企业上下的团结一致。在恶劣形势下，管理者要从四个方面在企业内宣扬治强为王：一是自强；二是严内；三是合力；四是抚众。

1. 自强

企业发展过程中，想要在优势领域称“王”，就要做到不看他人脸色，不仰仗他人鼻息。自强不息，把治强的命运牢牢地掌握在自己手里。

2. 严内

韩非子在《韩非子·五蠹》中说：“治强不可责于外，内政之有也。”意思就是要一心一意“严其境内之治”，严格整顿企业内部秩序，不媚求他人，做好自己工作。

3. 合力

这是指在管理企业的过程中，不能依靠决策者一人，要依靠众多管理者的智慧和谋略。

4. 抚众

这是指在治理恶劣情境时，还要全面调动员工的积极性，这样才能取得治理和扭转实质上的效果。

(二) 远利得胜

韩非子在《亡征》中说：“饕贪而无餍，近利而好得者，可亡也。”这是说，贪婪而不知满足，贪图近期利益好占小便宜的，将导致灭亡。这是一个正确的观点，它警示现代企业的管理者，看问题要从长远角度、总体角度看，不能只顾眼前利益、局部利益，不然是会犯贪小失大的错误的。

情境变化受到众多因素的影响，因此在治理恶化情境的过程中，要顾及方方面面，不能顾此失彼。治理过程要能够满足集体的利益而不是仅仅满足一部分人的利益，要能够与来自政治、经济、文化、科研等领域的影响因素相抵抗。

二、制度约束

不同的组织依据组织的性质和所处的情境，需要建立各自不同的制度和规范。制度是固定化的、一般化的关于秩序的规定，关于行为的规定。法的存在克服了企业行为、员工行为的随意性，提高了管理的效率，保证了管理的稳定性，也体现了公平性。

管理者要通过严格执行法律法规的方法规范企业中所有人的行为，才能够在治理情境的时候企业做到上下能够统一步调，有规范做限制，避免了在治理过程中再次受到突发因素的影响。

制度规范的建立也不是依照决策者和制度制定者的好恶而制定的，而要遵循三条原则：第一，要遵从客观规律。即所谓的顺天道、循事理。顺天道是说立法要考虑到自然规律，人事行为要遵循自然规律；循事理是指立法要遵循事物的发展规律和一定的惯例、传统、习俗。第二，要正视人性心理。建立制度、规范要顺应人的主观心理。第三，要着眼客观可行。这是指制度要建立在客观可能性基础之上。它通常要求的是简明性、有效性。

（一）严其境内之治

前文中提到了治强为王的思想，其中一个主张便是要严内，下面将集中阐述如何做到严内。

1. 普法为先，知法学法

普及法律规范，使企业员工都知晓其要义。定期组织员工学习企业现有制度规范，并记录表彰他们的德行和技能；组织员工参与企业制度的修正，培养员工的主人翁意识；鼓励员工互相监督。

2. 执法从严，厚赏重刑

执法力度是制度落实程度的指标，“法重者得人情，禁轻者失事实”。（《韩非子·制分》）意思是说，法制严厉符合人之常情，法禁松弛则脱离事情的实际。在管理实践中，重刑才能使人畏惧慑服，不敢以身试法；厚赏才能保持员工的忠诚度、激发员工的积极性。所以执法者不能放弃制度确定的界限和标准，凭个人智慧办事，必然是非不明、赏罚混乱、决策失误。

小案例

2008 年创维电视销售总额及液晶电视销售总量均列全国第一，同年总营业收入预计 15 亿元左右，同比增长达 8%；净利润约为 4.8 亿元。在国际金融危机的冲击下，创维在财年不仅实现业绩增长，而且创史上最高净利值，其原因何在？

第一，黄宏生从一系列“创维大事件”中得到启发——必须改变之前“事无巨细”的做法，真正放权，让员工真正把制度执行约束。素以“勤劳”著称的黄宏生“亲力亲为”地掌管创维，成立初期的“充分支持员工的积极主动性和创造性”的尝试及其相关制度，这既是创维稳健发展的原因，也是创维“速度慢”的死结所在。黄宏生揽下的事太多，巨细皆管，令创维“人治”色彩太鲜明，职业精英的主观能动性不强，业内人士甚至普遍认为“创维没有黄先生就不行”。2008 年，黄宏生手下最出色的营销干将，曾以 4 年间使创维年销售额从 7 亿元猛增到 44 亿元的原营销总监陆强华的反戈让其陷入反思，最终决定放权，这是企业实质地进入员工自身主动执行制度的阶段。

第二，创维由"人治"成功转型为"法治"，引进职业经理人制度和员工持股计划。黄宏生家族通过在创维内部推出"职工持股计划"，发动员工大量购买集团股权，将家族"稀释"成"员工企业"；给职业经理人股份，将职业精英变成"老板"的股权改革计划，迅速将创维的管理体制纳入制度化建设的轨道，达到一种有无黄宏生创维照常经营的健康轨道。至此，创维开始进入"后黄宏生时代"的法治时期。

资料来源：http：//www. studyceo. com/zxzx/3/698. html .

3. 一断于法，一视同仁

我国古代的法家思想主张"一断于法"，是指人人都得遵循制度规范，在制度面前人人平等。制度要讲求公平性，在企业当中，执行制度要一视同仁，无论亲疏、贵贱、上下、功过、尊卑。

（二）变革制度规范

《商君书》中提到的观点是指要根据情境变化变革制度和规范。制度和规范的变革主要表现在两个方面：

1. 适时修正

在我国古代，历朝历代的礼仪、法律、制度，都是顺应着客观形势的变化而变化的。情境变化具有不确定性，适时修正制度规范使之适应具体情境。

"圣人不期修古，不法常可，论世之事，因为之备"（《韩非子·五蠹》）的思想表明变通的制度才是可以适应情境变化的，因循守旧的制度无法在千变万化的情境中发挥作用。

2. 推广新法

情境的变化促成了新法的出台，出台新法同样要满足建立制度的三条原则，同时在出台过程中要鼓励员工参与修正。新法是否就是治理所处情境的灵丹妙药呢？还需要在管理实践中大力推广，才能得以验证新法的有效性和先进性。

积极推进新法的推广也是为了避免在新旧法交替的过程中，对情境变化会产生不利影响的人或事趁机钻空，使情境更加向着无法控制的方向发展。

三、统一管理

统一管理强调情境之治中管理者、组织、信息的作用。从势者、分数、形名三个角度列举具体措施，这些措施都是用来保护三者在情境之治中的重要作用的。

（一）势者：树立管理威严

势作为一种以权力为基础而刻意营造的管理环境，首先就需要以法治和术治来维护它，使它的基本功能正常发挥。势有三个层面：一是法术不可以无，目的是全面维护领导者的基本权力；二是增强人设之势，目的是提高管理者的管理地位；三是减少他人之势，目的是稳定管理情境。

1. 法术不可以无

在法家看来，君主一定要重视维护自己的权势。法和术都是塑造势的手段。对民，要形成“法如朝露”（《韩非子·大体》）之势，普及而不散；对臣，要形成群臣悚惧的局面，使臣下都像被拔掉羽毛的凤凰一样，不好好服侍君主就根本无法存活。以法治民，以术驭臣的目的就是要在一国之内形成一种势的环境，使人人自危，不敢对君主的强权统治提出任何异议。这样君主即使只有中等才能，也可以有效治国了。

对现代企业来讲，同样要重视势的威力，要确立管理者的领导地位。情境千变万化，且连续不断，保证管理者的领导地位不动摇，才能够有持久的治理之策，才能有系统的治理之计，才能够治理连续不断变化的情境。

中西对话

如何更精于政治化行为呢？管理学家罗宾斯建议，如果不考虑道德问题，下面的做法将使你更为主动。

（1）制造有利于组织而不是个人的舆论。不管你的目的多么自私自利，用来支持自己目的的舆论必须让人觉得是为了组织的利益。

（2）建立良好的形象。

（3）控制组织资源。控制组织的稀缺资源或者重要资源，是获得权力的好方法。

（4）使自己显得必不可少。即使一件事情有无你均可，也要设法显得你是重要的。

（5）让别人了解你的业绩，成为显著的人，成为知名人士。

（6）和掌权者建立良好的关系。与上级、同级或下级中有权势的人建立起关系。

（7）回避危险人物。不要与那些地位不稳定，人们对其忠诚和业绩都有怀疑的人来往。

（8）支持你的上司。你的近期前途掌握在他的手中，必须使他站在你的这一边。

资料来源：［美］罗宾斯．组织行为学．中国人民大学出版社，1997.

2. 增强人设之势

由于以法、术护势仅仅能够保证管理者的领导地位，也就是增强自然之势，还不足以切实提高管理者的管理威信。因此，管理者还要设法增强人设之势。人设之势就是管理者运用各种手段造就的新的权势，即人为地造势。相比而言，人设之势比自然之势更为重要，管理者必须努力营造它，即便自然之势有所欠缺，亦可补足。人设之势又分为聪明之势和威严之势。

增强聪明之势，就是以大家的智慧为己所用，以明察秋毫的能力和智慧提高自己的管理权威。增强威严之势，就是说管理者要在员工中树立威信，使员工信服和忠诚。威严之势可以通过建立制度规范、赏罚分明、任人唯贤等措施来达成。

3. 减少他人之势

管理者还要设法减少他人之势，有以下措施：①要明确权力职责。目的是在进行减少他人之势之前，首先稳定权力分配的结构。法家认为，用势要处理好“分”的问题，即划分和确定下级管理者的个人权力。将职责落实到各级管理者，同时分隔属下的权责是对最高管理者权势的一种有效的制度性保护。②在个别问题上管理者要集权。目的为了把握企业发展的命脉，抓住了关键和核心，也就抓住了治理具体情境的要害。

（二）分数：确认管理对象

《孙子·势》说：“治众如治寡，分数是也；斗众如斗寡，形名是也。”此话前半句中的“分数”，按曹操等人的解释，作“部曲”、“什伍”解，这些是属于组织方面的事，于是不妨就把它理解为“组织”。那么前半句话的语意是，治理众多人如同治理少数人一样，要用组织的方法来治。后半句中的“形名”，据兵书《军政》说，古人作战靠金鼓，靠旌旗传递信息，这些是属于形名类的东西，于是不妨就把它们理解为“信息”。那么后半句话的语意是，指挥大军如同指挥小部队的兵一样靠信息。

分数问题就是组织问题，这个问题是管理学的首要问题。管理的全部工作起始于组织。本节中我们将重点解释在情境变化过程中组织的作用，组织是情境变化的影响者，同时也是治理情境变化的执行单位。在情境之治的过程中，关于组织的问题主要有三点：

1. 建立组织问题

要发挥组织在情境之治过程中的作用，首先要考虑这个组织的建立问题。组织内部要分工合作、互相配合，组织内成员的各种行为必须配合起来才能实现其目标。

组织应该这样理解：当一群人有着共同目标，而且他们都意识到自己个人的成功依赖于其他人的成功时，组织就出现了。他们全部相互依靠。事实上，这说明在大多数的组织中，每个人都贡献出各自不同的技能。仅仅将个人技能汇集起来显然不够。如何才能使组织内顺畅地感受到情境的变化呢？需要组织内成员各司其职。

要使人们在组织进行有效工作，必须使人们的行为按照某种方式进行（制度），需要有人集中做手头的工作（实干者），需要有人提供专门的知识（认识者）和出现问题时解决问题的人（解决者），需要有人确保一切进展顺利，团队中每个人都在全力工作（检查者），同时，也需要像凝聚的分子一样活跃的人（关怀者）。

情境变化受到诸多因素的影响，这些因素可能会攻击组织工作的任何一个环节，建立起一个分工明确、团结协作的组织，无论哪一环节出现了变化，都能使组织上下在第一时间有所感应，并做出回应。

2. 战略调整问题

从企业发展的动态角度上看，企业处于不同发展时期时，必将采用不同的组织结构；从情境的变化看，企业结构也一定是随着情境的变化过程不断地进行推演、创新，从而寻求到最佳状态。

企业战略的重要特征之一就是它的适应性。企业组织要运用已经占有的资源和可能占有的资源去适应企业所处情境。这种适应是一种极为复杂的动态调整过程。

小知识

战略调整要求企业能一方面加强内部管理，另一方面则能不断推出适应性的有效组织结构。下面列举了五种不同情境下的以企业发展战略为导向的组织结构调整。

（1）追求数量倍增战略的组织结构。企业将设立职能组织结构的形式。在组织中，有专门的职能机构为企业的组织决策做出参考意见，同时，企业高层管理者直接管理下属各个生产部门。

（2）一体化战略的组织结构。企业一方面建立地区组织结构，各地的业务由公司总部集中管理；另一方面建立统管产、供、销的一体化组织结构，对企业经营活动进行统筹安排和指挥协调。

（3）多角化经营战略的组织结构。这时，企业一般按产品、用户或地区等要素实行事业部制的组织结构。

（4）项目化管理战略的组织结构。这时，组织会将集权和分权结合起来，实

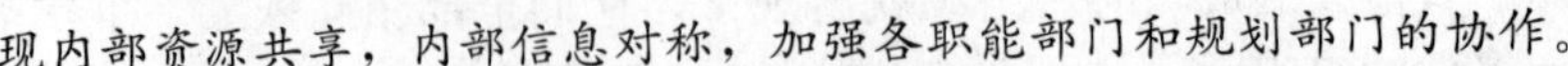

现内部资源共享，内部信息对称，加强各职能部门和规划部门的协作。

(5) 紧缩、清算战略的组织结构。这时，企业的组织结构会变得比原来更为简单、更为清晰。企业会裁剪其组织结构或成立清算中心来领导各项清算工作。

资料来源：宋建业．EMBA 前沿管理方法：权变管理．中国言实出版社，2003.

3. 信息管理问题

信息是有目的性的相互关联的数据。当企业将数据处理能力和注意力放在对信息的利用上时，它的组织结构定然会受到影响。组织内部不做决策也不做领导的管理者充当的是信息的传递员——在传统的信息组织的交流中，做微小信息的"放大镜"。信息技术的发展，使得这些人的作用越来越被弱化，势必会引起决策者对组织结构的考虑和调整。形名管理问题将在下文中重点阐述。

（三）形名：协助管理过程

现在让我们讨论"治众如治寡，分数是也；斗众如斗寡，形名是也"的后半句：形名问题。形名问题就是信息问题。斗众如斗寡，就是说指挥众多人如同指挥少数人，靠形名，靠信息传递。可见，形名是贯穿管理过程始末的，它对情境的适应就是对管理实践的协助。

古时作战的形名，是用金鼓、用旌旗来发布种种作战命令的。如击鼓为进，鸣金为退。现在这种原始的指挥形式是不行了，代之以电话、发报、对讲机、报话机、扩音机、卫星、电脑、网络等传递工具。现代的战争打的是飞机、坦克、导弹、军舰、枪炮等之仗，实际也是在打信息之仗，谁的信息传得准、快、全，谁获胜的可能性就大。

信息在企业管理中的地位同样重要。它如同人之神经一样，在企业全身流动着。让情报、情况、消息、新闻等外信息流传到内，又把自己的情况流传到外。在内信息中，通过指令、统计、生产报告、传票、台账等上下流动着，左右流动着，使生产、销售得以顺畅进行。

信息要讲三个字：准、快、全。准，准确，这是信息的生命，不准的信息是垃圾甚至比垃圾的作用更坏。快，制胜的法宝。机不可失，时不再来，用快的信息搞研究，搞开发，搞生产，搞销售，抢占取胜的制高点。全，全面，尽量地全，不是只言片语的、零星杂乱的；但也不是无休止地追求全，要讲求重点和关键，去除冗余信息后的有效信息。

情境不断变化，管理者必须对海量的信息进行筛选，对情境变化的不同类型，信息的关注点也要发生相应的变化。若是自然变化型，管理者主要关注自然因素的变动，捕捉到情境的微小变化，以便在第一时间做出正确反应；若是利好引导型，管理者要多收集来自有利情境的信息，与企业现实状况产生对比，以便做出向有利方向引导的正确决策；若是恶性发展型，管理者应该重视信息的对比，抓住关键信息治理具体情境。

本章关键词

情境之治　善因　利导　整齐　利动权变　分数　形名

本章提要

1. 情境是指在一定时间内各种情况相对的或结合的境况。情境之治就是对这些具体情况做出分析、采取措施、加以修正的管理过程。情境变化具有三个基本特点：连续性、方向性和多样性，同时具有可预测性、可改变性、易突变性的基本性质。

2. 情境受到多方面因素的影响。将其归纳可大致分为三类：人员因素、竞争因素、环境因素。根据情境变化的影响因素和特点，将情境变化分为三个类型：自然变化型、利好引导型、恶性发展型。

3. 治理自然变化型情境，管理者应该采取对人、对己的塑造和改进措施以顺应变化，迎合形势，以期在有利情境中获得最优的管理成效。

4. 利好引导型情境的特点往往是情境变化波动较大，这种类型的情境变化趋势是可以通过提前预测、提前准备而向利好的方向引导的，通过创造利己情境以获得最大利益。

5. 恶性发展型的情境，企业或者组织已经处于或者即将处于不利情境中，此时管理者应该采取破除守旧思想，鼓励创新，并建立制度加以规范等措施，治理恶性情境，逆转不良态势。

6. 善因（顺应自然变化的情境）要做到三点：顺应自身因素引起变化的情境、顺应他人因素引起变化的情境、顺应环境因素引起变化的情境。因不同因素引起的情境变化有对应的策略。

7. 顺应自身因素引起变化的情境要做到：自省知耻——反思和总结；学而时习——不断进取；任重至远——在现时情境中建立之后一段时间的目标。顺应他人因素引起变化的情境要做到有教无类，因材施教和虚实迂直，攻守自如。顺应环境因素引起变化的情境要做到万物生焉，天言何哉：不对外界环境的改变做过多评论，顺应其自然变化，不违背自然规律；不期修古，不法常可：不迷恋过去，不效仿所谓的永恒不变的规则；逝者如斯，不舍昼夜：珍惜时机和时间。

8. 利导（引导利好发展的情境）要做到三点：识人励士、造势制胜、利动权变。“工欲善其事，必先利其器。”在不利形势下，想要创造有利的形势，必先选择合适的人，在合适的时机，创造合适的有利的形势才能取得全胜。

9. 识人励士：对己、对人、对管理者，需要有的放矢、机智警惕、赏罚分明；造势全胜：创造有利形势以取得完全的胜利或者以最小的损失获得胜利，对应到现在企业经营管理上是指，在竞争前做好谋划，尽量避免与对手正面竞争。利动权变：人性有好利恶害的特点，因此根据利益点做决策变化。

10. 整齐（治理恶性发展的情境）要从思想教化、制度约束、统一管理三个层次治理情境变化。思想教化，即在形势不利时，用治强者王思想和远利得胜思想取胜；制度约束的做法有严其境内之治和变革制度；统一管理强调领导者的作用。

复习与讨论

1. 什么是情境之治？
2. 情境之治为什么要采用“善因—利导—整齐”模式？
3. 善因、利导、整齐的具体方法有哪些？
4. 针对具体情境，怎样做到利动权变？
5. 怎样运用治强为王的思想？
6. 你认为情境之治过程中要注意哪些问题？
7. 有人认为，既然情境之治如此重要，那企业内就不再需要制定纲领性的战略和规划了，只要有一个对情境变化十分敏感的领导者就可以使企业在竞争中立于不败之地了。你的观点是什么？你认为情境之治存在弊端吗？若存在，请简要说明理由。

本章案例

电子商务：产业升级驱动力

由泉州市人民政府主办的“2012 中国鞋服行业电子商务峰会”于 4 月 17

日开幕，本次峰会以“电子商务：产业升级驱动力”为主题，有超过80名国内有影响力和号召力的业界领袖及相关政府领导出席。2012年4月，在中国电子商务业内发生了诸多重大事件。

拉手网进军支付领域

近日坊间传出拉手网低调启用了“支付”创意域名lashoupay.com，但是网站仅为一张静态图片。另了解，拉手网有五种支付方式，如拉手网支持快钱、支付宝、财富通、易宝、拉手直付，目前国内支付领域比较大众化知名的有：阿里巴巴支付宝alipay.com、腾讯财付通tenpay.com、盛大盛付通shengpay.com等，这些平台都带有“pay”字样，可见，拉手网进军支付领域也是很有可能的。

赶集网与窝窝团联合运营

此前赶集网CEO杨浩涌透露团购业务将寻找第三方合作一事已经被证实。赶集网与窝窝团目前已达成战略合作，即日起将联合运营赶集网团购业务。登录赶集团购网站发现，页面上已将窝窝商城列为网站的一个分频道。2011年8月，赶集网团购业务部门改为电子商务事业部。事实上，业内人士对于赶集网外包团购业务并不惊讶。赶集网与窝窝团此番的联合运营，其实是此类网站的一种转型，可以理解为在资本冷冻期的抱团取暖，同时此举将加速团购洗牌。

开心网战略收缩

4月5日消息，盛大低调推出团购导航网站团友汇（www.tuan.sdo.com），正式进军团购市场，并与拉手、美团、嘀咕团、千橡旗下的糯米网等团购网站合作。开心网南京、宁波等12个城市站点接连被关闭，裁员规模可能达100多人。这预示着开心网在团购领域的战略收缩。

京东商城试水房地产

4月9日，京东商城宣布大量引进珠宝首饰类知名品牌，发力进军珠宝销售行业，而其2012年珠宝首饰品类的销售额将达7亿元。4月10日，京东商城高调宣布试水房地产，与地产商联手网上卖楼，成为第一家卖房的电商。4月13日消息，京东正加快上市步伐，承销商已经敲定，将在今年下半年赴美IPO。4月18日，京东正式启动它的首个卖房项目——团购天恒乐活城，优惠价格是每平方米9500元，相当于市场价的8折。

酒仙网入驻当当网

4月19日，B2C酒水连锁零售网站酒仙网与当当网合作，酒仙网全品类酒将入驻当当网，当当网酒类频道将交由酒仙网独家运营；4月19日消息，当当网将独家运营QQ网购的图书业务。此外，当当网入驻天猫的事宜也在洽谈中。4月29日消息，国内最大在线葡萄酒电子商务平台也宣布，将在五月初与京东商城开展合作，全面拓展多渠道的销售业务。

乐酷天宣布停止服务

百度乐天合资公司乐酷天发布公告，乐酷天商城于2012年4月27日零时开始停止服务，消息一出，业内并未惊愕，仿佛那个外资入华做网站必死的魔咒再次灵验。乐酷天的关闭让已步入寒冬的电子商务雪上加霜。而对于百度来讲，乐酷天的倒闭则宣告了这个互联网巨头发起的第二次电子商务阻击战彻底失败。在乐酷天之前，eBay、AOL、Myspace、GROUPON等国际互联网巨头都曾尝试在中国发展业务，但是最后都因为本土化不足和管理问题铩羽而归。面对国内已有的天猫、京东商城、亚马逊中国等多个发展良好的B2C平台，乐酷天可以说完全没有竞争优势，从上线到关闭，乐酷天都没有对国内B2C市场格局带来任何影响。

“互联网事件”乱象丛生

网易公司近日宣布，旗下重要的移动互联网产品“网易新闻客户端”，遭到了腾讯公司腾讯新闻iPhone客户端的侵权。两大门户网站的新闻客户端之争究竟谁是谁非？究竟谁是谁的山寨？而现在中国的互联网又有多少个这样的山寨产品？网易指责腾讯抄袭，“163”大战“企鹅”折射互联网克隆乱象。

4月27日消息，凡客诚品官方网站推出系列T恤，并用国家领导人图片做大幅广告，遭到网民批评。工商部门表示，该广告已经违反法律，将依法对相关企业进行查处。

4月13日淘宝网牵出iPhone走私案：深圳海关发现一家名为“蓝优数码”的淘宝网店在大量低价销售iPhone4S，当时iPhone4S还未在内地正式上市。海关缉私部门怀疑该网店有销售走私手机的重大嫌疑，于是展开摸排工作。“蓝优数码”的淘宝网店主要在香港购货收货，利用“水客”采取“蚂蚁搬家”的方式走私入境后，在网上公开销售。目前，涉案的68名犯罪嫌疑人已被刑事拘留。

发展到现在的阶段，电子商务巨头们已经开始将竞争方向放在改进经营管理模式，改善产品、服务质量的方面，并逐步摸索适合自己的发展模式。

资料来源：http：//www.admaimai.com/News/Detail/14/82767.htm.

思考题：

1. 分析材料，归纳电子商务行业发展过程中，影响企业所处情境的因素有哪些？它们分别会对企业产生怎样的影响？

2. 材料中体现的情境之治的方法有哪些？

3. 4月10日，凡客诚品内部证实品牌营销副总裁杨芳离职的消息。4月

16 日，当当网宣布其 CFO 杨宏嘉因个人原因离职。4 月 20 日消息，国内最大医药电子商务开心人网上药店（下称开心人）运营总监、市场总监日前也相继请辞，加之在此前宣布辞职的技术总监和财务总监，短短 3 个月内，开心人遭遇了五大高管离职的一系列突然变动。联系本章知识，你认为这一变动会对相应企业所处的情境产生怎样的影响？你觉得企业应该如何应对这种情境？

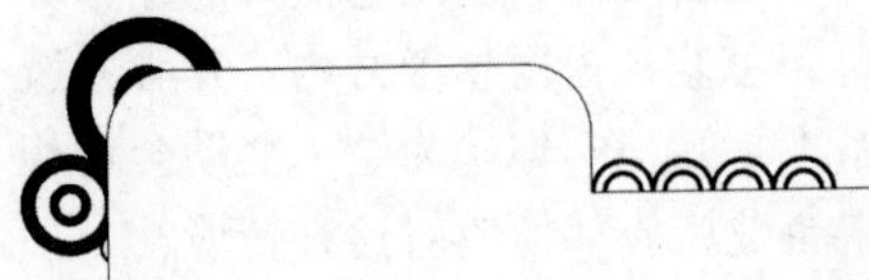

附　录

附录一　古今对话

古代	现代
道：真理，道术	规律：法则
顺道：顺应规律，顺从道义，顺势引导	科学管理：顺应规律，不单凭经验办事
和谐：平衡、和睦、互补	整体性管理：注重整体与部分的关系
无为而治：顺应自然变化不妄为而使天下得到治理	充分合理授权：合理分工，充分授权
中道管理：不走极端、针对性强	控制：事前控制、事中控制、事后控制
与时俱进：灵活性和机动性	战略管理思想：管理行为要有预知未来的能力
行法：有效的行事方法	决策理论：管理即是决策
大道至简：大道理是极其简单的	简单管理：把握事物的规律，形成自然秩序
自化管理：人的自然本性	人性管理理论：尊重人，合理利用管理人
长生久视：顺物之性、守道抱德	勒温的三步模型：解冻—变革—再冻结
天人合一：人与自然、社会相结合	人际关系理论：人的行为要适应各种关系的调整
重术：把握时机，先谋后动	管理职能：计划、组织、领导、控制
量功：计量功劳，考核功绩	绩效管理：绩效计划、绩效辅导、绩效考核与反馈
择人：选拔适当之人	招聘：面试、雇用轮选等
人治：一种贤人政治	经验管理：以管理人员的管理经验为主的管理

续表

古代	现代
中和：中正、平和	折中主义：调和各方面使之适中
阴阳：事物普遍存在的相互对立的两种属性	管理的二重性：自然属性和社会属性
中庸之才：指德才平凡	中等人才：中才，中人
慎独：按照一定的道德规范行动	自律：自我约束
性善说、性恶说	XY 理论
公平公正：待人公平公正	公平原则：法约尔的十四条管理原则之一
人合：人与人之间合作	团队管理：团队成员之间的合作
竞合：竞争与合作	战略联盟思想：相互合作、共担风险、共享利益
法：法制及法律约束	制度、纪律
圆通：为人处世各方面比较周全	权变理论：随具体情境而变
识人：辨别人才	甄选：在甄别、审查的基础上进行选拔
用人：将人才用到实处	人岗匹配：人和岗位的双重对应关系
循名责实：注重管理者在实际中的效果	人才考核
塑人：按需塑造人才	人才培训
标榜向圣：用人格魅力感召人	魅力型领导：领导者利用自身的魅力鼓励追随者并作出重大组织变革
治身：修身、养性	自我管理：个体对自己的目标、思想、心理和行为等表现进行的管理
博学：学识渊博，知识丰富	综合素质：一个人的知识水平、道德修养以及各种能力等方面的综合素养
审问：详细地探究事物的原理	系统思考：透过资讯搜集，掌握事件的全貌，看清楚问题的本质
慎思：审慎地思考所学的东西	权衡：衡量，指做事情要多想多思考，考虑周到
明辨：努力辨清是非真相	洞察力：深入了解事物或问题的实质
笃行：坚决地践行所学真理	实践：在管理活动中实际地去做、去履行管理思想
艺：才能，技能，技术	专业技能：专业知识和管理技能水平
治众：治理百姓，管理民众	员工管理：最大限度地激励被管理者的主动性和创造性，达到人与事的最佳配合

续表

古代	现代
仁政：为政以德，宽厚待民，施以恩惠	人本管理：以人性为中心，按人性规律进行管理
亲民：深入基层，亲近爱抚民众	“走动式”管理：管理者获得更丰富、更直接的员工工作的管理策略
谏：对君主、尊长的言行提出批评或劝告	反馈：下级对上级提供信息，对上级行为产生影响
政令：政府发布的政策法令	制度管理：企业组织、运营、管理等规范和模式
教：把知识和技能传授给别人	培训：有组织的知识传递、技能传递、标准传递、信息传递、信念传递、管理训诫行为
官德：官员恪守的职业道德和政治操守	领导者特质：领导者为完成企业使命和目标而必须具备的、持续稳定的性格与气质倾向
尚贤：尊重有才德的人，英雄不问出处	“破格式”管理：不拘一格，根据能力、效绩决定员工升降去留
察举制：考察推举的选官制度	绩效考核、晋升机制：企业运用特定的标准和指标，对员工业绩进行评估，根据其内容决定员工的晋升
居安思危：在安乐的环境中提高警惕，防止祸患	危机管理：企业为应对各种危机情境所进行的规划决策、动态调整、化解处理及员工培训等活动过程
治缘：人际关系的管理	员工关系管理：管理者调节企业和员工、员工与员工之间的相互联系和影响的管理行为
礼：古代社会的典章制度和道德规范	制度管理：管理的规章、制度、模式、标准
情境之治：根据形势的变化而变法易政	领导权变理论：领导者在不同的领导环境因素条件下，选取不同的领导方式，实现理想的领导效果
严内：强化境内之治	内部控制：指管理组织内部建立的一种相互制约的业务组织管理形式和职责分工制度

注：按章节顺序整理。

附录二　著作简介

（按章节顺序排列）

《论语》是儒家学派的经典著作之一，由孔子的弟子及其再传弟子编撰而成。它以语录体和对话文体为主，记录了孔子及其弟子的言行，集中体现了孔子的政治主张、论理思想、道德观念及教育原则等。与《大学》、《中庸》、《孟子》、《诗经》、《尚书》、《礼记》、《易经》、《春秋》并称“四书五经”。

《史记》是由司马迁撰写的中国第一部纪传体通史。全书记载了上至中国上古传说中的黄帝时代下至汉武帝元狩元年共3000多年的历史（哲学、政治、经济、军事等）。与后来的《汉书》、《后汉书》、《三国志》合称“前四史”。与司马光的《资治通鉴》并称“史学双璧”。

《洙泗考信余录》清崔述撰，全三卷。《洙泗考信录》主要考辨孔子生平事迹，《余录》则以考辨孔子弟子为主。《洙泗考信录》作成之后，又类辑颜、闵以降诸贤之事，别为《余录》以订正之为研究孔子教育实践和思想的重要参考资料。

《荀子》是战国末年著名唯物主义思想家荀况的著作。现今流传的是唐朝中叶由杨倞根据《孙卿新书》编排并更名的《荀卿新书》。该书旨在总结当时学术界的百家争鸣和自己的学术思想，反映唯物主义自然观、认识论思想以及荀况的伦理、政治和经济思想。

《老子》又称《道德经》、《五千言》、《老子五千文》，是中国古代先秦诸子分家前的一部著作，为其时诸子所共仰，传说是春秋时期的老子李耳所撰写，是道家哲学思想的重要来源。《道德经》分上、下两篇，原文上篇《德经》、下篇《道经》，不分章，后改为《道德经》，是中国历史上首部完整的哲学著作。

《墨子》为先秦时期思想家墨子及其弟子所著，涵盖了当时自然科学和社会科学的所有领域，堪称先秦时期的一部百科全书。《墨子》是阐述墨家思想的著作，分两大部分：一部分是记载墨子言行，阐述墨子思想；另一部分是《经上》、《经下》、《经说上》、《经说下》、《大取》、《小取》六篇，着重阐述墨家的认识论和逻辑思想。

《孙子兵法》又称《孙武兵法》、《吴孙子兵法》、《孙子兵书》、《孙武兵书》等，是春秋末年齐人孙武所著的古代军事理论名著，《始计篇》、《作战篇》、《谋攻篇》是战略运筹；《军形篇》、《兵势篇》、《虚实篇》是作战指挥；《军争篇》、《九变篇》、《行军篇》、《地形篇》、《九地篇》、《火攻篇》、《用间篇》是特殊战法及《孙武传》。是世界三大兵书之一，是中国古典军事文化遗产中的璀璨瑰宝。

《周易》又名《易》，它是中华思想和民族精神的源头所在，是一部中国古代的百科全书。是一部中国古哲学书籍，是建立在阴阳二元论基础上对事物运行规律加以论证和描述的书籍，其对于天地万物进行性状归类，天干地支五行论，甚至精确到可以对事物的未来发展做出较为准确的预测。该书勾画出由"易有两极，是生两仪"模式所演化出的复杂缜密的宇宙间遵循"一阴一阳之谓道"这一基本辩证关系的实质。

《吕氏春秋》是秦国丞相吕不韦主编的一部古代类百科全书式的传世巨著，融合各家学说，集各家之精华，成一家之思想，包括了天地万物古往今来的事理，正与当时社会统一的大势相应和，故又名《吕览》。

《管子》一书相传是春秋时期齐国管仲所撰，实际上是后人摘录管子言行及稷下学派言论并大量附以齐国法家著作汇编而成。它以管仲的思想及管仲相齐的历史资料为主干，内容涉猎非常广泛，其中，国家的管理思想尤为突出。

《孟子》是中国儒家典籍中的一部，在儒家典籍中占有很重要的地位，为"四书"之一。共七篇，是战国时期孟子的言论汇编，由孟子及其再传弟子共同编撰而成。记录了战国时期思想家孟子的治国思想和政治策略和政治行动，成书大约在战国中期，属儒家经典著作。

《齐民要术》是中国现存的最完整的农书，大约成书于北魏末年。是北魏时期的中国杰出农学家贾思勰所著的一部综合性农书，是世界农学史上最早的专著之一。书名中的"齐民"，指平民百姓，"要术"指谋生方法。系统地总结了6世纪以前黄河中下游地区农牧业生产经验、食品的加工与储藏、野生植物的利用等，对中国古代农学的发展产生有重大影响。

《海国图志》是魏源受林则徐嘱托而编著的一部世界地理历史知识的综合性图书。它以林则徐主持编译的不足9万字的《四洲志》为基础，将当时搜集到的其他文献书刊资料和魏源自撰的很多篇论文进行扩编，随后，又辑录徐继畲在道光二十八年所成的《瀛环志略》及其他资料，补成100卷，于咸丰二年刊行于世。

《中庸》原来也是《礼记》中的一篇，现存版本已经秦代儒者修改，大致写于秦统一全国后不久。中庸之道的主题思想是教育人们自觉地进行自我修养、自我监督、自我教育、自我完善，把自己培养成为具有理想人格，达到至善、至仁、至诚、至道、至德、至圣、合外内之道的理想人物，共创“致中和天地位焉万物育焉”“太平和合”境界。

《庄子》又名《南华经》，战国中晚期逐步流传、糅杂、附益，至西汉大致成形，然而当时流传版本，今已失传。目前所传33篇，已经郭象整理，篇目章节与汉代亦有不同，书分内、外、杂篇，原有52篇。

《兵经百言》作者为明末广昌人揭宣，为我国古代兵书之一。继承并发展了上下古今的兵家思想精华，并将之贯穿起来，构成一个较为完整的体系。问世不久，就被人视为“异书”，这正是其胆识和独创所致，说明其思想已经超过了时人。

《投笔肤谈》著者署名为西湖逸士，中国明代兵书，明何守法撰音点注。现存明万历三十二年（1604年）弘锡堂刊本。全书分上、下卷，共13篇：上卷《本谋》、《家计》、《达权》、《持衡》、《谍间》、《敌情》；下卷《军势》、《兵机》、《战形》、《方术》、《物略》、《地纪》、《天经》。全书逻辑严谨，重点突出，明显地反映出明朝后期的“御侮”思想。

《六韬》是中国古代的一部著名兵书。相传为西周的开国功臣姜太公所撰，因而又称为《太公六韬》、《太公兵法》，全书以太公与文王、武王对话的方式编成，是一部集先秦军事思想之大成的著作，对后代的军事思想有很大的影响，被誉为兵家权谋类的始祖。

《三字经》自南宋以来，已有700多年历史，可谓家喻户晓，脍炙人口。内容包括了中国传统的教育、历史、天文、地理、伦理和道德以及一些民间传说，广泛生动而又言简意赅。全文长达1722字，内容分为六部分，每部分有一个中心。

《新书》又称《贾子》，是贾谊的政论文集，《汉书·艺文志》列入儒家，集中反映了贾谊的政治经济思想，开篇即为著名的《过秦论》，总结了秦朝灭亡的历史教训，提出了一系列政治主张；《宗首》、《藩强》、《权重》等阐述了加强中央集权的思想；《大政》、《修政》等提出了利民安民的民本思想。

《尚书》又称《书》、《书经》，为一部多体裁文献汇编，是中国现存最早的史书。分为《虞书》、《夏书》、《商书》、《周书》。现存版本中真伪参半，一般认为《今文尚书》中《周书》的《牧誓》到《吕刑》16篇是西周真实史料，《文侯之命》、《费誓》和《秦誓》为春秋史料，所述内容较早的《尧典》、《皋陶谟》、《禹贡》反而是战国编写的古史资料。

《左传》原名为《左氏春秋》，汉代改称《春秋左氏传》，简称《左传》，作者为左丘明。是一部独立撰写的叙事详细的编年体史书，是儒家重要经典之一。不仅发展了《春秋》的编年体，并引录保存了当时流行的一部分应用文，给后世应用写作的提供了借鉴。在我国的文学界有极高的艺术价值，对史学也有巨大的贡献。

《国语》是中国最早的一部国别史著作。记录了周朝王室和鲁国、齐国、晋国、郑国、楚国、吴国、越国等诸侯国的历史。《国语》记录了春秋时期的经济、财政、军事、兵法、外交、教育、法律、婚姻等各种内容，对研究先秦时期的历史非常重要。

《战国策》是一部国别体史书，又称《国策》。主要记述了战国时期的纵横家的政治主张和策略，展示了战国时代的历史特点和社会风貌，是研究战国历史的重要典籍。所记载的历史，上起公元前490年智伯灭范氏，下至公元前221年高渐离以筑击秦始皇，约12万字。

《贞观政要》是一部政论性的史书。作者是唐代史学家吴兢。这部书以记言为主，虽记载史实，但不按时间顺序组织全书，而是从总结唐太宗治国施政经验，告诫当今皇上的意图出发。是对中国史学史上古老记言体裁加以改造更新而创作出来的一部独具特色，对人富有启发的历史著作。

《商君书》也称《商子》，现存 24 篇，由战国时商鞅及其后学的著作汇编，是先秦法家学派的代表作之一。先综合后分析，或先分析后综合，兼用归纳演绎，首尾呼应，用以表明商鞅的主张。其内容主要是阐述商鞅的政治思想和法治思想，强调使用法律进行强制性管理。

《韩非子》是后人总结韩非子的著作编撰而成。涉及政法、哲学、社会、财经、军事、教育和文艺等各个领域。把“势”、“法”和“术”结合起来并丰富和发展，提出了一种纯粹的君主独裁论，即所谓的“帝王之学”。书中记载了大量脍炙人口的寓言故事，最著名的有“自相矛盾”、“守株待兔”、“讳疾忌医”、“滥竽充数”、“老马识途”。

《訄书》中国近代思想家章炳麟的学术论文集。訄，迫意。意谓书中所论及的都是为匡时救国被迫非说不可的问题。最早编定并出版于 1900 年初，收入自 1897 年以来章炳麟所撰的已发表和未发表的论文 50 篇。重订本在政治观点上批判了维新派，宣传民主革命，号召推翻清政府的反动统治，对当时的资产阶级民主革命运动产生过积极的影响。

《人物志》是由三国魏刘劭所撰写的一部系统品鉴人物才性的纵横家著作，是一部研究魏晋学术思想的重要参考书。全书共 3 卷 18 篇。书中讲述的识鉴人才之术、量能用人之方及对人性的剖析整体思想融合了儒、道、法、名、阴阳诸家思想，立足于当时的社会现实，将传统的识人之术加以系统梳理和总结而成。

《资治通鉴》简称“通鉴”，是北宋司马光主编的一部编年体史书，共 294 卷。它以时间为纲、事件为目，从周威烈王二十三年写起，到五代的后周世宗显德六年征淮南停笔，涵盖十六朝 1362 年的历史。是中国第一部编年体通史，是从历史总结出经验教训给统治者提供治国方针的帝王之学。

《晏子春秋》是一部记叙春秋时代齐国晏婴的思想、言行、事迹的书，也是我国最早的一部短篇言行集。相传是后人为晏婴所撰，现在一般认为是后人集其言行逸事而编成。分内篇、外篇两部分，各篇之间的内容既有相对的独立性，又互有联系，个别地方还有互相矛盾之处。

《鹤林玉露》 宋代罗大经撰，是一部记述宋代诗文以及文人逸事的文学书籍，属于笔记集。此书分甲、乙、丙三编，共18卷。半数以上评述前代及宋代诗文，记述宋代文人逸事，有文学史料价值。

《握奇经》 又名《握机经》、《幄机经》，是我国古代关于八阵布列的兵书。相传其经文为黄帝臣风后撰，姜尚加以引申，汉武帝丞相公孙弘作解。另附佚名《握奇经续图》一卷，晋武帝时西平太守马隆《八阵图总述》一卷。

《礼记》 是由西汉礼学家戴德和他的侄子戴圣编撰。是战国至秦汉年间儒家学者解释说明经书《仪礼》的文章选集，是一部儒家思想的资料汇编，是中国古代一部重要的典章制度书籍。主要是记载和论述先秦的礼制、礼仪，解释仪礼。与《仪礼》、《周礼》合称"三礼"。

《大学》 原为《礼记》第42篇，一般认为它的作者是孔子的孙子子思。宋朝程颢、程颐兄弟把它从《礼记》中抽出，编次章句。朱熹据程子之意，分为"经"一章，"传"十章。并将其与《中庸》、《论语》、《孟子》合编注释，称为《四书》。

《弟子规》 原名《训蒙文》，原作者李毓秀，是清朝康熙年间的著名学者、教育家。分为五个部分，具体列述弟子在家、出外、待人、接物与学习上应该恪守的守则规范，倡导通过在生活中学习、力行以达到家庭和睦、社会和谐。集中国传统家训、家规、家教之大成，也是当今社会做人的基本教导。

《朱子语类》 为宋代景定四年黎靖德以类编排，于咸淳二年刊为《朱子语类大全》140卷，即今通行本。基本代表了朱熹的思想，内容丰富，析理精密。内容涉及编排次第，首论理气、性理、鬼神等世界本原问题。

《图民录》 由清代官员袁守定编撰。"爱民情感"构成了全书的核心环节，作者以古人的“嘉行”故事来作为州县牧令追慕的榜样，阐明了“为政”必须以“爱民”为基础的道理。司法官员的这种“爱民情感”，构成了传统中国司法场域中“情”的内涵之一。

《潜夫论》由东汉王符所著，共 36 篇，多数是讨论治国安民之术的政论文章，少数也涉及哲学问题。关于教师的作用亦有论述，指出人非生而知之，即使像黄帝、孔子这样的圣人犹从师学习。

《新唐书》是宋代官修书，是记载中国唐代历史的纪传体史书。在体例上第一次写出了《兵志》、《选举志》，系统论述唐代府兵等军事制度和科举制度。这是中国正史体裁史书的一大开创。

《朱舜水集》明末清初朱之瑜（号舜水）著。此书乃中华书局 1981 年校勘几种版本后刊行。主要比较集中地通过揭露清贵族残酷的民族压迫和掠夺的罪恶事实以及分析总结明朝灭亡的教训，所述评的哲学思想主张以批判宋明理学唯心主义为主。

《淮南子》又名《淮南鸿烈》、《刘安子》，是我国西汉时期创作的一部论文集，由西汉皇族淮南王刘安主持撰写。该书在继承先秦道家思想的基础上，综合了诸子百家学说中的精华部分，对后世研究秦汉时期文化起到了不可替代的作用。全书内容庞杂，它将道、阴阳、墨、法和一部分儒家思想糅合起来，但主要的宗旨倾向于道家。

《申子》是战国时期法家代表人物申不害所著。该书继承了道家的学说，主要从道家里边吸收“君人南面之术”，即驾驭大臣的权术，强调明君是身体，大臣是双手，君主要掌握权柄，大臣去做具体的工作，主张的“术”，最典型的就是“藏于无事，示天下无为”，这是具体的驾驭大臣的权术。

《美芹十论》为南宋爱国词人辛弃疾所作，是一部很好的军事论著，有很高的研究价值。该书主要是陈述抗金救国、收复失地、统一中国的大计。从此之后，人们就把“美芹”和“悲黍”共同称为忧国忧民、悲国家的代名词了，“美芹”也就有了特定深远的含义。

附录三　古今人物简介

（按章节顺序排列）

姜尚（公元前 1156～前 1017 年），名望，字子牙，俗称姜太公。东海海滨人。被周文王封为“太师”，辅佐文王，与谋“翦商”。后辅佐周武王灭商。是中国历史上最享盛名的政治家、军事家和谋略家。

管仲（公元前 723 年或前 716～前 645 年），名夷吾，谥曰“敬仲”，史称管子。春秋时期齐国著名政治家、军事家，周穆王的后代。被称为“春秋第一相”，辅佐齐桓公成为春秋时期的第一霸主。

老子（约公元前 571～前 471 年），字伯阳，谥号聃，楚国苦县厉乡曲仁里人。我国最伟大的哲学家和思想家之一，他的哲学思想和道家学派，对我国 2000 多年来思想文化的发展产生了深远的影响。

孔子（公元前 551～前 479 年），名丘，字仲尼，汉族，鲁国陬邑人。中国春秋末期的思想家和教育家，儒家思想的创始人。并且被后世统治者尊为至圣、至圣先师、万世师表。

孙子（公元前 535～前 470 年），名武，字长卿。中国古代著名军事家、哲学家，春秋末期军事家。著有《孙子兵法》，其理论和思想还被运用到了现代经营决策和社会管理方面。

端木赐（公元前 520～前 456 年），字子贡，政治家，儒商之祖，春秋末期卫国人。他是孔子的得意门生，且列言语科之优异者。《论语》中对其言行记录较多，《史记》对其评价颇高。

墨子（公元前 468～前 376 年），名翟，战国时期宋国人，是战国时期著名的思想家、教育家、科学家、军事家、社会活动家、墨家学派的创始人，墨子创立墨家学说，并有《墨子》一书传世。

李悝（公元前455～前395年），战国时期法学家，李悝参考各国的法律，综合成为一部法典，命名为《法经》，是中国最古老的成文法典之一。其基本思想是维护君主专制制度和封建统治秩序。

申不害（公元前385～前337年），亦称申子，战国时期韩国著名的思想家。作为法家人物，以“术”著称，是春秋战国时期百家争鸣中的代表人物，其著作《申子》，已失传。

苏秦（公元前？～前317年），字季子，汉族，战国时期洛阳人，是与张仪齐名的纵横家。可谓“一怒而诸侯惧，安居而天下熄”。苏秦最为辉煌的时候是劝说六国国君联合，堪称辞令之精彩。

杨朱，约生活在墨子（约公元前479～前381年）与孟子（约公元前371～约前289年）之间。先秦哲学家，战国时期魏国人，字子居，反对儒、墨，尤其反对墨子的“兼爱”，主张“贵生”、“重己”，重视个人生命的保存，反对他人对自己的侵夺。

商鞅（约公元前395～前338年），汉族，卫国人。战国时期政治家、思想家，先秦法家代表人物。商鞅说服秦孝公变法图强。使秦国长期凌驾于山东六国之上，为秦国统一六国奠定了基础。

孟子（约公元前372～前289年），名轲，字子舆，邹国人，战国时期伟大的思想家、政治家、教育家。儒家的主要代表之一。继承孔子的思想，被尊称为亚圣。著有《孟子》一书。

庄子（约公元前369～前286年），战国中期哲学家，庄氏，名周，字子休，宋国人。是我国先秦（战国）时期伟大的思想家、哲学家和文学家。是道家学说的主要创始人，与道家始祖老子并称为“老庄”。

荀子（约公元前313～前238年），名况，字卿，汉族，周朝战国末期赵国人。著名思想家、文学家、政治家，儒家代表人物之一，荀子对儒家思想有所发展，提倡“性恶论”，常被与孟子的“性善论”比较。

韩非子（公元前 281～前 233 年），汉族，战国末期韩国人。是中国古代著名的哲学家、思想家、政论家和散文家，法家思想的集大成者，中国古代著名法家思想的代表人物。

秦始皇（公元前 259～前 210 年），名政，中国历史上最伟大的政治家、战略家、军事统帅。首位完成中国统一的秦朝开国皇帝，秦始皇建立皇帝制度，奠定了中国 2000 余年政治制度的基本格局。

汉高祖（公元前 256～前 195 年），刘邦，字季，汉族，沛郡丰邑中阳里人。他对汉民族的统一、中国的统一强大，汉文化的保护发扬有决定性的贡献。

汉武帝（公元前 156～前 87 年），刘彻，汉朝的第七位天子，政治家、战略家。在位期间数次大破匈奴、吞并朝鲜、遣使出使西域。独尊儒术，首创年号。他开拓汉朝最大版图，功业辉煌。

贾谊（公元前 200～前 168 年），汉族，洛阳人。西汉初年著名的政论家、文学家。其著作主要有散文和辞赋两类。散文如《过秦论》、《论积贮疏》、《陈政事疏》等；辞赋以《吊屈原赋》、《鹏鸟赋》最著名。

董仲舒（公元前 179～前 104 年），是西汉一位与时俱进的思想家、儒学家，西汉时期著名的唯心主义哲学家和今文经学大师。时至今日仍有学者在研究他的思想体系及故里等方面的文化，著作汇集于《春秋繁露》一书。

桑弘羊（公元前 152～前 80 年），汉武帝时大臣。洛阳人。出身商人家庭。历任大司农中丞、大司农、御史大夫等重要职务，其一些措施在不同程度上缓解了经济危机，史称当时“民不益赋而天下用饶”。

曹操（155～220 年），字孟德，小字阿瞒，汉族，沛国谯县人。东汉末年著名的政治家、军事家、文学家与书法家。三国中曹魏奠基人和主要缔造者，一生以汉朝丞相的名义征讨四方，为统一中原做出了重大贡献。

诸葛亮（181～234 年），字孔明，号卧龙，汉族，琅琊阳都人，三国时期蜀汉丞相，杰出的政治家、军事家、发明家、文学家。诸葛亮在后世受到极大的尊崇，成为后世忠臣楷模，智慧化身。

贾思勰（386～543 年），北魏人，汉族，益都人，生活于北魏末期和东魏，是中国古代杰出的农学家。

隋文帝（541～604 年），杨坚，隋朝开国皇帝。汉族，弘农郡华阴人。他在位期间成功地统一了百年严重分裂的中国，开创先进的选官制度，发展文化经济。杨坚是西方人眼中最伟大的中国皇帝。被尊为“圣人可汗”。

唐太宗（599～649 年），李世民，唐朝第二位皇帝，陇西成纪人，政治家、军事家、书法家、诗人。唐太宗开创了历史上的“贞观之治”，将中国传统农业社会推向鼎盛时期。

刘晏（716～780 年），唐代著名的经济改革家和理财家。字士安，曹州南华人。历任吏部尚书，实施了一系列的财政改革措施，为“安史之乱”后的唐朝经济发展做出了重要的贡献。

宋太祖（927～976 年），赵匡胤，中国北宋王朝的建立者，汉族，涿州人。在位 16 年期间，加强中央集权，提倡文人政治，开创了中国的文治盛世，是一位英明仁慈的皇帝，是推动历史发展的杰出人物。

范仲淹（989～1052 年），字希文，汉族，祖籍苏州吴县，武宁军人，世称“范文正公”。北宋著名的政治家、思想家、军事家和文学家。有《范文正公全集》传世。

王安石（1021～1086 年），字介甫，号半山，谥文，封荆国公。北宋抚州临川人，中国历史上杰出的政治家、思想家、学者、诗人、文学家、改革家，“唐宋八大家”之一。传世文集有《王临川集》、《临川集拾遗》等。

忽必烈（1215～1294 年），蒙古族，元朝的创建者。他一生征战，一统天下，建立了幅员辽阔的统一多民族国家元朝。他在位期间，建立行省制，加强中央集权，使得社会经济逐渐恢复和发展。

明成祖（1360～1424年），朱棣，曾五次亲征蒙古，巩固了北部边防，维护了中国版图的统一与完整。曾多次派郑和下西洋，加强了中外友好往来。其在位期间经济明显发展，国力强盛，史称“永乐盛世”。

张居正（1525～1582年），汉族人，祖籍湖广江陵。字叔大，号太岳，谥号“文忠”。明代政治家、改革家。中国历史上优秀的内阁首辅之一，明代最伟大的政治家。

黄宗羲（1610～1695年），明末清初经学家、史学家、思想家、地理学家、天文历算学家、教育家。汉族，浙江绍兴府余姚县人。字太冲，一字德冰，号南雷，黄宗羲学问极博，思想深邃，著作宏富，与顾炎武、王夫之并称“明末清初三大思想家”。

顾炎武（1613～1682年），著名思想家、史学家、语言学家。字忠清，汉族，南直隶苏州府昆山人。学问渊博，于国家典制、郡邑掌故、天文仪象、河漕、兵农及经史百家、音韵训诂之学都有研究。

王夫之（1619～1692年），又称王船山，汉族，湖南衡阳人。中国朴素唯物主义思想的集大成者。王夫之一生主张经世致用的思想，坚决反对程朱理学。

康熙（1654～1722年），爱新觉罗·玄烨，是我国统一的多民族国家的捍卫者，奠下了清朝兴盛的根基，开创出“康乾盛世”的大局面，是一位英明的君主、伟大的政治家。

魏源（1794～1857年），名远达，字默深，汉族，湖南邵阳隆回人。清代启蒙思想家、政治家、文学家，近代中国“睁眼看世界”的先行者之一。魏源认为论学应以“经世致用”为宗旨，倡导学习西方先进科学技术。

曾国藩（1811～1872年），字伯涵，号涤生，晚清重臣，湘军的创立者和统率者。清朝军事家、理学家、政治家、书法家、文学家。晚清“中兴四大名臣”之一。是近代中国最显赫和最有争议的人物。

王韬（1828～1897 年），中国近代著名改良派思想家。初名王利宾，字兰瀛，江苏苏州府甫里村人。王韬一生在哲学、教育、新闻、史学、文学等许多领域都有杰出成就。

郑观应（1842～1921 年），本名官应，字正翔，号陶斋，别署罗浮偫鹤山人等。他是中国近代最早具有完整维新思想体系的理论家，揭开民主与科学序幕的启蒙思想家，也是实业家、教育家、文学家、慈善家和热忱的爱国者。

康有为（1858～1927 年），又名祖诒，字广厦，号长素，近代著名政治家、思想家、社会改革家、书法家和学者，信奉孔子儒家学说，并致力于将儒家学说改造为可以适应现代社会的国教，曾担任孔子教会会长。

张謇（1853～1926 年），字季直，号啬庵，汉族，祖籍江苏常熟，中国近代实业家、政治家、教育家。中国棉纺织领域早期的开拓者。为中国民族纺织工业的发展壮大作出了重要贡献。

孙中山（1866～1925 年），名文，字载之，号逸仙。中国近代民主主义革命的先行者，中华民国和中国国民党创始人，“三民主义”的倡导者。尊称其为“中华民国国父”。

毛泽东（1893～1976 年），字润之，笔名子任，湖南湘潭人。中国革命家、战略家、理论家和诗人，中国共产党、中国人民解放军和中华人民共和国的主要缔造者和领袖，“毛泽东思想”的主要创立者。

邓小平（1904～1997 年），中国共产党第二代领导核心，马克思主义者，无产阶级革命家、政治家、军事家、外交家。他是中国社会主义改革开放和现代化建设的总设计师，创立了“邓小平理论”。

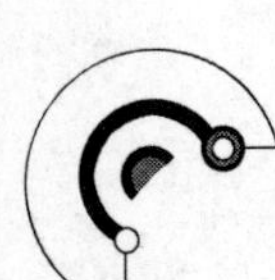

附录四　中国古代商业经典案例

中国人经商的历史源远流长，经过长期的积累和实践，形成了一系列、一整套的经营办法，为商业史留下了丰富的内容。中国古代的商业文化博大精深，在漫长的商业活动中孕育出了许多经典的商业案例，广为流传。

案例一：范蠡卖马

时值诸侯割据、战事不断，范蠡发现：吴越一带需要大量战马；同时北方马匹便宜又彪悍。如果能将北方的马匹运到吴越，一定能够大获其利。可问题就是运马难。因为当时正值兵荒马乱，沿途常有强盗出没。经过一番调查，终于了解到北方有一个很有势力、经常贩运麻布到吴越的巨商姜子盾，姜子盾因常贩运麻布早已用金银买通了沿途强人。于是，范蠡就把主意放在了姜子盾的身上。他写了一张告示张贴在城门口，大意是：范蠡新组建了一支马队，开业酬宾，可免费帮人向吴越运送货物。

果然，姜子盾看后主动找到范蠡，求运麻布。范蠡自然满口答应。就这样范蠡与姜子盾一路同行，货物连同马匹都安全到达吴越，马匹在吴越很快卖出，范蠡因此获得了巨大的商业利益。

案例二：范蠡三掷千金

范蠡是越王勾践的谋士，知识渊博，精通兵法，与孙子、张良齐名。一生中，他曾经“三掷千金”——三次散尽家财，又三次重新发家。范蠡辅助越王勾践“卧薪尝胆”把国家建设得强盛起来灭了吴国，报了会稽之耻后，便毅然辞官从商，只装上轻便的珍珠宝玉，其他的散发给当地的老百姓。

范蠡携上家人，来到齐国，自称鸱夷子皮，在海边耕作，从事商贸。由于范蠡经营得法，没过多久，财产颇丰。齐国人都知道他的贤能，便要请他做丞相。范蠡却不肯，散尽财产，悄悄离去，迁至陶地（今山东定陶县）安居。

陶地是当时的交通中心，商贸要地，客商云集，店铺鳞次栉比，十分繁华。范蠡定居此地，改名“陶朱公”。他因地制宜，除了耕作养殖之外，以主要精力从事商业活动。他善于等待时机，重视物资信息，市场动态，采取薄利多销的原则，一般不超过 1/10 的利润。不假时日，财产已达百万金，富可敌国。这时候，范蠡又一次把自己的财产分给当地百姓，自己只保留少量的店铺继续做生意。

案例三：猗顿西河速富

《史记集解》载，猗顿，战国时魏国人，大工商业者，猗顿是其号。猗顿原是春秋时代鲁国的贫寒书生，饥寒交迫，生活艰难。正当他为生活一筹莫展的时候，听说了范蠡“治产积居，与时逐”的故事。猗顿羡慕不已，试着前去请教。

由于猗顿当时十分贫寒，没有资本，无法经营其他行业，陶朱公便让他先畜养少数牛羊，渐渐繁衍壮大，日久遂可致富。于是，猗顿按照陶朱公的指示，迁徙西河（今山西西南部地区），在猗氏（今山西临猗境）南部畜牧牛羊。当时，这一带土壤潮湿，草原广阔，尤其是猗氏县南 20 里处的沼泽，为一片面积很大的低洼地区，水草丰美，景色宜人，是畜牧的理想场所。猗顿最初就在这里放牧，由于猗顿辛勤经营，畜牧规模日渐扩大，“十年之间，其息不可计，赀拟王公，驰名天下”。因起家于猗氏，遂号猗顿。

在经营畜牧的同时，猗顿已注意到位于猗氏之南的河东池盐，他在贩卖牛羊时，顺便用牲畜驮运一些池盐，连同牲畜一起卖掉。在此过程中，认识到贩运池盐是一条获利更大的致富途径。于是，他在靠畜牧积累了雄厚的资本后，便着意开发河东池盐，从事池盐生产和贸易，成为一个手工业者兼商人。猗顿通过多方经营，终成倾国巨富，在当时的社会影响很大。

案例四：卓氏远迁致富

《史记·货殖列传》载，富商卓氏，原为赵国邯郸（今河北邯郸）人。其祖父辈经营冶炼铁矿致富，后来秦国打败赵国，流放富豪，卓氏也在其中。赵国被虏获的人中，稍有钱财者，都争相贿赂秦国负责迁徙的官吏，要求迁到经济较为发达且与赵国较近的葭萌。但卓氏目光远大，他说：“葭萌这个地方狭小瘠薄，我听说汶（岷）山之下有肥沃的原野，有铁矿，长有如蹲鸱形的大芋头，到了凶年仍不饥荒，人们照常在街市做工经商。”于是，他请求迁徙到以产铁矿著名而尚未开发的临邛（今四川邛崃）地区。到该地后，他利用当地丰富的铁矿资源，结合自己鼓铸世家的专长，加之邻近地区又是急需铁工具的少数民族聚居之处，于是大量招雇廉价劳动力，开采铁矿，熔铸生铁，重操旧业。因当地原来的生产工具十分落后，先进的铁制工具十分畅销，往往供不应求。再加上当地土地肥沃，可替代粮食的野生植物丰富，有利于降低成本，故获利十分丰厚。由于他善于发现和利用有利条件，终于成为滇蜀一带的首富，拥有家童达千人之多。

案例五：白圭人取我与

白圭，战国时期人，名丹，字圭。有“商祖”之誉。他“乐观时变”，擅长经商，一贯把“人弃我取，人取我与”作为自己的经营宗旨。弃者，无用也，遗弃之物；取者，购进、收购之物。

战国时的商人大多喜欢获利丰富的珠宝生意，而他另辟蹊径，从事农产品买卖。他看到的是当时社会的农业发展，以及谷物是普天下老百姓都离不开的东西，虽然利润不大，但需求极大。每当粮食收获季节或粮食丰收的时候，农民都把粮食拿出来出售，而且价格较为低廉，这时候他就大量买进；当粮食歉收，农民没有太多的粮食出售，而大家又需要粮食，这个时候他就把收进的粮食以较高的价钱卖出，于是赚取了差价。

有一次，商人们都在一窝蜂地抛售棉花，有的商人为了尽快把棉花抛售出手，而不惜把价格压得极低。白圭见到这种情况，于是便吩咐手下的童仆挂出收购棉花的招牌，一概收尽商人手中所有现存的棉花。后来由于收购的棉花太多，白圭只好派人从其他商人那里花钱租地方来存放棉花。此时，卖完棉花的商人都又拥在了一起，抢着购进皮毛。原来，不知从哪个商人那里传出消息，说最近皮毛成了抢手货，冬天人们有可能从市场上难以买到皮毛。此时，白圭的仓库里正保存着一批上好的皮毛，但他听到这个消息后并没有将皮毛压在手中，而是把所有库存的皮毛卖了个精光，从中赚到了不菲的一笔。

没过多久，由于连绵不断的阴雨，棉花严重歉收。于是那些手中已经没有了棉花存货的商人开始到处寻找棉花。这时，白圭便以高出收购价的价格卖出了全部库存的棉花，再次发了一笔大财。又过了一段时间，由于某种原因，满街的皮毛突然卖不出去了，价格降得越来越低，其他商人后悔不迭，血本无归。

案例六：秦商任氏储粮

秦末战乱的时候，有钱人开始争着抢购、储存金玉珠宝，而有一位姓任的督道仓吏唯独购买粮粟，储存于自己的窖中，很多人不得其解。后来，楚汉在荥阳相争，对持在鸿沟，不分胜负，中原广大的地区成为两军厮杀的战场；于是良田荒芜，民不得耕种，粮食奇缺，这时任姓商人把他储存的粮粟拿出来销售，那些曾抢购金银珠宝的人们也不得不用他们抢购来的金银珠宝换取任姓的粮食。这时，姓任的督道仓吏成了贩卖粮食的大商人，他的粮食卖到一石万金，结果大量的金银珠宝尽归任姓的大商人手中，由此而大富。姓任的督道仓吏站得高、看得远，他敏锐地预见到秦朝灭亡后，刘邦和项羽还有一场长期的恶战，敏锐地预感到未来粮粟的金贵，在大家抢购金玉时，他抛出黄金，大量抢购、储存粮食，狠狠地发了一笔“国难财”。

案例七：裴方失火买砖

宋代绍兴十年，有一次临安城失火，“殃及池鱼”，一位姓裴的商人的住宅、仓库、珠宝店铺也烧着了。但是精明的裴方，在火烧家产，大难临头之时，在全城上下手忙脚乱，怨天尤人的时候，他临危不乱，从临安城通天的大火中看到了巨大的商机。他没有救自家的火，而是立刻组织人力出城采购竹木砖瓦、芦苇椽桷等建房材料，只要有这些东西，立即全部收购。裴方倾其所有，大肆囤积、垄断了临安重建所需的所有的建筑材料。火灾过后，百废待兴，市场上急需建房材料，出现了抢购的情况。这时政府还给予销售建筑材料免税的优惠，于是，裴氏不但弥补了他在火灾中的损失，而且获得了极大的额外利润。

案例八：蹶叔三悔

据刘伯温的《郁离子》记载，蹶叔是一个很自信的人。他在龟山北面耕地，用高地种稻，用低地种谷。朋友告诉他稻与谷的习性，让他换过来种。蹶叔不听，结果种了 10 年反而连粮仓的一点储粮也陪上了。于是，他去朋友的田里察看，这些田收成都很好。他对朋友说：“我知道悔改了。”

不久，他到汶上跑买卖，看到哪种货物最畅销，就赶着去买，常常和别人抢购，货物刚到手，许多经销这种货物的人也都赶了来，因而他的货物就很难卖出。朋友告诉他：“会做买卖的人，常买进人家所不急于买的货物，时候一到再卖出去，就会成倍地获利。”蹶叔不听。这样一直做了 10 年买卖，弄得异常穷困。这时又向朋友施礼说：“从此以后，不敢不悔了！”

过些时候，他要乘大船去航海，邀请朋友也一块去，于是他们泛海东行，到了深海。朋友说：“要到归墟了，再前进，恐怕难以出来！”他又不听。船进入了深海之中，一直在海上漂流了九年，借助于一次强烈的海风和浪涛的推动，船才漂了回来。到这时，他头发全白，身体像干肉一样瘦，已经没人认识他了。他向朋友叩头，仰天发誓说："我若是再不悔改，有太阳作证！"朋友讥笑他说："你悔改了，只是为时太晚了！"蹶叔不顾取予以时的经商规律，与别人争买卖之价，结果使自己日渐困窘。

案例九：日升昌商号传讯

山西票号的创始人雷履泰，创立"日升昌"后，汇兑业务愈来愈多。作为商界能手，谙熟生财的雷履泰，由此及彼，推想到其他商埠的山西商人托镖局起运银钱亦有诸多不便，于是深入调查晋商所经营药材、茶叶、夏布、绸缎、杂货等进销地点，亲派精明、诚实、可靠的伙友，先后于汉口、天津、济南、西安、开封、成都、重庆、长沙、厦门、广州、桂林、南昌、苏州、扬州、上海、镇江、奉天、南京等地设票号分庄。他的票号在山西本部建有总号，在外省的一些城市就建有几个分号。他们收集信息，一般都是通过分号与总号之间的业务联系获得的。总商号和各分商号之间，一般五日一函，三日一信，通过书信通报本地的农业生产、市场销售情况，便于总商号的经营决策。

雷履泰联络晋商，招揽业务，此处交钱，彼处用款，从无空票。因信用可靠，不但山西商人与"日升昌"交往频繁，外省、沿海一带米帮、丝帮亦通过"日升昌"汇兑款项。由于雷履泰经营有方，"日升昌"门庭若市，业务蒸蒸日上。随着通汇扩大，继而吸收存款，发放贷款，利润大增，"日升昌"更是日升月昌，一片兴旺景象。有鉴于此，山西商人纷起效尤，投资票号。从此山西票号业大盛，鼎盛时期，曾执全国金融界牛耳。

案例十：孟洛川分层获利

著名山东商人孟洛川18岁时开始经商，他在涉足企业的最初20余年间，生意有较大发展。1893年（光绪十九年）和1896年，先后在北京大栅栏和烟台开设"瑞蚨祥"，经营绸缎、洋货、皮货、百货。坚持"货真价实，童叟无欺，按质论价，分层获利"的经营原则。

（1）精品高档独占市场。凡为少数人所需要的珍贵商品，一般小字号无力经营，大字号又因积压资金而不肯经营的，瑞蚨祥往往依靠自己雄厚的资金，千方百计搜罗，居奇牟利。1930年以前，北京、天津的皮货中4000～5000元一件的貂褂、1000余元一件的海龙领子，最好的金丝猴、玄狐、窝倒、白狐、白狐崽等稀有皮货，常常是瑞蚨祥所独有。济南由于这些珍贵的皮货销路不好，一般不备，但 600 余元一件的葡萄坎、400 余元一件的海龙领子则为瑞蚨祥所独有。在绣货中，清代高级官员的服装，别家难寻，而瑞蚨祥则应有尽有。民国以后，一些名演员如梅兰芳、荀慧芳等人所用的舞台幔帐、桌椅绣花披垫、门帘等，也多委托瑞蚨祥代办。

（2）定机货。瑞蚨祥对于一些高级绸货都有定织货，谓之定机货。定机货质量高于一般，如熟罗最好的为 11 丝，而瑞蚨祥的定机货则有 13 丝、15 丝的。又如纺绸，一般是用四合成丝织，而瑞蚨祥的定机货是用六合成丝织，而且用的是上等丝，花样品种也多。1921 年前后，绸货中有一种“漳绒”很流行。原先是大团花，有些陈旧，瑞蚨祥便改为小团花，很受顾客欢迎。瑞蚨祥还独创了一种“高丽纳”，是用好洋绉或物华葛作表，中加衬绒，以白布为底，用丝线纳成。这种货是专供上层人物在秋冬之交做衣服用的。这些定机货质量高、花样新、售价高，因别家没有而独占市场，获取的利润也就十分可观了。

（3）自染色布。瑞蚨祥后来虽是以销售高级商品而著名的商店，但其布匹的销售在各店中仍占一定比重，布匹的销售额在营业总额中始终占优势。瑞蚨祥对于各种色布也极力经营。1930 年以前，机器染厂还不发达，阴丹士林等色布还很少，绸布业（包括批发店）所经营之各种色布，都是自买白布交手工染坊加工染色出售。瑞蚨祥为了创自己的牌子，获得垄断利润，在各个时期都采用优良坯布，购用最好的染料，委托染坊加工精染，加盖自己的印章。从不为贪一时之利，与同业竞一日之长，而轻易更换布匹与染料。瑞蚨祥从来都是坚持选用名牌，用优质染料加工精染，绝不以次充好。瑞蚨祥所售各种色布都具有不褪色的特点，特别是青蓝色布与众不同，尤其是在农村有很高的信誉，很多地方的农民非瑞蚨祥的布不买。瑞蚨祥在这些地方有着很大的市场。白布属大路货，利润不能隐藏。瑞蚨祥就把它作为与同业竞争的手段，价格定得很低，利润不过百分之几，有时甚至亏本。而自染之色布由于质量高于一般市货，利润高达 12%～15%，瑞蚨祥则垄断了市场。

（4）货真价实。瑞蚨祥从不采取大减价、大甩卖、大赠送、打折扣等一般商家所采取的促销方式。瑞蚨祥极少甚至从不靠刊登广告来宣传自己。但瑞蚨祥不登广告并不是不注重宣传，它另有一套宣传方式。主要的是对顾客童叟无欺、态度和蔼、殷勤招待、量布放尺，让顾客自己去宣传。

附录五　中国古代民商组织——十大商帮

商帮，即是由亲缘组织扩展开来，以地缘关系为基础的地缘组织。历史上的商帮大体上崛起于明清时期，明清时期商品行业繁杂和数量增多，商人队伍日渐壮大，竞争日益激烈，而封建社会统治者向来推行“重本抑末”的政策，在社会阶层的排序中，“士、农、工、商”中商也是屈尊末位。因而，商人利用天然的乡里、宗族关系联系起来互相支持，成为市场价格的制定者。同时，商帮在规避内部恶性竞争，增强外部竞争力的同时可以在封建体制内利用集体的力量更好地保护自己，于是商帮就在这一特定经济、社会背景下应运而生，相继崛起了十大商帮：山西商帮、徽州商帮、陕西商帮、山东商帮、福建商帮、洞庭商帮、广东商帮、江右商帮、龙游商帮、宁波商帮。

一、山西商帮（晋商）

山西商帮又称“晋商”，是十大商帮中最早崛起的商人，其历史可以追溯到周朝的晋唐时期，但真正崛起于明代，至清乾隆、嘉庆、道光时期已发展到鼎盛。山西票号在咸同时期几乎独占全国的汇兑业务，成为全国最为强大的商业金融资本集团。他们经营的各种商号，遍及全国各地，并远涉欧洲、日本、东南亚和阿拉伯国家，称雄历代商界达 500 年之久，与犹太商人和威尼斯商人并称“世界三大商人”。

晋商规模之大，延绵时间之长，经商领域之广，原因有两个方面：一方面以地域和血缘关系为纽带，凝聚本帮商人的向心力，用传统道德规范经商行为，寻求政治上的靠山，庇护本帮的经商活动；另一方面则是晋商家族的重要传统之一：学而优则贾，据说晋商家族中一二流的子弟去经商，三四流的子弟才去参加科举考试，甚至出现过获得功名后不做官而从商的进士。

山西商帮中代表人物有孔祥熙（1880～1967 年），字庸之，号子渊，孔子第 75 代孙。中华民国南京国民政府行政院长，兼财政部长，亦是一名银行家及富商。孔家与乔家、常家、曹家、侯家、渠家、亢家、范家并称为晋商“旺族八大家”。

二、徽州商帮（徽商）

徽州商帮又称“新安商人”，俗称“徽商”，指旧徽州府籍（今安徽省歙县、黟县、休宁县、绩溪县、祁门县以及江西省婺源县）商人集团总称。徽商萌生于东晋，成长于唐宋，盛于明。徽商曾活跃于大江南北、黄河两岸，远至日本、暹罗、东南亚各国和葡萄牙等地。徽商经营行业以盐、典当、茶木为最著，其次为米、谷、棉布、丝绸、纸、墨、瓷器等。其中歙县人多盐商，婺源人多茶、木商，绩溪人多菜馆业，休宁人多典当商，祁门、黟县人以经营布匹、杂货为多。

徽州是南宋大儒朱熹的故乡，被誉为儒风独茂，因此徽商大多表现贾而好儒的特点，他们的商业道德观带有浓厚的儒家味。徽商以儒家之诚、信、义作为其商业道德的根本，这使他们在商界赢得了信誉，促进了商业资本的发展，是他们经商成功的奥秘所在。不仅如此，他们还懂得市场经济的运行规则，有驾驭市场变化的能力，他们将商人的务实和精明、历史使命感和责任感体现得淋漓尽致。

徽州商人的代表人物有晚清著名的企业家、政治家胡雪岩（1823～1885年），原名胡光墉，徽州绩溪人。胡雪岩是著名“红顶商人”，又称官商，他通过为清军筹运饷械，为左宗棠借外债、筹供军饷和订购军火，并依仗湘军，在各省设立阜康银号20余处，同时经营中药、丝茶业务，操纵江浙商业，是当时的“中国首富”。

三、陕西商帮（秦商）

陕西商帮又称“秦商”，被认为是中国按地域亲缘关系最早出现的商帮。明朝时期，陕西商帮形成了以泾阳、三原为中心，以西北、川、黔、蒙、藏为势力范围，输茶于陇青、贩盐于川黔、鬻布于苏湖、销烟于江浙的名震全国的商业资本集团，并以财雄势宏被尊为“西秦大贾”或“关陕商人”。在明代300多年的岁月里，曾长期名列我国明清时期十大商帮前茅。宋应星《天工开物》中分析明中叶商人势力时说道：“商之有本者，大抵属秦、晋与徽郡三方之人”，陕西商帮排在三帮之首。

陕西商帮是一个综合性的商帮，生财的行道较多，以农业及其他资源为基础，形成巨大的地方商业集团，又与高利贷资本结合，出粟收息，发放母子钱，扩展为商业资本。他们对财富的追求与一般商帮相同：尽可能追逐厚利，如果不行，就退而求其次。陕西商帮以盐商最为著名，经营布业、茶业和皮货业也是陕西商帮盈利的重要途径。

陕西商帮的代表人物有贺达庭，陕西渭南县人，清朝嘉庆年间陕西贺氏当铺的掌门人。贺达庭的祖辈世代都是开当铺的，贺氏家族在关中各县共开设当铺 30 多家，分布在渭南、蓝田、咸宁、长安等地。

四、山东商帮（鲁商）

山东商帮，又称"鲁商"，也称"山东帮"。明清时期，山东商帮控制了北京乃至华北地区的绸缎布匹、粮食批发零售、餐饮等行业，特别在东北地区，鲁商有着地缘、人缘的便利，更是占据着强有利的势力范围。

山东商帮是山东人，质朴单纯，豪爽诚实。山东商帮的致富之道，概括起来，就是长途贩卖和坐地经商的商业经营方式，讲求信用的商业道德以及规范的商业行为。山东商帮里面，主要是大官僚、大地主兼大商人，因此大部分是封建性的商人，这也决定了山东商人所走的道路及商业资本的流向是以末致富，以本守之的。

鲁商的代表人物有孟洛川（1851～1939 年），山东省章丘市刁镇旧军人，近代知名的民族商业资本家。18 岁开始经商，从此一生掌管孟家企业，他所经营"瑞蚨祥"、"泉祥"等商号，遍布京、沪、津、济、青、烟等大中城市。京、津及济南等城市报纸皆以"金融巨头"称之。

五、福建商帮（闽商）

福建商帮，又称"闽商"。福建商帮的发展历程显现出典型的海洋文化特征。宋元时期，享誉世界的"海上丝绸之路"就是由福建商人开创的；明清之际，郑氏海商集团又建立起纵横东亚、东南亚的海上商业王国，成为国际商界的劲旅，有"海外第一大商帮"之称。

福建商帮的最初兴起与封建政府的官方朝贡贸易和禁海政策针锋相对，内外勾结的贸易方式是福建海商最常见的经商模式，他们收购出海货物，囤积国外走私商品，以利销售。到明清时期，福建商人将国内与国外的贸易紧密地结合起来，努力经营，进行多种形式贸易，从而形成了中国封建社会晚期一个很有影响的地方商帮。

福建商帮的代表人物有蒲寿庚（1205～1290 年），又称蒲受畊，号海云，宋末元初人，阿拉伯（色目）商人后裔，曾任泉州市舶司 30 年，是宋元时期著名穆斯林海商、政治家、军事家，“蕃客回回”[①] 的代表人物，约 11 世纪移居广州，经营商舶，成为首屈一指的富豪。

六、洞庭商帮（洞庭帮）

洞庭商帮，又称“洞庭帮”、“洞庭山帮”、“山上帮”或“洞庭山人”，以洞庭东西山的山名为名，是“苏商”的主体。洞庭商帮于明万历年间初步形成，明清时期，在江南，徽商以商业资本、活动范围、经营能力称雄，然而，洞庭商帮却能与之分庭抗礼，流传于民间的一句谚语“钻天洞庭遍地徽”，一天一地，平分江南秋色。

洞庭商人利用洞庭湖得天独厚的经商条件贩运米粮和丝绸布匹，他们不断更新观念，开拓和经营新局面。鸦片战争后，在作为金融中心的上海，洞庭商人开辟了买办业、银行业、钱庄业等金融实体和丝绸、棉纱等实业。在新的历史背景下，他们从事着不同于以往的商业活动，走上了由商业资本向工业资本发展的道路。

洞庭商人的代表人物有荣氏兄弟——荣宗敬和荣德生，江苏无锡荣巷人，是面粉与棉纱帝国的缔造者，被誉为中国的“面粉大王”、“棉纱大王”。荣氏兄弟创办多家企业，是近代著名的民族企业家。

七、广东商帮（粤商）

广东商帮，又称“粤商”。在近代，由于外国经济势力的侵入以及中国缓慢地迈开近现代步伐，晋商、徽商等因为固守传统而日渐式微，而粤商却伴随着近代广东商品流通的扩大、商品经济的发展、海外移民的高潮而崛起。广东商人发迹于东南亚和香港、潮汕地区，第二次世界大战期间，广东商人虽然曾一度沉寂，但经过战后若干年的苦斗，又终于在 20 世纪 70 年代后崛起。

广东商帮的代表人物有张振勋（1840～1916 年），字弼士，号肇燮，大埔人，近代华侨资本家，亦商亦官，先后做过驻新加坡总领事、粤汉铁路督办等职，他涉足酒业、种植业、药材业、采锡业、船运业，生意做到新加坡、马来亚、泰国、越南、菲律宾，成为当时东南亚的首富，被称为“一代酒王”。

---

① 蕃客回回，泛指回族，或信奉伊斯兰教的人和国家，亦指伊斯兰教。

八、江右商帮（赣商）

江右商帮，又称“江西商帮”、“赣商”。江右商帮是中国古代最早成形的商帮，称雄于明清两朝，纵横中华金融、盐业、工业产品、农业产品等领域。

江右商帮绝大多数因家境所迫而负贩经商，因此，小本经营、借贷起家成为他们的特点。他们的经商活动一般以贩卖本地土特产品为起点，正是其独特背景，使江西商帮具有资本分散、小商小贾众多的特点。讲究贾德，注重诚信是江西人质朴、做事认真的性格的一个外在反映，也是江西人头脑中传统儒家思想的自然流露。江西商人善于揣摩消费者心理，迎合不同主顾的要求，以售尽手中商品和捕捉商机为原则，这是其发财致富的经验总结。

江右商帮的代表人物有李宜民（1704～1798年），字丹臣，号厚斋，祖籍临川县温圳杨溪村（今属江西省进贤县温圳），清代著名盐商，享有“临川李氏”盛名。

九、龙游商帮

龙游商帮，简称“龙游帮”。龙游商帮以龙游命名，但并非单指龙游一县的商人，而是指浙江衢州府所属龙游、常山县、西安（今衢县）、开化和江山五县的商人，其中以龙游商人人数最多，经商手段最为高明，故冠以“龙游商帮”。他们主要经营珠宝业、垦拓业、造纸业和印书业等商业，成为颇具实力的一大商帮。

龙游商人在营商活动中，历来看重的财自道生、利缘义取、以儒术饰贾事、诚信为本，是龙游商帮一以贯之的儒商品格，也使其获得了良好的市场信誉。从根本意义上说，将诚信作为经商从贾的道德规范，正是龙游商帮获得成功的要诀。

龙游商帮的代表人物有沈万山（1330～1376年），本名富，字仲荣，世称万三，为明初苏州富商，富可敌国，是元末明初江南第一富家，也是全国首富。

十、宁波商帮

宁波商帮，简称“宁波帮”，是指宁波府的商人。宁波商人外出经商历史悠久，但大规模经商，并且结成商帮则为时较晚。鸦片战争后，尤其是民国时期，宁波商帮中新一代商业资本家脱颖而出，把商业与金融业紧密结合起来，从而使宁波商帮以新兴近代商人群体姿态跻身于全国著名商帮之列，他们主要经营银楼业、药材业、成衣业、海味业以及保险业。

宁波商帮善于开拓活动地域，因时制宜地开拓经营项目。他们以传统行业经营安身立命，以支柱行业经营为依托，以新兴行业经营为方向，往往一家经营数业，互为补充，使自己的商业经营在全国商界中居于优势地位。

宁波商帮的代表人物有刘鸿生（1888～1956 年），名克定，祖籍浙江定海，中国近代实业家。第一次世界大战期间，刘鸿生以经营开滦煤矿起家，被称为"煤炭大王"。

附录六　中国古代人事管理发展与变迁

"人事"中的"事"意为任用，"匽侯旨初见事于周"（《尚书·匽侯旨鼎》）。中的"见事"就是被任用的意思。人事，是指国家机关或事业单位对工作人员的录用、培训、考核、升降、调配、奖惩、离退休等。

在中国古代，人事制度一般表现在官员的选拔和任用上，不同时期又有不同的内容。

1. 夏商周

在奴隶制的夏、商、西周时期，采用的是世袭制，还没有形成选拔任用制度。

2. 春秋战国

（1）实行军功爵制，按照军功的大小给一定的爵位。"宗室非有军功论，不得为属籍"，"有军功者，各以率受爵"。军功爵制是封建社会第一个任官制度，破除了奴隶制时代的等级制度，促进了封建官僚制度的发展。与此同时，自战国开始实行由国君任免文武官吏，封官时发给印玺，免职时收回，同时也开始实行了俸禄制度。

（2）从战国时对官吏政绩就有考核制度，称为"上计"，就是把一年的赋税预算收入在年初上报国家，到年终时据以考核完成情况。周朝有"巡狩"、"述职"制度。"巡狩"即天子巡视诸侯之所守。"述职"即下官陈述自己的职守。战国时，各国开始设置"御史"，负责官吏的监察。并且有"上计"和视察地方的制度。"上计"就是每年底由地方长官向中央报告工作，作为中央年终考核的依据。视察是国王、相国、郡守对地方或属县的视察，称之为"巡行"或"行县"。

(3) 春秋战国时期，兴起私人讲学之风，为招贤纳士的诸侯提供人才资源。当时已经有了培训贵族子弟的学校，也有平民学习文化的普通学校。

3. 秦朝

(1) 秦实行辟除制、荐举制。辟除制是从上到下选举，而荐举制是从下往上推荐。秦朝规定凡是在“辟地”(开拓疆土)、“胜乱”(讨伐内外战乱)、“力农”(发展农业)三个方面有才能功绩的都可以选拔为官。同时，在举荐人才上，对推荐人才名不副实，有重大错误的，要追究推荐人的法律责任，而且同罪处罚。

(2) 秦朝注重对官吏的经常性考核，在中央设御史大夫，总掌监察考核之权。并派御史到郡监督，称“监御史”。这一时期，遵循法家“明主治吏不治民”的思想，奖励“五善”，惩罚“五失”。五善：一是忠信敬上；二是清廉无谤；三是政措审当；四是喜作善行；五是恭敬多让。五失：一是谎报政绩、自满骄傲；二是奢侈享乐；三是专权独断；四是犯上不惧；五是贱土而贵货贝。

4. 汉朝

(1) 官吏通过“察举”和“征辟”两条途径选拔。察举，就是由各级官吏经考察而推荐人才。征辟，是皇帝或各级政府招聘人才。征辟一词中，“征”是皇帝下诏书特别征召地主阶级中的名流做官；“辟”是公卿大臣及郡守自行起用属员。无论是察举或是征辟，都要求被录用的官吏必须符合“德行高妙，明达法令”等标准，否则被举者和荐举人都要治罪。汉代通过“察举”和“征辟”，进一步向地主阶级知识分子开放了参加政权的门路。在一定程度上起到了聚集人才，加强地主阶级专政的作用。

(2) 汉代对官吏每年一小考，三年一大考。并依考核的结果确定官吏的迁降赏罚。积功一般者平迁。功绩特殊或奇才异能者超迁(越级提拔)。同时对官吏还实行策试，策试分为对策与射策。对策指公开出题考试；射策指以抽签方式回答问题。这是我国萌芽中的考试方式，为后来的殿试奠定了基础。

(3) 设有官学和私学。汉武帝时，在长安(今西安)设立国学，主要以培养封建官吏。五经博士任教官，有正式学生 50 人，称博士弟子。东汉顺帝时，太学有 340 房、1850 室。质帝时学员达 3 万人，这可算是世界上历史最早、规模最大的官吏培训学校。至于私学，汉代名儒学者几乎都招收生徒，许多有名的文臣也经常举办私人讲学。

5. 魏晋南北朝

(1) 仕进之门，与两汉有许多相同之处，或公府辟招，或郡国察举，其中郡国察举仍是选官的重要途径。这一时期察举的科目主要有孝廉、秀才、贤良和明经等。举秀才需试策，内容涉及政治、经济方面的国家大事；举孝廉要测试五经。

（2）实行九品中正制，也叫九品官人法。其内容是选择各郡有声望的人，出任“中正”，负责考察当地士人，将士人按才能分为上、中、下三级九等，根据品位高低，向朝廷推荐。吏部依品授官，品第越高，官职越大。但是九品中正制背离了民主性，它按出身门第高低选官，形成了“上品无寒门，下品无士族”的黑暗现象。

6. 隋朝

隋朝废除了为世家大族垄断的“九品中正制”，在全国范围内开设了科举制，通过考场选拔官吏。科举，就是由封建国家设立各科，定期进行统一考试，考生考中以后被授以官职，即所谓的“开科取士”。

7. 唐朝

（1）在唐代，考试的科目分常科和制科两类。每年分期举行的称为常科，由皇帝下诏临时举行的考试称为制科。常科的考试科目有秀才、明经、进士、俊士、明法、明字、明算等50多种。其中明法、明算、明字等科，不为人们所重视。俊士等科不经常举行，秀才一科，在唐初要求很高，后来渐废。因此，明经、进士两科便成为唐代常科的主要科目。唐高宗以后，进士科尤其为时人所看重，唐朝许多宰相大多是进士科出身。

除了科举制度，还有其他一些做官途径：“荫庇”，皇族宗室及高官子弟、亲属，可以授官，有时达到多而滥的程度，文臣有大功，也可以荫子。武官有大功，还可以世袭。也有捐粮、捐草、捐银得官的，这些属于买官。再有就是官员举贤推荐。

（2）唐代的考课分为小考和大考。小考每年一次，大考每四年一次。考核标准很具体，在品德方面有“四善”要求。即“德义有闻”、“清慎明著”、“公平可称”、“恪勤匪懈”。在才能方面，针对各行各业的不同情况有“二十七最”的要求。如“铨衡人物，擢尽才良，为选司之最”；“部统有方，警守无失，为宿卫之最”；“推鞫得情，处断平允，为法官之最”；“赏罚严明，攻战必用，为军将之最”；“谨于盖藏，明于出纳，为仓库之最”；“牧养肥殖，蕃息滋多，为牧官之最”；等等。根据考核标准，量其功过分为九等。中上以上者晋级加禄，中中者不动，中下以下者降职罚禄，下下者解职。

（3）唐代学校分六学，国子学、太学、四门学、律学、书学、算学。前三种属经儒之学，后三种属职业及技术性之学。宋代教育颇为发达，官立学府为数不少，私人学院兴起亦多。既有村塾或私人书院，又有从中央的国子监、太学到地方的省、府、州、县的官学。官学具有行政学校的性质，是专门为国家培养科举考生与某种官员的场所。

8. 宋朝

(1) 宋代是科举制发生转变的重要时期，科目出现由繁至简的变化，并逐渐形成以进士一科取士的基本格局。

宋代实行差遣制，官职在九品以上，皆由皇帝任命并须发告身，无品者发黄牒。任用实职即差遣，皆经皇帝颁旨任用。宋代也规定官员任用时由吏部将履历送中书门下，中书门下（宰相）审取进止，报经皇帝任命。

(2) 从宋代起，有“试官”制度，即初次任官要试署两年或三年，能力称职再改为实授。还有回避制度。明代时，郡守县令一般不得在本地任官。清代时不得在本省任官，即使不同省，在原籍500里以内时，也要回避。

(3) 宋代出现了专司考核的“两院三级考课体系”，即审官院和考课院，分别负责京官和地方官的考核；同时守令负责考县令、监司考知州、两院考百官，从而使考核机构较之唐代更为完备，分工与职责更为明确，考核管辖更为具体，丰富和发展了中国古代人事考核制度。

9. 元朝

(1) 元朝的科举考试，每三年举行一次，分为乡试（行省考试）、会试（礼部考试）、御试（殿试）三级。各级考试时，蒙古人和色目人都与汉人、南人分开考。在乡试、会试时蒙古人和色目人只考两场，而汉人和南人则须考三场。御试时，虽然四种人都考策问一道，但前两种人仅限500字以上，而汉人和南人必须在1000字以上。在考试内容上，蒙古人、色目人的题目比较容易而汉人、南人的题目比较难。如果蒙古人、色目人愿意参加汉人、南人的考试，取中后授予的官职可以提高一等。这些规定都体现了蒙古统治者在科举制度中推行的是民族歧视政策。

元代官员任用“无定制”，大体情形是：五品以上由皇帝制书任命，称为宣授；六品至九品由中书省拟注所授官职，经皇帝“敕授”。

(2) 元代考核分“计年”与“廉访”两种。“计年”考核的方法是无论大小官吏，由中书省各发给历纸称“考功历”一卷，卷首写明姓名出身，调任时由上级官长注明任职年月，以及任期内的功过行状。填写“考功历”的有关官员最后还须联衔结保具状，以免敷衍塞责或徇私舞弊。吏部以“考功历”为依据决定任命。为了弥补“计年之制”的缺陷，元代又规定由御史台及其下属机构对各级官吏进行“廉访”考察。

10. 明朝

(1) 明代以前，学校只是为科举输送考生的途径之一，至明代，学校成为科举的必由之路。明代入国子监学习的，通称监生。监生分为四类：生员入监读书的称贡监，官僚子弟入监的称荫监，举人入监的称举监，捐资入监的称例监。

（2）明代正式科举考试分为乡试、会试、殿试三级。乡试是由南、北直隶和各布政使司举行的地方考试。地点在南、北京府、布政使司驻地，每三年一次。会试是由礼部主持的全国考试，又称“礼闱”，于乡试的第二年即逢辰、戌、未年举行。殿试在会试后当年举行，时间最初是三月初一。殿试由皇帝亲自主持，只考时务策一道。

（3）明代对官吏的考试有考满、考察两种。考满三年一次，分称职、平常、不称职三等，九年三考定黜涉。考察分八法：贪、酷、浮、躁、不及、老、病、罢及不慎。根据考察情况给以改任、降调、闭住、为民等处理。

11. 清朝

（1）科举制仍然是最基本、最重要的人才选拔方式。清代的科举制度与明代基本相同，但它贯彻的是民族歧视政策。满人享有特权，做官不必经过科举途径。清代科举在雍正前分满、汉两榜取士，旗人在乡试、会试中享有特殊的优特，只考翻译一篇，称翻译科。后虽然改为满人、汉人同试，但参加考试的仍以汉人为多。正科之外，有时增加特科，如“博学鸿词科”、“经济特科”等。有些官职如詹事府、翰林院、吏部、礼部各司郎官，必须科甲正途出身始能充任。

清代凡由皇帝直接任命的官员叫“特简”，由大臣互推任用的叫“会推”，功臣或殉难官员的子弟可以袭荫得官，贤能廉洁之士也可经荐举入仕。

（2）清代实行官缺制，各部门官吏有定额。氏官、佐官、吏员人数均详细规定，而且规定满汉所占总额，有缺额即予补任。清代官员军机处握有人事大权，中上级官员任用，由军机处讨论，拟出名单与缺单，呈报皇帝批准任用。清代不再实行廷推和互推制度，但允许京内外高级官员进行“密保”和“明保”。密保即某高官认为某人或某些人有特殊才能请求破格录用，保单交军机处存记，于适当时机提请皇帝任命；明保是京内外高官向朝廷推荐人才官员，请求以某项官职任用，奏报以后，交吏部审议选用。下级官吏，由吏部选任。凡没有补授实缺而具有做官资格者，均到吏部候选，由吏部汇列呈请分发的官员名单，根据职位、资格、班次，每月抽签一次，分发到某一部或某一省，听候委任，这个过程官员称为“候补”。如某一候选人希望到某一省去候补，须交纳费用，称为“指省”。清代还规定初任官京官五品以下、外官四品官员以下，均须朝见皇帝一次，由吏部引见；如不引见，则由特派的王公大臣共同传见，以考察其年力是否胜任，称之为“验看”。

（3）清代时，京官每三年考核一次。其内容有才、守、政、年。等级分为称职、勤职、供职。才、守俱优者为“卓异”。由皇上亲自接见并予以升迁。不及格者要分别给予革职、降调或致休处理。

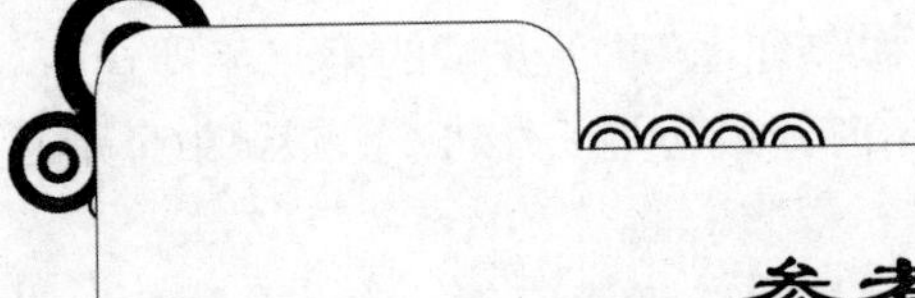

参考文献

[1] 陈东升．中国式管理的 32 个手段．中国致公出版社，2005.

[2] 陈佳贵．新中国管理学 60 年．中国财政经济出版社，2005.

[3] 陈玮．管理真经：儒、法、道家的管理哲学．中国言实出版社，2006.

[4] 程崇仁．中华传统管理文化精神：中西方管理思维方式比较论纲．合肥工业大学出版社，2008.

[5] 丁美菊．《史记·货殖列传》的理财思想．全国商情（理论研究），2011（1）.

[6] 房秀文，林锋．中华商业文化史论．中国经济出版社，2011.

[7] 郭成伟．社会控制：以礼为主导的综合治理．中国政法大学出版社，2008.

[8] 韩斌，孟宪平．以人为本的理论与实践问题研究．中共中央党校出版社，2007.

[9] 侯景新．传统文化与现代管理．光明日报出版社，2009.

[10] 黄如金．和合管理．经济管理出版社，2006.

[11] 纪宝成．中国古代治国通论．中国人民大学出版社，2006.

[12] 揭筱纹．管理思想史．清华大学出版社，2011.

[13] 黎红雷．中国管理智慧教程．人民出版社，2006.

[14] 李木．一代儒商孟洛川．东方企业文化，2011（21）.

[15] 李雪峰．中国管理学：融通古今的管理智慧．中国人民大学出版社，2005.

[16] 刘炳炎，陈文知．中国管理学．中国社会科学出版社，2010.

[17] 娄荫池．财神范蠡经商传奇．理财，2009（7）.

[18] 潘承烈，虞祖尧．中国古代管理思想之今用．中国人民大学出版社，2001.

[19] 彭新武，朱康有．中国管理智慧．首都经济贸易大学出版社，2008.

[20] 杞子兰．白圭：人弃我取，人取我予．躬耕（天下豫商），2008（6）．
[21] 申明，柯琳娟．国学管理．江西人民出版社，2007.
[22] 司马迁．史记．郭灿金译．中州古籍出版社，2010.
[23] 宋常琨．儒商文化．高等教育出版社，2010.
[24] 宋建业．EMBA 前沿管理方法：权变管理．中国言实出版社，2003.
[25] 苏东水．东方管理学．复旦大学出版社，2005.
[26] 苏东水，彭贺．中国管理学．复旦大学出版社，2006.
[27] 苏宗伟．东方管理学教程．上海财经大学出版社，2009.
[28] 孙海芳．中国式的管人细节．中国言实出版社，2006.
[29] 王双，王文治．货殖列传与经商艺术．广西人民出版社，1991.
[30] 王英杰．自然之道：老子生存哲学研究．人民出版社，2010.
[31] 王忠伟，李奇志．中国上古管理思想史：夏商周时期管理思想的产生．经济科学出版社，2010.
[32] 吴照云．中国古代管理思想的形成轨迹和发展路径．经济管理，2012（7）．
[33] 吴照云．中国管理思想史．高等教育出版社，2010.
[34] 许逸民．夷坚志．春风文艺出版社，1999.
[35] 杨先举．向“四子”学管理．东北财经大学出版社，2010.
[36] 曾仕强．从管人到安人．北京大学出版社，2009.
[37] 曾仕强．管理大道．北京大学出版社，2004.
[38] 曾仕强．中道管理：M 理论及其应用．北京大学出版社，2006.
[39] 张峰强．顺道则昌：机制决定竞争力．中国经济出版社，2008.
[40] 张福墀，安桐森．管理中的情·理·法．经济管理出版社，2001.
[41] 赵志君．管理思想史．高等教育出版社，2009.
[42] 郑学檬．中国企业史·古代卷．企业管理出版社，2002.
[43] 钟尉．兵家战略管理．经济管理出版社，2011.
[44] 周书俊．先秦管理思想中的人性假设．经济管理出版社，2011.